面向对象信息系统的设计思想

（美）劳尔·西德尼·瓦兹拉威克　著

吴　骅　王学昌　杨莉灵　译

清华大学出版社

北　京

内容简介

本书详细阐述了与面向对象信息系统设计思想相关的基本解决方案，主要包括业务建模，高级别需求，基于用例的项目规划，扩展用例，概念建模，功能建模与OCL契约，域层设计，代码生成，测试，接口层设计与IFML，数据持久性等内容。此外，本书还提供了丰富的示例以及代码，以帮助读者进一步理解相关方案的实现过程。

本书适合作为高等院校计算机及相关专业的教材和教学参考书，也可作为相关开发人员的自学教材和参考手册。

ANÁLISE E PROJETO DE SISTEMAS DE INFORMAÇÃO ORIENTADOS A OBJETOS 3ª EDIÇÃO
Raul Wazlawick
ISBN：9788535279849

Object-Oriented Analysis and Design for Information Systems,1e
Raul Sidnei Wazlawick
ISBN: 9780124186736

图书在版编目（CIP）数据

面向对象信息系统的设计思想/（美）劳尔·西德尼·瓦兹拉威克著；吴骅，王学昌，杨莉灵译. —北京：清华大学出版社，2018
（书名原文：Object-Oriented Analysis and Design for Information Systems, 1st Edition）
ISBN 978-7-302-47604-7

Ⅰ. ①面…　Ⅱ. ①劳…　②吴…　③王…　④杨…　Ⅲ. ①信息系统-系统分析　②信息系统-系统设计　Ⅳ. ①G202

中国版本图书馆 CIP 数据核字（2017）第 155191 号

责任编辑： 钟志芳
封面设计： 刘　超
版式设计： 魏　远
责任校对： 马子杰
责任印制： 刘海龙

出版发行： 清华大学出版社
网　　址：http://www.tup.com.cn，http://www.wqbook.com
地　　址：北京清华大学学研大厦 A 座　　邮　　编：100084
社 总 机：010-62770175　　邮　　购：010-62786544
投稿与读者服务：010-62776969，c-service@tup.tsinghua.edu.cn
质 量 反 馈：010-62772015，zhiliang@tup.tsinghua.edu.cn
印 装 者： 三河市铭诚印务有限公司
经　　销： 全国新华书店
开　　本： 203mm×260mm　　**印　　张：** 22.5　　**字　　数：** 588 千字
版　　次： 2018 年 6 月第 1 版　　**印　　次：** 2018 年 6 月第 1 次印刷
印　　数： 1～4000
定　　价： 120.00 元

产品编号：061041-01

译 者 序

围绕统一建模语言（UML）和统一过程（UP），由对象管理组织（OMG）选定为国际标准的信息系统软件开发已经持续了几十年，故有必要出现一本为软件工程师提供实用且经过实践检验的方法来进行分析和设计的书籍。

与介绍本领域的其他书籍不同的是，其他书籍大多是对 UML 模型图的罗列陈述以及对其各种用法的介绍，本书则关注分析师和设计师的日常工作，并解释在开发过程中各种模型图的异同，以更好地开发和优化系统。

本书着重于分析师和设计师日常涉及的活动，包括业务建模、需求工程、分析和设计等，也涉及项目管理、实施、测试等内容。整本书使用一系列的案例来解释分析和设计方面的技术，引入了基本的原则，并扩展到一些切实可行的技术，将其用于开发和设计表现，以及使用 UML 模型等。

本书的翻译由吴骅组织完成，参与本书翻译的还有王学昌、林展宏、周娟、刘红军、王玲、郑正正、秦双夏、莫鸿强、李远明、陶日然、黄善斌、廖义奎、杨莉灵等人，感谢各位参与者的帮助。没有他们的帮助就无法完成这项工作。由于水平有限，译文中的不当之处在所难免，恳请同行及各位读者朋友不吝赐教。

译　者

序　　言

在软件工程项目实施初期，人们往往会找不到头绪，而要统一开发团队成员的意见有时也很困难，同时，信息和功能需求往往又不清晰，利益相关者（客户）的需求也会经常发生变化，要明确所有需求对开发者来说过于理想化，因此有必要有一本书为软件工程师提供实用的、经过实践检验的方法来进行分析和设计。Raul Wazlawick 就为我们提供了这样一本书。

在过去的半个多世纪里，也曾经出现过很多计算机软件分析和设计的方法，但在我看来，采用面向对象的方法是最直接和有效的。在软件开发过程早期的分析和设计方案都是不稳定的，经常需要修改，但“对象”往往是问题中所有元素中最容易发现的。

面向对象范式具有极好的弹性，使开发者可以在概念级别上用人们易于理解的方法来描述一个对象，然后通过迭代和细化的过程，开发人员可以在底层抽象地提炼这些对象并有效利用。在本书中，Wazlawick 教授为读者提供了完整的指南。

在本书的一开始，他和其他优秀的分析师一样，使用 UML 作为标志性的方法开展工作。通过启发、细化、表示等过程，为读者提供了理解问题所需的工具。他着重使用用例，帮助读者掌握实例中对于理解问题以及做好项目计划有重要意义的优秀机制。

他坚信优秀的分析师和设计师必须反复工作，这样才能更好地完成工作和更详细地理解要解决的问题。为了达到此目的，他为读者提供了解决问题的一些面向对象技术和 UML 工具。

本书使用一系列的案例来解释分析和设计方面的技术，引入了基本的原则，扩展到一些切实可行的技术，将其用于开发和设计表现，以及 UML 模型使用等。

在职业生涯中，我与很多公司的众多软件专家都有过接触。不同的公司和不同的人对软件开发过程中遇到的问题有不同的看法，也有各自针对这些问题的解决之道。但是很少有人会对下面这句话提出异议：“如果你不知道目的地在哪，你永远都到不了那儿（If you don’t know where you’re going, it is very, very difficult get to there）”。

软件专家需要一个明确的“目的地”和一个“路线图”才能更好地分析和设计问题。在本书中，Raul Wazlawick 为大家提供了用于绘制“路线图”的工具，通过本书，你可以到达你所需要去的“目的地”。

Roger S. Pressman 博士

作 者 简 介

Raul Sidnei Wazlawick 是巴西弗洛里亚努波利斯 UFSC 大学的计算机科学副教授。他拥有计算机科学学士和硕士学位、工程学博士学位（1993 年）。Wazlawick 曾是 IFIP 工作组信息化委员会和高等教育信息通信技术委员会主席、巴西计算机协会董事、软件工程巴西研讨会（2006 年）大会主席、IFIP 计算机教育问题世界会议（2009 年）联席主席。截至目前，他已经用葡萄牙语出版了 3 本教科书并公开发表了近 100 篇论文。他从 1986 年就开始从事面向对象系统的相关工作，主要研究领域为面向对象的软件工程。他曾带领巴西公共卫生系统[①]的一个软件开发团队，并经常在大学、公司和政府机构做与软件工程相关的主题报告。20 世纪 90 年代初，他开始成为一名软件工程顾问。

[①] http://dab.saude.gov.br/portaldab/esus.php

致　　谢

在这里，我要感谢通过各种方式帮助我促成本书编写的人们：早在 1987 年，Luiz Fernando Bier Melgarejo 教授就开始引导我走进面向对象系统的世界；我的同事 Marcos Eduardo Casa 教授，在 20 世纪 80 年代，当面向对象的概念还被认为是“来自外星球的东西”时，他就开始从事结对编程工作直到现在；我的同事 Antonio Carlos Mariani 教授开发的 Actors World 工具能帮助我们讲述面向对象程序设计的课程；同时还要感谢公司允许我在本书中用实际的生产环境来介绍这些技术；我的学生 Everton Luiz Vieira、Kuesley Fernandes do Nascimento 和 Iuri Cardoso 跟我一起整理了当中的一些新技术理论；圣卡塔琳娜州联邦大学（Federal University of Santa Catarina，UFSC）的信息和统计学院（Department of Informatics and Statistics，INE）为开展这项工作提供了机会；另外特别感谢软件工程师 Gilmar Purim 为本书第 1 版（2003 年出版）雏形所提供的富有成效的帮助。

我还要感谢学习了我所开设的面向对象分析与设计这门课程的一百多位学生们。他们所遇到的疑问、误区和困难促使我进一步地研究和学习；感谢我的朋友 Rogério Cid Bastos 教授为我指明了方向并给予了我前进的动力，最后感谢我的朋友和兄弟们给我带来的欢乐和友爱。

前　　言

本书采用说教和深入研究相结合的方式介绍开发信息系统的过程中面向对象元素分析和设计的要素。

与介绍本领域的其他书籍不同的是，其他书籍大多是对 UML 模型图的罗列陈述以及对其各种用法的介绍，本书则关注于分析师和设计师的日常工作，并解释在开发过程中各种模型图的异同，以更好地开发和优化系统。

尽管距面向对象方法的提出已经有四十多年，但还是有许多机构觉得用它来开发高质量的软件存在一定困难，特别是在他们所开发的系统缺乏可维护性和灵活性时。本书所介绍的信息和技术主要是为了弥补这些不足。

作者已将书中所介绍的技术成功应用在了许多软件开发公司以及一些高校的科研项目当中。

本书主要面向计算机专业人员（分析师、设计师以及程序员等）、计算机科学专业的学生，包括具有一定面向对象开发或建模经验的本科生和研究生。初学者和具有一定经验的读者会发现本书的内容会对提高他们的项目质量有很大的帮助。而本书的目的就是要帮助他们更好地完成设计。

与按照事件活动的顺序进行分析和设计的瀑布模型（Royce，1970）不同的是，类似 UP 这样的迭代模型提出这些活动（也称为事件）在任何阶段内均十分重要。

本书将更多地着重于分析师和设计师日常会涉及的活动，包括业务建模、需求工程、分析和设计等，也涉及项目管理、实施、测试等内容。对于其他内容的详细信息，可以参考 2010 年 Pressman 出版的软件工程类图书，或 2003 年 Kruchten 出版的有关统一过程的图书。

UP 初始阶段的目标是建立系统的常规视图及其上下文，并计划下一步的开发。该阶段的两个主要建模工具分别是概念建模（conceptual modeling）（第 6 章和第 7 章内容）和高级用例（high-level use case）（第 3 章内容）。第 2 章业务建模（business modeling）的重点程度是根据需要开发项目的进展情况决定的。

在初始阶段的后期，高级用例可用于作为该项目其余部分（第 4 章内容）的基础规划。通常情况下，该规划涉及用例的评级，根据它们的复杂性及其优先级分为小型、中型或者大型等。当每个用例的复杂性已知时，就可以估算开发这些用例所需的平均时间（Karner，1993），因此可能会计划将迭代操作作为一组活动，这些活动在可利用的时间内是切实可行的。

统一过程的细化阶段完成一系列的迭代操作。每一个迭代都会被分配给一组要开发的用例[①]。开发独立的用例通常会从扩展到它的流开始（第 5 章内容）。当然，用例可能会被表示为系统时序图（system sequence diagram），以帮助发现必须被执行的系统查询和命令。

在细化阶段，随着架构体系的演变，概念模型（conceptual model）会不断地进行修改和完善（第 6 章和第 7 章内容）。

---

① 迭代可能会有一些相应的计划用于处理已知的风险，或由客户、用户甚至开发团队产生的需求变更。

系统查询和系统命令可能由某种编程语言实现，但开发人员也许会为系统查询和系统命令指定一些契约（contracts）（第 8 章内容），这对于定义测试用例可能会有所帮助（第 11 章内容）。这些契约相当于系统的功能模型，定义了每一个查询和命令所涉及的输入内容和输出结果。

经过上述阶段，现在可能已经开始实施系统，或者已有相关工具自动生成代码。不过，此时还是追求更为简洁的代码，以利于为每个系统操作新生成一些图集，如时序图或通信图等（第 9 章内容）。这些图指明不同的对象如何交换信息，以便明确职责并获得预期的契约中所指定的后验条件。通过这个过程，设计模式更容易应用到代码中。这些图同时也指明每个类中需要实施的方法（除了 getter 函数和 setter 函数以外），以及如何实施等。

在细化阶段，要完成接口（界面）的设计（第 12 章内容）。本书介绍了 IFML 算法[②]作为系统建模的一个可选工具。IFML 是一个全新的面向信息流的建模语言标准，2013 年 3 月起被 OMG 标准化组织采用。

虽然构建阶段更强调数据库结构的生成（第 13 章内容）和代码的运行（第 10 章内容），但细化阶段也同样会涉及这些内容。如果有合适的工具，也可以自动生成持久性数据。但即使其是自动化的，也应该了解该持续机制如何运行。同样，代码生成也可以表示为一些自动化的规则。

互联网上提供了很多练习供读者参考，方便读者更深入地理解各项内容。

[②] http://www.ifml.org/。

目　　录

第 1 章 概 述

本章提要

- 面向对象系统开发
- 统一建模语言
- 统一过程

1.1 关于本书

用于表示 UML[①]关系图的语法有大量的文献，例如迈尔斯和汉密尔顿提出的方法（2006 年）。也有很多关于开发过程和管理活动的重要著作，例如 Satzinger、Jackson 和 Burd 于 2011 年出版的著作。然而在实际运用中，只有相对较少的书能真正深入到最佳实践，使有效的面向对象技术应用在软件开发中。也就是说在此领域中，众多的文献还是没有完全解决开发人员所遇到的问题。

本书为许多面向对象的概念和内容提供了更多的说明，特别是 Larman 2004 年提出的基于统一过程的内容，也就是大家熟知的 UP（Jacobson，Booch 和 Rumbaugh，1999 年；Scott，2001 年）。

本书内容基于 Larman 的概念的原因是因为 Larman 为系统分析和设计使用面向对象的范式提出了简洁、高效的方法。在他的方法中，每个工件（文档或关系图）都有一个非常明确和切合实际的存在理由，并且工件之间的连接非常精确。

本书提出的方法在很大程度上采用一种著名的敏捷原则——极限编程（XP）（Beck & Andres，2004 年）。不过，在这里要注意，必须在直接编写代码之前先使用一种建模语言进行编程。使用 UML 图作为高级编程的工具，而不是仅将其作为文档工具。利用这种方法，使用的工件应有助于直接理解、分析问题或解决方案的设计。为了改进设计解决方案的过程，需要考虑使用模型转换和自动代码生成的基本原则。

此外，与 Larman 的理念所不同的是，本书提出了一些新的概念和其他主题的细节内容，具体如下：

- 通过客观标准来确定用例以及是否需要对其进行细化。
- 扩展用例技术能够减少由不同分析师创建的描述之间所产生的差异（强制性概念以及补充性步骤可决定用例到底有多少步骤）。
- 使用角色、接口和控制（而不仅是角色和系统）建立起的系统时序图有助于用户了解系统事件和系统操作之间的明显区别。
- 提出一种新的方法来编写系统命令和使用对象约束语言（Object Constraint Language，

---

① http://www.uml.org/

OCL，对象管理组织，2010 年）的查询契约，允许自动生成运行代码，与现有的工具一样，不只包含后验检查。

- 改写 Flowler（2003 年）对 UML 的分析模式，并重组部分模式，简化其在实际应用中的身份识别和应用。
- 介绍一个系统技术，用于从 OCL 契约生成动态对象模型，其遵循良好的设计模式，能大大减少运行应用程序所需的代码，例如冗余验证等。
- 接口层的设计通过使用交流建模语言（Interaction Flow Modeling Language，IFML）实现，采用全新的 OMG 标准进行接口建模。

上述功能对于生产高质量的软件是很有帮助的，可以使软件更具条理，基于多层体系的结构，能够改变或适应新的要求。

1.2 面向对象系统开发

何谓面向对象系统开发？通过观察，对于面向对象分析与设计的讲述以及实践的方法，可以发现很多专业人员只是单纯地采用了面向对象编程语言进行开发，或者使用一部分基于面向对象的开发过程。在很多时候，这些系统并不像人们所期望的那样有效。

如果实现的代码杂乱无章，那么这就不足以组织其系统体系架构层级和模块。某些程序员会在类和封装包中适当地组织系统，但他们仍然是只在这些类和封装包的方法中简单地套用代码。此外，其他开发人员仍然采用自顶向下的方法进行功能分解，而该做法在使用面向对象编程时并不适用（自顶向下的分解适用于结构化编程）。

为了创建真正面向对象的代码，开发人员应该学会委托和职责分配的技术，这些技术可用于实现代码的可重用和低耦合。在本书中将会逐步介绍这些技术。

如果没有学习面向对象编程的思考方式，那么深入研究面向对象 CASE（Computer-aided Software Engineering，计算机辅助软件工程）工具也是无用的。虽然看起来似乎有用，但是这种对图的使用也不一定能提高软件的质量。

1.3 统一建模语言（UML）

一些开发人员也许因为“M”（译者注：Method 的首字母缩写）的缘故，会认为 UML 是一种方法论，然而事实并非如此：UML 指的是统一建模语言，是可以用来描述事物的一种语言。

了解一种语言并不一定意味着能够用好它。例如，英语是一种语言，但知道如何讲英语的人不一定知道如何写一首好诗或如何做一场好演讲。诗人和演说家除了要掌握语言语法，还要掌握其他的常识和最佳的实践方法，将语言的元素放在一个秩序和结构中，才能产生预期的效果。

从 James Rumbaugh 和 Grady Booch 加入 Rational Software 团队以来，UML 语言一直在发展，那时他们开始统一已经知名的图解符号和流程。后来，Ivar Jacobson 也加入了该团队，并将他的用例和其他标记也添加到正在发展的统一语言中。

UML 一直不断地被修订，发展到目前主要有以下 3 类关系图。

- 结构图：包括包图、类图、对象图、组合结构图、组件图、配置图和部署图，图用于定义必须在系统中实现的组件，还可用于说明系统架构部分是时间无关的。
- 行为图：包括用例图、活动图和状态机图，强调系统或业务过程中必然要出现的事件，常用来描述系统的功能。
- 交互图：包括通信图、时序图、定时图和交互概述图，是行为图的子集，描述系统不同组件之间的控制流。

在系统开发过程中并不会使用到全部的图，这里只推荐使用能够表示项目有用信息的图。本书强调在信息系统建模期间活动图、状态图、用例图、时序图、通信图和类图的使用。根据正在建模的系统的功能，也可以使用其他的关系图。要了解不同 UML 图的详细信息，推荐阅读 Miles 和 Hamilton（2006 年）的相关书籍。

1.4 统一过程（UP）

本书介绍的技术大部分是基于 UML 的，兼容于统一过程（Unified Process，UP）。

UP 也是由 Grady Booch，James Rumbaugh 和 Ivar Jacobson 这 3 个人在 1999 年根据他们的经验提出的理论。

统一过程主要遵循以下原则。

- 用例驱动：开发是按照用例清单有计划、有组织地进行的。
- 以体系结构为核心：开发过程导向系统架构的构建，以允许需求的实现。该架构是基于从概念模型迭代生成的结构进行识别的。
- 迭代及增量：开发分为迭代或开发周期。每次迭代都会向系统架构增加（或修正/精练）新的功能，使其更接近于最终所需的系统。
- 风险导向：项目的风险因素需要及早处理。例如，要在其他阶段之前就识别、细化以及实现关键用例。

UP 的内容包括在与软件开发相关的主要活动中。这些活动在统一过程的 4 个阶段中具有不同的阶段或重点，其 4 个主要阶段分为初始阶段、细化阶段、构建阶段和移交阶段（见图 1.1）。虽然这是按照时间顺序排列的，但不能将这些阶段与瀑布模型中的各个阶段（Royce，1970 年）相混淆。在瀑布模型中，要求进行设计之前必须完成需求规格说明书，而在构建之前必须完成设计等。在统一过程中，需求规格说明书、设计、构建及其他活动在所有阶段中都有不同的侧重点。

统一过程的第一阶段是初始阶段，本阶段负责发现核心需求和理解系统的扩展内容，本阶段的输出信息包含一个初步的概念模型（第 3.6 节）；需求文档通常以高级别用例清单（第 3.3 节）和补充规格说明书（第 3.5.8 节）的形式出现；开发进度则基于用例清单（第 4.3 节）。此外，可能还会建立一个高重要性的风险列表和降低风险的计划，以及其他计划参与该项目的特殊要求。但这些内容超出了本书的范围，本书集中介绍建模方面的相关内容，而不是管理，但本书会详细介绍基于高级别用例的迭代规划。

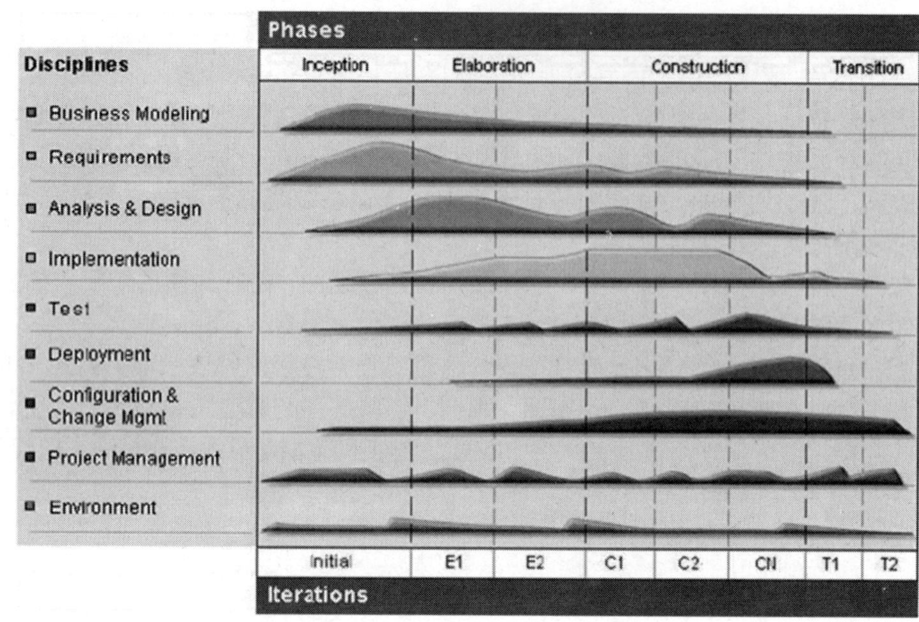

图 1.1　Rational 统一过程（RUP）4 个阶段的不同内容的重点[①,②]

细化阶段包含一个更详细的需求分析，该分析由扩展用例产生，即对每个可能的工作流的特点确定其顺序。概念模型则在扩展用例后进行精练。在细化阶段，根据用例的优先级，随着项目的进行，对软件架构的修改应尽量减少。

构建阶段将产生更多的代码，并对活动进行相应的测试。通常会期望在细化阶段能够得到足够稳定的体系结构，以便于在构建阶段不需要对其进行重构。

移交阶段通常包含最终测试以及向用户交付系统，这当中可能包含系统安装和数据迁移等工作。在这一阶段中，部署新系统的同时可能要替换现有系统（手动或自动）。

细化阶段和构建阶段都在迭代中进行。每个迭代有可能有多个用例进行有目的开发，实施需求变更或降低已知风险。在迭代过程中，扩展用例并从中获得的信息将会以增量的方式加入到产品中。细化阶段一般要处理系统的主要风险，也要处理会显著影响系统架构的更复杂或有风险的用例。另一方面，构建阶段关注于编写整个程序代码，以及实施需求变更。

统一过程通常会被理解为一个说明性的过程，但它也可以作为使用较少工件的敏捷开发方法。两个流行的统一过程敏捷开发方法是 AUP[③]（Ambler & Jeffries，2002）和 OpenUP[④]（Kroll & MacIsaac，2006）。敏捷开发过程需要注意以下事项[⑤]：

- 人员和迭代工作胜过工具和流程。
- 使用的软件胜过面面俱到的文档。
- 客户合作胜过合同谈判。
- 响应变化胜过遵循计划。

---

① RUP（Rational Unified Process）是最早且最富盛名的统一过程实施方案。
② 来源：http://www.ibm.com。
③ http://www.ambysoft.com/unifiedprocess/agileUP.html
④ http://epf.eclipse.org/wikis/openup/index.htm
⑤ http://agilemanifesto.org/

为了获得这种灵活性，所有的文档必须直接与软件产品相关。开发人员所执行的每个活动必须有一个明确的目标并能正确使用，在最短的合理时间内编写的产品代码需要以最佳的方式符合需求。所设计的软件要达到两个目标：理解客户需求；产生针对这些需求的可行的解决方案。为了便于与客户针对他们的需求及相应的解决方案进行沟通，可能需要绘制一些关系图等工件；如果允许从关系图中自动生成代码，那关系图是非常有用的。

1.5 当前进度

在本章的结尾列出了本书中将介绍的关于分析和设计的内容，其中，高亮部分是本章提到的内容。本章对统一过程进行了简单了解，只涉及初始阶段和细化阶段，以及业务建模、需求、分析和设计、实现、测试及项目管理等内容。

	初始阶段	细化阶段	构建阶段	移交阶段
业务建模	本书内容范围			
需求				
分析和设计				
实现				
测试				
项目管理				
部署				
配置和变更管理				
环境				

1.6 思考题

1．统一过程的 4 个阶段是什么？
2．统一过程各个阶段的目标是什么？
3．统一过程和瀑布模型各个阶段的不同点是什么？

第 2 章　业务建模

本章提要

- 系统概要视图
- 业务用例图
- 活动图
- 状态图

2.1　业务建模概述

统一过程的起始阶段包含分析师收集关于业务自动化或重组信息的这样一个时间阶段。其前提是假定分析师对业务的了解很少，并且与利益相关者的沟通会比较深刻。这一阶段的目标是确定是否可以不需要深入到项目进行分析。

通常情况下，在开始发现和分析系统的需求之前，有必要先了解当前机构组织的目标。统一过程理论将这种观点称为业务建模（Business Modeling）。

业务建模这一活动通过帮助开发团队认知所开发的系统将具有的功能的更多业务内容来支持发现系统的需求。本章将讲述用于支持此活动的不同文本或图等工件。

这一阶段的工件通常不需要太详细。对与利益相关者的沟通进行记录，就很容易得到需求的目的和一些自动化开发的情形。通过这些信息，开发团队就可以建立业务概要视图。

从得到的记录开始，团队可以调用系统或行动纲要的概要视图来组织项目的初始文档。此文档通常会包含一些范围声明（Scope Declaration）。

其他相关信息通常包括在概要视图中，如利益相关者、资源分配、风险分析、初步预算、进度以及项目场地。

项目的范围声明可能与业务分析活动有关。在发现与业务有关的有用信息后，团队能更有效地确定包含在项目中的事务。UML 图可能也会用于描述系统的概要视图，可能会用到业务用例图（参见 2.3 节）、业务活动图（参见 2.4 节）、状态图（参见 2.5 节）等。另外，还可能会使用到业务流程模型和标记法（Business Process Model and Notation）[①]以及 BPMN[②]来代替 UML 活动图。这些图表有助于确定项目的范围是否完整并符合本组织的目标。

业务建模包括学习和理解本组织及其过程，因为通常所开发的系统不是一个孤立的产品，而是周边环境的有机组成部分。这一理念的目标如下：

---

① 曾表述为业务流程建模标记法。

② http://www.bpmn.org/

- 了解将要使用的软件的架构和目标组织的动态信息。
- 了解目标组织当前存在的问题，并确定软件可进行的优化方案。
- 保证客户（委托方）、用户和开发团队对目标组织有一致的理解。
- 对其他合理要求能够按需改进。

软件开发项目的成功关键之一是其资金。为了保持对软件产品开发的热情，客户要保证投资能够获得收益，而不是时间和金钱上的浪费。对商业模型的理解是最根本所在，这样开发团队才能够保证让客户对项目感兴趣。

业务建模的另一个重要方面是业务团队和软件开发团队的亲密合作，这样才能了解组织及其需求，进行分析，并利用相关技术来解决。

当很多人都提出行为变更时，业务建模就显得很重要，在这种情况下，必须正视和研究业务环境以及新系统安装后引起的变化。当类似行为变更并不符合预期时，就可能会降低重要性。

因此，业务建模根据项目的需求，其重要性分为几个层次。Kruchten 在 2003 年对日益复杂的业务建模工作进行了描述，共有以下 6 种模型。

- 组织机构图：只需要建立一个组织机构图就可以知道项目中相关范围内的部门和职责。在这种情况下，业务建模一般都很简单，并只在起始阶段进行。组织机构图将帮助分析师找到未来系统不同方面的负责人，并在决定需求时给每个人分配权力级别。
- 域建模：如果项目的目标是构建应用程序来管理和呈现信息，那么业务建模可能会在域分析期间进行，即生成信息的静态模型（概念模型）时。在这种情况下，业务建模在起始阶段和细化阶段进行。
- 一家公司，多个系统：可能会存在一个团队为某个公司开发一系列的系统的情况。在这种情况下，业务建模和多个系统有关，但随着多个项目的推广，它们很可能会变成分离的项目。这将有助于发现个别的系统要求以及确定整个系列系统通用的体系结构。
- 通用业务模型：如果项目的目标是为合伙经营的组织建立一个或多个系统，那么业务建模对将不同的组织业务调整到相同的业务视图是有帮助的，或者当此操作不可行时，还可以根据具体情况获取组织的业务视图。
- 新业务：如果组织决定开展新的业务，那么必须要有一整套系统来支持它，然后还要进行相应的业务建模工作。在这种情况下，业务建模的目标不仅是发现需求，还要验证其对新业务的可行性。因此，在这种情况下，业务建模可以是一个独立的项目。
- 更新：如果组织决定完全更新业务方式，那么业务建模将是一个单独的项目，需要执行以下几个步骤：新业务的愿景、现有业务的逆向工程、新业务的前向工程以及新业务的安装。

增加或减少项目中业务建模需要考虑的其他因素包括以下方面：

- 在项目（例如，创建新项目以替代现有的系统）开始时，定义明确和稳定的需求，可以减少执行过多业务建模的需要。
- 如果新系统要改变人们的工作方式，那么对业务建模要特别关注，尤其是一些业务用例自动化操作后要变更或重建业务建模时。
- 如果项目有重大的风险，尤其是经营风险，那么业务建模必须更详细、更精确。
- 如果用户社区庞大且多样化，那么业务建模可能会更加困难。

- 如果需要整合新系统和硬件以及传统系统，那么在业务建模时，必须包含这些元素并做更多的工作。
- 越多不确定的需求意味着要更多地关注业务建模。

无论在业务建模期间注意了多少细节，投入了多少精力，每个项目的开始必须要有相关的范围定义说明文档以易于理解。质量低下的文档肯定会造成客户与开发团队之间的沟通不畅，例如，对部分功能（或缺少功能）理解的歧义等。

2.2 系统概要视图

有关项目的范围定义活动通常应该只占用整个项目相对一小部分的时间，具体取决于项目的类型，时间长短可能会有些变化：简单和要求明确的项目可能要求不超过几天的业务建模时间，而复杂和大型的项目可能需要几周或几个月。在进行范围定义时，公司业务有关的所有信息必须通过向用户、客户和相关领域的专家咨询获得，同时也要包含文献、报告、现有系统和相关参考资料等。

在大多数项目中，分析师要解决的第一个问题是：公司对项目的愿景是什么？换句话说，这个项目能满足什么样的要求？为什么要公司出资开展这个项目？

同时还有一个容易被忽略的问题：是购买现有产品还是新开发一个产品？因为有时客户需要的产品是可采购的。

这些问题的答案必须很快明确。这就是为什么会建议起始阶段的进度相对较快的原因。在这个阶段，客户和开发团队通常对项目及其未来发展没有特别明确的想法，后续投资和风险等都不确定。

系统的概要视图或者行动纲要是一个自由格式的文档，其中可能会包括分析师对利益相关者进行初步调研后得出的报告。该文档通常包含项目的范围定义。

在这里并不建议对该文档进行规范化，但建议不要太长。几页文本和几个图表就足以概括描述大多数系统的范围。概要文档中就不需要包含太多的细节内容。这些详细信息可在其他文档中描述，例如风险列表、需求文档或用例文档等。

在概要视图中必须包含范围声明。同时，在总纲要中要明确所开发的产品：什么必须被包括在内，什么可以包括，但不是必须包括在内。这些信息可以通过对利益相关者最初的调查得到，也可以修改本章提供的一些图表后使用。

如果可能，概要视图应该还包括该项目的主要研究成果，以及客户获得开发团队交付阶段性产品的时间安排。通常情况下，该交付列表需要包括软件的可实施版本，但该列表还可以包含其他项目，如设计、手册、安装介质、培训等。在进行系统的需求分析之前，是很难确定产品的最后交付日期的，因为例如功能点分析（function points，Albrecht and Gaffney Jr.，1983 年）、用例点分析（use case points，Karner，1993 年）或者 COCOMO II（Boehm，2000 年）等工作量估算技术只能在明确需求的目的后才能够应用。因此，早期阶段有关截止日期的信息比正式的开发日程有更多的不确定性。

概要视图文档可能还包含产品的一些验收标准，即用于决定该项目是否获得成功的可量化项目。产品验收标准必须至少包括截止日期、预算和质量。如果包含一些主观的标准，如“客户满意度”、“系统易用性”或“采用最先进技术”等，则必须对其加以量化，也就是必须定义好如何衡量客户是否满意、系统是否易于使用、技术是否先进等。下面是可量化的验收标准的例子：“系统必须支持最多 50000 连接同时访问且不会降低性能”,“系统在执行 x 和 y 运算时不需要手工干预”和“系统必须满足线上在一分钟内能够售出 100 本书”。

在概要视图文档中，如果有需要，可以添加其他信息（例如主要风险、所采用的技术等）。系统的概要视图一般基于客户和开发人员的协议文件，将作为整个项目其余部分的基础。

需要注意的是，在创建概要视图时，如果尚未完成需求分析，则要在概要视图中包含前期的相关承诺。一般需求分析需要进行深度分析，但不进行任何扩展。例如，图书销售的需求分析一般会提到折扣、销售、配送等（假设在范围定义中已提到“图书销售”）详细信息，但如果在范围定义中没有提到公司的支付方式，那么项目中涉及的该项目需要在范围定义中重新商议。

Pressman 于 2008 年提出了一系列与利益相关者沟通的方式，用于发现业务目标，例如：

- 传统的小组讨论，一名受过训练的分析师会见一群最终用户或代表他们角色的人。
- 电子化小组讨论，使用电子传媒进行会议讨论。
- 反复调查，对最终用户进行多次调查问卷，向他们提出一些问题并要求其回答。
- 探索性调查，对使用类似的现有产品的最终用户进行探索性调查。
- 情景模拟，给一些最终用户描述使用新系统的一些场景。

最后一种方式似乎是敏捷开发方法，该场景有时会被视为用户的使用情景。

图 2.1 是针对虚构的虚拟在线书店[①]Livir 的非常初步的范围声明，用于说明本书中提到的建模技术。在和客户进行快速初步会谈后将获得此文档。以此为基础，可能需要业务用例和其他关系图进行深入研究，以便对信息进行精练，如下面的内容所示，该文档被划分成两个部分。

> Livir 项目常规视图
>
> 版本号 1.0
>
> 愿景：
>
> 启动一项新业务：一个虚拟的在线书店。所开发的系统必须能够支持公司的采购和销售流程。顾客和管理人员必须通过一个 Web 站点访问该系统。
>
> 当订购了一本书时，如果有库存，则可以立即配送；如果没有，则向出版商采购，并告知顾客预计送达日期。系统必须计算税款和配送费，有折扣时要计算折后价格。
>
> 该系统必须能够生成关于畅销书籍和忠实顾客的报表给管理人员，并根据顾客购买的记录推荐相应的书籍给顾客。
>
> 约束：
>
> a）顾客仅使用信用卡支付。
>
> b）书店只会出售新书，不出售二手书籍。
>
> c）只能通过 Web 站点访问系统。

图 2.1　Livir 项目概要视图

[①] 为什么以虚拟在线书店作为例子？因为它是一个典型的商业信息系统，而且大多数读者都应该了解类似的系统，虽然它非常简单，但足以说明本书的建模技术。这种系统现在已经可以直接购买或进行定制化开发，但从零开发完全没必要，本书只将其作为例子讲述。

- 项目的简单愿景说明，创建的项目为客户和公司提供什么服务。
- 1.0 版的相关约束。

本书为了要说明该项目，对其进行了一系列简化，实际的项目中描述和建模会更加复杂。此外，提交模型只在一定时间内进行，并且要不断地精练和修改。

概要视图可被视为项目中的非结构化视图，包含了管理人员的业务信息，也包含了开发人员的操作信息。在有必要的情况下，可以详细描述所采用的技术。分析师必须注意概要视图描述了客户主要关注的问题，并且这些问题能够在分析和设计期间有利于结构化。

优秀的分析师必须像心理分析学家一样，帮助客户表达需求，当客户提出需求时，分析师要仔细倾听，而不是快速地提出预先构建的（并且经常是错误的）解决方案。分析师必须引导客户详细说明其要求，并质疑这些需求，以便客户可以决定所提的需求是否紧急。

2.3 业 务 用 例

Jacobson 在 1994 年提出用业务用例来进行业务建模。一般情况下，在业务模型当中，目标组织之外的实体（人或公司）称为业务参与者（actor），内部的实体称为业务工作者（worker）。业务用例是由参与者和工作者执行的过程，以期望能够达到公司的业务目标。

Kroll 和 Kruchten 在 2003 年提出业务用例模型，将整个公司看作是一个系统，其参与者包括创建业务或维护业务管理的人员、公司或其他组织。

开发团队在进行业务建模时，第一要考虑的不是对软件系统建模，而是对公司进行建模。业务信息是从高级管理人员和专家处得到的，他们了解并确立公司的目标。

需要确定的业务用例数量可能相对较少。公司所确定的业务流程会是一个长期的过程，例如，销售产品、进行市场营销、提供服务、解决顾客的问题等。这种类型的每个过程必定与企业的经营目标相关。这里只作简单说明。例如，销售产品可能包括许多子过程，如顾客注册、提供产品、发送产品、应用折扣等。但这些过程涉及最高等级的过程，即 Sell books（如果打算去实现自动化，稍后可能会确定为系统用例）。

虽然 UML 还没有一个标准的符号来区分业务用例和系统用例（第 3 章），但通常会使用 <<business>>版型来代表业务用例，或通过使用带有切割边缘的椭圆来表示，如图 2.2 所示。

在图 2.2 中，Sell books 就是一个业务用例，因为它涉及该公司与外部实体（顾客）之间的关系，在二者之间会产生明显且一致的结果：卖出一本或多本书。这个用例可能会由顾客和公司内部的一些工作人员共同完成；不一定会用到软件系统。

图 2.2　业务用例

用例的名称必须仔细选择，因为在这个阶段，它们会总结有关该系统的关键信息，错误的选择可能会妨碍团队和利益相关者对于业务参与者和工作者真实意图的理解。Blain[①]根据许多情况提出了如下一些最佳实践：

- 好的用例名称反映了用户的目标。避免使用诸如“访问系统”或者“打开主窗口”等名

[①] http://tynerblain.com/blog/2007/01/22/how-to-write-good-use-case-names/

称，因为它们是一些技术术语，并且不是企业经营的目标。同时，避免没有动词的名称，例如，使用“发票”不能清晰反映对发票的操作，合适的名称应该为“生成发票”“取消发票”“支付发票”等。

- 好的用例名称应尽可能短。虽然有些人可能会提出用例的名称不应该超过两个或 3 个单词（或其他数量），但是类似这种限制，会因为名称太短而不能明确表示业务目标。正如 Blain 所指出的那样，要从“收取逾期付款（Collect late payment）”中删除哪个词而不影响其意思？但该名称比“收取到期未付款顾客的逾期付款（Collect late payment from customers that are past due）”要好。
- 好的用例名称应使用有意义的动词。用例名称不仅要使用动词，还需要具有意义。一个毫无意义的动词并不能清晰表述用例的目标，例如，诸如“处理订单”之类的用例要实现什么？它会产生什么样的结果？在这种情况下，使用“独立订单分派（Separate ordered items for dispatch）”这样的名称可能会更有意义。
- 好的用例名称应使用主动语态。在一般的写作中，主动语态比被动语态更可取。“支付订单（Pay for order）”比“订单被支付（The order is paid）”要好。
- 好的用例名称应使用现在时态。现在时态表示用户想要做什么。过去式和将来时态可能会让人感到困惑。
- 好的用例名称并不标识参与者。因为用例与参与者关联，参与者不能作为用例名称的一部分。因此，在用例名称“管理人员创建销售报表（Manager creates sales report）”中，不能标识参与者，只需使用“创建销售报表（Create sales report）”并将其链接到管理人员或其他参与者（如有必要）即可。
- 好的用例名称应有一致性。项目或项目组应使用相同的命名规则和命名约定。例如，避免命名用例“生成销售报表（Generate sales report）”和“产生预订报表（Produce reservations report）”。选定一个有意义的动词并按约定使用。

此外，Probasco 在 2001 年提出用例名称列表应类似于待办事项列表。因此，现金提取（Cash withdrawal）、资金转账（Funds transfer）和 ATM 维修（ATM service）分别改写为提取现金（Withdraw cash）、划拨资金（Transfer funds）和维修 ATM（Service the ATM）会更好些。

Probasco 还强调用例名称的意义必须精确。举个例子，“拍卖（Auction）”是一个好的用例名称吗？它是动词还是名词？如果它是一个名词，则必须添加一个动词，那么“执行拍卖（Execute auction）”是好名字吗？在这种情况下，程序员大概都会选择动词 Execute，但它对于拍卖商却没有意义。在这种情况下，应该和相关领域的专家沟通以获得更好的名字。另一方面，虽然“拍卖”确实是一个动词，但它的意思也不十分清楚。它是单一物品拍卖吗？还是一套拍品进行拍卖？它只有一个竞拍人参与竞拍？在这种情况下，使用“拍卖物品（Auction items）”、“拍卖单一物品（Auction single item）”或“出价竞拍（Place bid）”这样的名称将会更加明了。

2.3.1 业务参与者与业务工作者

在业务建模期间有两种参与者必须处理（见图 2.3）。

- 业务参与者：在业务进程中执行一些活动的人、组织甚至系统，但这不是目标公司的一部分。也就是说，它们不由公司控制。例如，业务参与者可能是顾客、出版商、外聘审计员、合作公司，甚至公司目标可以与之交互的自动系统。

- 业务工作者[①]：在业务进程中执行一些活动的人、组织甚至系统，是目标公司的一部分。他们可能是公司的雇员、公司部门，甚至现有的软件系统。以图形的方式区别于业务参与者，业务工作者使用<<worker>>版型来表示。

这种区分很重要，因为通常业务参与者不是自动化的，也就是他们不能用计算机替代。不过，业务工作者角色则可由自动化系统取代（English，2007 年）。

业务参与者和业务工作者之间用不带箭头的直线连接到他们所参与的业务用例[②]，如图 2.4 所示。

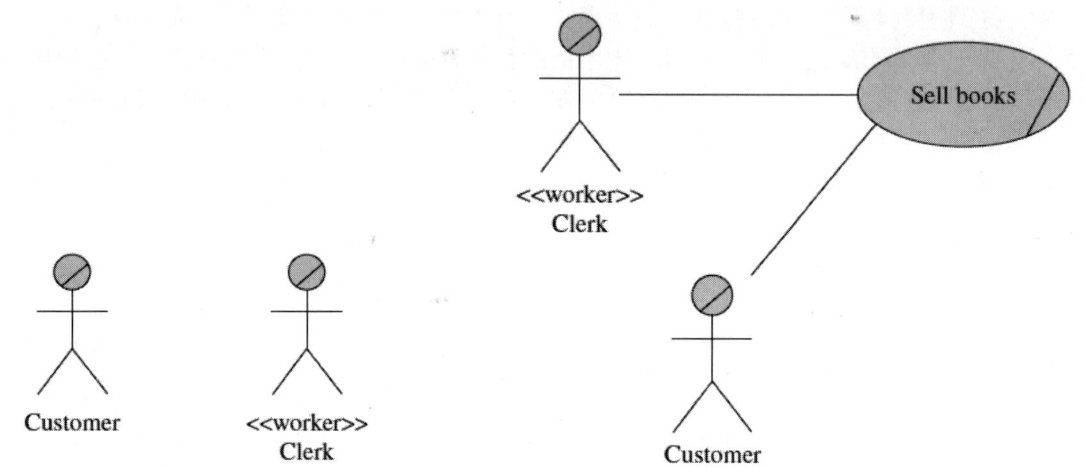

图 2.3　业务参与者（左）与业务工作者（右）　　图 2.4　业务参与者、业务工作者以及业务用例之间的连接

2.3.2　自动化的机遇

像 Livir 这样的在线书店要通过 Internet 销售图书，需要创建一个业务模型，用于标识其主营业务用例、外部参与者（顾客、出版商等）以及业务工作者（管理人员、职员等）。如果假设这家书店已经存在，但完全没有自动化或者是处于很早期的自动化程度，那么其业务工作者基本上是公司员工。如果要提高公司的自动化水平，那么这些工作者就是自动化操作的潜在候选人。例如，目前帮助顾客在书架上找书的职员可能会被虚拟书店里的引导系统所取代；不过，顾客却不能被一个自动化系统所取代。

通常，根据项目范围的定义，每个业务工作者角色不会被替代。创建业务用例关系图有助于可视化和自动化决策。根据项目的目标，通过图很容易明确哪些内容需要包含在自动化范围之内。

通常情况下，在公司内部的自动化过程中，将那些对应于极少数情况下的代理工作者角色进

[①] 如果对公司进行整体建模，因为业务操作者作为公司内部的部分，所以未出现，但是如果列出了该公司的不同子系统之间的连接，那么必须有业务操作者。

[②] 一些方法建议使用箭头来表示 actor 只负责接收系统信息或者向系统发送信息，但在实践中，除了不被 UML 2 支持外，在截至目前的业务分析当中，这些做法并不会携带任何有用的信息。这是因为在此时唯一重要的是要知道存在哪些用例，其中涉及了哪些角色。后续将会使用活动图给出的有关交互的细节信息，该活动图所提供的是业务用例如何被执行的信息。

行替代是十分有用的，即那些只是执行简单操作的外部参与者角色。通常在实体书店里，销售员要帮助顾客在书架上找书，但是，如果是在网络书店中，这一作用就不再必要了，因为顾客会按照自己的方式在网站上找到自己需要的书籍。

业务用例与该公司主要业务目标的关联有助于识别系统的适用范围，即在那些即将被初始化的项目当中的活动将会自动进行。如图 2.5 中的例子所示，所有用例都是不同优先级的自动化候选。然而，该公司当前可能只关心销售和采购，因而会把市场营销和顾客服务留到下一个项目。

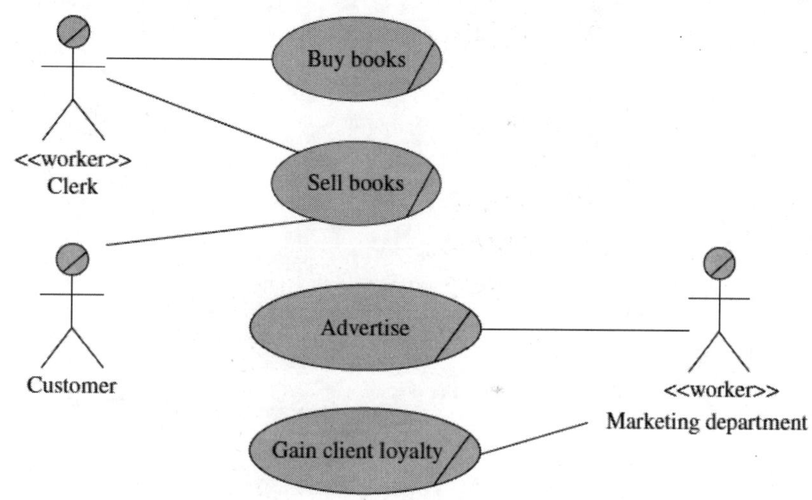

图 2.5 业务用例——自动化候选

系统边界可以用于标识一整套业务用例和要自动化的业务工作者，如图 2.6 所示。

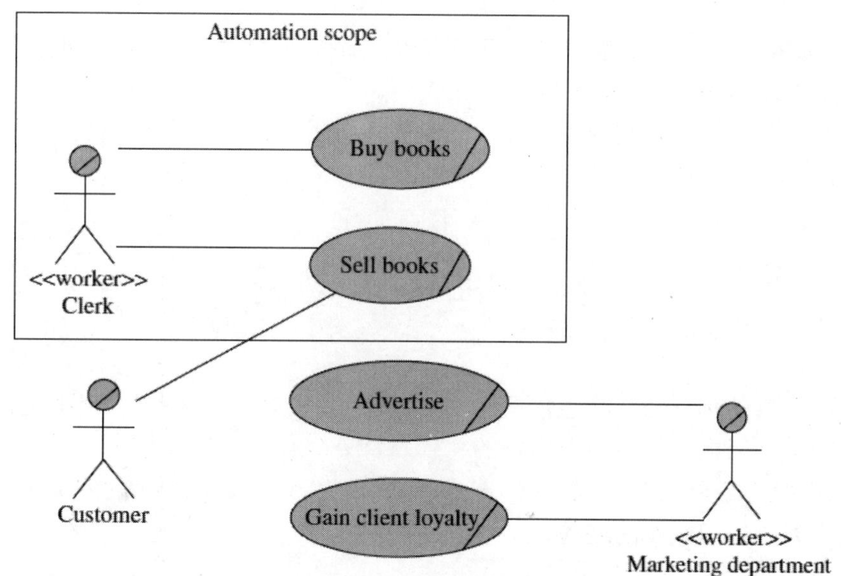

图 2.6 用于识别项目范围的系统边界

业务用例图显示自动化项目将包含购买、销售图书的过程和职员的角色，还说明该项目并不包含广告和赢得忠实顾客的过程。

但是，由更深层次的分析会发现，书店负责采购图书的工作人员不能很容易地自动化。虽然可以通过一个自动化的过程采购所有书籍，该过程能够分析潜在的销售和库存，而不需要任何人的参与。不过，最好还是要考虑让职员具有两种不同的角色：帮助顾客（该角色可以自动化）和采购图书（该角色不自动化）。图 2.7 是图 2.6 的演化，其中，部分职员的职责被重新划定为一个名为 Acquisition manager 的工作者。在角色和个人之间并没有一对一的对等关系，一个人可以执行多个角色，一个角色也可能由不同的人执行。

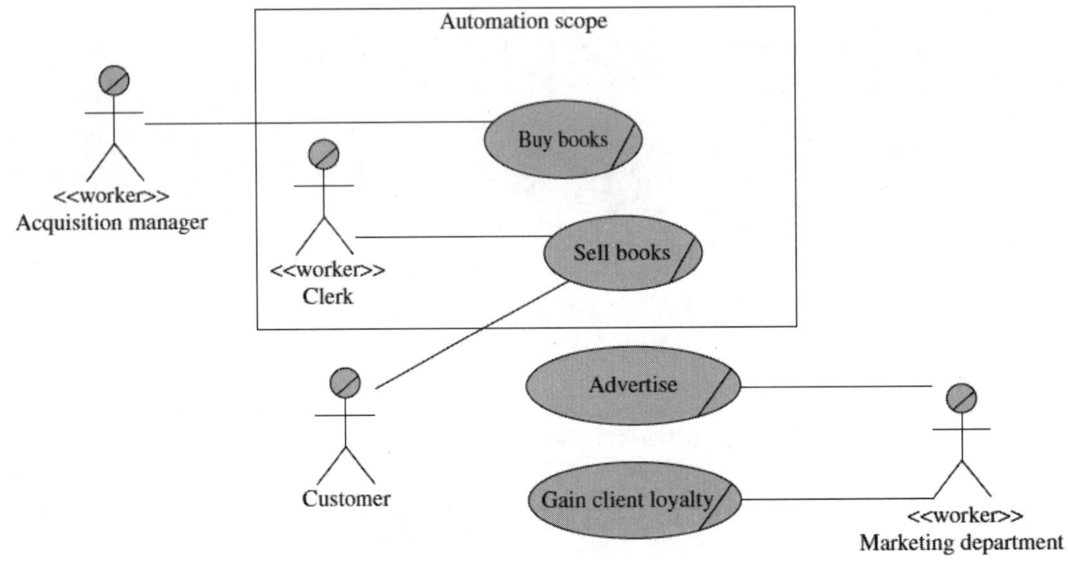

图 2.7　参与者职责被进行拆分

另一方面，如果该项目包含若干子项目或阶段，那么公司将按不同部分进行自动化，这也能用每个子项目或阶段的图中不同的系统边界来表明。

下一步是对需要自动化的业务用例进行详细需求分析。如同本章前面讨论的一样，其精细度和详细级别取决于项目的目标。

2.4　业务活动图

在研究业务用例的具体细节时通常采用 UML 活动图。在此类图中，不同的业务参与者和工作者执行不同的活动，以获得用例中指定的总体目标。

通过其用例更好地理解该公司的运作方式，就可以为每个要自动化的业务用例创建活动图。活动图可以用来表示组织级别的进程。

2.4.1　基本元素

许多 UML 活动图与流程图很类似，是一些活动序列的链接。在这种关系图中，可能要用到决策点和循环，甚至是使用并行。

活动图用“泳道”进行分割，每一条代表一系列活动的参与者或工作者。在用例图中，参与者或工作者可能是一个人、一个部门、一个计算机系统，甚至是一个完整的组织。

图中的进程通常具有一个初始节点，用实心圆●表示，用一个圆周内包含实心圆◉来表示活动终止节点。在某些情况下，可以通过观察没有初始发起者的活动来推测进程起始，此时有可能会不要求一定要有初始节点。但是使用该标记可以提高图的可读性，能够很容易看到流程真正开始的地方。

活动用活动节点▭表示。当活动在“泳道”内出现时，则表示相应的参与者在负责一个活动。

由箭头→表示活动之间的流程或依赖关系，流程通常连接两个活动，用以说明它们之间的顺序。

通过流程连接起来的一系列的活动类似于：▭→▭→▭→▭。

在 Livir 书店的例子当中，活动图可能会以一种可视化的方式来表示业务用例，例如销售图书（Sell books）。如图 2.8 所示的模型表示了该过程的第一种方法。

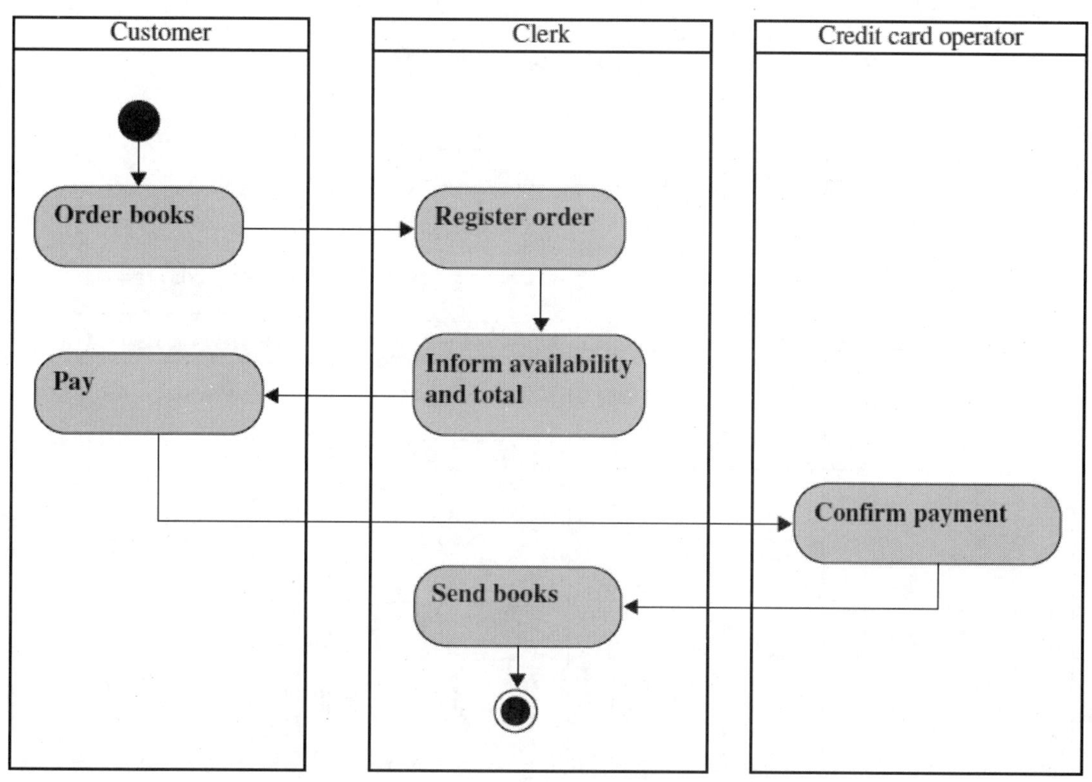

图 2.8　图书销售业务过程建模的第一种活动图方法

图 2.8 中所设计的图不是一个要建立的最终系统模型，并且最终结果也不应该被认为是这样的。其实用程序是帮助团队去理解参与公司主要业务流程的活动和参与者。所以，使用该信息是便于后续更有效地分析需求。图中的逻辑路线对于商务人士而言必须易于理解，并由其进行验证。

接下来，分析师会详细检查需要执行的每个活动。如果某一个特定的活动属于要部署的系统范围，那么要进行更详细的分析。

2.4.2 控制流节点

活动图中有两种常见的控制流节点：决策节点和并行节点。

- 决策节点（分支和合并节点）用菱形◆表示。离开决策节点的流程必须有监护条件（括号中的逻辑表达式）。离开决策节点的流程可能有多个，但必须要有互相排斥的监护条件，就是同时只能满足其中一个条件。
- 并行节点（分叉和联接节点）由条形图▬▬表示。离开分叉节点的流程是并行执行的。

图 2.8 中的图是图书销售过程的粗略表示。为了说明该关系图可能的变化，这里假设有顾客购买缺货图书的情况出现。那么书店必须从出版商处采购图书，然后完成顾客的订单。图 2.9 就表示了这种情况：如果图书缺货，则需要向出版商订购图书，当书籍到货时才能进行配送。

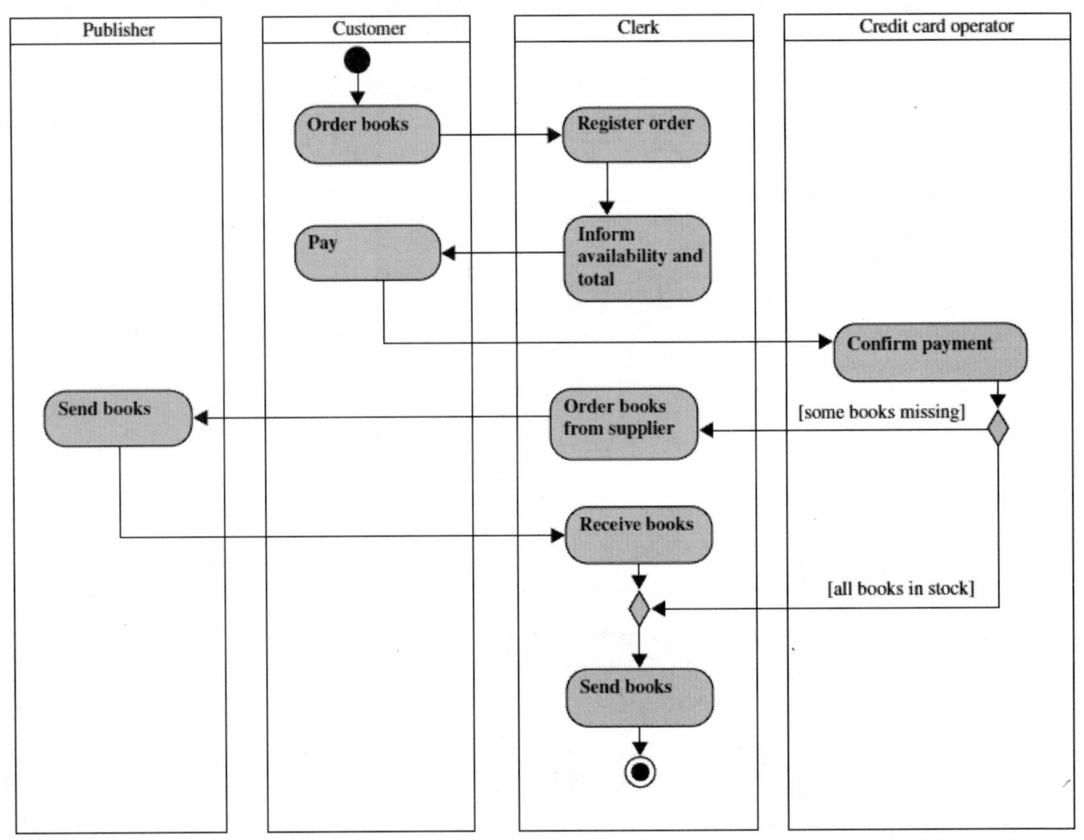

图 2.9 决策控制流

如图 2.9 所示，在确认支付（Confirm payment）活动的下方有一个用菱形表示的分支节点。如前面提到的一样，决策节点只允许一个出口流向。监护条件[some books missing]（部分图书缺货）和[all books in stock]（所有图书均有货）是互斥的。从分支节点流出的各个路径最后都会连接到节点配送图书（Send books）上。

接下来，此模型还是不能令分析师满意。例如，即使有些书缺货，也还可以通过多个途径发货。因此，可以并行两条路径：先配送有货的图书，然后订购其他图书，到货后再发其他图书，如图 2.10 所示。

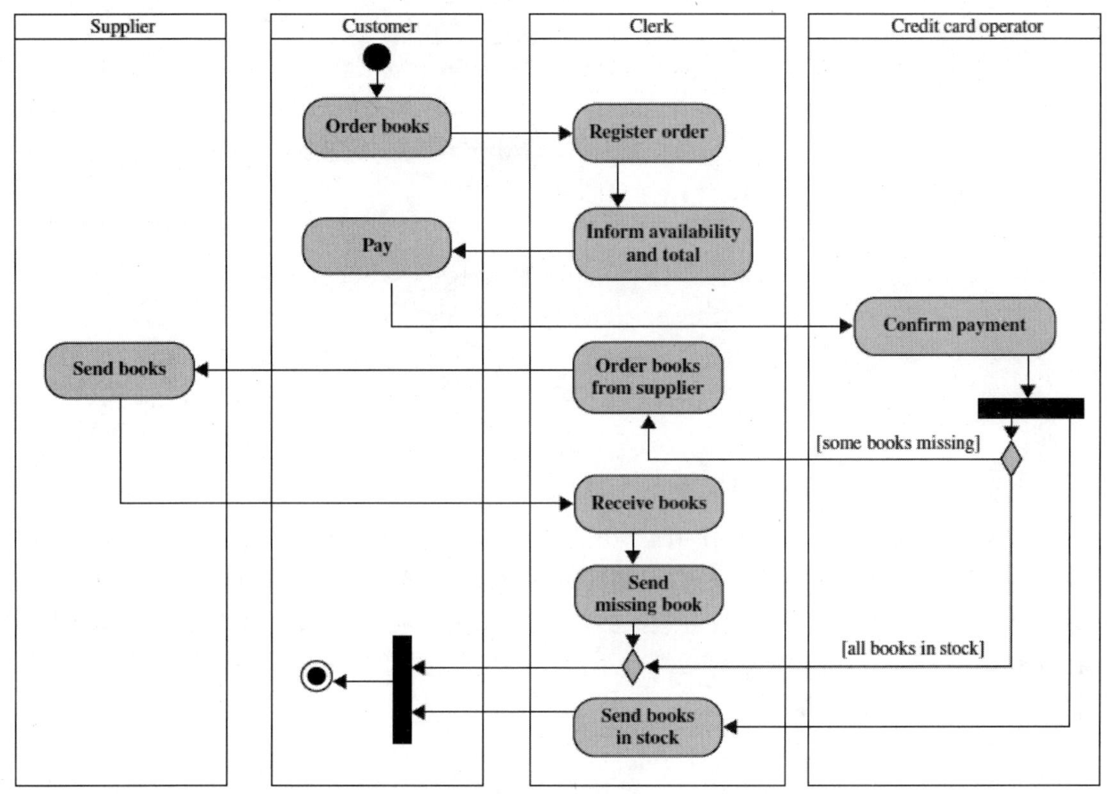

图 2.10 并行流

图 2.10 中，确认支付（Confirm payment）下方的条形图是一个分叉节点，它开始了两个并行路径，另外一个条形图是一个联接节点，它将并行路径合并为一条路径。

在跟随着连接节点的所有路径都被遵守的情况下，连接节点后的单个路径就只能被遵循。在图 2.9 所示的模型中，如果所有图书都有货，那么只有一条并行路径将会获得活性以便被执行，因为其他路径会立即转向合并节点和联接节点。

交叉节点、联接节点、决策节点和合并节点以及初始节点和活动终止节点都可能放置在“泳道”中，但是这并不影响它们的寓意。因此，在“泳道”中放置这些节点是为了可视化的需要。

另一个有用的节点是流终止节点，用于终止正在执行的（并行或非并行）路径，与活动终止节点之间的区别是：在活动终止节点中，活动图的所有流会在单个流到达它时终止，而流终止节点只终止到达它的单个流，而活动还继续进行。

如图 2.7 中的 Sell books 用例中，只有一个参与者（顾客）和一个工作者（职员）。在细化了与用例相关的活动后，得到了如图 2.10 所示的用例，此时会发现还需要额外的两个参与者：出版商（Publisher）和信用卡运营机构（Credit card operator）。此外，出版商的角色还与采购图书（Buy books）用例相关联。因此，根据项目的信息详细级别，业务用例图需要进一步更新，如图 2.11 所示。

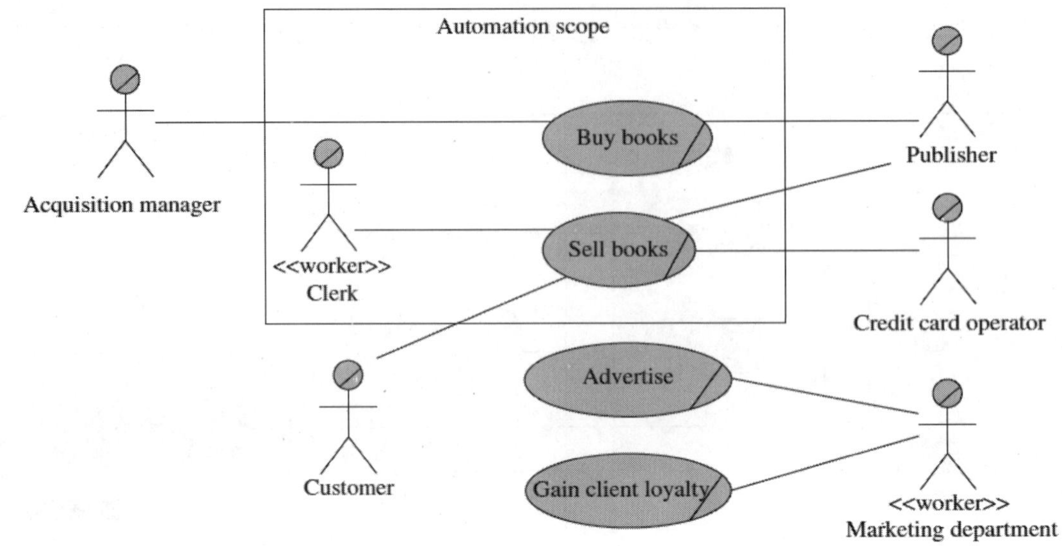

图 2.11 根据活动图信息修改的业务用例图

描述业务用例的其他方法就是使用 UML 图序列图和通信图。但这些图用于表示向元素发送的信息，并不能很容易地从业务进程中找到其标签信息，且类似“查找数据（seek data）”和“确认结果（check result）”的名称是没有意义的。因此，在实际使用中，人们多选用活动图进行描述。在 5.8 节的内容中，将会介绍对于细化系统用例非常有用的序列图，因为系统用例通常包括参与者和系统间一系列的信息流交换。

2.5 业务状态依赖

除了用活动图表示的业务用例外，还需要了解不能在类似图中明显表明的业务的其他方面，例如，其生命周期内关键业务的状态变更。

另一个 UML 图——状态机图有助于团队理解组织的业务。和活动图一样，状态机图是一个行为图，但它不是对活动进程进行建模，表示的是一个时期内系统、参与者或实体的一组状态。

状态机图在其流中指定事件。一个事件触发流将改变实体的状态，也就是当事件被流标记后，如果触发事件，则改变实体的状态。

这些事件的发生应受到监护条件的限制，例如，登录事件只会在密码正确时向系统传递登录状态。

事件在流中以简单表达式表示，监护条件以括号内的表达式表示，这与活动图的表示是一样的。

状态机图的转换还会包括状态转换响应的影响（effects）。例如，登录（login）事件和监护条件[password correct]会激活/grant access 动作，是受到转换的影响（但不是其直接原因），与转换相关联的动作用正斜杠（/）表示。

为了说明在业务分析期间图的作用，这里假设开发团队需要了解书店内一本书的生命周期，因为了解关键业务对象（一本书）的不同状态可以减少对系统复杂需求了解不足的风险。

由此，开发团队会发现这本书最初是在出版商的目录里，然后书店可以订购这些书。当书本到货后，就添加到库存，上架并销售。在顾客支付订单后，就从库存中删除该书，并将下一步工作转交给物流部门。有时，已经销售出去的书本会因为地址错误、运输过程中损坏等原因被送回书店。在第一种情况下，书店必须与顾客取得联系，确认取消订单还是重新发货。当物流部门确认配送工作已完成，那么书本就结束其生命周期。图 2.12 表明了这些状态变更。

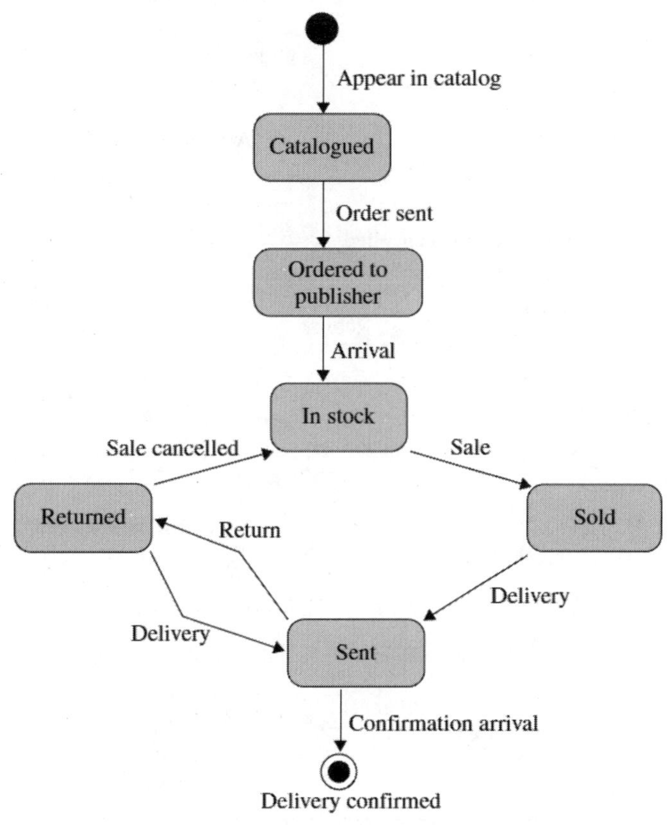

图 2.12　书本生命周期的第一个状态机模型

然而，图 2.12 所表示的模型还是不完整的。当配送过程中损坏的图书退回书店后，是不能再重新配送或销售的。此时可以向状态转换当中添加一个监护条件，即从退回（Returned）状态出发到已配送（Sent）状态，并添加一个终止状态，表明书本已丢弃，如图 2.13 所示。

这些监护条件还是非正式的，但在业务建模的过程中也可以接受，其目标只是理解组织的业务，并不详细说明一个系统。然而，如果采用类似 OCL（Object Constraint Language，对象约束语言）的形式语言，则可以获得精确的监护条件。本书的随后部分将引入 OCL 相关内容的介绍。

在一些情况下，可能会存在导致多个状态转换的事件。在图 2.13 中，一本书可能处于退回（Returned）状态，也可能处于有库存（In store）和已售出（Sold）状态。而一本书可能从这 3 个状态直接变为丢弃（Discarded）状态。因此，可以将这些状态用超状态（Superstate）来替代。

在图 2.14 中，从超状态 In store 所延伸的任何一种转换用于表示从每个子状态的转换集，因此，在超状态的状态转换当中，需要指定初始的子状态。要实现此目标，就需要在超状态中包含一个初始状态，或直接将此状态转换为子状态来替代。

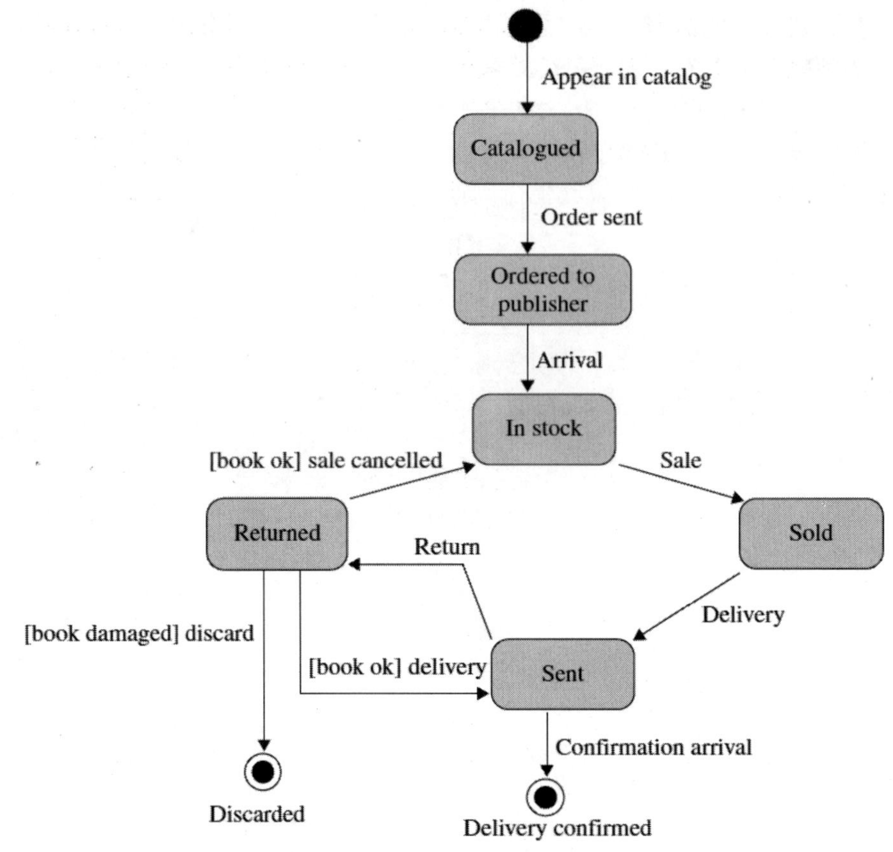

图 2.13 含有监护条件的状态机图

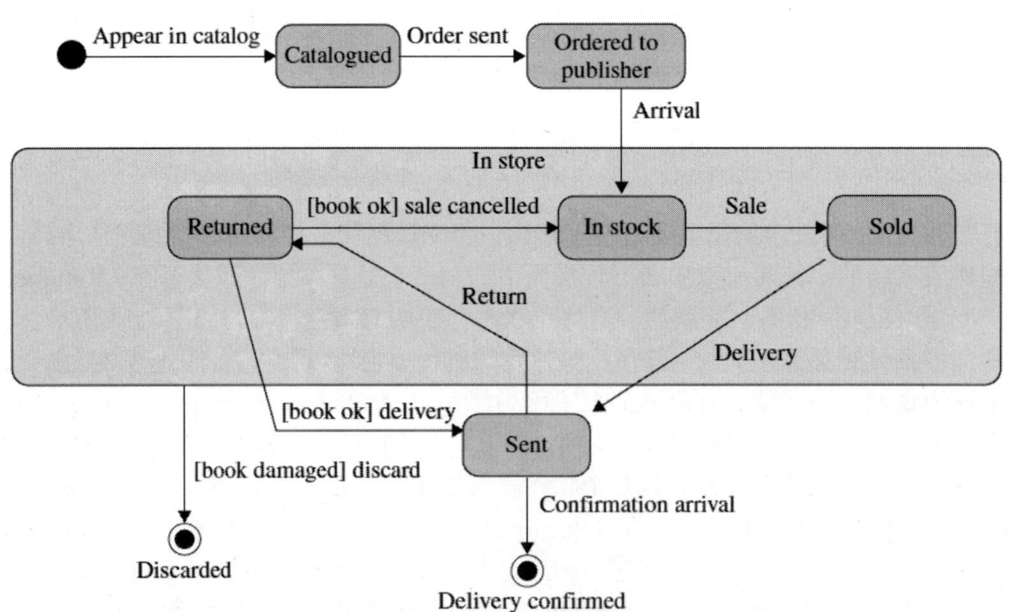

图 2.14 超状态状态机图

一个对象会同时处于多个单独的状态，例如，一本书从出版商处订购，直到其被丢弃或已售出的终止状态的过程中，可能是在打折或全价销售。因此，这本书要用两个并发状态进行建模：第一个状态确定是否打折销售，第二个状态确定其销售的状态。图 2.15 描述了在超状态正交区域（Orthogonal regions）内的并发状态。

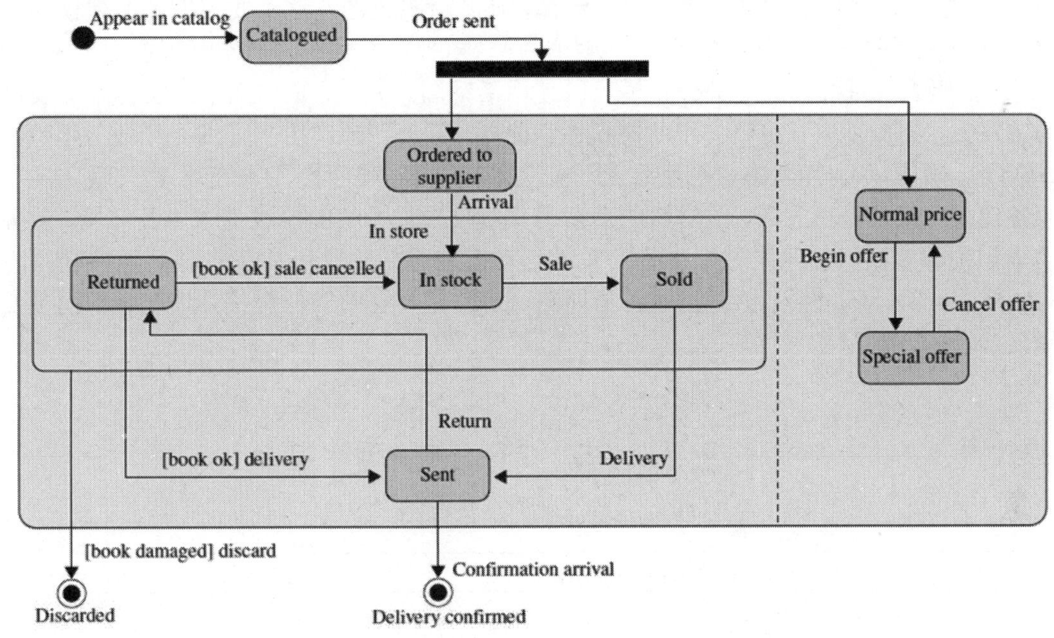

图 2.15　区域状态机图

当状态转换出超状态时，所有并发子状态也会随之动作。例如，在图 2.15 中，书本确认配送完成或确认丢弃时，两个并发状态就不处于活动状态，则该书处于终止状态。

继续分析书本的状态。例如，有可能确认书本处于已售出（Sold）、已退回（Returned）或已配送（Sent）等状态时，不能将正常价格（Normal price）修改为优惠价格（Special offer），反过来也一样。可以通过给状态转换添加监护条件进行建模来实现，正常价格（Normal price）和优惠价格（Special offer）的状态为[not in state Sold, Sent, or Returned]。

在 3.4 节的内容中，将会介绍利用状态机图表示业务对象有利于改进与关键业务对象相关的系统需求。

2.6　其 他 说 明

业务建模的目标是确定业务的概要视图，而不是详细描述业务过程。因此，在大多数情况下，开发团队的目标是关注于发现业务的相关信息，而不是像机器一样说明业务的工作方式。

这里还要提一个问题：哪些商业元素需要由状态机或活动图表示？除非有要求，否则为每个业务元素都准备一个关系图是不明智的，如果这样做，起始阶段需要很长的时间才能完成，并影响项目的最后完成时间。通常，模型只包含一些关键的元素，以便能够更好地理解其行为以及后续需求。

在确定关键元素时需要了解业务对象。在书店应用程序当中，其业务对象是书本；在酒店，业务对象就是出租的房间；在法院，业务对象就是刑事诉讼等。因此，要详细理解业务对象，才能更好地确定要进行建模的关键元素。

另一个问题是：到底需要哪些图？是活动图，还是状态机图？这主要根据需要建模的元素属性决定。一个状态不一定对应一个活动，例如，一台电视，不做任何操作时可能处于关闭（off）状态。对人、组织或系统的活动进行建模可以使用活动图。另一方面，当一个实体不需要进行任何活动就发生状态改变时，可以使用状态机图。此外，活动图通常用于详细介绍业务用例（例如销售、购买、确认等），而状态机图则通常与业务对象（书本、人、订单等）相关联。

业务建模不仅仅是建立图，图的目的是帮助理解项目和系统的一般需求以及环境。业务建模是有助于识别并对项目的风险做好准备的关键活动。在起始阶段可能还包含其他减轻风险的活动，例如概念证明、研讨会、原型测试、早期测试等。任何有助于理解整体情况、识别主要风险和项目复杂性的方法都是很有效的。

2.7 当前进度

	起始阶段（Inception）	细化阶段（Elaboration）
业务建模	构建整个系统的概要视图： ● 构建业务用例图并确定项目的自动化范围 ● 为业务用例构建初步的活动图 ● 为关键业务对象构建早期的状态机图	
需求		
分析与设计		
实现		
测试		
项目管理		

2.8 思考题

1．业务建模的目标是什么？
2．业务建模根据不同类型的项目会有不同层次的强度要求，请解释并举例说明。
3．业务工作者与业务参与者之间的区别是什么？
4．活动图可以详细描述业务的哪方面？状态机图可以详细描述业务的哪方面？

第 3 章　高级别需求

本章提要

- 系统参与者
- 系统用例
- 如何从业务模型中发现系统用例
- 需求
- 早期概念模型

3.1　高级别需求概述

在理解了业务和建模后，就要开始进行需求分析。有多种方法用于表示需求，但本书采用的是基于用例的方法。

系统用例是一个独立的过程，是从业务活动（2.4 节）中识别的。高级别（或简要）的系统用例表示系统更普遍的功能需求。对用例的注释表示一些非功能性的需求，也就是与这些功能有关的约束和性能。补充需求也是非功能性需求，应用于整个系统，而不仅是对单个功能。这将在 3.5.8 节当中进行介绍。

系统用例可用于与系统开发相关的许多活动，例如：

- 定义和验证系统的体系结构。一般情况下，类、关联和属性等系统体系结构的组成部分都来自于用例[①]文本（参见 3.6 节）。
- 创建测试用例。用例从用户的角度进行功能测试，可以看作是系统和验收测试的基础（参见 11.7 节）。
- 迭代规划。每个用例都会接收到一个优先级（参见 4.3 节），并致力于实现之前所预计的功能（参见 4.2 节），因此，开发团队可以决定每次迭代要实现的用例。
- 用户文档的基础。用例是对系统的常规操作流的说明，同时也是表示如何处理可能的异常情况（参见第 5 章）的替代流。这些描述是编写用户手册的基础，因为其包含了结构化和完整的功能描述。

每个用例表示一套连贯的功能系统需求。通常，多个功能与单个用例相关联，尤其是复杂的用例。另一方面，一些功能可能与多个用例相关联。在某些情况下也可能是单个功能对应单个用例，反之亦然。通常都是一些简单的用例，例如报表或实体管理等。

至少有以下 3 种方法来表示需求和用例：

---

① 从现在开始，系统用例将被简称为简单用例，除非是需要与业务用例进行区分的情况。

- 创建功能需求的列表，然后找出与它们有联系的用例。
- 创建一组用例，然后从中提取功能性需求。
- 考虑用例的需求。简要的用例对应于高级别需求，而扩展的用例则对应于完整的一组需求。

在本书中将会采取更简单和直接的第三种方法，能避免对相同的目标生成不同的文档。需求获取和分析对应于发现系统用例和它们的属性。

3.2 系统参与者

在现实世界中，系统参与者是一个实体，通过用例与系统进行交互。参与者可能是那些由顾客、出版商、卖家、经营者等执行的角色，也可以是外部系统，即那些位于所要开发的项目范围以外的系统。

人类参与者或外部系统通过接口发送和接收信息，与目标系统进行交互。人类参与者操作时，通过输入设备（例如键盘、鼠标或其他特殊设备）进行数据交换，而通过接口（例如显示器、打印机或其他特殊设备）来接收信息。

外部系统的参与者通常通过计算机网络进行通信，在这种情况下，通信接口包括网络及其相关协议等。

外部系统作为参与者的理念不能和正在开发的系统内部组件相混淆。例如，数据库管理系统（DBMS）用于保存正在开发系统的数据，它不是一个参与者，但却是系统内部体系结构的一部分。下面的一些规则有助于明确可能存在的外部系统参与者：

- 系统参与者是完全的信息系统，并不只有类库或组件。这些系统存储自己的信息，可与正在开发的系统进行交换。这些信息可以从正在实施的系统单独修改。
- 系统参与者超出了开发的范围，也就是说开发团队不一定能访问这些系统或能够改变其内部设计。开发团队必须与使用系统参与的定义与系统参与者进行沟通，因为它们不能被修改。

一些方法假设了两种参与者：主要参与者和次要参与者。主要参与者试图满足用例目标，而次要参与者只提供经讨论后的服务。次要参与者当中的一些例子包括打印机、Web 服务，提供信息或进行确认的人员等（例如，确认用户用现金支付的职员）。在本书当中并不采用这种方法，只区分用例参与者为人类或系统参与者。

3.3 系 统 用 例

系统用例在某些方面与业务用例（参见 2.3 节）不同。例如，业务参与者可能要花几天或几周的时间执行一个业务用例，而系统用例可能的执行通常只需要几分钟就可以，其中一个或多个参与者与系统进行交互，并获得至少一个目标的一致而完整的结果。系统用例必须在无干扰状态下执行，而业务用例则没有这方面的要求。

业务用例和系统用例之间另一个根本区别是业务用例通常由许多人类参与者来执行，而系统用例通常有几个人（有时只有一个）类参与者执行。事实上，如果系统用例同时由多个人类参与者执行，那么他们需要在同一时间与系统进行交互，这种情况是不常见的。通常情况下，每个人类参与者都是在其合适的时间访问系统，存取必要的数据以及执行必要的操作。这会产生一系列的系统用例，但不是单一的用例，有关这部分知识，将会在后续内容当中进行讲解。但是，有时多个人类参与者同时在线，例如，超市里顾客在购买商品，管理人员可能会去执行一些收银员所没有权限做的一些操作（例如取消出售）。此时，管理人员必须在线，且其他参与者需要等待其出现才能执行这些操作。

另一方面，外部计算机系统可以被视为在线参与者，因为它们是持续可用的。例如，可以假设信用卡运营机构是常年在线提供服务的。当顾客需要使用自己信用卡支付交易时，系统参与者信用卡运营机构（Credit card operator）可以立即提供服务。

高级别系统用例只能使用椭圆内的名称表示，通常关联到一个或多个参与者，如图 3.1 所示。

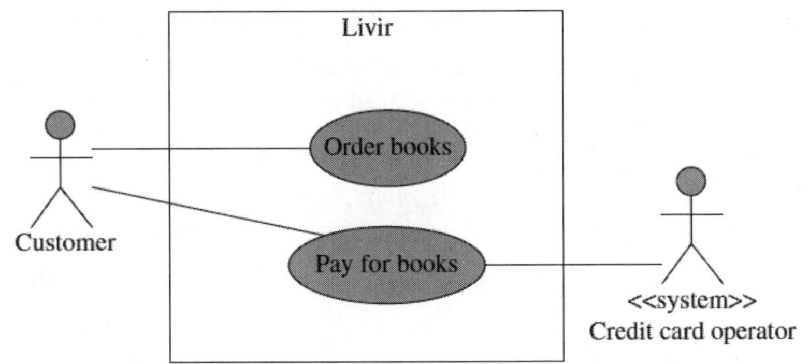

图 3.1　系统用例图

在图 3.1 中，椭圆代表系统用例。默认情况下，参与者是由人类担任的角色。其他类型的参与者用版型（stereotype）来表示，<<system>>指的是信用卡运营机构（Credit card operator），这是一个外部系统，而不是真正的人。

用例图是一个非常受欢迎的 UML 图，但也经常被误解。这些图通常包含了很多的用例图及其附加的分段。然而在初始阶段，最重要的事情是要了解系统的主要过程是什么，而不是其细节。因此，图中的分段存在以及用例之间的包含（include）与扩展（extend）关系使用是不可取的（有时会暴露出它们的内部结构）。要注意当这些高级别过程由系统序列图详细表述时（参见 5.8 节），分段和用例的包含或者其他扩展可能会被遗漏。

通常，此时不会有足够的信息以发现所有的分段。只显示用例部分分段的原因很简单：在初始阶段不需要在图内显示所有内容。这样，图内就不会有太多的椭圆，太多椭圆会影响对图的理解。因此，一方面要有严格的标准来确定图内应保留哪些用例用以避免大量的过于详细的过程；而另一方面，太少的过程又不足以说明系统的重要功能。

只有在那些过程能够以阻塞方式执行时，该规则可被认作为一个用例。当其他过程不在系统用例图中描述期间，这部分过程必须被执行。

然而，即使遵循了此要求，在实践中，系统用例的数目可能还是会很多，因此与它们打交道可能会变得困难。要减少数量又要保证不丢失信息和准确性，则可能会使用第二个规则，包含一定程度上相关的用例的分组，特别是像模式那样不能够一次完成操作时。例如，假设有如下 4

个用例：增加书籍信息（Create book）、查找书籍信息（Retrieve book）、修改书籍信息（Update book）和删除书籍信息（Delete book），或者只有一个用例管理书籍信息（Manage book），该用例包括4个单独的过程。这就是一种模式，因为它可能会被其他概念所重复：管理出版商信息（Manage publisher）可能使用增加出版商信息（Create publisher）、查找出版商信息（Retrieve publisher）、修改出版商信息（Update publisher）和删除出版商信息（Delete publisher）等。这种模式被称为CRUD，即增加（Create）、查找（Retrieve）、修改（Update）和删除（Delete）几个单词的首字母缩写。

3.3.1节将详细介绍这些规则，并介绍实现用例最佳粒度的其他标准。

3.3.1 独立会话

一个好的系统用例必须在独立会话[①]当中完成，其意义在于它在开始和完成时不会中断。例如，订单的生成是在系统的独立会话中完成的，其中会涉及顾客识别、书籍选择、价格可视、支付、收货地址选择等信息。这其中所涉及的每个方面都是系统的功能需求。

用例必须作为独立过程执行。该过程只在其他过程上下文环境都只是分段（而不是用例）的背景下进行。

在Livir系统中，税率计算只在网上订购图书的过程中发生。假设系统的需求不确定该过程必须被视为一个独立过程（如果需求有差异，那么它还有可能会是这样的情况），在这种情况下，计算税率（Calculating taxes）不是一个用例，因此，根据这一情况，计算税率就不包含在图内。图3.2说明了在图内避免使用分段的情况。

另一方面，订购图书（Order books）是一个用例，因为它是一个过程，有明确的开始和结束，并在该时间范围内持续发生（没有被中断），并产生了相应的结果（生成订单）。

在图3.1所示的例子中，需要注意以下两种可能的情况：

- 系统只确认在线支付的订单（不是保存在购物车内）。在这种情况下，订购图书和支付是独立用例购买图书（Buy books）中的分段。如果这是实际的要求，则必须修改该图，将两个用例替换为一个独立的用例——购买图书（Buy books）。
- 系统记录订单，但不一定进行结算，也就是将商品暂存在购物车内，直到顾客决定完成该订单（可以立即支付或稍后支付）。如图3.1所示的情况，订购图书（Order books）是一个用例，而支付图书（Pay for books）是另一个用例，可以立即执行，或者是间隔一段时间再执行，因此，它们应被视为独立的用例。

另一方面，支付订单后，并不会自动配送图书，需要有人确认订单已生成，另一人负责打包出库再进行配送。一般订单支付后就可以立即发货，但也可能第二天才开始发货（也可能更晚），此时配送（Delivery）就是不同的用例。配送用例以购买图书为先验条件，但购买不是配送的一部分——配送是在购买之后发生的。因此，虽然购买和配送是连续的，尽管是相同业务用例的一部分，也必须被视为不同的系统用例，图3.3中还包含了配送图书（Send books）用例。

[①] 这种想法遵循了Larman在2004年对EBP（基本业务流程，Elementary Business Process）用例的定义。EBP的定义来自于业务流程工程领域："一个任务由某人在某地的某个时间内执行，响应一个业务事件，其增加了大量的商业价值，并保留了一致的数据（a task performed by one person in one place at one time, in response to a business event, which adds measurable business value and leaves the data in a consistent state）。"

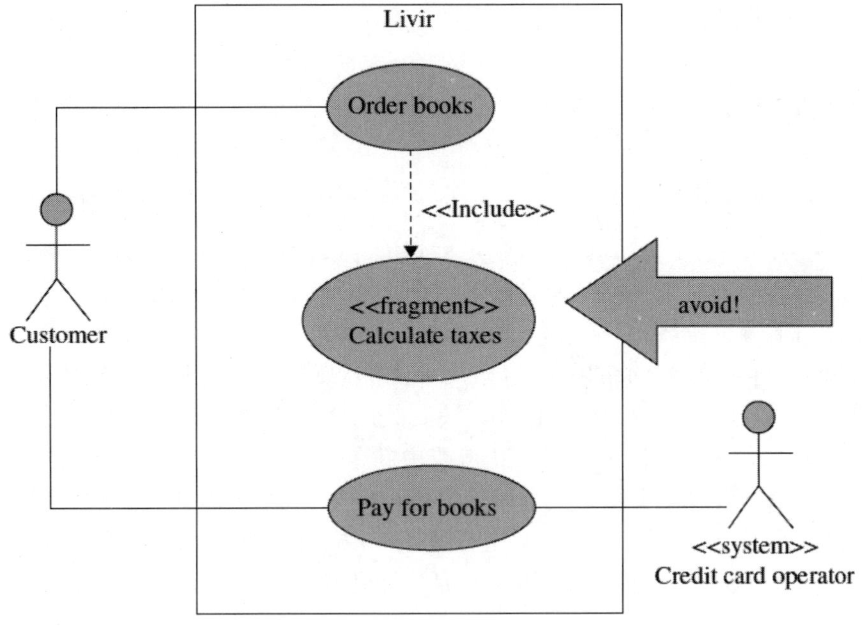

图 3.2　用例分段

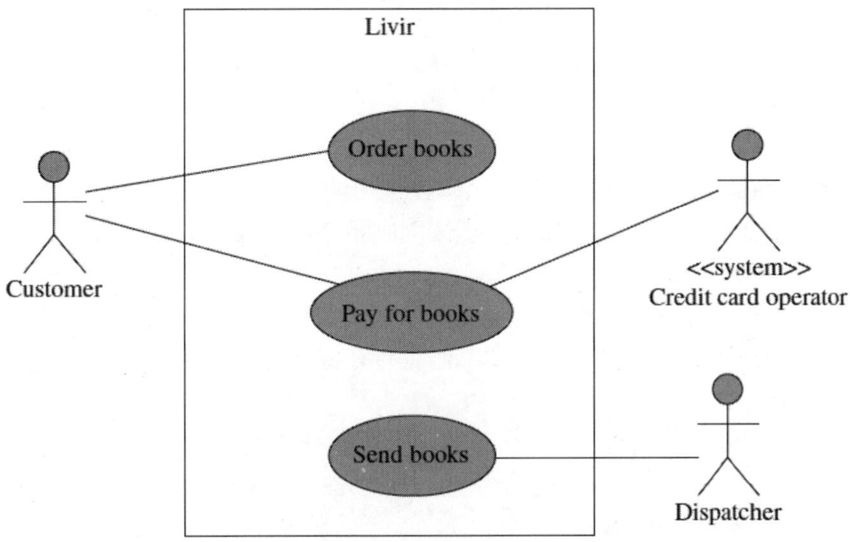

图 3.3　与销售图书业务过程相关的用例

3.3.2　交互

用例必须是可交互的，也就是说一个参与者必须与系统进行交互。系统内部的过程不管如何复杂，都不是用例。从另一方面讲，由参与者发起的简单查询则是一个用例。

上面提到的内部过程本身就是一个用例（例如，计算税费是购买图书的一部分），或作为其补充需求（例如在关系数据库中存储数据）。在补充需求的情况下，通常由不依靠用户参与的内部机制来实现。在初始阶段，其作为补充需求（3.4.8 节）或非功能性需求（3.4.5 节）进行记录，这样就不会低估其潜在的风险。

3.3.3 一致性结果

用例必须能产生一致的结果，无论是完整的条目还是一段信息，或是给用户传递的一个简单查询的相关信息，用例信息的最后状态必须是一致的。例如，记录订单时，不能遗漏了确认顾客以及其所订购的图书等信息，否则有关的订单信息按照有关的业务规则是不完整的；书店无法恢复该订单或在不知道哪位顾客预订了哪些图书时修改订单。

要确定用例是否有一致性的结果，可以采用下面的思路：只有完整的过程才是一个系统用例，例如用户使用计算机，启动系统、执行操作，最后关闭计算机就是一个完整的过程，因为该过程已经完成并达到了一定的业务目标（用户获得或更新了一些信息）。

在书店的例子中，这些在用例定义分段之外的，例如计算税费，因为税费计算是在订购过程中发生的，不是一个独立的过程。同样的还有登录（Login）过程，因为登录到系统，然后关闭计算机不能被视为一个完整的过程，它可能只是一个用例的一部分，如图 3.4 所示。

图 3.4　登录（Login）不能作为一个完整用例

应避免将登录（Login）当作是一个用例，或是用例的一部分，因为这可能会被简单假设为每一个系统操作只能由被授权的用户来执行。该机制是系统技术设计的一部分，不需要在高级别用例模型中考虑。

从另一方面讲，有可能存在完整用例是在其他用例内完成的情况。例如，用户注册可以视为一个完整的用例，但该过程也可以在订购图书时进行，特别是用户第一次使用该系统，或者需要更新其信息时（见图 3.5）。

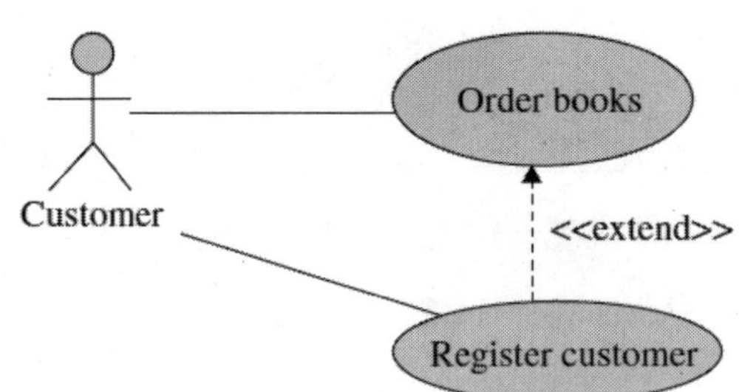

图 3.5　可能被关联的独立用例

用例间的依赖关系使用<<extend>>版型，用以表明订购图书的过程可能会由于与用户注册过程有关而得以扩展。两个过程可能是相互独立的，但用户注册也可以在订购图书的过程中进行。

为了避免在用例图中滥用<<extend>>版型，需要时刻记住在图中只能保存完整的用例。必须要避免出现类似图 3.2 和图 3.4 中的分段，即使它们是用例的扩展。在第 5 章将介绍如何处理这些分段。在实践中，遇到此问题时，用例之间的任何关联，如扩展或包含，也应该避免在图中出现，因为在初始阶段它们通常会向图中添加一些无用信息。

3.3.4　基本用例

编写用例通常会使用到以下两种风格：

- 基本用例（Essential use case），没有提到接口技术。
- 具体（或实际）用例（Concrete use case），专为给定的接口技术编写。

在需求获取和分析期间，系统用例被认为是一个需求，而不是设计。把这些纯粹和接口技术（例如打开主界面、打印报表以及登录等）相关联的用例操作包含在其中是常见的错误。人们会在发现需求，确定这些操作后才开始进行这方面的设计。

Ambler 在 2000 年指出基本用例模型有更好的灵活性，更多的选择和更容易适应技术的变化。他还提出基本用例模型比具体表示法更强大，因为它们面对变化的实现技术时可能会更有效。

因此，在获取需求过程中要正确选择基本用例，虽然也有相关的技术细节和选项可供风险管理和工作量统计。在后面的 5.4.1 节中将更详细地说明基本用例和具体用例之间的区别。

3.3.5　简要用例

在初始阶段，用例通常是较为简要的，即只由其名称或一两句话进行描述。然而，这不是描述用例的唯一方式。第 5 章将介绍如何扩展并详细说明需求。

Cockburn 在 2001 年提出了根据用例详细程度表示的 3 种用例类型。

- 简要用例（Brief）：用一段文字简要描述用例。
- 临时用例（Casual）：以简单、分段、分散的样式编写，很可能会遗漏与项目信息相关的用例，相较于详述用例，其描述较不严谨。
- 详述用例（Fully Dressed）：展开说明包括一个主动作流和候选流，以及其他部分，如后验条件、先验条件、利益相关者和技术的变化等。

在本书中，初始阶段的用例采用的是简短用例类型，即只用它们的名称来表示各自的含义，但也会通过附加的说明来帮助对其的理解。此外，如果某些关键用例因为较为复杂，必须要展开说明以识别其风险也是可接受的。通常情况下，当要求必须详尽说明需求时，使用详述用例或扩展的用例只在初始阶段有用。

3.3.6　系统边界

在设计系统用例时，开发团队需要确定系统边界的位置。在图中，边界用长方形表示。边界内包含了一些用例，而边界外则是参与者。在业务用例图中，系统边界表示组织（公司、部门等）的界限，而在这里表示的是计算系统的界限。

之前已经确定在自动化边界内需要包含哪些工作者。在帮助顾客购买图书的职员的例子中，当进行系统建模时，如果该职员并未出现，则由顾客自身执行该用例。

然而，如果这并不是发生在虚拟的网上书店，而是在实体店内购买书本，该职员是否还需要包括在用例图内？在采用基本用例时，建议在图中只包含与用例相关的参与者。例子中的职员可以看成是顾客的一个代理，其在购买图书的过程中没有自身的目标，而仅仅作为系统的一个接口。不管书店是在线的还是实体的，基本用例都应该是相同的，因为在顾客和系统之间交换的信息都是相同的，职员只会在收到信息时对信息进行传递。在这种情况下，关系图内出现的唯一角色只有顾客，职员不应该出现。以这种方式产生的用例在技术上是独立的。

有些人可能会有下面的疑问：如果职员参与销售工作，从销售中获得提成，要如何考虑？在这种情况下，得到的用例就和前面提到的用例有些不同。在这里，顾客和职员都是参与者：顾客关心其购买的图书，而职员则关心其提成比例。同样地，在职员可能会执行一些顾客无法执行的操作时（例如修改产品价格等），那么该职员还是一个参与者，需要表现在关系图中。

3.4 如何在业务模型中发现系统用例

要确定系统用例及其参与者，开发团队需要认真研究业务用例图，并定义自动化边界（自动化范围）。

首先，要找出需要自动化的真正与过程相关联的参与者。在自动化范围内，有与业务用例进行交互的业务参与者，业务工作者也需要与这些用例进行交互，但不在自动化范围内。在图 2.11 所示的例子中，有以下系统参与者：

- 顾客（Customer）、出版商（Publisher）和信贷卡运营机构（Credit card operator），他们是将要自动化地与用例进行交互的业务参与者。
- 采购经理（Acquisition manager），作为业务工作者，不进行自动化，但会与用例进行交互。

另一方面，不应作为系统参与者的有：

- 职员（Clerk），是一个要被自动化的业务工作者。
- 市场部（Marketing department），作为业务工作者，在自动化范围内，不与用例进行交互。

那些其职能可由系统部分或完全支持的业务工作者可能会成为重要的信息源，因为了解其当前执行任务的方式可能对于理解系统必须要进行的操作至关重要。此外，了解其职务具体如何执行是必要的，现实中的部分情况不一定是程序中编写的那样。

需求的另一个来源是会成为系统参与者的业务参与者。不过，这些参与者不能一直用于需求获取，在这种情况下，就要向相关领域的专家去寻求答案了，例如，不可能会与书店当中并不存在的某个客户进行会晤以便获取需求。因此，熟悉业务并且能够清楚解释的人将会成为获取正确需求的关键性人物。如果不能与出版商和信用卡运营机构进行沟通，那么还要认真校验现有的一些协议和服务文档等，这样才可以了解系统相互间的接口需求。而对于客户来说，就不能应用此方式了。

一旦通过业务用例图确定了系统参与者，就可以观察活动和状态图，该图在进行业务分析以确认由系统参与者执行的活动是否可以视为系统用例时就已经创建。

通过分析图 2.10 中的活动，可以看到顾客（Customer）所执行的活动如下：

- Order books（订购图书）。

- Pay for books（支付图书）。

其中，出版商（Publisher）的唯一活动就是配送图书（Send books），信用卡运营机构（Credit card operator）的唯一活动就是确认支付（Confirm payment）。

并不是所有来自于职员（Clerk）的活动都会成为系统用例。如第 2 章中图 2.7 所示，将职员这一角色划分成两种参与者：采购经理（Acquisition manager）是不进行自动化的；职员（Clerk）是要自动化的。由采购经理这个角色执行的活动才可能会变成系统用例。而由已自动化的职员这个业务工作者执行的活动，则是系统的一个内部活动。例如，在第 2 章中图 2.10 中的记录订单（Register order）和库存通知（Inform availability and total）并不会成为系统用例，它们只是由顾客发起的订购图书（Order books）用例当中的一部分。然而，由采购经理（Acquisition manager）这个角色发起的向供货商订购图书（Order books）的活动却是一个系统用例。

相关的过程能否被标识为用例，还必须考虑下面两个问题：

- 与流连接的活动是立即触发还是可以在其他时间触发？在前面的例子中，订购图书和支付是需要在一个系统会话内触发还是可以在其他时间触发？这取决于业务的组织方式，即取决于业务规则。如果公司要求在下单后必须支付，那么这两个活动组成一个独立的用例。如果公司允许先记录订单（保存购物车），然后在其他时间进行支付，那么这是两个不同的用例。
- 选定的活动是否能够彻底完成？例如，配送图书（Send books）是否能够很好地描述出版商执行的活动？类似地，由客户执行购买活动，是否可以描述出版商已确认订单，图书如果有库存则立即发货？然而，B2B 之间的支付方式不是立即到账的，中间还需要出具发票并给出预计到货时间（例如，付款后 4 个星期内到货）等。

根据以上思路，还需要进一步修改第 2 章的图 2.10。出版商不仅仅配送图书（Send books），还应该包括接受订单，发送付款发票，最后发送有货图书。书店的工作者则负责接收和记录这些图书。该工作者应是一个新的系统参与者，称为仓储工作者（Deposit worker）。

还有一个经常遇到的问题——参与者的权限问题，但无须太关心该问题，因为对参与者进行识别和建模的目标与查找和组织需求过程的相关性，比系统授权访问的过程要高。较好的软件设计将采用动态的方式进行访问授权以创建用户配置文件，并分配给不同的用户。系统的这一方面不依赖于域，且在域内部不适合进行建模。换句话说，用例参与者不应视为一个安全配置文件。这些配置文件由一个通用的独立域机制（domain-independent mechanism）动态创建。

第 2 章图 2.15 所示的状态机图也有助于系统用例的分析。每本图书状态的变更（主要业务对象）都是由“相关方”进行操作的，这里的“相关方”指的是正在执行用例的参与者。因此，根据图中的状态转换，得到了如图 3.6 所示的一组系统用例。

在图 3.6 中，用例编目图书（Catalog book）和从出版商处订购图书（Order book）是处于 Livir 系统范围之外的。这是由于这样的用例是在出版商系统内完成的，而不是在当前开发的系统中完成。因为它们不包括在书店的系统中，所以虽然出现在图中，但处于系统边界之外，超出了系统范围并且不会被实现。

在了解其不会被实现之后，要在图中将其剔除，以利于图形的简化，同时也避免随后被人误解，这种误解通常是因为这些人并不了解边界外的用例不会被实现这一情况。在这种情况下，它们的名字只列在范围清单之外，以做记录之用。

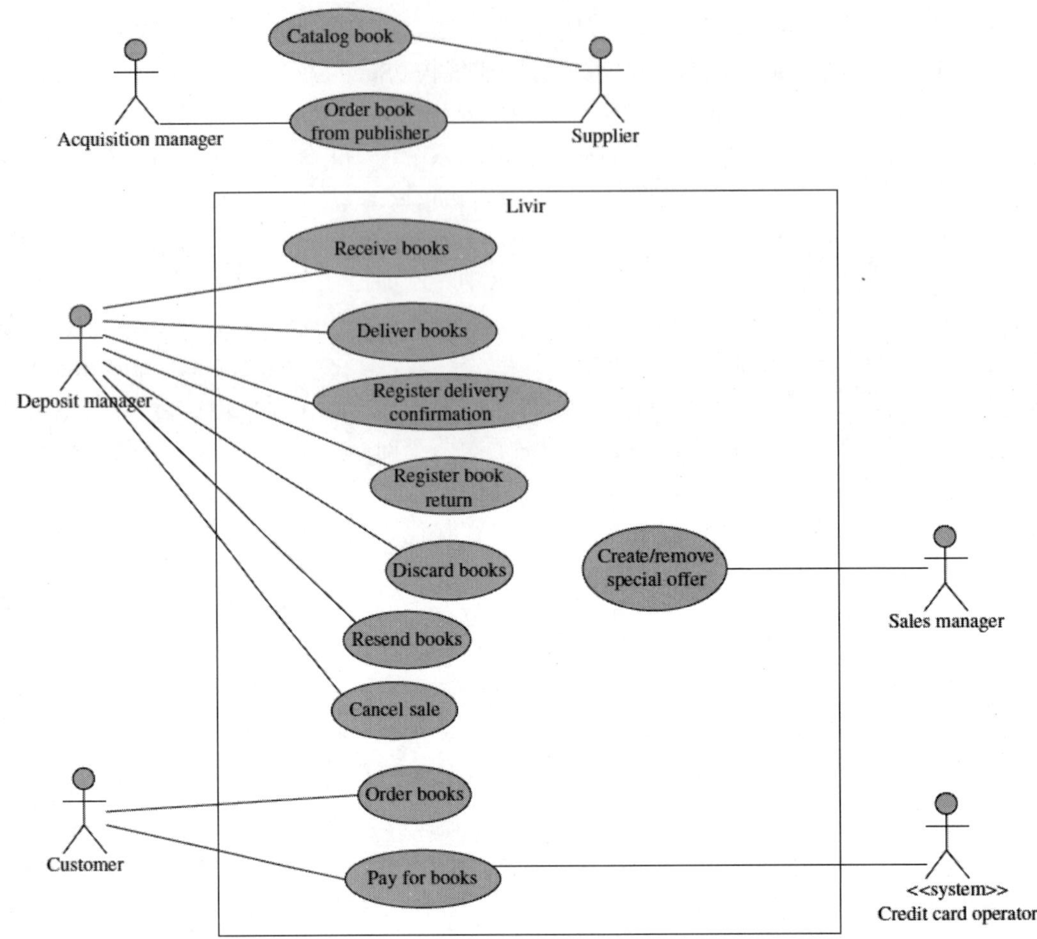

图 3.6　包含图 2.15 中状态机图当中所发掘信息的系统用例模型

与新的参与者仓储经理（Deposit manager）相关联的用例，将会涉及第 2 章图 2.15 中状态机图当中所标明的大部分状态转换，其中有些状态转换是在公司业务范围之外完成的。例如，当顾客需要退回图书时，并不需要通过书店的系统，只需通过邮递等方式退回图书。书店在收到图书时才有相关的退回信息。因此，这里要提到的用例是记录退回的图书（Register book return），而不是退回图书（Return book），因为是由仓储经理记录退回信息，而不是由顾客记录。这类似于记录到货的图书，由用例收到图书（Receive books）来表示，而出版商只负责配送图书，但不能直接在书店的系统内做记录（除非两个系统是整合在一起的）。书店收到图书后才能进行记录。这是业务用例和系统用例之间基本的区别：在业务用例中，现实世界发生的过程可以作为用例的一部分，但如果在系统中发生，则只能用涉及系统的过程表示。

3.5 需　　求

确定系统用例作为一个活动，是统一过程需求理论中的一部分。需求捕获和分析是初始阶段的重要组成部分。开发团队必须使用每个可用的源来发现需求（专家、用户、文档、接口、文献等），对于每个来源，还有可能确定一组系统必须实现的功能。

3.5.1　需求获取

需求获取相当于查找系统需要执行的功能的信息，以及系统运行需要遵循的约束条件。在本书介绍的方法中，采用系统用例进行记录。

另外一种不使用用例记录需求的方法是使用一个包含着功能需求列表的文档，同时还会附带一系列的约束条件（Sommerville，2006 年）。使用用例的方法相对于使用功能列表，其优点在于良好的用例具有明确的力度，可以生成高级别需求列表，因此比单一功能列表更容易理解。高级别用例的数量通常要比单独功能列表的数量少。当进行高级别用例详细构建时，单一功能会以用例扩展的形式出现。

在 Livir 虚拟书店的例子中，需求获取使开发团队能够发现系统必须可以控制以下活动：图书的购买和销售、收取书款、允许退回损坏的图书、生成销售报表、查询库存情况等。这些操作及其他操作构成了系统要实现的功能，因此也可以将此称为功能需求。这些功能最后要合并到一个或多个用例当中。

同时，在需求获取的过程中，分析师还要面对业务规则或系统实现功能的约束条件。例如，业务规则要求书店在确认图书已付款后才开始寄送图书。这种规则是一个非功能性的需求，可以作为用例本身的注释或备注进行记录，用于在详细说明用例时进行回看或验证（见图 3.7）。或者用一个经过编号的列表或电子表格进行单独记录，用唯一的编号与用例相关联。

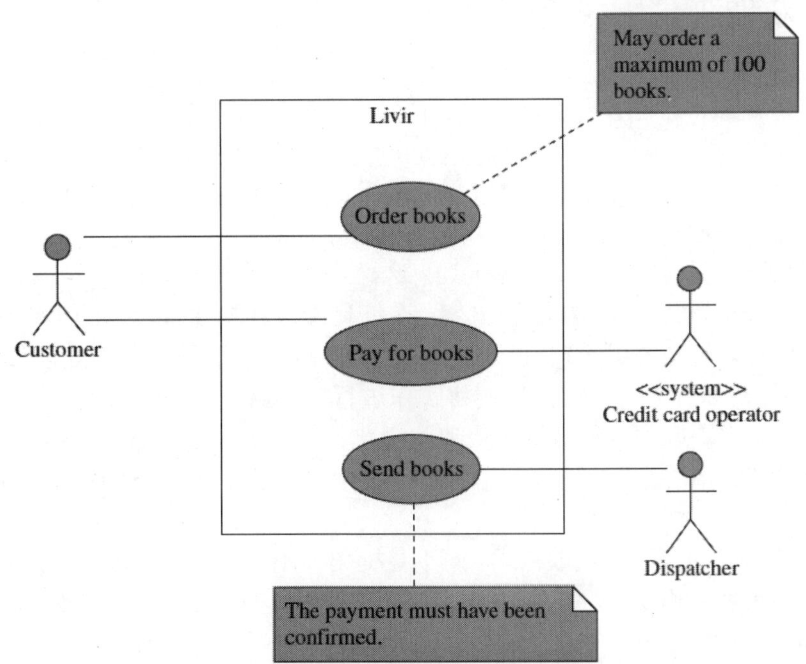

图 3.7　用例中的非功能性需求

如图 3.7 所示，含有注释信息的用例图变得更复杂，这就是建议将这些注释信息记录在用例说明文档或其他独立文档中的原因。大多数 CASE 工具允许使用类似含有说明的用例的图元素，如图 3.8 所示。该规则有一个例外的情况，即当需要注释说明来帮助理解图时，仍然可以使用。不过这种情况很少见。

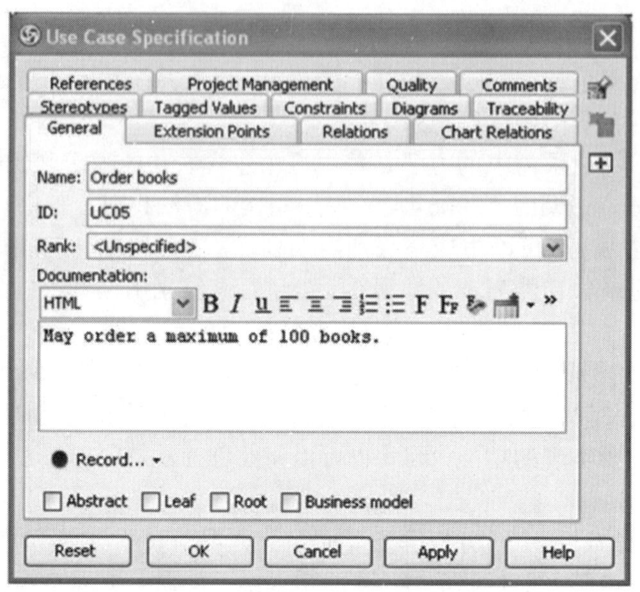

图 3.8　用例注释说明对话框示例（图片来自 Visual Paradigmt Community Edition）

3.5.2　需求获取不是需求设计

分析一个系统就像将自己置身于森林中一样。要探索未知的森林，不能直接对每个植物和动物开始探索。"一叶障目，不见泰山（people cannot see the forest for the trees）"，然而森林是一个庞大的系统，树木是其需求。只有在探索过程的最后，研究团队才能够说他们获得了最小的那一部分知识。必须先采取整体的规划，之后才能研究细节问题。

因此，在初始阶段需要提出一个整体规划，这样才能了解最重要的内容，然后才能将其分解为细化的问题进行分析，最后设计出解决方案。在细化阶段和构建阶段中的组织迭代可以理解为将森林分成几个区域，以便在某个时间段内探索某个区域，以这种方式来处理其内在的复杂性。因此，初始阶段的最终目标之一是根据用例将工作进行分解，便于在后续的迭代过程中进行探索。

在初始阶段，需求获取的过程必须是快速和泛化的。要正确开展这一工作，就必须去发现需求的扩展，而不是其细节。分析师必须理解系统要做什么，而不是要详细说明如何做。只有在细化迭代时才深入分析需求。

需求获取所需的时间仅用于获取需求，而不是提出需求。在这段时间内，分析团队要与客户、用户和其他利益相关者列出所关注的需求列表，以及目前不需要应对的一些限制条件，在下次迭代中才需要更详细地进行需求分析。

必须要明确的是，需求是客户提出的，而不是开发团队设计出来的。有些分析人员会把客户提出的需求和系统设计之初的需求相混淆，这种混淆的一种表现形式通常会涉及包含关系型数据库设计的一系列需求。除非现有的系统和新开发的系统要相互兼容，否则将客户的需求用一组关系数据表表现的理由是什么呢？这可能得要求客户具有相应的计算机学科背景才可以实现了，但这不是常规的规则。数据库表示解决方案领域的一部分，不是问题域。分析师必须能够找到客户的需求及其目标，随后要确定获得的信息是用关系型数据库还是其他的结构进行存储。

3.5.3 需求挑战

需求文档可以用带注释或带有补充需求的用例图表示，但要兼容于系统以及其他需要遵守的条件。Pressman 在 2010 年提出需求分析时会遇到以下几个挑战：

- 如何发现需求。
- 如何传递需求到项目的其他阶段和团队。
- 如何在开发过程中回溯需求，用于验证是否所有需求都已得到实现。
- 如何管理需求变更。

如果在设计过程中不能把需求包含进去，那么开发一个漂亮的用例图没有什么用处。自动化机制会证明其重要性，因此，需要处理好用例和其他设计部分之间的可追溯性关系。随后章节的内容将介绍如何处理设计过程中的关系。

另外要牢记在项目开发时，有些需求要进行必要的修改，因此在初始阶段后，需要进行需求变更管理。

有时即使在系统部署后都还会有需求变更的情况，例如环境条件、规则、公司政策、工作方式等随时都有可能变化，从而导致需求变更。虽然分析师不可能预见这些变更，但他们可以创建一些适应的机制，以便在必要的时候修改过程以应对需求变更。有一些设计模式专门用于处理这些往往不可预知的需求变更（例如 7.6 章节当中将要介绍的策略模式）。如果系统没有适应需求变更的能力，将很难实施。

对大多数系统来说，这种状况会使得那些需求驱动的分析与设计过程（Alford，1991 年）显现出不足之处。使用需求作为基础去支持系统结构，就像是使用流动的沙子建造房子一般，当需求发生变更时，整个结构就会被破坏。然而，统一过程使用了更为稳定的架构基础，基于类以及封装信息和行为的组件。

这些类实现了某些功能，这些类实现了某些组合了允许需求实现的功能。如果需求发生变化，则组合也进行变化，但基本架构不变。这种体系架构采用了 Meyer 于 1988 年提出的开放-封闭原则，对于扩展是开放的（可以适应新的功能），而对于更改是封闭的。

弄清每个需求的来源（如业务参与者、业务工作者、客户或者相关领域的专家）是非常重要的，因为需要确认这些来源提出的需求是否全面、完整及健全。

有时不同的人或部门对相同的需求会有不同的表述。在这种情况下，需要多方达成协议，或拥有最高权限的人确定可接受的需求表述形式。

3.5.4 显性和隐性的功能需求

Gause 和 Veinberg 在 1989 年提出，功能需求可以根据需要确定为显性（evident）需求或隐性（hidden）需求：

- 显性的功能需求是根据用户的知识完成的。这些需求通常对应于用户和系统之间相互交换的信息，例如查询和数据的录入，都是经过系统接口进行。
- 隐性的功能需求由系统执行，不需要用户的参与。通常这些功能都是一些数学运算，以及系统内执行的数据更新，用户一般不参与，但用户会参与其他的一些操作。

隐性需求是由系统内部执行的。因此，虽然它们不作为用例出现，但也要适当进行关联，以便于在设计和实施时进行回溯，也可以将它们添加为用例的注释。

显性需求最明显的一个例子是生成最畅销图书的报表，管理人员似乎都需要这个功能。给所销售的图书应用折扣则是典型的隐性需求。在这种情况下，用户没有要求系统执行该操作，这是系统自动执行的活动，是一个隐性需求。

3.5.5 非功能性需求

非功能性需求指的是可能会连接到系统的特定功能的约束或质量目标（例如“单个订单内不得超过 100 本书”“订单交易记录在连接中断时也要保持”等），因此可以把它们看作是各自功能用例上的注释。有时，一些非功能性需求并不附带相应的需求（例如“系统要使用 Java 来实现”），在这种情况下，这些需求将出现在补充规格文档中。约束和质量目标会附加到一个被称为非功能性需求的函数，与一般约束和质量目标统称为补充需求。

非功能性需求有以下两种类型。

- 逻辑性问题：业务规则要附加到一个功能。例如，在销售登记过程中需要考虑一系列约束条件，如果信用卡运营机构没有确认订单已付款，则不结算该订单；或者配送的地址无效，也不能结算该订单。
- 技术性问题：约束和质量目标与执行功能所使用的技术有关，例如，用户接口、通信协议、安全性约束条件，容错能力等。

例如，建立用户界面来执行确认下单操作，但是要遵循一个基于序列流的设计模式，这是有关功能执行方式的技术性约束（接口约束）。非功能性需求的另一个例子是“确认支付时间不得超过 5 秒钟”，该技术约束与系统性能相关，这会使设计人员不得不认真考虑系统与信用卡运营机构间的通信机制及宽带连接问题。

需求不会考虑如何去实现约束条件，仅仅是要求这么做而已。系统的设计和实施必须以各种方式满足需求，否则分析师只能与客户对相关的需求进行协商。

3.5.6 非功能性需求的持久性和短暂性

需求的最基本特征之一是给定的非功能性需求或补充需求是持久的还是短暂的。

非功能性需求和补充需求可以根据客户的决定分为持久性需求（预期不会改变）或短暂性需求（预计会更改）。持久性或短暂性不是需求的特征，而是根据便利性决定。同样的一个给定需求，根据软件开发和维护的时间与成本预期分为持久性需求和短暂性需求。

如果采用灵活的设计，此时约束将大部分为短暂性的；那么在维护阶段，要适应新的需求所耗费的精力就会很少。然而在开发过程当中，灵活性设计的成本将会使某些人望而却步。那么应该仔细考虑哪些约束应该被视为短暂性需求。

例如，在 Livir 系统中，补充需求为只使用一种货币进行结算——美元。如果将此需求视为持久性需求，那么系统将以单一货币进行设计（其中 dollar 甚至可以用一种数据类型来定义变量和属性）。如果此需求是短暂性需求，那么即使现在不使用其他货币结算，系统也要为使用其他货币或同时使用多种货币结算做准备。

决定一个持久性需求的重要性在于以下几个方面：

- 可以以更低的成本和更快的速度开发系统。
- 满足未来的需求变更时，修改系统要花费更大的成本，也更为复杂。

另一方面，短暂性需求的选择会有以下结果：

- 开发系统的成本更高，也更复杂（系统要能够满足新的功能，例如使用多种货币结算）。
- 更易于快速维护系统（如果有需求变更，通过简单配置，系统就可以满足新的需求，因为已经对适应新功能做了准备）。

因此，不是非功能需求的属性来决定它是持久性需求还是短暂性需求，而是由在开发团队协助下的客户做出决定。理想的状况是列出相对重要的需求（预计在未来会对系统影响最大的变更），将其作为短暂性需求，其他的则为持久性需求。

3.5.7 强制性需求和希望性需求

需求也可以分为强制性需求和希望性需求[①]，也就是必须获取的需求，以及如果没有更大的问题，会阻碍开发过程所能够获取的需求。

功能性需求采用分级的形式表示开发的优先级。如果在合同中有相关说明，还可以在没有时间实施其他用例的情况下，只实现最重要的用例，因此开发团队需要了解哪些是强制性需求。

如果开发团队能够估算开发新系统所需的工作量，同时在以往也曾有过准确的工作量估算经历，那么对功能性需求开发的估算就不会有太大困难，所有需求都能在预定的时间内完成实现。

另一方面，非功能性需求和补充需求相比功能性需求的工作量估算更具有不可预见性，因此在某些情况下，可能需要灵活考虑这些需求。

在这种情况下，需要定义一些限制条件来区分哪些需求是必须满足的，哪些是较简单且能够令人接受的，哪些是要分配一些时间去实现的。

例如，在 Livir 系统中，使用 Web 界面的要求可能会被认为是强制性的补充需求。在这种情况下，其他的解决办法是不能被接受的。然而，通过移动设备访问该系统可以认为是合理的要求，因为这种访问方式对于系统的成功实施来说不是绝对必要的。

现在，随着软件开发合同的正规化，希望性需求的灵活性越来越少。在大多数情况下，开发人员需要说明要实施的需求，要花费多少时间及成本等。超出这些预算或计划，可能需要支付违约金甚至是取消该项目。

[①] 另一种分类方法是使用 MoSCoW 规则，即 Must（必须有）、Should（应该有）、Could（可以有）和 Would（愿意有）。

3.5.8 补充需求

补充需求将与系统有关的所有类型的约束和质量目标作为一个整体来看待，而不是独立的功能。例如，补充需求可能会要求系统必须与现有的数据库相兼容，或者是用指定的编程语言进行开发，或要采用一个给定的外观样式等。

在定义补充需求时要格外小心。例如“系统必须简单易用”这样的需求并不清晰。类似“新用户在第一次使用时必须能够完成任务而且没有错误”这样的表述会好一些，能够更好地明确“什么样的需求需要得到满足”。

非功能性需求和补充需求也可能是不同的内容，例如接口、实现方式、性能、容错能力等。做出这种区分主要是为了能够更好地组织项目。

尽管很多统一过程的开发人员会选用 FURPS+分类体系（Grady，1992 年）来组织补充需求，最新的补充需求规范是 ISO/IEC25010[①]，如表 3.1 所示。

表 3.1　基于 ISO/IEC 25010:2011 的补充需求分类以及需求产生的问题

25010 功能	25010 子功能	需求产生的问题
功能适用性	功能完整性	是否要实现所有必要功能？是否可以将其中一些排除在系统范围之外？部分功能是否可以由另一个项目实施
	功能得体性	由系统实现的用户活动要达到何种易用程度
	功能正确性（准确性）	是否有相关的准确性规格说明，即是否有理想的准确数据？是否有允许数据不准确的阈值
可靠性	成熟性	是否需要特别注意以防止系统在使用过程中出现缺陷？关键业务是否需要正式规格进行定义？是否需要进行强度及其他类型测试，以确保系统运行没有错误
	可用性	系统要求何种程度的可用性？要支持多少并发连接数？每天要运行多少个小时？每年要运行多少天
	容错性	系统在外部引发的异常，例如，通信中断的情况下应该如何反应
	可恢复性	系统是否需要在发生灾难时自动恢复？哪些情况下要恢复丢失的数据和终止的过程
可用性	易判有用	软件本身应以何种方式向潜在用户呈现以便用户可以识别其适用性？软件应该如何打包
	易学习	如何将系统概念呈现给用户，以使其能够很快使用
	易操作	产品的易用程度如何？系统要提供何种帮助服务？应该提供何种形式的文档和手册，如何编写？要包含什么类型的内容
	用户错误保护	必须有哪些用户错误保护措施
	引人入胜的用户界面	要采用哪种设计模式来美化用户界面和提高互动体验
	易掌握性	为特殊需求的用户进行什么程度的设计
性能效率	时间行为	在软件和功能开发上有哪些时间限制
	资源利用	数据存储空间、资源、通信网络是否有限制
	容量	处理能力的标称值和临界值分别是多少？例如，系统设计最多允许 2000 并发连接，并保证在 10000 并发连接时能正常运行

① http://www.iso.org/iso/catalogue_detail?csnumber535733

续表

25010 功能	25010 子功能	需求产生的问题
安全性	保密性	系统只针对授权用户访问的信息和功能是哪些
	完整性	未经授权的用户和系统不能修改哪些数据和功能
	抗抵赖性	系统如何保证所保存的数据是真实有效的
	可追踪性	系统如何记录用户活动？采用什么方式记录
	真实性	系统如何保证已登录的用户是真实的
兼容性	共存性	哪些产品可以与系统共存？要使用哪些工具和编程语言？是否要和现有系统并行运行
	互操作性	哪些产品需要与系统进行通信？哪些系统需要发送数据？哪些系统需要接收数据
可维护性	模块性	要使用哪种结构？层次结构，分区结构，组件结构还是 Web Service
	可重用性	该系统是否是其他系统的一部分？该系统是否要为在将来的项目中能够重用而进行设计
	可分析性	是否需要其他技术或工具以易于调试代码
	可修改性	是否需要其他技术或工具确保对系统的修改不会产生新的问题
	可测试性	是否需要其他技术或工具进行回归测试？是否需要自动测试？是否需要使用 TDD（测试驱动开发，test-driven development）？如何保持在开发过程中产生的测试资产
可移植性	适应性	是否要求系统适应于其他上下文及最初的设计？是否需要重新编译或重新配置？可以在系统内做什么配置？ 可配置的项目包括打印机、货币、公司政策、界面字体和颜色、语言等。短暂性需求应该与可配置项目相关联
	可安装性	提供哪些安装资源？是否自动化安装？数据迁移是否自动
	可替换性	新系统在替换其他系统时需要提供哪些资源?系统被其他系统替换时需要提供哪些资源？所生成的数据和配置是否要按照类似 XML 等易于理解的格式
有效性	有效性	实际使用中，哪些业务目标需要系统提供帮助？系统如何使用完整和正确的方式获得这些目标
效率	效率	系统要产生什么样的投资回报（Return of invest ment，ROI）给用户
满意度	有用	以何种方式设计软件，使用户使用后觉得有用
	有趣	系统如何使用户觉得有趣
	舒适	系统如何保持或提高用户的身心舒适度
	可信	系统如何进行设计，以便于利益相关者能够信任其能胜任工作
低风险	降低经济风险	系统要降低哪些金融风险（包括财产和精神损失）
	降低健康和安全风险	系统要降低哪些对人体的伤害
	降低环境风险	系统要减少哪些环境和财产风险
环境覆盖	环境完备性	系统如何能够被有效地使用，高效且无风险，以及提高用户的满意度？使用环境是什么？是否有相关软件的使用的法律要求
	灵活性	系统如何能够被有效地使用，高效且无风险，以及提高用户的满意度，是否与最初的设计相同？使用环境是什么

虽然此列表内容很多，但开发团队必须牢记的是，这仅仅是一种分类方法，有助于发现最重

要的需求。没有必要去寻求根本不存在的需求，例如，客户根本不关心软件的打包形式，开发团队却提出了复杂的包装需求。

不要浪费时间讨论给定的需求是哪种类型，比决定需求是什么类型更重要的是客户提出了该需求，长时间讨论需求类型对项目没有明显帮助。

表 3.2 中介绍了给 Livir 示例分配的补充需求。

表 3.2　Livir 系统的补充需求

25010 功能	25010 子功能	需求产生的问题
功能适用性	功能完整性	
	功能得体性	
	功能正确性（准确性）	
可靠性	成熟性	
	可用性	系统必须持续可用（每天 24 小时，每周 7 天）
	容错性	临时故障的情况下，用户的成交记录至少要保留 24 小时以用于恢复。在截止时间后，可能要进行回滚操作
	可恢复性	电源、通信、数据故障时，系统可以不需要操作员介入重新运作
可用性	易判有用	为每种类型的用户创造价值的访问功能，在系统的初始页面要容易识别，还要强调原始功能
	易学习	一些功能的命名（如按钮和菜单等）要符合 Windows 的命名规则，便于用户理解和使用
	易操作	系统的使用必须易于新用户掌握，而不需要通过其他的帮助或说明
	用户错误保护	程序要能防止用户输入不一致的信息
	引人入胜的用户界面	
	易掌握性	系统必须能够配置成其他人类语言
性能效率	时间行为	在访问高峰，系统的性能不能降低
	资源利用	
	容量	峰值能够承受 10000 并发连接
安全性	保密性	销售数据和顾客资料只允许用户本人、销售经理和由销售经理授权的工作者访问
	完整性	顾客只能修改自己的资料以及自己提交的订单，其他的数据修改必须由被授权的人员进行，要定义好不同的权限等级
	抗抵赖性	系统必须保存不可更改的订单记录，其中包含以下数据：订单内容，订单生成和收到图书的日期和时间，用户身份
	可追踪性	
	真实性	对用户和系统管理员，任何情况下密码都是不可见的
兼容性	共存性	
	互操作性	系统必须能够自动与信用卡运营机构通信，以便确认付款
可维护性	模块性	
	可重用性	
	可分析性	
	可修改性	
	可测试性	

续表

25010 功能	25010 子功能	需求产生的问题
可移植性	适应性	服务器使用单一平台安装，至少可以通过 Internet Explorer、Google Chrome 和 Mozilla Firefox 等客户端访问系统，并能够根据用户计算机配置识别语言、货币及其他定义
	可安装性	用户可以不需要安装任何组件（除了常用于浏览器的以外）即可通过 Web 访问系统
	可替换性	
有效性	有效性	
效率	效率	
满意度	有用	
	有趣	
	舒适	
	可信	
低风险	降低经济风险	
	降低健康和安全风险	
	降低环境风险	
环境覆盖	环境完备性	
	灵活性	

因为需求要与客户沟通获得，而不是虚构的，所以当中的一部分内容没有被填充。因此，在通常情况下，初始时所有分类当中的内容中均不会填充需求。表 3.1 提到的一些问题是确定这些最后需求的基础，但并不是强制性地要求回答所有的问题。

3.6　初步概念模型

虽然第 6 章和第 7 章会详细介绍概念建模技术，但现在也有必要介绍一下系统用例和所谓的初步概念模型（Larman，2004 年）之间的依赖关系。初步概念模型诞生在初始阶段，由表示系统主要信息单位的类图组成，但还不必要用于表示属性。虽然会在模型中体现它们的关联，但还不用详述其功能特点。

通过分析系统用例图可以发现许多重要的概念。这些概念在初步概念模型中表示为类，并将表示由系统所管理的信息结构。同时，分析师通过观察概念模型，可以注意到用例图是否充分完整。这种验证通常发生在业务过程确定新实体时，并且要记录到系统中。

图 3.9 提出了使用初步概念模型来表示图 3.6 中用例图的示例。发现类的过程包括对用例的思考以及假设在参与者和系统之间的（高级别）信息交换的内容，以便允许过程的执行。类之间的关联表示的是它们所代表的信息部分之间的依赖性或关系。

回顾图 3.6 以期找到图 3.9 中的概念，从中不难看出：

- 订购图书（Order books）是系统中最重要的用例，这里的两个概念——图书（Book）和订购（Order）是相互关联的。

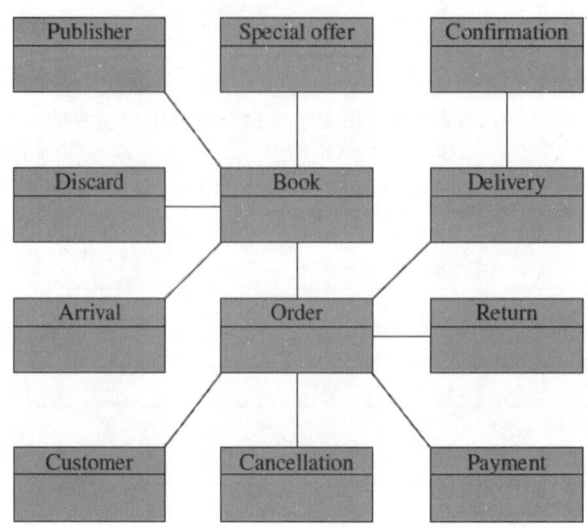

图 3.9　前述图 3.6 用例的初步概念模型

- 支付图书（Pay for books）添加一个新的概念——支付（Payment），与订单（Order）相关联。此时，开发团队可以将用例的名称更改为支付订单（Pay order）。
- 收到图书（Receive books）用例产生概念到达（Arrival），与图书（Book）相关联。此时可以添加新概念记录订单（EntryOrder）或者购买订单（BuyOrder）。
- 配送图书（Deliver books）产生一个新的概念：配送（Delivery），与订单（Order）相关联。现在配送图书（Deliver books）可以重命名为配送订单（Deliver order）。
- 记录配送确认（Register delivery confirmation）产生概念确认（Confirmation），与配送（Delivery）相关联。
- 记录退回图书（Register book return）产生概念退回（Return），与订单（Order）相关联。此时可以将用例名修改为记录退回订单（Register order return）。
- 丢弃图书（Discard books）产生概念丢弃（Discard），与图书（Book）相关联。
- 重发图书（Resend books）看起来不会创建新的概念，因为它在重复用例配送图书（Deliver books），但是还需要进一步分析。
- 取消出售（Cancel sale）产生概念取消（Cancellation），与订单（Order）相关联。此时用例名称可以修改为取消订单（Cancel order）。
- 执行或取消折扣优惠（Create/remove special offer）产生概念折扣优惠（SpecialOffer），与图书（Book）相关联。

初步概念模型的识别特别有助于减轻即将由系统管理的信息结构的可视化工作，有助于统一开发团队和其他利益相关者的意见。其中，修改用例名称以消除词汇的决策已经实现为如图 3.10 所示的内容。

不过还存在以下一些初步概念模型的重要实用程序。在这些概念当中所显示的是这样的情况：其中的大多数都是在已经识别的用例环境当中创建或修改的信息元素，然而其中有些既不是通过这些用例创建的，也不是它们修改的，也就是说其中遗漏了某些用例。特别是图书（Book）、出版商（Publisher）和顾客（Customer）这些类，这些概念可以视为 CRUD 类，可以执行 4 个基本操作：增加（Create）、查找（Retrieve）、修改（Update）和删除（Delete）。如果将它们放到图中，而不用单独进行表示，那么最好是通过使用一个单独的 CRUD 用例来表示这 4 种操作。如图 3.10 所示，使用版型<<crud>>来表示它们是一个 CRUD 用例。

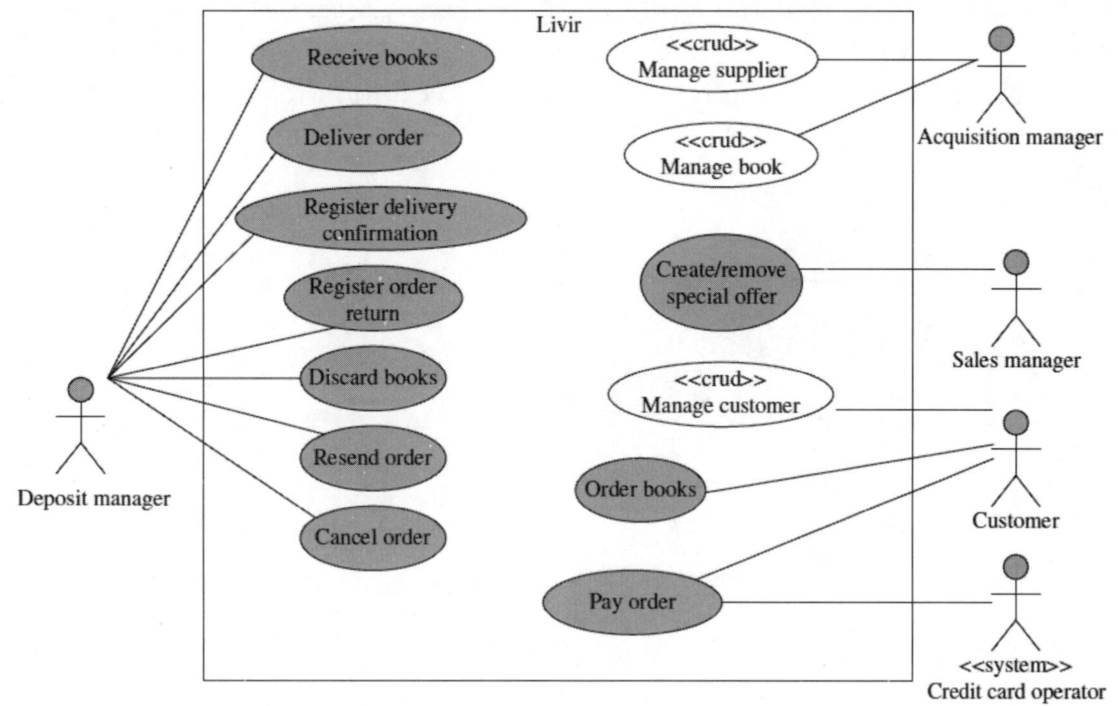

图 3.10 修改命名后及添加 CRUD 后的用例模型

此时定义了一个新的参与者——采购经理（Acquisition manager），负责管理出版商和图书信息。也就是说，已确定了顾客只对自己的订购记录负责。

在这里为什么没有订购、取消、退回、付款等 CRUD 操作？因为那些已经由图上的用例负责，所以不需要再为它们创建其他的用例。例如，用例订购图书（Order books）产生一个订单；由取消订单（Cancel order）和支付订单（Pay order）修改订单状态；可以通过很多用例对订单进行查询等；最后，假设此时不能从系统中删除该订单。

利益相关者可能提出的另一个问题是：系统能生成什么报表？虽然这会是一些很简单的用例（后面进行解释），但报表是满足利益相关者对于信息需求的最重要的信息来源。

报表和 CRUD 检索查询之间的区别是：检索只是简单地恢复存储有关对象的数据，而报表通常涉及多个对象，并且有些情况下这些对象来自于不同的对象；一般会包含某种过滤或数据的组合（例如总和、乘积、平均数、较大的值、较小的值等）。例如，使用 ISBN 号查询一本图书的信息，就不应该作为一个报表用例，因为该查询已经包含在 CRUD 用例内了。

在本书的示例中，可以确定一些参与者感兴趣的报表，如下所示。

- 仓储经理（Deposit manager）：某个时间段内的订单报表、某个时间段内的配送报表、可供出售图书的报表、某个时间段内被退回图书的报表和被丢弃图书的报表。
- 顾客：订单状态报表和历史订单报表。
- 销售经理：某个时间段内的图书销售报表。

客户可能还需要其他报表，上面只是一些例子。这些报表排除在报表列表之外，已经存在于现有用例当中。例如，仓储经理可能还需要已配送到达的订单报表，如果订单报表是在当订单已配送到达后就进行记录，则查询要作为用例收到图书（Receive books）的一部分，并且不包含在关系图中。只有当报表不作为其他用例的一部分时，才可以包含在关系图中，否则该列表就会快速增长，超出管理范围，并且会变得冗余和不完整（对于每个用例，使用序列图的用例扩展会实际指明哪些步骤包括查询是必要的）。图 3.11 显示了包含报表（使用<<report>>版型）更新后的用例图。

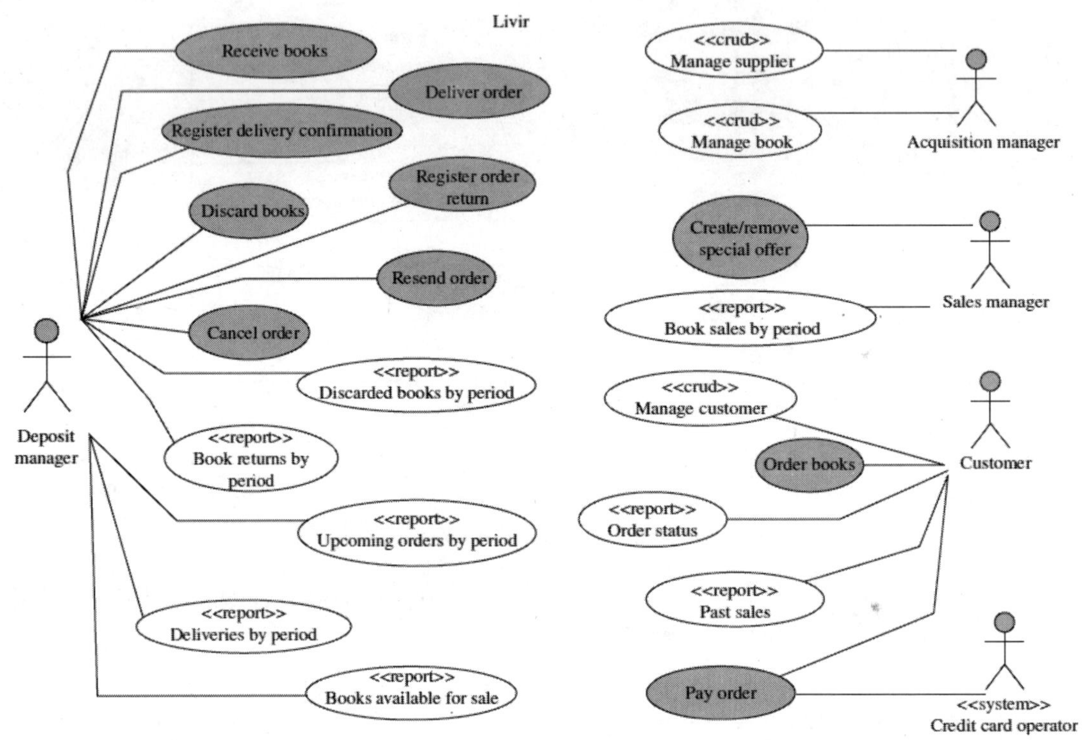

图 3.11　带有报表的用例图[①]

<<report>>用例的数量取决于其所代表的信息结构。如果参数化可用，则必须要使用此版型，但也不是很必要。例如，销售报表有按周和按月生成的，除非它们所表示的是不同的数据结构，否则就是单独的报表。按周、月或一段时间内生成报表只是引用了参数罢了。

然而，这里并不建议根据不同属性对报表进行分组，例如图书销售报表（Sales report by book）和某个时间段内的配送报表（Deliveries report by period of time），一个是入库数量，一个是出库数量，因此，这两个报表应该是两个不同的用例。

如图 3.11 所示，用例的数量较多，图可能很快就会开始变得难以组织。这是避免在这些图中包含分段的原因之一。每个独立的用例应由其他方法进行细化。同时，当系统规模不太大时，CRUD 和报表用例不应包含在主要的用例图中，而应包含在其他文档中（电子数据表或其他用例图等），以不影响主要的用例图为目的。此外，还可以用以其他不同颜色表示不同用例（见图 3.10

[①] 带有<<report>>版型的用例名称是“生成xxx报表”，包含其名字的缩写，避免多次重复。

和图 3.11）等方法，这样不会影响关系图中对关键用例的描述。

3.7 当前进度

	起始阶段（Inception）	细化阶段（Elaboration）
业务建模	构建整个系统的概要视图： ● 构建业务用例图并确定项目的自动化范围 ● 为业务用例构建初步的活动图 ● 为关键业务对象构建初步的状态机图	
需求	准备系统用例图（功能需求）： ● 从业务用例模型中识别出系统参与者（actor） ● 从业务用例模型中识别出系统用例，并从业务模型当中识别活动以及状态机图 确定非功能性需求作为用例注解： ● 确定关联到用例的主要业务规则 ● 确定关联到用例的主要质量问题 确定增补需求	
分析与设计	通过观察系统用例和所需概念，准备初期概念模型	
实现		
测试		
项目管理		

3.8 思考题

1．解释业务用例和系统用例之间的区别。
2．在软件开发过程中，系统用例的作用是什么？
3．哪些业务参与者和业务工作者要转变为系统参与者？
4．功能性需求、非功能性需求、补充需求分别是什么，分别具有什么特性？
5．为什么要在初始阶段创建初步概念模型？

第 4 章 基于用例的项目规划

4.1 软件项目中的工作量估算和风险分析

软件项目中工作量估算的动机来源于历史上大多数的软件开发项目：

- 比预期完成的时间要长。
- 成本超过预期。
- 完成的产品没有达到预期的质量。
- 完成的产品没有达到预期的范围。

因此，软件开发团队和客户之间要根据项目及团队确定好项目完成的时间、所需成本、质量等级和范围等。而工作量估算技术则用于实现这些目标。

4.1.1 Ad hoc 方法

在过去的几十年中，诞生并使用了许多工作量估算方法。其中很流行的一个方法是 Smith 方法，该方法用一句话概括起来是："Smith，你得告诉我们开发那个系统要花多长时间！(Smith, tell us how much time you need to develop that system!)"。Smith 方法的另一个变体是约束 Smith 方法，概括起来为"Smith，你有 3 个月时间来开发那个系统！(Smith, you have three months to develop that system!)"。另外还有一些其他较为流行的方法（例如用其他名字，如 Susan、Peter、Mary 等），都不是很准确的方法。

另外一种 Ad-hoc 方法称为"6 个月方法"。其假定开发任何软件项目，从其开始开发，到各项必要调整以及确定需求，需要 6 个月时间。根据该方法产生的变体较多，有 12 个月方法、18 个月方法及其他方法。

这些方法被称为非参数估算，因为这些方法不基于被开发项目。Somerville 在 2006 年提出了一些其他的非参数估算方法。

- 专家判断法（Expert judgment）：专家判断方法由项目和软件开发所在领域具有丰富经验的一名或多名专家根据自己的经验对项目进行估算。Smith 方法并不是一种好的专家判断方法，根据评估人员的专业知识来评估是不准确的。但如果这些专家对于某些类似的项目具有丰富的经验，倒可能是一个可行的、快速的、相对廉价的方法。
- 类比估算法（Estimation by analogy）：这种方法实质是一种专家判断法，前提是假定开发新系统的工作类似于其他相似系统的开发工作。如果类比的项目不可比较，那么这种方法是不可行的。该方法通过以专家确定的类似系统及其开发所花费的时间为基础，估算当前项目所需的工作量。因此，这种方法通常会发展成为专家判断法。

- 帕金森法则（Parkinson's Law）：该方法通常不公开采用，但却经常出现在软件项目和其他领域当中，项目成本无关乎可用资源（the project costs whatever resources are available）。该方法的优点是所需成本要低于预期成本，但系统范围可能不能全部实现。
- 价格取胜：项目的成本会被认为等于赢得合同的价格。这种方法的预期是客户不能得到其预期的结果，随着成本的降低，可能会影响产品的质量和范围。但如果没有系统更详细的信息，开发团队缺乏更好的估算方法，那么可以选择此方法——项目成本是基于共识的，同时开发也会受制于成本。

敏捷社区通常采用基于故事点估算策略。用户故事（user story）是一个系统使用的一种场景，在这点上类似于一个用例。但由分析师团队开发的用例更有条理，也更正式。另外用户故事由用户自己编写，用户需要描绘所开发产品的使用场景。这背后的理念则是用户提出的就当前来说最重要的需求，然后才是其细节问题。

故事点假设是在理想的工作日情况（每天用于项目开发的时间为 6~8 小时）下开发系统，然后按照故事点估算每个用户故事的工作量。开发团队要弄清下面的问题："多少人（x）开发给定的用户场景需要多少天（y）？"如果 x 人需要 y 天时间才能开发完成，那么故事点数量为 x*y。故事点分配是主观的，因此可以认为是非参数方法。开发团队通常会按照曾经开发过的类似项目的经验进行工作量估算。故事点分配是根据工作量、复杂性和风险等决定的。例如，要开始故事点假设，需要弄清以下问题。

- 复杂性：用户故事可能会有多少种可能的场景？
- 工作量：需要修改的组件数量有多少？
- 风险：团队成员是否都掌握开发项目所需的技能？

估算用户故事的另一种方式是将所有用户故事摊开，然后分离最简单的用户故事进行开发，并且将一个或更少的故事点分配给该用户故事。然后，在分离剩下的最简单的用户故事中分配两个故事点，如此重复操作，直到所有用户故事都被分离。建议在每个迭代的过程中，故事点的数量增长幅度应该遵循某个数列，如斐波纳契数列（Fibonacci），其产生的数列将会是 0，1/2，1，2，3，5，8，13，20，40，100 等[①]，其背后的原因类似通常普通人无法去估计一匹马的重量，不过，大多数人都会同意马会比狗重，而轻于大象这样一个事实。

如果某个用户故事被确定会在一个理想工作日内完成，那么就要附加到其他的故事中，而在超出限制（例如，10 个故事（10 story points））时，要将其拆分为更简单的故事。

4.1.2　参数法

另一类估算方法包含了一些参数，旨在体现基于系统规模、开发的技术难度、团队的开发能力等方面的工作量估算。系统规模的大小可由以下几个方面进行衡量。

- 代码行数：类似 Boehm 于 2000 年提出的 COCOMO II（COnstructive COst Model II）方法，用于估算系统的代码行数（Source Lines Of Code，SLOC）。事实上，大多数系统都

[①] 实际的斐波纳契数列是数列中的每个数是前两个数之和，因此，其原始序列是1，1，2，3，5，8，13，21，34，55，89等，但在估算中，采用近似的数列，因此随着数量的增长，估算的值越来越不准确。

有成千上万行代码，通常会以单位千代码行（Kilo Source Lines Of Code，KSLOC）进行衡量。

- 功能点：基于 Albrecht 于 1979 年提出的功能点分析（Function Point Analysis，FPA）的方法，因其变化性而不关心代码行数。它们根据要开发和实施的系统显性功能来估算工作量，因此，通常这些方法需要计算功能需求的数量，并通过获取实现功能需要的类或数据记录，以及用户在执行功能时与系统交互所需的参数等来评估它们的复杂性。
- 用例点：这是一种功能点分析的变体，该技术基于用例数，而不是功能需求进行评估。在 4.2 节将详细介绍该内容。

虽然 COCOMO II 是较为详细的方法，但相比较于功能点和用例点方法，COCOMO II 具有一定的劣势：在应用方法之前，必须由专家预先估计 KSLOC 的数量，这是一个不确定性的主要来源[①]。功能点和用例点都是基于需求的，而需求都是在项目开始前就能够了解的（当然在项目开发的过程中可能会发生需求变更，但同时，估算工作也会立即进行系统性的更新）。

除了通过代码行数或显性功能测量系统规模大小外，参数估算法也采用专门的技术调节因子。人们普遍认为开发相同规模的功能，其难度取决于正在开发的系统类型。例如，类似 Livir 这样的信息系统就比机器人辅助手术系统或飞机用的嵌入式系统要简单得多。相同的源代码行数量，则根据系统采用的技术复杂性来决定开发时间的长短。

COCOMO II 具有最完整的技术调节因子，该技术提出使用多达 16 种工作量乘数（Effort Multiplier，EM），并分为以下 4 组：

- 产品属性。包括软件可靠性需求、测试数据库规模、产品内部复杂度、开发目标可重用性、预期和必需的文档数量。
- 硬件属性。包括与时间和空间效率以及开发平台的易变性相关的方面。
- 人员属性。包括分析师和开发人员的能力、人员连续性、项目相关经验、平台相关经验、编程语言经验及其他软件工具经验等。
- 项目属性。包括计算机辅助软件工程工具的使用、开发团队的分工、要求的加快开发进度等。

用例点和功能点具有类似的工作量乘数，但组织不同，有时其解释方法也不同。在两种方法中，工作量乘数为数字化的指数乘以系统的估算大小得到工作量估算值。然而，COCOMO II 采用的是一组比例因子，有下列 5 种因子：

- 可预见性。产品是否和开发团队开发过的项目类似？
- 开发伸缩性。产品开发是否能直接满足需求或需求的总体目标？
- 体系结构和风险解决方案。是否能够很好地处理风险和体系结构问题？
- 团队合作。团队是否一起工作过？是否能够很好地协同工作？
- 流程成熟度。组织的成熟度如何？可以使用 SEI-CMU 于 2001 年提出的 CMMI[②]以及 Emam、Melo 和 Drouin 于 1997 年联合提出的 SPICE[③]来衡量其成熟度，COCOMO II 也提出了一个简单的问卷调查，在其他评估不可用的情况下，有助于评估组织的成熟度。

---

① Boehm于2000年提出，要尽可能地缩小其不确定性，可以使用将功能点转换为KSLOC的backfire表。

② 软件能力成熟度模型集成。

③ 软件过程改进和能力测定。

不同的是，这里的比例因子不与系统规模相乘，而是用在指数函数中。这些因子的平均值（接近 1）表示不管系统的大小如何，其每行代码的成本都一致。如果比例因子的数值大于 1，则表示较大系统的单行代码成本要大于较小系统的单行代码成本。如果比例因子数值正常，则团队能达成目标，即较大系统的单行代码成本小于较小系统的单行代码成本。

4.1.3　风险分析

风险是可能发生并造成故障的事情[①]。在软件项目当中，风险会频繁且大量出现。对于不同种类的风险所造成的影响也不尽相同，其中一部分可能仅仅是令人厌烦，而另一部分则可能会导致整个项目的夭折。通常处理风险的过程包括如下几个阶段。

- 识别：开发团队必须能够发现和察觉项目中可能会触发故障的条件，类似于 Carr 等人于 1993 年提出的核查清单有助于识别的过程。
- 分析：风险在此时得到分析以发现其中的一些属性。在此期间通常至少要识别两种属性：第一种是出现能触发风险发生条件的概率，第二种是该风险对项目的影响。风险的曝光或重要性，是概率和影响的组合。通常，发生概率高的和对项目有较大影响的风险是最重要的。
- 规划：一旦评估过程中发现风险，需要立即对风险进行评级，因此项目必须包含能够最小化最重要风险的产生概率或影响的活动。除了风险降低计划外，还需准备恢复规划和应急规划以备不时之需，尽管这些都是减灾的一些活动，但风险有引发故障的可能。
- 控制：项目中的风险比其需求更不稳定，风险会经常变化，甚至是出乎意料的。在开发过程中发现新的风险，则其重要性就会发生变化。因此，项目经理需要在整个项目周期内密切关注风险的状态。

需要识别不同来源的风险，Carr 等人在 1993 年提出了下面的结构：

- 产品工程。
    - 需求：是否稳定、完整、清晰、有效、可行？项目当中有哪些部分已经实现？项目相比其他组织已经实施过的要大？
    - 设计：是否容易设计？与其他系统的接口连接是否清晰易于连接？其性能如何，是否可测试，是否受硬件约束？是否可以使用公司外部开发的软件？
    - 代码及测试：是否可实施？是否有足够时间进行测试？
    - 整合及测试：是否有适当的整合及测试环境？
    - 工程方面。
- 开发环境：软件是否容易维护？可靠性、安全性和安全需求是否容易获得和验证？是否考虑人为因素？项目文献是否充分？
    - 开发过程：是否使用清晰且久经考验的开发过程？开发计划是否可控？该过程是否适用于此类系统？开发团队成员是否都了解并使用该过程？是否有明确的管理产品变更机制？

---

① 有些定义也可能会考虑将一些积极性的风险作为可能会发生的情况，这可能会对项目有所帮助。

- ➢ 开发系统：项目开发是否有充分的硬件及其他工具？这些工具是否易用？开发团队是否会使用该工具？这些工具是否可靠？
- ➢ 管理过程：规划是否充分？是否包括应急规划？项目中的角色和权限是否明确定义？项目经理是否有经验？开发团队如何与其他利益相关者沟通？
- ➢ 管理方法：是否有有助于管理的制度？项目人员是否受过培训？质量管理是否充分？代码结构和其他工件是否可控？
- ➢ 工作环境：开发团队是否关心质量？团队是否合作？团队成员沟通是否融洽？团队士气是否高涨？

- 外部约束。
  - ➢ 资源：计划是否可靠和稳定？团队是否富有经验和能力？预算是否充足？设施是否充分？
  - ➢ 合同：存在什么样的合同？是否有合同约束？该项目是否依赖于外部合作伙伴？
  - ➢ 沟通交流：客户是否有微交际或相关领域知识不全等问题？
  - ➢ 分包人员：与合作伙伴之间是否存在问题，如缺乏交流，缺乏沟通或缺乏合作？项目是否要依赖他们?
  - ➢ 总承建商：如果是分包公司，与总承建商之间是否有较难解决的问题？
  - ➢ 管理：是否缺乏高级管理或微观管理经验？
  - ➢ 销售方：产品销售人员是否能快速解决问题？
  - ➢ 政策：是否有影响项目的政策？

上述列表仅作为参考，在绝大部分项目中，都会有很多不可预知的风险。

在识别风险后要进行风险分析。在该过程当中可能要识别出风险的属性等。其中，较为重要的属性如下所示。

- 概率：风险引发问题的可能性。如果有相关的历史数据，则可以测定风险的概率。不过，大多数风险评估均使用了类似“T 恤尺码（T-shirt scale）”评估方法。其中，“high（高）”表示该风险肯定会成为一个问题，“medium（中）”意味着预期该风险会成为一个问题，“low（低）”则意味着该风险成为问题的几率较小。
- 影响：风险演变成问题的代价（金钱或其他）。如果有足够的信息可用，那么可能会使用到数据化测量的方法。对于大多数项目来说，风险影响等级可能会被评估为“高”（有可能致使项目夭折）、“中”（可能会使项目成本显著提高）以及“低”（可能会导致某些问题的出现，但损失很容易会弥补）3 种等级。
- 重要性或危害：风险概率及影响的组合，如表 4.1 所示。

表 4.1　风险危害程度对照表

		概　率		
		高	中	低
影　响	高	高危	高危	中危
	中	高危	中危	低危
	低	中危	低危	低危

高级风险和中级风险要有相应的降低计划来减少其发生的概率、降低影响。在高风险的情况

下，应尽快执行降低计划，中级风险可以稍后处理。因此，此时项目中要包含风险缓解活动，在项目中，要监控低风险，防止其暴露引发问题。

其他定义会将风险分为以下 3 部分。

- 起因：引起故障的不确定条件。
- 问题：可能引发不确定起因的情况。
- 效果：影响项目目标的一个或多个影响。

因此，与风险相关联的有下面 3 种类型的计划。

- 降低风险发生概率的减灾计划：对产生风险的原因采取措施，减少风险发生的概率。
- 降低风险影响的减灾计划：对风险产生的影响采取行动，降低风险若触发故障后需要恢复时所需的成本。
- 应急计划或灾难恢复计划：风险引发故障后的处理方式。

减灾计划是预防性的，应在故障发生前执行，应急计划则会在故障发生后才执行。

表 4.2 列出了 Livir 项目可能存在的风险以及相应的减灾计划和应急计划。在必要情况下，这些计划应该更详细一些。

表 4.2　Livir 项目的风险及规划示例

代码	风险			风险属性			减小发生概率计划	减小影响计划	应急计划
	起因	问题	影响	概率	影响	重要性或危害			
K1	需求不稳定	开发过程中关键需求可能会发生变化	开发耗费的时间不再可用	高	高	高	在需求获取期间应该格外注意。参考类似系统，开发用于需求验证的原型	强调模块化开发，实施版本控制系统	使用变更管理系统充分控制需求变化
K2	开发团队缺乏经验	采用了错误的决策	代码难维护，有缺陷	高	中	高	雇用有经验的软件架构师协调并验证所有设计决策	大量使用自动测试发现缺陷	重构代码改进设计
K3	开发团队不熟悉与信用卡运营机构的通信协议	与信用卡运营机构的通信接口错误或效率低下	信用卡业务操作错误	高	低	中	开发原型研究信用卡运营机构的通信协议	基于常量和后验条件实现信用卡业务双重查验程序	双重查验信用卡业务安全性。中断信用卡业务，直到解决问题

在开始开发项目时就应该开始监控风险。风险和需求一样，从名称到属性都有可能随时发生变化，因此要通过代码识别风险，在发生变化时也要进行跟踪。

4.2　用例点分析[①]

在确定系统用例后，一般即可进行工作量估算。此外，要对用例进行优先级划分以优先开发

[①] 如果对工作量估算和项目计划不感兴趣，可以直接跳到第 5 章，在该章将会继续讲述面向对象分析和设计技术。

较为重要的用例。在类似统一过程的迭代过程中，在每次迭代时将会开发一组相对较小的用例。因此，使用这种类型过程的项目计划当中会包含一些总体计划或阶段性计划，以及确定在每次迭代中要处理哪些用例或风险的迭代计划。这就是确定项目优先级和估算工作量进行开发的原因。在初始阶段，只创建阶段性规划以及细化阶段的首次迭代规划。在上一个迭代被执行时，会计划后续的迭代。

阶段和迭代计划是典型的项目管理活动。工作量估算作为规划工具，要估算开发项目所需的时间和人力成本。

Karner 于 1993 年提出用例点技术，该技术基于 Albrecht 和 Gaffney Jr.于 1983 年提出的功能点，以及 Symons 于 1988 年提出的 MK II 或 Mark II 计数技术，是比国际功能点用户组（International Functional Point Users Group，IFPUG）[①]更简单的方法。

用例点分析相比功能点分析要简单一些，但目前没有太多使用该方法的项目报告，而使用 COCOMO II 等功能点分析的项目较多。使用用例点分析的另外一个问题是，开发团队对于用例构成的因素可能会有不同的理解。基于产生代码行数估算的 COCOMO II 可能也会面临同样的问题，但 COCOMO II 允许使用 backfire 表（南加州大学软件工程中心，2000 年）将功能点转换为代码行（其转换率依赖于所使用的语言）。此外，功能点分析还取决于评估人员的能力和分析师识别正确且完整的需求的能力。每种方法都有其不足，但开发团队会根据以往的项目进行调整，在软件开发时采用相同的模式和约定，会比缺乏经验的开发团队使用的方法好得多。所有方法都应参考过往的工作量评估和当前项目获得参数的质量（代码行数、功能需求或用例）。

基于用例的用例点分析技术包含在统一过程中，其原因在于该过程强烈依赖于用例。与之前提到的一样，最大的困难不是应用方法本身，其方法很简单，而是缺乏标准化有效用例（Anda，2001 年）。由于缺乏国际标准，开发团队只能根据自己的理解创建适当粒度的用例。

用例点分析基于系统参与者与用例的数量和复杂性，相当于未调整的用例点（Unadjusted Use Case Point，UUCP）的值。技术应用和环境因素导致了 UCP，或者说是调整后的用例点的出现。

UUCP 根据参与者的复杂性（UAW，未经调整的参与者权重）和用例（UUCW，未经调整的用例权重）进行计算，下面将进行讨论。

4.2.1　UAW（未调整参与者权重）

为参与者分配复杂性的方法是很简单的，每个参与者即使是与多个用例相关联，也只计为一个。如果参与者转化为多个通用参与者，那么只计最初的角色，即参与者没有子类型。

在确认参与者后，其复杂性定义如下：

- 人类参与者通过图形用户界面与系统进行交互，定义为复杂程度，得到的用例点数为 3。
- 其他系统使用例如 TCP/IP 的协议与系统进行互联，人类参与者与系统的交互通过命令行进行，则定义为较为中等，得到的用例点数为 2。
- 其他系统通过应用程序接口（Application Programming Interface，API）与系统进行交互，则定义为简单程度，得到的用例点数为 1。

---

① http://www.ifpug.org/

所有系统参与者的分值总和即为未调整角色权重（Unadjusted Actor Weight，UAW）的值。

按照上面的描述，在第 3 章的图 3.11 中，各个参与者的权重分别如下。

- 仓储经理：3。
- 采购经理：3。
- 销售经理：3。
- 顾客：3。
- 信用卡运营机构<<system>>：2。

则其总数为 UAW=3+3+3+3+2=14。

不过，不能完全使用 UAW 来进行工作量统计。等式中的一些项目有时还可以忽略。通常，UCP 计数工具会将 UAW 作为一个可选项，使用与否由开发团队决定。

4.2.2　UUCW（未调整用例权重）

这其中用例也只计算一次，而且只能是完整的过程，也就是扩展、变体及其他分段通常都是不被计入的。

Karner 于 1993 年提出的最初理论中，用例的复杂度是基于事务数的估算（发送到系统或从系统接收到的信息），这其中包括交替序列（详见第 5 章内容）。这样，用例就可以按照如下分类进行定性。

- 简单用例：不超过 3 个事务。
- 中等用例：4~7 个事务。
- 复杂用例：多于 7 个事务。

然而，如果使用高级别用例，就很难确定每个用例具体包含多少事务，估算工作就会有一定风险。

估算用例复杂度的另外一个方法是依据实现用例功能所需的类的数量，即：

- 实施简单用例最多需要 5 个类。
- 实施中等用例需要 6~10 个类。
- 实施复杂用例需要 10 个类以上。

实现某个用例所需的类的数量依据详细的需求，而这些需求在初始阶段都还是未知的，这也会给此方法带来一些风险。

估算用例复杂度的另外一种方法就是通过分析风险来估算用例的复杂度。因此：

- 报表通常只有一个或两个事务，并且不修改数据，风险较低，可以认为是简单用例。
- 类似 CRUD 的模式化用例有一定的事务数量，这些事务通常都是已知且有限的。因为其内部的逻辑是已知的，而模糊的业务规则可能会对其有一定影响，所以其风险等级为中等，复杂度也为中等。
- 非模式化用例的事务数未知，业务规则也未知或会被误解，另外，用例的内部结构也未知（其主要工作流和交替序列），具有高风险，因此为复杂程度。

未调整的用例权重（Unadjusted Use Case Weight，UUCW）的值等于使用如下标准为每个用例所分配的值的总和。

- 简单用例：5 用例点。
- 中等用例：10 用例点。
- 复杂用例：15 用例点。

如果使用该技术来计算第 3 章图 3.11 中的例子，那么用于报表的用例有 8 个，则得到 8*5=40 个用例点；此外还有 3 个 CRUD 用例（模式用例），有 3*10=30 个用例点；另外还有 10 个没有任何版型的高风险用例，得到 10*15=150 个用例点，最后该图中的 UUCW=40+30+150=220。

另外还有其他的计数技术，这些技术当中的大多数都是基于详细用例的，其中的一部分将会在 4.2.9 节中讲述。

4.2.3 UUCP（未调整用例点）

UUCP 的值是 UAW 和 UUCW 的总和：UUCP=UAW+UUCW。

在上面的例子中，UUCP=12+220=234。

如前所述，UUCP 的计算如果不考虑参与者的权重，UUCP 直接等于 UUCW，则在例子中，就是 UUCP=UUCW=220。

4.2.4 TCF（技术复杂度因子）

用例点分析技术推荐通过两个标准去调整 UUCP：技术因子（与项目相关）和环境因子（与开发团队相关）。

每个因子的等级由 0~5 进行确定，0 表示对项目没有影响，3 表示可能会有影响，5 表示对项目有重要影响。

出乎意料的是，上述内容居然是通常在文献当中有关用例点分析的技术因子方面所给出的唯一表述性信息，这使得这些因子的评估包含较多的主观判断，甚至有时是自相矛盾的[①]。

表 4.3 当中列出了 13 个技术因子及其权重。

表 4.3 调整用例点技术因子

代 码	因 子	权 重
T1	分布式系统	2
T2	响应时间/性能目标	1
T3	最终用户效率	1
T4	内部处理复杂度	1
T5	代码可重用的设计宗旨	1
T6	易于安装	0.5

[①] 例如，关于 T12 因子，有作者提到第三方内容介入程度越大越能够降低工作量，因为这当中会涉及代码重用的问题；但也有作者说过度倚重第三方会增加工作量，因为在使用前需要理解他人编写的代码。在本书中，笔者在综合两种观点后认为：利用质量高的代码效果较好，使用需要重新编写的代码则效果一般，不利用任何第三方代码则效果较差。重用低质量的代码完全是不可取的（通常会导致从零开始开发）。

续表

代　　码	因　　子	权　　重
T7	易于操作	0.5
T8	可移植	2
T9	易于维护的设计宗旨	1
T10	并发/并行处理	1
T11	安全性	1
T12	对第三方代码的访问	1
T13	用户培训需求	1

因此，每个技术因子都会在 0 和 5 之间进行取值，乘以其对应权重，这些值的总和即为 TFactor 的值，也就是技术因子的范围是在 0~70 之间。

TCF 将会使用如下公式将 TFactor 的范围调整到 0.6~1.3。

$$TCF = 0.6 + (0.01 * TFactor)$$

为了能够更好地参考 0~5 评级的意义，建议使用如下自 Albrecht 和 Gaffney Jr.于 1983 年提出的功能点分析技术。

T1（分布式系统）：系统架构是集中式还是分布式？

0：应用程序会忽略与分布式处理相关的方面。

1：应用生成用于有人工介入的计算机处理的数据（例如，电子表格或预定义格式的文件）。

2：预先准备并自动传输用于在其他计算机处理的应用程序数据。

3：应用过程是分布式的，数据传输是单向的。

4：应用过程是分布式的，数据传输是双向的。

5：动态决定在最适当的处理核心或计算机内执行应用过程。

T2（响应时间/性能目标）：应用响应时间对用户的重要性。

0：客户没有定义特别的性能需求。

1：提出并修改了性能需求，但不一定要求实现。

2：高峰时期的响应时间和传输速率是特别重要的。没有必要对核心处理程序进行特别设计，大多数处理可以次日生成。

3：响应时间和传输速率在业务时间内是很重要的，没有必要对核心处理进行特别设计。与接口系统通信的时间有限制。

4：除第 3 点外，在设计期间，针对获取性能分析任务的性能需求要有足够的限制。

5：除第 4 点外，需要在设计、开发或实施过程中使用性能分析工具，以满足客户的性能需求。

T3（最终用户效率）：应用程序的设计是为了最终用户能完成自己的本职工作还是为了提高效率？

0：应用不需要任何下列需要考虑的项。

1：应用需要 1~3 个下列的项。

2：应用需要 4~5 个下列的项。

3：应用需要 6 个以上下列的项，但没有与用户效率相关的需求。

4：应用需要 6 个以上下列的项，且用户效率需求较为强烈，其设计的功能应包含减少输入内容，尽可能使用默认值，使用模板等。

5：应用需要 6 个以上的下列项目，且用户效率需求较为强烈，其设计活动必须包含工具和能够演示性能目标的特殊过程。

评估最终用户效率时需要考虑如下项[①]：

- 导航帮助（例如动态生成的菜单，自适应超媒体等）。
- 在线帮助和文档。
- 自动光标跟随。
- 预定义功能键。
- 在线事务的批处理任务提交。
- 屏幕上多使用着色或高光渲染。
- 使用最少的界面达成业务目标。
- 双语种支持（计为 4 项）。
- 多语种支持（计为 6 项）。

T4（内部处理复杂度）：应用是否需要复杂算法？

0：不采用下列需要考虑的选项。

1：采用下面的 1 个选项。

2：采用下面的 2 个选项。

3：采用下面的 3 个选项。

4：采用下面的 4 个选项。

5：采用下面的所有选项。

评估内部处理复杂度需要考虑以下选项：

- 谨慎控制（例如，专门的审计处理）以及应用程序的专用安全处理。
- 广泛的逻辑处理。
- 广泛的数学处理。
- 不完整事务引起的异常处理要重新进行处理，例如因为通信中断、缺失数据或数据更新失败等引起的不完整自动柜员机（ATM）事务。
- 管理多种输入和输出可能性的复杂处理，例如多媒体或设备无关性。

T5（代码可重用的设计宗旨）：应用的代码和工件是否可高度重用？

0：不需编写可重用代码。

1：可重用代码可以用于同一项目的内部。

2：不超过 10%的应用程序需要考虑超出用户需求。

3：超过 10%的应用程序需要考虑超出用户需求。

4：应用要通过专门封装或文档等方式以利于重用，应用要在源代码的级别上能够实现用户自定义。

5：应用要通过专门封装或文档等方式以利于重用，应用要能通过使用参数来实现用户自定义。

---

① 例如“菜单”和“滚动条”等包含在功能点分析中的项目并没有包含在此列表中，因为对于当前的应用来说，这些功能点过于简单。

T6（易于安装）：应用是否设计为能够自动安装（例如，用户不熟悉计算机操作），或者不需要人工过多参与即可安装？

0：客户不需要任何特殊要求或特殊设置即可安装。

1：客户不需要任何特殊要求，但要进行一些设置才能安装应用。

2：客户需要进行数据转换等才能安装应用，要提供转换和安装文档，并进行测试。项目中转换的影响不大。

3：客户需要进行数据转换等才能安装应用，要提供转换和安装文档，并进行测试。需要考虑项目中数据转换的影响。

4：除第 2 点外，要提供自动转换和安装工具。

5：除第 3 点外，要提供自动转换和安装工具。

T7（易于操作）[①]：系统的操作运行是否需要特殊要求？

0：除了用户的正常备份操作外，不需要其他的特殊要求。

1：需要应用下面需要考虑的 1 项操作。

2：需要应用下面需要考虑的 2 项操作。

3：需要应用下面需要考虑的 3 项操作。

4：需要应用下面需要考虑的 4 项操作。

5：应用应设计为无人值守的方式来运行。“无人值守”指的是除了启动和关闭系统外，其余时间不需要人工干预也可以保持系统的正常运行（即使系统崩溃）。应用的其中一个功能就是自动错误恢复。

要评估易于操作的因素，要考虑如下项目。

- 能够有效处理初始化、备份、恢复操作，但需要人工干预。
- 能够有效处理初始化、备份、恢复操作，不需要人工干预（计为 2 项）。
- 应用对数据离线存储（例如磁带）的需求应减到最小。
- 应用必须要将处理纸张的需求最小化。

T8（可移植）：整个应用或其中的部分是否能够运行在其他平台？

0：用户需求不包含要在多个平台上安装和运行应用。

1：系统设计要考虑在不同平台上运行，但应用只设计为在同一硬件和软件环境下运行。

2：系统设计要考虑在不同平台上运行，但应用只设计为在类似的硬件和软件环境下运行。

3：系统设计要考虑在不同平台上运行，应用设计为在不同的硬件和软件环境下运行。

4：除第 1 点和第 2 点外，还要提供经过测试的支持在不同平台上运行系统的详细文档和维护计划。

5：除第 3 点外，还要提供经过测试的支持在不同平台上运行系统的详细文档和维护计划。

T9（易于维护的设计宗旨）：客户是否有在未来对应用易于修改的需求？

0：不需要下列操作。

1：需要下列要考虑的 1 项操作。

2：需要下列要考虑的 2 项操作。

---

① 有时该项会称为“可用性”，但其原来的概念已经在 T3 因子（最终用户效率）中使用。因此在这里倾向于使用“易于操作”来解释该因子，因为它与功能点分析的技术因子相兼容，同时也避免与最终用户效率因子相混淆和冗余。

3：需要下列要考虑的 3 项操作。

4：需要下列要考虑的 4 项操作。

5：需要下列要考虑的 5 项或更多操作。

要评估易于维护的因素，要考虑以下几项：

- 采用灵活的报表结构来处理简单查询，例如逻辑二进制运算符仅应用到一个逻辑归档（计为 1 项）。
- 采用灵活的报表结构来处理中等查询，例如应用逻辑二进制运算符应用到多个逻辑归档（计为 2 项）。
- 采用灵活的报表结构来处理复杂查询，例如多个逻辑二进制运算符组合应用到多个逻辑归档（计为 3 项）。
- 业务控制数据保存在数据表中，由用户通过在线访问进行交互管理，但变更在次日生效（计为 1 项）。
- 业务控制数据保存在数据表中，由用户通过在线访问进行交互管理，变更立即生效（计为 2 项）。

T10（并发/并行处理）：应用程序是否已经被设计以处理并发相关的问题，例如数据和资源共享？

0：不需要提供并发访问。

1：有时需要提供并发访问。

2：经常需要提供并发访问。

3：需要实时提供并发访问。

4：除第 3 点外，还有很多并发访问，在设计期间需要考虑性能分析任务和死锁解决方案等。

5：除第 4 点外，还需要提供专用工具进行访问控制。

T11（安全性）：表示安全性要求只是一种书面上的意义，还是需要进行特殊的设计以及附加的规范说明？

0：对安全性没有特殊要求。

1：设计中要考虑安全性需求。

2：除第 1 点外，应用程序必须被设计成只有授权用户才能访问的形式。

3：除第 2 点外，系统访问是受控制和审计的。

4：除第 3 点外，要提供经测试的详细的安全规划来支持应用的访问控制。

5：除第 4 点外，要提供经测试的详细的安全规划来支持审计。

T12（对第三方代码的访问）：应用程序是否需要已有的代码，例如，商业线程组件（Commercial Off-The-Shelf，COTS）、框架或代码库？重用高质量的代码能够降低开发的工作量。

0：应用开发广泛采用高可靠的现有代码。

1：应用开发的一部分采用高可靠的现有代码。

2：应用开发需要广泛采用经过修改的现有代码。

3：应用开发一部分需要采用经过修改的现有代码。

4：应用开发采用的代码需要修复或很难理解。

5：应用开发没有现有代码可采用或仅有质量有问题的代码可采用。

T13（用户培训需求）：应用程序是否易于使用，对未来客户是否需要进行大量培训？

0：不需要进行用户培训。

1：需要一定的用户培训。

2：有正式的用户培训需求，应用的设计应易于培训。

3：有正式的用户培训需求，应用的设计能够支持不同层次用户的培训。

4：针对不同阶段有详细可执行的培训计划。

5：除第 4 点外，还要考虑不同地理位置分布的用户培训。

将这些技术因子应用到当前的例子当中，将会得到类似表 4.4 所示的结果。

表 4.4　Livir 系统的技术因子评估

编　　号	因　　子	权　　重	评　　分	权重*评分	说　　明
T1	分布式系统	2	0	0	应用不需要考虑分布式处理
T2	响应时间/性能目标	1	2	2	高峰时期的响应时间和传输速率是特别重要的。没有必要对核心处理程序进行特别设计，大多数处理可以次日生效
T3	最终用户效率	1	3	3	应用需要以下几项，但与用户效率相关的没有特别要求。 ● 导航帮助（例如动态生成的菜单，自适应超媒体等） ● 在线帮助和文档 ● 屏幕上多使用着色或高光渲染 ● 使用最少的界面达成业务目标 ● 多语种支持（计为 6 项）
T4	内部处理复杂度	1	0	0	不需应用任何项
T5	代码可重用的设计宗旨	1	0	0	不需要生成可重用代码
T6	易于安装	0.5	0	0	客户不需要任何特殊要求或特殊设置即可安装
T7	易于操作	0.5	5	2.5	应用应设计为无人值守的方式来运行。“无人值守”指的是除了启动和关闭系统外，其余时间不需要人工干预也可以保持系统的正常运行（即使系统崩溃）。应用的其中一个功能就是自动错误恢复
T8	可移植	2	3	6	系统设计要考虑在不同平台上运行，应用设计为在不同的硬件和软件环境下运行
T9	易于维护的设计宗旨	1	0	0	不需应用任何项
T10	并发/并行处理	1	1	1	有时需要提供并发访问
T11	安全性	1	3	3	设计时必须要考虑安全需求，只有授权用户能够访问应用，对系统的访问要受控制和审计
T12	对第三方代码的访问	1	5	5	应用开发没有现有代码可采用
T13	用户培训需求	1	0	0	
TFactor				22.5	

由此得到该示例的 TCF 值为：

$$TCF = 0.6 + (0.01 * 22.5) = 0.825$$

当项目的技术因子值小于 1 时，表明其开发时长要小于标称值（标称值的 82.5%）。除此之外，还需要确定环境因子。

4.2.5 EF（环境因子）

用例点分析和功能点分析之间的一种差别在于用例点分析使用了针对开发团队特性的调整因子。因此相同的项目，相同的技术因子，不同开发团队可能会有不同数量的已调整用例点。

用于评估开发环境的环境因子共有 8 个。每一个因子都有相应的权重，其中两个是负值。其评级为 0~5，但对应的描述与技术因子的描述不同，技术因子的评级描述的是项目中这些因子的影响，而环境因子的评级描述的是工作环境中这些因子的质量。例如“团队士气”评级为 0 表示团队积极性不高，3 表示团队积极性一般，5 表示团队有很高的积极性。

表 4.5 列出了所定义的环境因子。

表 4.5　调整用例点的环境因子

代　码	因　子	权　重
E1	开发流程精通度	1.5
E2	应用程序经验	0.5
E3	面向对象经验	1
E4	系统分析师能力	0.5
E5	团队士气	1
E6	需求稳定性	2
E7	兼职人员比例	−1
E8	编程语言难易度	−1

每项因子的得分与环境因子权重的乘积之和即为 EFactor，其范围在−10~32.5 之间。

Efactor 在 0.425~1.7 之间调整，可以使用如下计算公式生成环境因子：

$$EF = 1.4 - (0.03 * EFactor)$$

Ribu 于 2010 年提出对环境因子的参考评分方法，其描述如下。

E1（开发流程精通度）：该因子评估团队开发过程的精通程度。最初该因子指的是统一过程，有些指的是 UML，但现在都更改为所使用的开发过程和建模语言。

0：开发团队没有任何开发过程的经验或不使用任何开发过程。

1：开发团队具有开发过程的理论知识，但没有相关经验。

2：开发团队的小部分成员具有项目所使用开发过程的相关经验。

3：开发团队的部分成员具有多个项目的开发过程经验。

4：开发团队的半数左右成员都具有多个项目的开发过程经验。

5：开发团队超过大半的成员具有多个项目的开发过程经验。

E2（应用程序经验）：该因子评估开发团队对应用程序范围或领域的熟悉程度。例如，如果是电子商务领域的应用，开发团队是否有相同领域系统的项目经验？

0：开发团队成员在相同领域没有任何项目经验。

1：开发团队部分成员在相同领域有半年到一年的项目经验。

2：开发团队部分成员在相同领域有一年到一年半的项目经验。

3：开发团队大部分成员在相同领域有一年半到两年的项目经验。

4：开发团队大部分成员在相同领域有两年以上的项目经验。

5：开发团队所有成员在相同领域都有两年以上的项目经验。

E3（面向对象经验）：该因子要与 E1（开发流程精通度）或 E2（应用程序经验）进行区分：本因子描述的是团队在面向对象分析、建模、设计和编程等方面的经验，独立于应用领域和所使用的开发过程。

0：开发团队没有面向对象技术经验。

1：开发团队所有成员有一些（最多一年）面向对象技术经验。

2：开发团队大部分成员有一年到一年半的面向对象技术经验。

3：开发团队所有成员具有一年到一年半，或者大部分成员具有一年半到两年的面向对象技术经验。

4：开发团队大部分成员具有两年以上的面向对象技术经验。

5：开发团队所有成员具有两年以上的面向对象技术经验。

E4（系统分析师经验）：该因子评估系统分析师在需求分析和面向对象建模方面的经验。

0：系统分析师没有任何相关经验。

1：系统分析师有过类似项目的经验。

2：系统分析师在多个类似项目中有过一年左右的相关经验。

3：系统分析师在类似项目中有两年左右的相关经验。

4：系统分析师在类似项目中有两年以上的相关经验。

5：系统分析师在多种类型的项目中有 3 年以上的相关经验。

E5（团队士气）：该因子评估开发团队的积极性[①]。

0：开发团队完全没有积极性。如果没有持续的监督，团队可能会徒劳无功，并且开发团队只根据严格的要求执行。

1：开发团队几乎没有积极性。必须要有持续的监督以保证开发进度在可接受的范围内。

2：开发团队有一点积极性。需要时常地管理干预才能保证开发进度。

3：开发团队有一定的积极性。通常开发团队具有一定的自主性，但有时还需要管理干预才能保证开发进度。

4：开发团队有很好的积极性，通常开发团队具有自我管理能力，但有时还需要管理干预才能保证开发进度。

5：开发团队积极性高，即使没有监督，团队成员也会自觉工作，并能够保持开发进度。

E6（需求稳定性）：该因子评估开发团队在参与过的项目中是否能保持需求稳定性，在项目过程中力求需求变更最小化。该因子可能因项目而异，因为需求变更通常与分析师的能力无关。

[①] 开发团队的积极性并不容易判定，因此该因子很明显是目前最难评估的环境因子之一。Ribu 于 2001 年就曾指出对此因子评分似乎没什么用处，本书尝试对其评分参考重新进行解释。

该因子只评估由于开发团队无法确定正确需求而引起的软件变更。

0：在项目中没有稳定需求，或者在以往的项目中，项目开始后因缺乏分析而导致需求大量变更。

1：在以往的项目中需求很不稳定。客户会因为不完整或不正确的需求提出大量变更。

2：在以往的项目中需求不稳定。客户会因为不完整或不正确的需求提出变更。

3：需求相对稳定。客户会提出要修改一些次要功能，很少需要修改主要功能。

4：需求相对稳定，客户提出的变更通常不会影响主要或次要功能。

5：需求很稳定，变更很小，即使有也不影响项目进度。

E7（兼职人员比例）：这是评估不利因素的因子，与之前的 6 个环境因子相反，评分越低表示可用于项目开发的时间越多。开发团队有可能会有部分成员同时在负责其他项目或活动，与专职团队相比有一定差距。

0：开发团队没有兼职人员。

1：开发团队大约有 10%左右的成员是兼职人员。

2：开发团队大约有 20%左右的成员是兼职人员。

3：开发团队大约有 40%左右的成员是兼职人员。

4：开发团队大约有 60%左右的成员是兼职人员。

5：开发团队大约有 60%以上的成员是兼职人员。

E8（编程语言难易度）：这也是一个评估不利因素的因子，评分越高表示对项目开发越不利。

0：开发团队所有成员都熟练应用编程语言。

1：开发团队大部分成员有至少两年的编程经验。

2：开发团队所有成员有至少一年半的编程经验。

3：开发团队大部分成员有至少一年半的编程经验。

4：开发团队的少部分成员有一定的编程经验（不超过一年）。

5：开发团队所有成员没有编程经验。

继续以 Livir 在线书店为例，假设该公司项目的开发团队由具有计算机科学学位，并主修面向对象技术，但没有太多工作经验的 5 位成员组成，其中 3 位成员全职开发该项目，其他两位成员还要参与其他的活动，而 Livir 项目是该团队第一次合作开发，那么针对这个团队的环境因子评价如表 4.6 所示。

表 4.6　对开发 Livir 项目的虚构团队环境因子评估

编　号	因　子	权　重	评　分	权重*评分	说　明
E1	开发流程精通度	1.5	1	1.5	开发团队有开发过程的理论知识，但缺乏实践经验
E2	应用程序经验	0.5	0	0	开发团队成员没有类似项目的相关经验
E3	面向对象经验	1	3	3	开发团队所有成员具有一年到一年半左右的面向对象技术（理论）经验
E4	系统分析师能力	0.5	0	0	系统分析师没有相关经验
E5	团队士气	1	5	5	开发团队积极性高，即使没有监督，团队成员也会自觉工作，并能够保持开发进度

续表

编　　号	因　　子	权　　重	评　　分	权重*评分	说　　明
E6	需求稳定性	2	0	0	开发团队没有可信的开发经历
E7	兼职人员比例	−1	3	−3	开发团队有 40%的成员是兼职人员
E8	编程语言难易度	−1	5	−5	开发人员虽然具有理论知识，但所有编程人员都是新手
EFactor				1.5	

根据该团队的环境因子的影响，应用调整公式后得出如下结果：

$$EF = 1.4-(0.03*1.5) = 1.355$$

这表明环境因素不利于团队的新人，他们的工作量要比正常值高 35%左右。

4.2.6　UCP（已调整用例点）

在确定参与者和用例权重，以及技术因子和环境因子后，可以通过以下公式得到已调整用例点：

$$UCP=UUCP*TCF*EF$$

因此，本例当中的 UCP 结果为：

$$UCP=234*0.25*1.55=261.83$$

4.2.7　工作量

所有估算方法的最终目标是估算开发一个项目所需的工作量。首先，有必要定义需要评估的工作量的扩展。例如，COCOMO II 方法应用于统一过程后，估算工作是在细化阶段和构建阶段完成。

除此之外，工作量是否包含行政活动、销售等？还是只包括用于软件工程活动的工作量？用例点理论通常不像 COCOMO II 和功能点分析详细地进行工作量评估。由于用例点分析是以 Mk II（英国软件度量协会度量实践委员会，UKSMA Metrics Practices Committee，1998 年提出）为基础，可以假定默认情况下应用相同的定义，例如“项目工作量应包括分配给项目的员工，以及根据项目需要的工作人员。例如，用户会谈的时间不包含在工作量内，而用户寻找项目团队花费的大量时间则包括在内。”同样地，可以应用下面的定义：“工作量可以以‘生产力’和‘净’工作时间为单位进行测量，也就是‘一个人一个小时的工作量，包含工作中的中断时间，但不包括类似吃午餐这样的时间中断’”。Mk II 同时也声明项目的启动时间为“同意和批准一个信息系统（IS）[①] 解决方案并开始执行……人员已到位并且已经开始工作”（这些活动发生在初始阶段），项目终止的时间为“已完成应用开发，并转移到生产环境首次运行，且用户开始使用该系统”（这些活动发生在交付阶段）。

被计算的工作量通常必须包含所有风险和未知状况，估算不一定能够很精确。有时事情会超

[①] 信息系统。

出控制使得必须做出一定的调整以使项目回归正常轨道。可以说最终计划将会定义交付可接受的最小变更的产品允许耗费的最久的开发时间，也就是说，项目开发遇到的风险较小，那么就能够比预计早交付产品或交付更好的产品。

一旦计算了用例点的数量，就需要通过使用团队生产力指标（Team Productivity Index，TPI）来将其变换为估算工作量。如果 TPI 计算结果为团队成员在单个用例点[①]耗费的时间，那么工作量估算的公式如下：

$$E=UCP * TPI$$

由于 UCP 是与范围无关的值，因此需要指明哪个范围内的工作量要进行估算。用例点的计算通常以每个用例点所需的人时（staff hours）为单位，而其他诸如 COCOMO II 等方法则以人月（staff months）为单位。

因为软件行业大多数应用的生产力计算公式是以人月为单位，并且使用不同的计算单元会对结果产生影响，因此本书采用人月为生产力单位，必要时采用人时。

每个月大约有 158 个工作时（除去节假日），每个用例点所需的 x 人时相当于 x/158 的每个用例点所需的人月。

最初，Karner 于 1993 年提出，在没有历史数据参考的情况下，大约每个用例点需要 20 个人时[②]（大约是 0.127 个人月）是比较好的一个值。随后，Ribu 于 2001 年确定了每个用例点所需的工作量为 15~30 个人时（即 0.095~0.190 个人月）。

TPI 值也可以通过以往的项目进行估算，用总的人时除以用例点个数。例如，某个项目的工作量为 9 个人月，UCP 数量为 60，那么团队的生产率为 9/60，即每个用例点需要 0.15 个人月。

Schneider 和 Winters 于 1998 年建议，环境因子 E1 到 E6 中评分低于 3 的数量，必须要加上 E1 和 E8 评分高于 3 的环境因子数量，并且：

- 如果结果小于或等于 2，则假设每个用例点的工作量为 20 人时（0.127 人月）。
- 如果结果为 3 或 4，则假设每个用例点的工作量为 28 人时（0.177 人月）。
- 如果结果大于 4，环境因子显示项目具有高风险，在实际开发之前必须要进行改进，或者假设每个用例点的工作量为 36 人时（0.228 人月）。

在目前的这个例子当中，有 5 个负数环境因子：E1、E2、E4、E6 和 E8。在这种情况下，推荐在开始项目开发之前要提高环境的质量。然而，如果开发团队决定要承担风险，那么项目要做最坏的估算，即每个用例点的工作量为 0.228 人月。因此，Livir 项目的总工作量估算为 E=261.583* 0.228=59.64 人月。

4.2.8 日历时间与团队平均规模

在 4.2.7 节例子当中得到的工作量（59.64 人月）指的是从项目开发到移交产品整个阶段的工作量。然而，开发项目人员众多，因此日历时间（线性时间和节假日除外）可能会更小些。

MaConnel 于 1996 年提出一个简单的公式，可以根据总的工作量计算项目的理想日历时间。

---

① TPI 可以表示为一个团队成员在给定的单位时间内开发的用例点数量，在这种情况下的计算公式为 E5UCP / TPI。

② 根据 Karner 于 1993 年提出的观点，如果复杂用例包含 15 个用例点，则需要 300 个人时才能完全开发。

公式如下：

$$T = 2.5 * \sqrt[3]{E}$$

公式中，T 代表开发该项目的理想日历时间。

当 E 以人月为单位时，则该公式成立，当 E 为人周或人时则不成立，立方根的使用会造成结果不正确。

也可以使用基于功能点（Jones，2007）或代码行数（Boehm，2000）等其他公式进行计算。但是，为了应用用例点，这当中需要进行一些转换。如果需要更精确的工作量估算，可以使用这些公式，因为 Boehm 和 Jones 的公式使用了项目复杂度和团队能力等信息作为参数来估算日历时间。

将上面的公式应用到当前的例子，结果为：

$$T = 2.5 * \sqrt[3]{59.64} \cong 9.768 \text{ 月}$$

团队平均规模（P）计算公式如下：

$$P=E/T$$

则当前例子的结果为：

$$P=59.64/9.768=6.106$$

因此，该项目开发团队的平均规模约等于 6。也就是说，该项目需要 6 位开发人员花费将近 10 个月时间才能够完成开发。对于这个例子来说，负责项目开发的公司需要为该项目再聘请一位专家（要聘请经验丰富的专家，以提高环境因子的评分）；而只用 5 位开发人员进行项目开发会要花费更多的时间。在例子当中，计算得到 5 个人的团队开发该项目需要的时间为 59.64/5=11.928 月。在这种情况下，项目可能需要大约一年时间才能开发完成。用“可能”表述，是因为开发团队的人员比推荐的人数要少。然而，单纯扩大团队的规模也是不切实际的，例如，如果分配 20 位开发人员开发该项目，则日历时间为 59.64/20=2.982 月。开发团队的规模大于理想值意味着总工作量（E）要调整为更高的值。Boehm 于 2000 年提出，将 COCOMO II 工作量乘以需求开发进度（Required Development Schedule，SCED）可知，开发项目所需的时间为理想时间的 85%，则需要增加 14%的总工作量；开发项目所需的时间为理想时间的 75%，则需要增加 43%的总工作量。

上面的数据使项目所需的时间显得太长，这是因为项目的开发团队缺乏经验使得环境因子非常差。该团队在开发过程中会出错，并且需要重复做很多工作。更重要的是，缺乏经验导致的对需求的误解，以及后续的修复工作，会明显地增加开发所需的时间。

如果由经验丰富的开发团队进行项目开发，则环境因子的评分会高很多，那么 EF 的取值为 0.425（最好的取值）。在这种情况下，UCP=234*0.825*0.425=82.046。根据 Schneider 和 Winters 的理论（1988），得到每个用例点所需的工作量为 20 人时或 0.127 人月。因此 E=82.046*0.127=10.42，则日历时间和平均团队规模的结果分别为 T=5.46，P=1.908。也就是说，经验丰富的开发团队只需要两个开发人员就可以在 5 个半月内完成项目开发。这看起来非常合理，考虑到了项目的规模以及团队的开发能力。

然而，需要注意这些公式并不是放之四海而皆准的，因为有各种各样的项目及开发团队。在采用之前，需要进行一定的测试，并根据实际情况进行调整。

4.2.9 详细用例的计数方法

4.2.8 节中讨论的用例点分析技术只涉及了高级别用例的复杂性，仅根据它们的命名和一两句描述进行讨论。

此外，还有许多方法能够用于计算扩展用例的用例点（第 5 章进行介绍），但这些工具具有较多限制，在统一过程中，一般会在迭代过程对用例进行详细描述。在初始阶段，开发团队只会接触到高级别用例。

虽然如此，如果已经详细说明用例，或者在迭代开始时已经准确估算了工作量，那么这些方法还是很有用的。本节将介绍这些方法。

Robiolo 和 Orosco 于 2008 年提出，要分析用例的详细说明，以及计算实体（类）和事务数（步骤）。未调整用例点下的应用程序的规模将会是这些值之和。

Braz 和 Vergilio 于 2006 年提出一个名为模糊用例规模点（Fuzzy Use Case Size Points，FUSP）的技术，该技术基于下面的复杂度进行计算。

- 用例中的参与者。
- 用例先验条件和后验条件。
- 用例所需的实体数量。
- 用例所需的事务数量。
- 用例替代流的复杂度。

这个方法较为详细，但需要更多的工作，并且需要扩展用例才能够正常计算。

Mohagheghi、Anda 和 Conradi 于 2005 年提出的改写用例点（Adapted Use Case Points）方法，假设在起始阶段，每个参与者的复杂度都为中等，每个用例的复杂度为复杂，然后将用例分解为更小的用例，并重新评级为简单或中等来进行计算。扩展用例和备选流也按此方法进行计算。

Kamal 和 Ahmed 于 2011 年对上述提到的几种方法进行了比较。

Ibarra 和 Vilain 于 2010 年提出的完整用例规模（Full Use Size）方法用于客观评估用例点规模。该方法用于测量功能和非功能方面，为此，它需要高级别用例和针对每个用例的非功能需求注释的清单列表，测量会基于下面 3 部分进行。

- 用例类型。
- 系统操作（事务）及业务规则的数量。
- 接口需求数量。

关于这些方法的详细介绍，请查阅相关文献。

4.3 规划迭代项目

项目规划的目标是建立一个将该项目作为一个整体的计划，除此之外，与项目相关的开发人员或团队需要使用最好的工具来估算将要用于项目所需的工作量。评估的结果将会影响项目的进度和预算。

项目开始时需要考虑几个方面的内容。范围定义已经定义了项目的目标以及验收标准。同样，也完成了必要的业务建模，高级别需求也合并为系统用例。

利用用例点分析技术，可以估算开发项目所需的总工作量，以及理想的日历时间和团队平均规模，这些是对项目的总体评分。

下面就开始确定迭代的周期和数量。

4.3.1　估算迭代周期

迭代起始于新系统的计划，结束于新版系统的发布或将产品交付给客户。统一过程以及多数敏捷方法中的迭代周期根据具体情况和各个因素，以及项目的复杂度和团队的规模等，通常是在 1~8 个星期之间[①]。

规模较小，5 人以下的开发团队[②]会在周一早上进行项目规划，然后不间断工作，到周五发布一个新版本。

超过 20 人的团队需要更多的时间分配任务和同步信息，这样会增加工作量。此外，由于需要整合、验证和修复更多的软件部分，所以会花费更多的时间。因此，在这种情况下，迭代的持续时间应该控制在 3~4 个星期。

超过 40 人的团队需要在更合理和正式的环境下进行开发，需要更多的工作文档，以便能够更好地完成信息沟通。因此，迭代周期可能需要 6~8 个星期。

可能影响迭代周期的其他因素还有：

- 自动代码生成和集成生命周期软件工具可以缩短迭代时间。
- 胜任统一过程和分析、设计、编码的团队会缩短迭代时间。
- 如果要求较高的软件质量，则必须要有更详细的测试和修订工作，因此会延长迭代时间，除非广泛使用了自动化和有效的编码模式。

4.3.2　迭代数量

将项目的日历时间除以每个迭代周期得到该项目的迭代数量。

例如，在 Livir 项目中，具有 6 位开发人员的新手团队需要 10 个月才能完成开发。因此，将会选择迭代周期为两个星期，同时迭代数量为 20。

细化阶段和构建阶段的迭代数量，从根本上说取决于需要解决的架构问题。根据要研究和开发的复杂用例的比例，可以粗略估算该数量。稳定的体系结构是细化阶段的一个里程碑，可以假设在复杂高优先级用例需要分析时将不会终止细化阶段。Krunchten 于 2003 年估算，对于典型的项目，细化阶段的线性时间的比例为 30%，构建阶段比例为 50%，而初始阶段和交付阶段分别

[①] 敏捷方法倾向于选择尽可能短的周期。一些诸如 XP 等方法会禁止迭代的持续时间超过 3 个星期，但其他方法相对轻松。

[②] 或具有较强开发能力且有很优秀工具支持的规模较大的团队。

为 10%。

此时带来的另一个问题是，工作量估算是否包含初始阶段的工作量（因为估算工作完成时，初始阶段也完成了）。例如，当 COCOMO II 方法应用于统一过程时，只估算细化阶段和构建阶段的工作量，而将初始阶段和交付阶段的工作量计为总工作量的百分比。通常，用例点分析估算从项目开始到移交项目产品的总工作量。然而，如果使用另外一种方法，那么最重要的是保持项目之间的相关性。差异化的估算会影响开发团队的生产力指数。

4.3.3 每用例点的工作量

要计算开发每种类型（简单、中等、复杂）用例的工作量，可以使用如下方法：

（1）将项目的总工作量（E）除以总的未调整用例权重（UUCW），忽略参与者的权重。

（2）第（1）步得到的值为开发每一个未调整用例的工作量，即 E_{UCP} =E/UUCW。

（3）将每种类型的用例工作量乘数乘以 EUCP，在得到的结果中，5 为简单用例，10 为中等用例，15 为复杂用例。

因此，Livir 例子的值为：

$$E_{UCP}=\frac{59.64}{220}=0.271\ \text{人月/用例点}$$

由此可知：

- 简单用例需要 5*0.271 = 1.355 人月。
- 中等用例需要 10*0.271 = 2.71 人月。
- 复杂用例需要 15*0.271 = 4.065 人月。

需要注意的是，经验丰富的开发团队得到的值往往会比上面这个值低得多，其计算公式如下：

$$E_{UCP}=\frac{10.42}{220}=0.047\ \text{人月/用例点}$$

因此：

- 简单用例需要 5*0.047=0.235 人月。
- 中等用例需要 10*0.047=0.47 人月。
- 复杂用例需要 15*0.047=0.705 人月。

4.3.4 团队负载能力

通过将团队成员数（P）乘以迭代时长（以月为单位）得到每个迭代的团队负载能力（Team Load Capacity，TLC），公式如下：

TLC=P*迭代时长（以月为单位）

在本章的例子中，假如新手团队有 6 个成员，迭代时长为两个星期（0.5 个月），则 TCL=6*0.5=3。即项目中每个迭代的团队负载能力为 3 个人月。

根据上面的数据，复杂用例需要 4.065 人月，那么在一个需要两个星期的迭代时长中，该开发团队可能不能完成一个复杂用例。此时需要考虑以下两点：

- 扩大迭代周期到 3 个星期（约 0.75 个月）。
- 将用例分片，在两个星期的迭代内实现其中一部分。

虽然敏捷开发人员喜欢更短的迭代周期，如果扩展迭代，那么项目的日历时间（10 个月）按照迭代周期（0.75 月）划分，结果为 13.3 个迭代；如果项目工期要求不紧急，实际将调整为 14。这样，每个迭代的团队负载为 6*0.75 = 4.5，且每个迭代都用于处理复杂用例。

4.3.5　定义用例优先级

降低项目风险的主要方法之一就是先处理最复杂的用例，特别是用于描述主要业务过程的用例，开发团队需要用比研究用例更多的精力来研究系统。例如 CRUD（中等用例）和报表（简单用例）等模式用例可以在构建阶段处理。

规划用于描述每个用例分析、设计和实施的过程。与大多数敏捷方法一样，统一过程不期望在实施用例期间去定义常规项目规划。然而，需要有一个动态的优先级列表，在项目开发过程中不断修改该列表，粗略确定每个用例完成的时间。规划迭代要选择在下一个迭代要处理的用例、风险、需求变更等。规划迭代时，选择处理何种用例要考虑下面几个方面。

- 用例复杂度：在绝大多数情况下，要首先处理高风险和复杂的用例。除非有特殊情况（例如，有高技术风险的简单用例要处理）明确可以先处理其他用例。
- 用例依赖性：迭代中具有很高依赖性的用例尽量一起处理，避免在类上进行分段处理。
- 团队负载能力：根据团队负载能力分配开发成员的开发工作。

表 4.7 列出了第 3 章图 3.11 所示的 Livir 示例中用例的优先级。

表 4.7　Livir 示例建议的用例优先级

优　先　级	用　　例	优　先　级	用　　例
1	订购图书	12	管理图书信息<<crud>>
2	支付订单	13	管理出版商信息<<crud>>
3	派送订单	14	订单状态<<report>>
4	记录派送确认	15	历史订单<<report>>
5	收到图书	16	某个时期内销售的图书<<report>>
6	重新发送	17	有货图书<<report>>
7	记录退回订单	18	某个时期内退回的图书<<report>>
8	丢弃图书	19	某个时期内的预计订单<<report>>
9	取消订单	20	某个时期内的派送信息<<report>>
10	创建/删除折扣	21	某个时期内丢弃的图书<<report>>
11	管理客户信息<<crud>>		

列表的顺序对于复杂用例来说是至关重要的，如果选择了错误的优先级，那么在随后迭代中会引起不必要的重构。这里认为该业务最重要的用例是与销售图书有关的用例，这是公司利润的来源。因此，例如 CRUD 和报表等低风险的用例的顺序就不是特别重要。

4.3.6 规划阶段和迭代

由前面的内容可知，利用用例的优先级、工作量和团队负载能力等信息，应该可以确定初步的产品发布计划。

迭代的目标可能有以下 3 种类型：

- 实现所有或部分用例。
- 降低一个或多个风险、产生或执行一个可能的缩减、降低影响或灾难恢复计划。
- 实现所有或一部分需求变更。在迭代过程中，系统架构可能会因为需求不一致或设计错误而要求变更。因此，其中一个迭代的目标是处理这些变更，而这些目标一般只在第一次迭代后才出现。

对每个元素（用例、风险或需求变更）也要进行工作量估算。根据它们的优先级，这些元素会被分派到一些迭代中（优先级可能会引起项目进展的变化，因此，相关计划也要进行修改）。复杂和高风险元素的优先级较高，其原则如下：

- 能够帮助公司达成组织目标（例如赚取利润）的关键业务流程的用例。
- 会影响和很可能会引发问题的高重要性（或高暴露）的风险。
- 紧急的需求变更，例如需要架构重构。

这些元素具有不同的优先级，为方便起见，与高优先级密切相关的元素可能会添加到相同的迭代，但要注意指派给迭代的总工作量不能超过团队负载能力所允许的值。

风险降低和一些需求变更不适用于工作量估算，因为它们的规模不能通过用例点（或其他方法）进行计算。例如，漏洞的查找和修复的时间从几秒钟到几周不等。在这种情况下，通常分配固定的时间段。例如，针对某个风险，允许开发团队花费一个星期时间进行处理。在前面给定的时间限制[①]结束之前进行效果评估，确定是否有必要继续处理风险。

假设现在的项目需要 10 个月（大约 40 个星期）进行开发，迭代周期为 3 个星期。初始阶段和交付阶段需要大约 4 个星期（总时间的 10%），细化阶段需要大约 12 个星期（总时间的 30%），即 4 个迭代周期，构建阶段需要大约 20 个星期（总时间的 50%），即差不多 7 个迭代周期（其中一个周期较短，只有两个星期，或者在构建阶段的最后一个迭代时从移交阶段借用一个星期，可以根据情况二选一）。

Kroll 于 2004 年提出一种通用的阶段计划，应用于 Livir 示例则如表 4.8 所示。因为需求变更是在项目开发过程中产生的，所以该表没有包含需求变更的内容。在这种情况下，该计划仅用于发布用例和减轻风险。

表 4.8 Livir 项目的总体阶段规划

阶 段	迭 代	主要目标（处理风险和用例）	时 间 表
初始阶段	I1	定义愿景 确定项目范围 定义候选架构 创建业务用例 创建软件开发计划	第 1~4 周

① 时间限制指分配给特定任务的一段时间。

续表

阶　　段	迭　　代	主要目标（处理风险和用例）	时　间　表
细化阶段	E1	安装和测试架构组件 验证需求细节 实施优先用例 测试架构	第 5~7 周
	E2~E4	减轻架构风险 完成架构安装和测试 实施附加用例 负载测试架构元素	第 8~16 周
构建阶段	C1~C6	描述和实施附加用例 整合产品并验证	第 17~34 周
	C7	描述和实施附加用例 整合产品并验证 准备基本测试 准备用户手册	第 34~37 周
交付阶段	T1	交付测试版产品 分析测试用户的反馈信息 修正错误 完成用户手册及其他工件 交付正式产品	第 38~40 周

在阶段规划结束（通常在初始阶段结束时）后，细化阶段的第一个迭代 E1 就可以进行细化，为开发人员分配用例和详细活动。在该迭代开始时进行第二个迭代的规划。

Kroll 认为迭代计划的目的包括以下方面：

（1）通过定义要生产的工件的目标定义迭代的范围，例如：

- 详述和实施具体用例。
- 减轻已知风险。
- 执行需求变更。

（2）创建迭代展开的详细计划。

（3）创建、识别、管理任务相关性。

（4）分配任务。

例如，要计划 Livir 项目中细化阶段的第一次迭代 E1，需要参考如表 4.8 所示的项目总体目标和系统的当前状态。其中的一些迭代目标可以定义为如下所示：

- 扩展和实施用例 01，订购图书。
- 测试和完善初步架构。
- 执行减轻 K1 风险的计划，处理不稳定需求。

接下来，计划的过程包括定义迭代的可交付成果及需要完成的任务，并将任务分配给开发人员。敏捷团队可能更愿意在团队会议上产生计划，使用敏捷统一过程的开发团队更愿意根据敏捷统一过程的工作流来确定相应的任务并执行，以达到迭代的目标。

这些内容超出了本书范畴，感兴趣的读者可以阅读 West（2002 年）或 Crain（2004 年）的相关文献。

4.4 当前进度

	起始阶段（Inception）	细化阶段（Elaboration）
业务建模	构建整个系统的概要视图： ● 构建业务用例图并确定项目的自动化范围 ● 为业务用例构建初步的活动图 ● 为关键业务对象构建初步的状态机图	
需求	准备系统用例图（功能需求）： ● 从业务用例模型中识别出系统参与者（actor） ● 从业务用例模型中识别出系统用例，并从业务模型当中识别活动以及状态机图 确定非功能性需求作为用例注解： ● 确定关联到用例的主要业务规则 ● 确定关联到用例的主要质量问题 确定增补需求	
分析与设计	通过观察系统用例和所需概念，准备初期概念模型	
实现		
测试		
项目管理	估算项目的总体工作量、理想进度以及平均团队规模 估算每个阶段的迭代次数及周期 为首次迭代准备阶段计划和迭代计划	

4.5 思考题

1．解释 COCOMO II、功能点分析、用例点分析之间的区别，以及它们的优缺点。

2．用例点分析的技术因子和环境因子的区别是什么？为什么用例点分析要将它们作为单独的组考虑？

3．设 E 为项目的总工作量，T 为该项目的理想日历时间。当需要完成 E 工作量的时间小于 T 的值会出现什么情况？当开发项目需要的时间大于 T 的值，会出现什么情况？

4．如何确定项目的迭代理想周期？

5．如何确定用例的优先级？

第 5 章　扩 展 用 例

本章提要

- 扩展用例的主要流
- 备选流：异常处理程序及其变体
- 撰写推荐规范
- 系统时序图

5.1　扩展用例概况

在第 3 章中曾经提到，用例要用于描述系统的需求及其他内容。使用用例，可以创建一个相较于其他方法更易于理解、沟通和管理的架构来处理需求。Ivar Jacobson 在他的博客中说明了用例如此受欢迎的原因[①]：

- 用例模型图可以很好地描述一个复杂的系统，使用户能够知道系统要做什么。
- 用例给用户提供的是有价值的内容，而不是无法理解的信息。
- 用例也可以是测试场景；当开发团队在用例中完成组织需求时，还会创建一个结构用于满足测试场景的需要。
- 用例是设计有效用户体验的起点，例如某个网页。
- 用例会驱动从分析到设计、从设计到编码、从编码到测试的开发。

通常情况下，细化迭代的第一个分析活动是细化分配给迭代的用例。细化或扩展的过程会将用例带入到一系列对应于精炼的需求分析的步骤，特别是功能需求。在每次迭代中，可以扩展一个或多个用例，以满足软件项目分析和设计必要的结构时的需求，允许用户通过扩展用例中所指示的步骤与系统进行交互。

要处理高级别用例扩展，需要使用系统用例图，并且该图当中包含所有注释和补充说明文档。如果在初始阶段能产生初步的概念模型，将有助于首次迭代。不同于首次细化迭代，其他的迭代都有由过往的迭代不断完善演变的概念模型。

用例扩展对应于需求分析的精练。从用户的角度来看，开发团队必须对纳入用例的过程进行详细检查。用例描述要逐步进行：如何执行，以及参与者和系统之间存在什么样的交互等。此时可以忽略需要使用的技术和接口。在这些描述中，只有系统和参与者之间传递的信息是强制性的。

原则上来讲，这种逐步的描述不能包含带有分支的结构。应按照默认序列或主要流（5.2 节）

[①] http://blog.ivarjacobson.com/use-cases-%E2%80%93-why-successful-and-popular/

进行，描述在用例交互期间应发生什么。因为该工作流当中没有错误、故障或异常，因此也称为“程序主逻辑（happy path）”。

在描述用例的主要流之后，需要从用户的角度检测和分析业务规则或对用例的非功能性需求进行注释，以便发现在给定的步骤中可能出现的错误，或会引起什么异常情况。在确定了可能的异常情况后，需要提供一个描述修正问题的过程说明（参见 5.3.3 节）。对于每个业务规则，可能至少会有一个异常情况，用例随后会完成类似在程序中用于处理异常情况的处理程序的替代流。

除上述内容之外，开发团队还要验证用户是否能在不同方法或场景下执行用例（参见 5.3.1 节）。如果执行结构千差万别，那么要确定其主要流的变化（参见 5.3.2 节）。

5.2 主 要 流

对扩展用例来说，主要流（main flow）是其最重要的部分，是用例过程顺利进行的描述，即不会出现替代流。

在本书的示例中，订购图书（Order books）用例的第一份初稿的主要流应该包括顾客的身份确认、搜索和选定图书，最后是执行支付。

关于用户身份识别，有一个经常出现的问题：如果顾客在当前用例被执行前已经识别出了自己，那会发生什么情况？这是较为常见的情况，并且要进行适当的处理。此时，用户身份识别就变成了可选的，这在 5.3 节当中将会进行介绍，其可能会在替代流中处理。因此，可以假设该用例的主要流中用户已经由系统识别，如果不是这种情况，则在替代流中执行用户识别。

因此，能够较好描述订购图书（Order books）用例主要流的活动为用户搜索和选择图书并付款。但此通信是双向的，系统还要向用户呈现可销售的图书，以及其他重要的信息，例如图书价格、订单总价等。

图 5.1 是订购图书用例主要流的草图，该用例在 Livir 系统中具有最高优先级（参见 4.3.5 节）。

用例 01：Order books

1．顾客通过关键字搜索图书。
2．系统生成符合关键字的图书列表，至少包含书名、作者、价格、页数、出版社、ISBN、封面图片等。
3．顾客选择图书及数量。
4．系统生成订单信息（每本书的书名、作者、数量、单价、合计）及订单价格。
5．顾客提交订单。

图 5.1　Order books 用例主要流的初步草图

如图 5.1 所示，如果在第 1 步顾客没有用关键字搜索，那么第 2 步得到的将是该书店所有在售的图书列表。此时可以不用确定界面的格式。例如，如果图书列表很长，需要配合滚动条才能显示完整列表。在进行界面设计时可以考虑此解决方案。但顾客使用滚动条不需要写入用例描述。

要执行第 5 步操作，必须要识别和验证顾客的身份，或者允许顾客稍后继续完成订单。因此，在这里主要流假定已经识别该用户，但如果情况并非如此，那么将会出现在 5.3.3 节中介绍的异常情况。

执行完第 5 步后即完成用例，并且保存购物车（5.4.6 节中会介绍由于此操作属于内部操作，因此不在用例中提及）。此时，用户可以注销退出，改天再完成订单，或者可以直接进入支付订单（Pay order）用例，如图 5.2 所示。

> 用例 02：Pay order
>
> 1. 系统生成未结算订单汇总（每本书的书名、作者、数量、单价、合计），以及订单总价、顾客收货地址列表等。
>
> 2. 顾客选择收货地址。
>
> 3. 系统显示配送费用、预计送达日期，顾客登记过的信用卡列表（内容包含发卡机构标志和信用卡卡号后四位）。
>
> 4. 顾客选定用于支付的信用卡。
>
> 5. 系统向信用卡运营机构发送以下数据：信用卡卡号、持有人姓名、有效期、安全码、支付金额和商店代码。
>
> 6. 信用卡运营机构发送授权代码批准出售。
>
> 7. 系统生成信息表示已确认订单，并提供包裹的配送单号。

图 5.2　支付订单（Pay order）用例主要流的初步草图

需要注意的是，此时所有的用例都是草拟的，还有若干问题需要讨论并进行改进，在随后的章节中会提到这些内容。例如，在随后内容中将会讲述替代流，该替代流与可能出现的异常以及由团队所识别的变化相关联，即在 Order books 用例的第 3 步，可能会出现诸如图书库存不足之类的异常情况；类似的异常可能会发生在 Pay order 用例的第 5 步：信用卡运营机构应批准出售，这是用例中应该完成的操作，但可能并不能顺利完成。

然而，用于替代在主要流中执行条件检验的异常必须要被忽略，并单独进行处理。要理解类似这样的用例比较困难，因为其自身还包含一些考虑到一切可能会出现的异常的算法结构，如图 5.3 所示。

> 用例 01：Order books（主要流中带有异常的用例的不合理处置）要避免考虑这些情况
>
> 1. 如果顾客没有注册，注册时要求提供姓名、联系电话、地址、社保号以及至少一张信用卡的卡号等信息。
>
> 如果用户已注册，但没有登录，则要求其登录。
>
> 2. 如果顾客没有为上次购买的图书进行付款，则系统显示购物车内容，顾客可以选择继续购买、取消或重新开始。
>
> 3. 系统显示可购买的图书信息，至少包括书名、作者、单价、页数、出版社、ISBN、封面图片等。
>
> 4. 顾客选择图书及购买数量。如果库存图书数量少于顾客购买数量，则系统要求顾客修改购买数量。如果图书无库存，则建议用户从订单中删除该图书。如果顾客购买的图书因调货等原因要分开发货，则有货的图书要尽快配送，调货的图书在有货后再及时配送。
>
> 5. 其他情况（略）。

图 5.3　主要流中带有异常的用例的不合理处置

图 5.3 中的用例流存在的问题是，太多的“假定（if-then）”条件会增加不必要的复杂情况。主要流不应包含条件处理，而应显示出在理想条件下，所有信息都能正确完整传递时会发生什么。相关的异常情况和变化应在替代流中进行处理。

5.3 替 代 流

在现实生活中，用例所指定的过程可以有很多种方式来执行。不同的两个人购买图书会有不同的序列。如果这些序列十分类似[①]，就可以用相同的流进行描述。但在某些情况下，需要使用替代流来表示完全不同的方式的执行序列。

替代流主要有两种：变体（参见 5.3.2 节）用于表明通过不同方式完成同样目标；异常处理程序（参见 5.3.3 节）用于指明如何处理在用例执行期间出现的问题。

但是，有时变体也是不同的，它们可以作为单独的用例。因此，变体可能是单个用例的简单场景（参见 5.3.1 节）或者有时会是发现全新用例的关键。

5.3.1 场景

用例可以理解为一种描述或支持一组不同场景的常规说明。每种场景都是具体实现或用例实例。通常情况下，用例都有主场景（执行主要流）和替代场景（通过一个或多个替代流执行主要流）。然而，主要流变体的内容有时会产生对真正用例的怀疑。例如，在书店的例子中，购买图书的过程至少有两种不同的场景：

- 顾客选定图书，加入购物车，稍后再支付订单。
- 顾客选定图书，并直接支付订单。

那么，这是具有两个可替代结果的单个用例，还是应该分成两个单独的用例？

下面的两种处理方式都是可行的，虽然其中一个可能会比另一个更好。具体如下：

- 创建多个用例（每个针对一个场景）。每个用例的架构较为简单，因此会有多个用例。
- 在单个用例中具有多个类似的场景。用例数量较少，但也更复杂。

此时，更重要的是要发现在参与者和系统之间交换的信息，而不是将两个场景作为一个或两个用例来处理。因此，对于两种处理方式，只要确认或能够描述操作方法，那么对于最终结果来说，上述问题就没那么重要了。

将多个替代场景合并到单个用例的优点是，不需要在不同用例内重复描述一些步骤。这与不同类的属性都可以通过共享超类得到的效果一样（6.6.1 节）。

然而，不能单纯认为用例与过程调用类似，它们是在现实世界中，用户与系统之间交互场景的线性描述。

---

① 例如，某一顾客购买两本图书，而另一名顾客购买 5 本图书，这两个活动可以以“顾客购买图书”进行描述，其中的购买数量对于理解该购买过程是无关的。

5.3.2 变体

原则上，主要流是交互步骤的严格的序列，既无分支也无嵌套。然而，有时使用非线性的方式表示主序列也会有一定的帮助。

在前面的内容中提到，用于订购图书和支付订单的用例可以采用具有两个场景的单独用例完成。在这种情况下，每个场景就是该用例的替代：保存购物车（Save shopping cart）或继续结算（Proceed to checkout）。

这两种可能的结果可以表示为单个用例的主要流的变体。

如图 5.4 所示，用例 Buy books 有两种可能的结果：第一，保存购物车，以便后续再进行支付；第二，顾客直接支付订单。

用例 01/02：Buy books（合并了 Order books 和 Pay order）

1. 顾客通过关键字搜索图书。
2. 系统生成符合关键字的图书列表，至少包含书名、作者、价格、页数、出版社、ISBN、封面图片等。
3. 顾客选择图书及数量。
4. 系统生成订单信息（每本书的书名、作者、数量、单价、合计）及订单价格。
5. 顾客提交订单。
6. 顾客操作：

保存购物车：变体 6a。

继续结算：变体 6b。

变体 6a：Save shopping cart

- 6a.1.顾客通知系统，保存购物车内容。
- 6a.2.系统告知顾客，购物车内容保存时长。

变体 6b：Proceed to checkout

- 6b.1.系统生成顾客的收货地址列表。
- 6b.2.顾客选择收货地址。
- 6b.3.系统显示配送费，预计送达日期以及顾客已登记的信用卡列表。
- 6b.4.顾客选定进行支付的信用卡。
- 6b.5.系统向信用卡运营机构发送以下数据：信用卡卡号、持有人姓名、有效期、安全码、支付金额和商店代码。
- 6b.6.信用卡运营机构发送授权代码批准出售。
- 6b.7.系统生成信息表示已确认订单，并提供包裹的配送单号。

图 5.4 具有变体的某用例的主要流

对于 5.3.3 节的内容来说，保存购物车，稍后再进行支付不是一个异常情况，而是顾客的一个可选操作。此操作不是用例结束的条件，其还有相关的操作：保存购物车，后续继续使用。这仅仅只是主要流的变体，也是两种变体以相同的状态出现在流中的原因[①]。

[①] 不建议读者采用同样的方式处理异常情况。如后面 5.3.3 节中内容所述，确实存在异常情况的常规流和替代流要在主要流之外进行描述的情况，而变体则是以不同方式执行的主要流。

有些分析师会选择将其中一个变体在主要流中处理，其他的变体则在替代流中处理。如图 5.5 所示的变体继续结算（Proceed to checkout）是在主要流中进行处理，而另一个变体保存购物车（Save shopping cart）则在替代流中处理。这种处理方式的优点是在主要流中，变体可以与多个步骤相关联。例如，Save shopping cart 变体可能在用户处于第 1~8 步之间的任意步骤时执行。在这种情况下，变体的代码为 1-8a，如果变体在主要流中的任意时刻执行，那么其代码为*a。

用例 01/02：Buy books

1．顾客通过关键字搜索图书。

2．系统生成符合关键字的图书列表，至少包含书名、作者、价格、页数、出版社、ISBN、封面图片等。

3．顾客选择图书及数量。

4．系统生成订单信息（每本书的书名、作者、数量、单价、合计）及订单价格。

5．顾客提交订单。

6．系统显示顾客的收货地址列表。

7．顾客选择收货地址。

8．系统显示配送费、预计送达日期，顾客登记过的信用卡列表

9．顾客选定用于支付的信用卡。

10．系统向信用卡运营机构发送以下数据：信用卡卡号、持有人姓名、有效期、安全码、支付金额和商店代码。

11．信用卡运营机构发送授权代码批准出售。

12．系统生成信息表示已确认订单，并提供包裹的配送单号。

变体 1-8a：Save shopping cart

1-8a.1.顾客通知系统保存购物车内容。

1-8a.2.系统告知顾客，购物车内容保存时长。

图 5.5　用于表示用例的替代方法

这种形式在理论上迫使用例分析师要在变体间（人为参与产生的情况）进行选择。如果在变体之间不能明显区分其优势，那么使用类似图 5.4 所示的用例可能更好一些，因为每个变体具有相同的状态。

5.3.3　异常处理

在描述用例主要流以及添加必要的变体（如果存在）后，分析师还要注意处理可能会出现产生的异常，并为每个异常创建替代流。通常识别异常情况有以下两种方法：

（1）对用例的每个业务规则注释产生一个异常情况。例如，如果 Order books 用例的业务规则有订单价格不能低于 50 美元的要求，那么在订单确认时如果订单价格达不到要求，则为一个异常情况。要处理这个异常情况，则必须购买更多的图书，否则该订单就会被取消。

（2）此外，分析师还要注意主要流的每一个步骤，特别是代表从参与者到系统的信息流。这些流传递的数据有可能会是系统根据定义所无法接收的信息，这会产生异常情况。例如，信用卡运营机构对请求销售进行授权时，可以发送拒绝代码，这就是一个异常情况。因为在这种情况下，用例无法成功完成。此时需要执行一些纠正措施（在主要流之外），或者用例异常中止，不

能实现目标。

在计算机科学中，异常情况是很少发生的事件，但如果处理不当便会造成麻烦。异常通常不会造成用例无法开始，但可能会造成用例无法结束。在此处例子中，信用卡运营机构不会阻止顾客访问书店并购买图书，但只有在验证了合法的信用卡信息后，顾客才能完成图书购买。因此，即使进行了用例初始化，也需要处理完所有的异常情况才能结束该用例。

图 5.6 是经过修改的 Order books 用例，包含了在主要流中识别出的异常情况。每一个异常情况使用用例源步骤的行号及字母进行识别，同一步骤有多个异常情况则使用多个字母。例如，如果第 5 步有 3 个异常情况，则以 5a、5b、5c 进行编号。如果某个异常情况可能发生在任何一个步骤，则使用*a、*b 表示，以此类推。如果某个异常情况发生在操作步骤区间，例如在第 3~7 步之间，则使用 3-7a、3-7b 表示，依此类推。另外，如果同一个异常情况发生在不连续的步骤中，例如在第 3 步和第 6 步，则使用 3,6a 表示。识别码后面紧跟的句子与业务规则相关，或是导致异常情况的说明。图 5.7 还引入了变体 5d，允许用户继续购买其他图书，而不是直接提交订单。但这只是一个选项，不是一个异常情况。

用例 01：Order books

1. 顾客通过关键字搜索图书。
2. 系统生成符合关键字的图书列表，至少包含书名、作者、价格、页数、出版社、ISBN、封面图片等。
3. 顾客选择图书及数量。
4. 系统生成订单信息（每本书的书名、作者、数量、单价、合计）及订单价格。
5. 顾客提交订单。

异常 3a：要购买的一本或多本图书数量大于库存数。

异常 5a：顾客未经识别。

异常 5b：顾客没有账号。

异常 5c：未选择购买图书。

图 5.6 包含异常识别的用例示例

开发团队遇到的异常情况可能很多，但只需关注其中的一部分。大多数异常情况可以通过其他机制进行处理，而不是使用用例的逻辑。降低用例复杂度和系统复杂度的关键是减少必须处理的异常情况的数量。这里所关注的是用户向系统发送的数据不能被接受的异常情况，其他的异常情况应该可以通过其他机制进行处理。在图 5.6 的例子中：

- 第 1 步无异常情况，系统接受用户提交的任何关键字，但不是任何关键字都可以搜索到相关图书。在输入某些信息的情况下，系统会显示符合条件的图书数量为 0，或者显示与该关键词接近的图书（类似 Google 的搜索建议）。这只是一些特殊的情况，而不是妨碍用例运行的异常情况。
- 第 2 步及其他步骤系统显示数据时，由于在第 2 步中，系统不会处理用户发送的数据，因此在逻辑上也不会出现异常情况；如果出现异常情况，可能是在第 1 步的操作中出现错误并产生影响。系统显示的列表不包含图书不是一个异常情况。再次强调这是一个正常行为，用户可能在第 3 步中不选择任何图书，然后重新执行第 1 步，或者执行第 5 步提交订单。

- 同样，在第 2 步中分析师可能会考虑到“如果查询所涉及的计算有一个缺陷，导致在显示结果时系统挂起，怎么处理？”如果代码有缺陷，则必须修正代码，并包含到用例逻辑中。这也不是应该要关注的异常情况。
- 在任何一步操作中，分析师可能会将系统与用户之间的通信故障认为是一个异常情况。开发人员会认为这是现实世界中的一个异常情况，但由于“随时的通信故障”不特定于用例逻辑，在执行哪一步时都无关紧要，因此本书不关注此类异常情况。此外，该异常情况与技术相关，此时处理的是基本用例，避免使用到相关的实施技术。因此，这种类型的异常情况应由通用机制进行处理，而不是通过用例逻辑进行处理。
- 在第 3 步中，如果用户在数量字段中输入了负数或字母会出现什么情况？处理方法很简单，采用一个简单的接口部件即可。例如，不采用在文本框中输入数字的方法，而是让用户使用滑动条的方式选择数量，仅能选择正数。这种接口机制是技术的一部分，在基本用例中不涉及此内容。不过，分析师应当知道可以通过一些途径阻止用户输入错误的值，因此，这并不是急需包含进用例结构的。在第 8 章还会介绍到，此类用户错误还可以通过定义系统可以接受的参数类型来处理。如果定义可接受的类型为“自然数（natural）[①]”，那么开发团队就不需要关注其他类型的值；用户也无法输入其他类型的值，在用户界面中已进行了限制。
- 不过，在第 3 步有一个逻辑异常，即用户选择购买的数量大于库存的数量。另外因为每一本书在不同时间的库存数量都不同，因此该值也不能定义为静态类型。系统需要能够阻止用户选择大于可供出售的书本的数量，在这种情况下，系统需要优先确认这些值，才能响应用户的活动。
- 最后，在第 5 步，至少还有之前提到的 3 个异常情况；这 3 个问题都与用例逻辑和妨碍完成用例有关：一是用户未被确认，二是没有有效的用户信息，三是订单未选择图书。

通过上面的讨论得出的结论是，在实践中，异常情况通常出现在有信息要发送到系统的步骤中，因为只有在这些步骤中才有业务规划或阻止系统接收数据并进一步执行的情况。

如上所述，很多种潜在的异常情况都可以视为类型检查或技术问题。在大多数情况下，步骤当中的异常情况识别，应在系统呈现信息前的上一个步骤中，用户发送信息到系统时就进行处理。总之，用例流中的异常情况就是用户试图发送系统无法接受的信息。

每一个异常情况必须由一个对应于主要流分支的替代流进行处理。替代流定义一系列步骤，这些步骤用于消除异常情况所带来的问题。如果这些步骤的序列不能被执行或参与者不想执行这些步骤，那么只有终止用例这个选项，也就是在无法获得任何预期目标的情况下终止该用例。

因此，用例中识别出的每个异常情况都有一个异常处理程序。每个异常处理程序至少包含以下 4 个部分：

- 如上所述，识别码由识别出的异常情况的步骤的编号及字母组成。
- 异常情况，即包含描述当前受损业务规则的语句，主要流中的单行语句可能会产生不同类型的异常情况，例如图 5.6 所示的用例中第 5 步的异常情况说明。
- 纠正措施，包含一个替代流，即纠正异常情况的一系列活动。纠正措施是经过编号的序列，每个步骤都将异常情况识别码作为前缀，例如，异常情况 2a 的纠正措施为 2a.1、

[①] 即{1,2,3,⋯}集合当中的值。

2a.2、2a.3 等。

- 终结，即替代流的最后一行，表示执行纠正措施后，用例如何返回主要流的方法。

终止纠正措施序列包含如下 5 个基本方法：

（1）在执行纠正措施后，正常终止用例。默认情况下，如果未提及终止活动，则假定在替代流末尾终止用例。虽然不返回主要流，但替代流的活动已执行完毕。

（2）返回到造成异常情况的前一个步骤。有时需要返回到用例的起始阶段，或返回到造成异常情况的前一个步骤。此方法既不常见也不太合适，因为这意味着用户需要重复执行已经操作过的步骤，但是在系统需要实时获取数据或处理大量并行事务时，可能需要此方法。

（3）返回到造成异常情况的步骤，并重新执行。此方法较为常见。当造成异常情况的步骤最终会导致其他异常情况（即使其中之一已经进行处理）时，要选用此方法进行处理。例如，在图 5.6 中第 5 步的异常情况，未进行有效身份验证的用户不能选择所购买的图书。

（4）提前到造成异常情况的步骤。当在某个步骤或一系列的步骤可能产生纠正措施时可以采用此方法，但还需要检查在主要流或者替代流中是否有新的异常情况产生。

（5）终止用例。在这种情况下，控制流不返回主要流，且用例无法达到其目标。如果需要执行一些纠正措施（例如删除暂时性记录），可以在替代流的步骤中标明（此处理异常的方法被称为“忙而不乱（organized panic）”）。

图 5.7 是更新后的 Order books 用例，包含了带有替代流所定义的纠正措施。

用例01：Order books

1. 顾客通过关键字搜索图书。
2. 系统生成符合关键字的图书列表，至少包含书名、作者、价格、页数、出版社、ISBN、封面图片等。
3. 顾客选择图书及数量。
4. 系统生成订单信息（每本书的书名、作者、数量、单价、合计）及订单价格。
5. 顾客提交订单。

异常3a：要购买的一本或多本图书数量大于库存数。

- 3a.1. 系统显示用户欲购买的图书的库存数量。
- 3a.2. 用户修改购买数量。
- 3a.3. 进入第4步。

异常5a：顾客未经识别。

- 5a.1. 顾客提供有效的身份信息。
- 5a.2. 返回第5步。

异常5b：顾客没有账号。

- 5b.1. 顾客注册账户，包含用户名、密码和Email地址等。
- 5b.2. 返回第5步。

异常5c：未选择购买图书。

- 5c.1. 返回第1步。

变体5d：顾客决定继续购买。

- 5d.1 返回第1步。

图 5.7　包含异常处理程序的用例示例

在这个例子中，当发生异常情况时均有相应的处理步骤。例如，在第 3 步中，用户选择购买数量时会检查图书的可购买数量。

要注意，只有特定于一些步骤的异常情况可以有效地包含在用例当中，否则可能很快就使情况变得复杂。在这里，任意用例中都可能会发生的通用异常情况，将不视为异常情况。例如，参与者可能在任意一个步骤取消当前操作。这种情形一般由通用机制进行适当处理。在本示例中，应向系统提供一个通用的回滚机制。如果每个用例都包含此类型的异常情况，那么大量无实际结果的类似异常情况将会被引入；如果用户在任意用例中任何步骤都可以取消事务，就没有必要多次重复该信息，否则系统的用例集当中会有成百上千个步骤。针对单个用例的通用异常情况用"*"进行编号。否则，如果在任意用例或多数用例中产生该异常情况，那么需要在补充说明文档中进行大量说明，因此，此类通用异常情况应由通用机制进行处理，而不是通过用例步骤进行处理。

5.4 书写规范

用例的书写样式应该按照下面的模式进行，例如"参与者提供……/系统通知……"，避免使用"系统要求……"之类的样式。用例中应只显示流的信息，而不是导致这些流的一些偶然的需求；在任何场景下，都不应出现此类要求，它们中的大多数都是没必要的。

在用例主要流中，要避免放置判断语句，例如应避免使用"如果用户有记录，系统就显示……"等语句。因为异常处理程序已经与主要流的步骤相关联，因此这种类型的测试语句是不必要的。如果发生异常情况，则由替代流进行处理。

主要流中不能包含这些判断，以保证步骤是直线的，为简单的序列，而不是复杂的流程图。过多的"如果/就（判断）"语句会使流程难以理解，利益相关者无法明确知道流程（主逻辑路径）的走向。

在流中可以出现判断语句的唯一情况是它是一个可选的单独步骤，例如"如果顾客愿意，可以提供其个人手机号码"。但即使在这种情况下，也建议使用替代流。

另一个值得关注的常见书写是，用例要按照输入和输出信息交替。换句话说，用例的形式为"参与者提供……，系统显示……，"

在未调整时，避免使用"参与者提供……，参与者提供……，参与者提供……"或"系统显示……，系统显示……，系统显示……"这样的序列。

交替模式可以减少不同分析师为相同用例分配步骤的数量差异。在没有相关规则时，分析师可能会编写下面的用例：顾客提供其姓名，ID[①]和电话号码。

而另一位分析师可能会写为：

（1）顾客提供其姓名。

（2）顾客提供其 ID 号。

（3）顾客提供其电话号码。

最有用和正确的描述版本为第一个，因为第二个描述要求按顺序提供信息时，顾客在提供

---

① 在此例及本书的后续示例中，顾客的ID号不是系统生成的内部代码，而是与顾客相关联的个人文档编号。在美国，其社保号码可以作为ID号，其他国家可采用其他编号。

ID 号码后，就不能返回修改其名字。因此，第一个描述更兼容于大多数信息系统，信息在最终发送给系统前需要输入和编辑。

只有当第一步可能会产生异常影响用例正常进行时，才可以调整输入的步骤，例如：

（1）顾客提供身份信息。

（2）顾客提供其信用卡的标志、卡号、有效期和安全码。

在这个例子中，当顾客提供身份信息时，如果身份信息无效，则引发异常。在这种情况下，信用卡信息就不必由用户提供，参与者只能在完成第一步操作或纠正措施执行完成后提供该信息。

即使在这种情况下，也可以插入一个验证步骤来帮助理解执行的顺序，例如：

（1）顾客提供身份信息。

（2）系统验证顾客身份信息。

（3）顾客提供其信用卡的标志、卡号、有效期和安全码。

最后，在用例流中要避免某些系统信息的出现，因为这些不涉及系统所呈现的存储信息。例如，在图 5.5 中，用于异常情况 5a 的替代流第一步操作可能为“系统显示顾客身份未进行识别。”这并不是一个错误，但在流程中显得有些多余，异常情况本身已经说明了引起该异常的条件。当设计接口处理异常情况时，开发团队应注重类似的错误信息，但并没有必要理解用例信息的流。如果有必要，在任何用例当中的任何异常处理程序都应以显示异常信息为开始，这已经可以为异常条件所推断。默认情况下，可以假定显示该信息，但每次都提及则完全没有必要。

5.4.1　基本用例及实际用例

关于用例一个常见的疑问是需要描述什么系统，是当前系统，还是要新建的系统？如果当前系统的操作是手动执行，而即将建立的是由计算机操作的，那么在用例中需要描述什么？答案是全部都要！用于分析所编写的用例必须要描述系统操作的实质，而不是其具体实现。因此，分析师应该设法避免提及用于执行过程的技术，而只关心所交换的数据。“职员在纸张上记录顾客的姓名和地址”是非自动化系统的操作方式，而“顾客在主界面填写姓名和地址”则是自动化系统的操作方式，分析师可以简单地将该用例写为“顾客提供姓名和地址”。最后一种形式是技术无关且接口独立的，因此是基本操作描述的一种表现。

原则上，所有用例都是针对需求目的的基本用例。在这种环境当中，基本用例意味着用例所描述的是操作本身，而不是描述它具体对应的事物。换句话说，分析师描述的是用户与系统之间发生了什么，而不是描述如何发生。因此，分析师在进行分析时应该避免描述用户和系统交互间采用的技术，而是在实际接口设计后的实际用例设计期间进行描述。实际用例与相应的接口技术相关，而基本用例则与技术无关。

为什么会选用基本用例？根据 Ambler 于 2004 年提出的理论，实际用例（即与技术相关）包含太多内建假设，经常隐藏或隐含接口实现策略的底层技术。这在设计期间通常会是一个很不错的功能，而不是用于分析期间。另一方面，基本用例以用户的需求或意愿为出发点，并不关心能够满足这些需求的相关技术。

此时用例描述与所使用的接口技术无关，因此不需要决定未来的接口会是什么样的形式，而是确定在参与者和系统之间交换的数据。避免在基本用例描述中出现类似菜单、窗口、按钮及其他图形等。

因此，描述用例所需要关注的具体内容就类似如何从自动柜员机中取款。那么如何避开所使用的技术进行描述？可以按照以下方式："用户插入磁条卡"改为"用户提供身份证明"；系统"打印账户详细信息"改为系统"显示账户详细信息"。这样就可以忽略掉所使用的技术，只剩下实质内容。这样提供了创新设计的一种方式，而界面也可能不同于最初的设计。例如用户可以通过指纹进行身份识别，交易凭条可以通过 SMS（Short Message Service，短信服务）发送，费用可以通过直接提取现金或转账到预付卡等提交。

分析师的职责就是需要熟悉公司当前的业务流程，并用用例进行基本描述。随后，设计人员使用相关的技术重新描述系统的具体流程。

5.4.2 明确的信息

为了更好地理解用例描述的功能需求，建议分析师明确在参与者和系统之间交换的独立数据块。也就是将"顾客提供其信息"改为"顾客提供其姓名，ID 号，Email 地址，电话号码，联系地址"。

最后，对于"顾客"来说，其定义有"姓名，ID 号，Email 地址，电话号码，联系地址"等。其表达式可以写为"customer=<,name, id, email, phone, address>"。如果能在概念模型或数据字典内适当记录，那么可以用于用例文本而避免在每次需要时重复这些独立的元素。

5.4.3 身份验证与选择

与用例相关联的最常见问题是如何识别人和事物。例如，需要识别并验证顾客以完成 Order books 用例，那么如何进行？通过用户名和密码、社保号码、指纹，还是在预定义的列表或菜单内选择顾客名字来进行识别和验证？要保持用例的基本性，特定的操作应该是通用的，与识别顾客相关的方法留待后续进行设计。此外，计算机安全社区已经建立了常见的安全验证身份的方法，应该使用这些经过实践的方法，而不是重复开发。现在，用例可以简单地说明需要用户提供身份信息，而不需要说明哪种方法用于获得和验证身份信息。这些可以在系统安全性设计时进行处理。

另一个例子是选择要购买的图书。顾客是需要提供书本的 ISBN 号，还是从列表内选择，或是使用自然语言语音接口？在用例扩展期间，不需要确定这些问题（除非是一些非功能性需求或补充需求）。在用例的基本性层面，用户只需要选择图书即可。稍后，相关的设计会考虑到给用户选择图书提供更便利的方式。

5.4.4 强制性步骤

来自开发团队的最大一个疑问是在扩展用例中要包含哪些步骤。

实际上，在描述同一个用例时，不同的人有不同的方法，除非他们之间能够进行良好的沟通。举个例子，在传统的书店中，某分析师可以假定职员询问顾客需要哪本图书，而另一个分析师可能会忽略该步骤，而假定顾客会直接选择图书然后直接购买。那么出现的问题就是：这两个方法哪一个是正确的？

可能两种方法都是正确的，但其中一个更有效。在该用例的任意方案中，都存在顾客挑选了想要购买的图书这一强制性条件，否则该订单就不成立。然而，顾客向职员咨询图书相关问题则为可选项。这个选项只存在于一些场景中。因此，在用例中，选择要购买的图书为必要条件，询问图书相关信息则为可选条件。

分析师应该尽量正确地描述用例，另外，不同的分析师为同一个过程应该建立相似的描述。通常可以通过最小化可选步骤得到。

每个用例都有其强制性措施（mandatory step）。这些措施当中包含了参与者和系统之间传递的信息（见图 5.8）。如果缺少任何一个步骤，用例就没有任何意义。任何已扩展的用例均要包含这些步骤，如果没有，则是错误的用例。

“找书”等操作则为可选或候补的步骤，可以使用例的上下文更加完整，但因为在系统边界上不传递任何信息，所以它们不是最基本的元素。

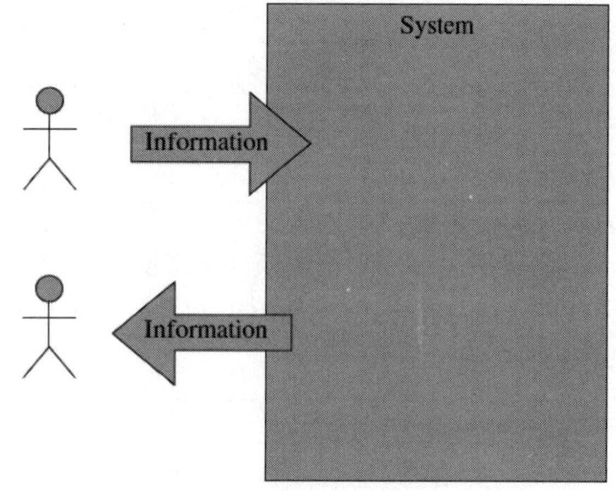

图 5.8　用例强制性步骤

因此，购买图书的扩展用例需要包含顾客选择要购买的图书这一个步骤。同时，顾客也要告诉系统需要购买该图书的数量。最后，显示用户需要支付的金额。为什么这些步骤是强制性的？其原因在于缺少这些步骤所传递的信息，就无法完成一个销售过程。当然，如果一个系统的销售记录不需要涉及所出售的图书和需要支付的金额，那么这些要求对系统体验就没那么明显。而这些信息对于用例是非常重要的，因此它们是扩展用例的必要条件。

在用例描述中，不存在相关的这类信息。这些信息是在参与者与系统之间相互传递的。如图 5.9 所示，因为忽略了强制性信息的描述，缺少必要步骤，因此该用例是不完整的。

用例 01：Order books（缺失强制性信息）应当避免此类情况

1．顾客通过关键字搜索图书。

2．系统生成符合关键字的图书列表，至少包含书名、作者、价格、页数、出版社、ISBN、封面图片等。

3．系统生成订单信息（每本书的书名、作者、数量、单价、合计）及订单价格。

4．顾客提交订单。

图 5.9　缺失强制性步骤的不完整用例描述示例

正确的订单需要的信息比图 5.9 所示的不完整用例描述的要多。系统如何确定顾客购买了哪本图书、购买多少数量？不管这些信息是如何得到的，系统必须知道这些必要的数据，因此用例必须包含这些信息。

在扩展用例中需要描述所有必要信息的原因是：这些信息稍后要用于定义系统的操作，即需要用什么方法来满足需求。如果此时信息不完整，要实现的方法也不完整，会导致出现问题时需要重做部分系统。

此外，在用例的强制性步骤中包含的信息也要用于精炼系统类架构依据的概念模型。

根据信息的流转方向，强制性步骤可能会被识别为以下内容。

- 系统事件（System events）：表明参与者传递给系统某些信息的步骤。
- 系统返回（System returns）：表明由系统传递给参与者某些信息的步骤。

考虑系统返回时必须特别注意，这些必要的步骤要传递一些系统存储或能够访问的信息，原则上，这些信息对于参与者来说并不一定需要通过系统查询才能得到。

在 Order books 用例中，系统必须要提醒参与者（顾客）需要支付的总金额就是一个明显的示例，否则顾客并不知道应该支付多少金额。即使顾客可以自己根据每本书的售价算出某个值，但他们并不确定在享受优惠、税金及其他必要费用后，最后需要支付的金额是多少。因此应由系统提供这些信息。

另一方面，当顾客向系统发送一些信息时，系统的界面应该提供一些反馈，表明已经收到此数据，此过程已执行完毕等。但是，这些类似“已发送”或“已完成”等反馈信息并不是“系统返回”，因为它并不与图书、顾客或订单存储的数据相关联。这种类型的信息只是一个界面反馈内容，属于界面技术方面的内容。如果所传递的不是存储的信息，则不能认定为必要的步骤。

如果系统事件和系统返回在用例中明确描述，这将会十分有意义。对于刚接触该用例的人员来说，他们可能会用[IN]和[OUT]等标记来标识这些强制性步骤。这些标记通常插入在行号后面，如图 5.10 所示。

用例 01：Order books

1．[IN]顾客通过关键字搜索图书。

2．[OUT]系统生成符合关键字的图书列表，至少包含书名、作者、价格、页数、出版社、ISBN、封面图片等。

3．[IN]顾客选择图书及数量。

4．[OUT]系统生成订单信息（每本书的书名、作者、数量、单价、合计）及订单价格。

5．[IN]顾客提交订单。

异常 3a：要购买的一本或多本图书数量大于库存数。

- 3a.1. [OUT]系统显示用户欲购买的图书的库存数量。
- 3a.2. [IN]用户修改购买数量。
- 3a.3. 进入第 4 步。

异常 5a：顾客未经识别。

- 5a.1. [IN]顾客提供有效的身份信息。
- 5a.2. 返回第 5 步。

异常 5b：顾客没有账号。

- 5b.1. [IN]顾客注册账户，包含用户名、密码和 Email 地址等。
- 5b.2. 返回第 5 步。

异常 5c：未选择购买图书。

- 5c.1. 返回第 1 步。

图 5.10　带有强制性步骤标记的用例

这些标记能够帮助分析师验证每一个步骤都是一个独立的事务，因为任何一个步骤都不能同时被标记为[IN]和[OUT]，同时也能帮助分析师检查是否存在[IN]序列或[OUT]序列，能否合并至一个单独步骤当中。

5.4.5　补充步骤

另外一种类型的用例步骤为可选步骤或补充步骤，其不代表参与者和系统之间传递的信息流，但有时有助于理解用例的来龙去脉。

这种类型的步骤会对应于参与者之间的通信（与系统无关，见图 5.11），或是不配置信息流的行为或态度的描述，例如“顾客打开在线书店的首页”，“顾客决定要购买图书”，“系统需要用户提供身份信息”或“职员询问顾客需要购买的图书”等。

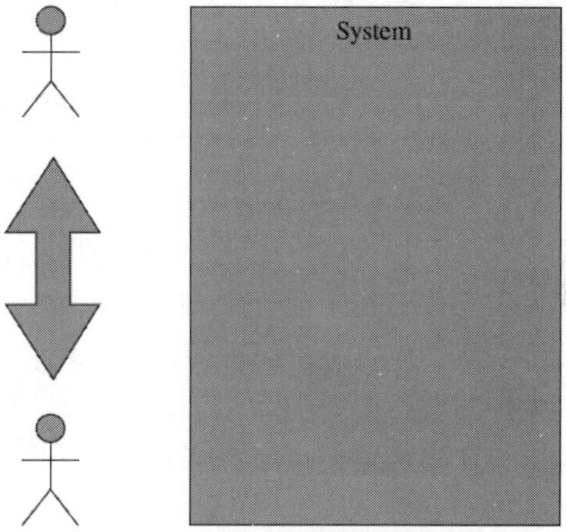

在基本用例中补充步骤不是最基本的，它们与系统事件或系统返回不相关，也就是它们不通过系统边界传递信息。

在接口设计期间，它们中的部分可以映射到导航操作。例如，实际用例（设计）可能包含类似“顾客选择一个选项”的步骤。这个不相关于系统事件，因为在当时顾客并没有向系统传递任何信息（例如姓名、联系电话、地址、书名等）。该操作只是变更了一个接口导航的状态（例如在选择该选项后，显示其他界面）。

System

图 5.11　补充用例步骤

5.4.6　不恰当步骤

开发人员需要注意的是，由于用例是作为参与者和系统之间交互的描述，因此应该避免包含任何系统内部过程（见图 5.12），例如“系统存储信息到数据库”。这些步骤被认为是不恰当的用例描述。

用例是描述用户和系统之间交互的一个工具，而不是描述内部处理的工具。系统内部过程的描述应该在设计阶段使用合适的工具进行，例如通信图等。

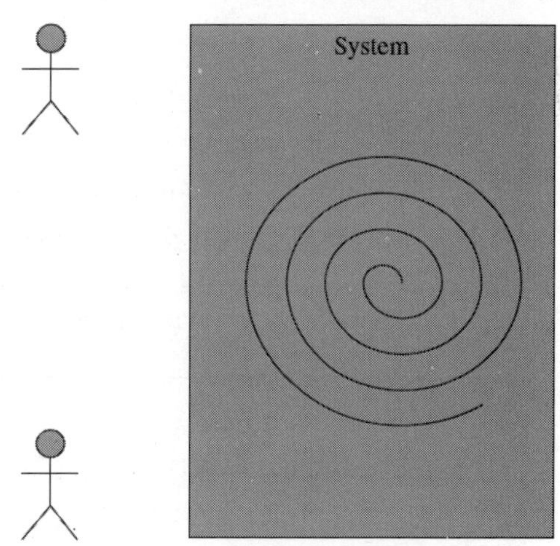

图 5.12　不恰当的用例步骤

在用例描述当中，分析师必须关注描述用户传递到系统的信息（例如，“顾客选择要订购的图书”）以及系统传递给用户的信息（例如，“系统显示需要支付的总金额”）。要忽略任何有关于内部处理的方面。描述时可以这样表述：系统显示需要支付的总金额；而不能这样表述：系统计算需要支付的总金额。换句话说，此时的系统应该被视为一个黑盒子。

如果分析师想要记录一个公式或算法来执行一个给定的计算，该计算的结果需要展示一些数据，然后可以在用例中使用注释和记录作为一个非功能性需求。

图 5.13 显示了这样的一种情况，用例描述超出了推荐的范围，并且加入了不恰当步骤。其中不恰当的步骤用[X]标记。

用例01：Order books（包含不恰当步骤）应当避免此类情况

1. 顾客通过关键字搜索图书。
2. [X]系统在数据库中查找满足条件的图书。
3. 系统生成符合关键字的图书列表，至少包含书名、作者、价格、页数、出版社、ISBN、封面图片等。
4. 系统生成订单信息（每本书的书名、作者、数量、单价、合计）及订单价格。
5. 顾客提交订单。
6. [X]系统分类汇总计算，通过将购买的图书数量乘以单价并计算销售的总额。
7. 系统生成订单信息（每本书的书名、作者、数量、单价、合计）及订单价格。
8. 顾客提交订单。
9. [X]系统标记订单“已完成”，并存入数据库中。

图 5.13　含有不恰当步骤的用例示例

图 5.13 的用例包含了所有强制性步骤，但也包含了一些不恰当的步骤（第 2、6、9 步），这些步骤都对应于内部处理操作，而不是输入或者输出的信息。

事实上，系统执行验证、计算和内部查询都不会影响与用户的交互。用户只需要知道系统已经收到他所发送的数据，并且在必要时，可以从系统中恢复这些数据。系统的内部处理操作，则是一种内部问题，这只会在设计和编码阶段得到解决。

5.5　包含用例与片段

两个或多个用例具有相同部分的情况是可能存在的。例如，很多的用例可能都包含有支付的片段（fragment）。在某些情况下，用例可能包含不止一个片段，而是一个完整的用例。当复制的片段或用例具有意义时才会使用这些包含关系，即只有一个复制的步骤时不使用该关系。包含的用例或片段在流程中用“include（包含）”表达式进行调用。假设系统中不止一个用例出现 payment 片段，那么该片段随后就可以被其他用例所调用，如图 5.14 所示。

用例 02：Pay order

1. 系统生成未结算订单汇总（每本书的书名、作者、数量、单价、合计），以及订单总价、顾客收货地址列表等。
2. 顾客选择收货地址。
3. 系统显示配送费用、预计送达日期。
4. 包含片段 02a：Payment。
5. 系统生成信息表示已确认订单，并提供包裹的配送单号。

图 5.14　调用包含片段的用例

该片段自身的定义如图 5.15 所示。

片段 02a：Payment

1．系统显示顾客登记过的信用卡列表（内容包含发卡机构标志和信用卡卡号后 4 位）。

2．顾客选定用于支付的信用卡。

3．系统向信用卡运营机构发送以下数据：信用卡卡号、持有人姓名、有效期、安全码、支付金额和商店代码。

4．信用卡运营机构发送授权代码批准出售。

图 5.15　可被多个用例包含的用例片段

在这个例子中，该片段并不是一个完整用例，不能由用户单独执行，只能作为其他用例的一部分来执行。

这里还需要注意以下事项。首先，用例不是编程语言中使用的过程，而是现实世界处理过程的线性描述。这里不建议分析师像编写代码一样构建用例，包含用例或片段只在确实需要使用时才使用。

然而，分析师要记住的是，在分析工作中，扩展用例的目标是帮助理解系统和参与者之间交互的实质内容，而不是构建计算机程序来模拟这种交互，因此对包含用例或片段的调用要格外谨慎。

5.6　版型化用例的扩展

当已经了解了流程的架构时，采用版型化（stereotyped）用例或模式（pattern）用例可以使软件开发过程的风险为中等或低风险。如果表述文档足够完整，所识别的<<crud>>或<<report>>版型，可以直接为程序员需要实现什么功能提供清晰的思路。

理想情况下，如果能够充分详细说明功能需求，版型化用例不需要详细描述。例如，如果报表的说明已经完整表示它所接收到和返回的信息，就不需要编写详细的用例进行说明，因为它可能只是重复了分析师已经掌握的信息。

在需求获取的过程中，要注意用例是否能够真正归属为一个模式。在确定用例是否归属为模式前，一些分析师将大部分精力花费在用例之上[①]。例如，报表不能修改数据。如果用例既显示数据，又要修改数据，那么就不能定义为 report 用例，它可能是一个模式的变体或一个全新的不属于任何已知模式的结构。

在 CRUD 情况下，每一个概念模型的实体并不一定适合由 CRUD 模式进行管理。CRUD 应该是最简单的实体。如果其变得复杂，那么就需要用一组非 CRUD 用例来描述用户如何使用它们。

举例来说，地址或信用卡就是简单的实体，并且可以由 CRUD 用例进行很好的管理。而另一方面，订单就是在线书店系统中更加复杂的实体。订单的状态有生成、取消、完成、配送、重新配送、回收等，因此不描述为 CRUD。

---

① 笔者以前实施项目时，整个系统的用例在起始阶段似乎都是一个简单的 CRUD，而最后却变成一个复杂的用例。

在中期阶段，开发团队必须考虑确定一些概念是否可以作为 CRUD 来进行充分的管理。例如，是否将顾客作为 CRUD 进行处理？在开发团队确定之前，需要花时间进行仔细分析。5.6.2 节中将介绍其会被视为 CRUD 模式的变体。

下面的内容描述了模式用例的扩展模型，便于读者参考。这些模型采用了某种类型的模板，这样分析师可以用于编写自有的模式用例版本，或者创建新的模式或子模式。

5.6.1 报表扩展

报表是一个简单的用例，包含了由系统所管理的数据的某种单独存取和计算。由参与者发送的信息包含选择、筛选、排序、分组等参数。图 5.16 显示了一个扩展报表用例的一般格式。

用例模板：……报表《report》

1. 用户提供……
2. 系统显示……，按……分组，按……排序

图 5.16　扩展报表用例模板

图 5.17 显示了报表的具体例子，即 Livir 示例引用了模板的结果。

用例18：某个时期内的退货记录《report》

1. 仓储经理选定要查询的起止日期。
2. 系统显示列表，返回在该时间段内收到的退货订单，包括退货日期、订单数量、顾客姓名、订单价格、退回原因、退回的图书信息（书名、数量、价格）等。订单列表按照日期排序，退回产品列表按照姓名排序。

图 5.17　扩展报表示例

在 5.3.3 节曾经提到，这种类型的用例没有替代流（否则它就不是一个 report 报表，而是其他类型的用例）。用户只需要发送参数，然后接收返回的经过处理数据。如果用户传递了错误参数（例如错误数据），那么将会得到根据错误数据计算出的正确结果。例如，如果用户传递了未经授权的错误的时间段，那么得到的将是一个空的列表。这是对应于所传递的参数应得的结果。因此在这种情况下，这种类型的用例不会有例外情况。

然而，在进行设计和编写代码前，开发团队需要确保该用例是一个 report 用例，因为它可能会是该模式的一个变体。

5.6.2 CRUD 扩展

与 report 一样，CRUD 也是采用已知模式的用例。这种类型的用例包含最多 4 种可能的操作：增加（Create）、查找（Retrieve）、修改（Update）和删除（Delete）。

这种类型的用例通常具有一个包含了 4 个变体的主要流，因为其中任何一个操作都不是“程

序主逻辑”或“异常情况”。由于是对相同实体的关联，因此通过便利性将这些截然不同的操作组合在一起，要比通过各步骤当中的相似性将其组合在一起好很多。因此，主要流指的是用户确定要执行什么操作。图 5.18 显示了这类用例的一个模板。

用例模板：管理……《crud》

1．用户选择：

- 增加（Create）：变体 1a
- 查找（Retrieve）：变体 1b
- 修改（Update）：变体 1c
- 删除（Delete）：变体 1d

变体1a：Create

  1a.1.用户提供……

变体1b：Retrieve

  1b.1.用户身份验证/选择……

  1b.2.系统显示识别信息的相关……

变体1c：Update

  1c.1.包含变体1b：Retrieve

  1c.2.用户提供……新的值

变体1d：Delete

  1d.1.用户身份验证/选择要删除的……

异常情况1a.1a：包含违反业务规则……

  1a.1a.1.系统提示该规则……无法包含

  1a.1a.2.返回步骤1a.1

异常情况1c.2a：修改违反业务规则……

  1c.2a.1.系统提示该规则……无法修改

  1c.2a.2.返回步骤1.c.2

异常情况1d.1a：删除违反业务或结构规则

  1d.1a.1：系统提示该规则……无法删除

  1d.1a.2：返回步骤1d.1

图 5.18 扩展的 CRUD 用例模板

在该用例模板中，变体 1c（Update）包含了变体 1b（Retrieve）的步骤。

异常处理程序 1d.1a 使用了一个具体的策略，当规则与其相违背时阻止用户删除对象。在8.5.4节的内容当中，还会涉及该内容，并讨论处理此异常情况的其他策略方法。

图 5.19 显示了一个典型 CRUD 用例扩展的示例。

在上面的这个例子中，有如下两个业务规则用于确定异常：

- 出版商的识别码必须是唯一的，该识别码在添加新的实例或者更新实例时需要进行验证。在步骤 1a.1 和 1c.2 中会产生异常情况，其可能会被确认为一个异常情况(1a.1,1c.2)a。

用例13：Manage Publisher《crud》

1．采购经理选择：

- 增加（Create）出版商信息：变体1a
- 查找（Retrieve）出版商信息：变体1b
- 修改（Update）出版商信息：变体1c
- 删除（Delete）出版商信息：变体1d

变体1a：Create publisher

1a.1.采购经理提供出版商名称、识别码、地址和Email地址。

变体1b：Retrieve publisher

1b.1.采购经理确定出版商。

1b.2.系统显示出版商名称、识别码、地址和Email地址。

变体1c：Update publisher

1c.1.包含变体1b：查找出版商信息。

1c.2.采购经理提供要修改的出版商名称、识别码、地址、Email地址等信息。

变体1d：Delete publisher

1d.1：采购经理确定需要删除的出版商。

异常(1a.1,1c.2_a：所提供的识别码已存在。

(1a.1,1c.2)a.1：系统显示用户所提供的识别码对应的出版商信息已存在。

(1a.1,1c.2)a.2：返回引起异常的步骤。

异常情况1d.1a：有书籍与出版商相关联。

1d.1a.1：系统提示用户不能删除还有与图书相关联的出版商信息。

1d.1a.2：返回步骤1d.1

图 5.19　扩展 CRUD 用例示例

- 如果出版商与图书已经具有关联（并且该关联对于图书来说是强制性的，例如，每本书必须与一个出版商相关联），那么不能删除此出版商。这是一个结构规则，体现在概念模型中，是图书与出版商之间的强制作用（参见 6.4.1 节）。

图 5.20 是 Manage Customers 的 CRUD 用例，是模式的一个变体。顾客可以查找和修改自己的信息。因此用例必须要满足此类需求。但另一方面，系统管理员可以存取任意顾客的数据。对于该管理员来说，该用例应该是一个常规的 CRUD。那么这里要创建两个用例吗？一个用于顾客管理自己的数据，另一个用于系统管理员管理所有的顾客信息。也许可以，但是这种实现方法会存在重复，并且会使情况变得复杂，假设地区经理只能管理其所管辖区域的顾客的信息，那么是否要创建另一个用例？因此，这并不是最佳的解决方案。

要处理好这个问题，用例要参数化，表明用户在获得授权后才能访问顾客信息。当进行顾客信息管理时，需要按照给定的业务规则验证执行操作的用户是否具有权限访问或修改顾客信息。在图 5.20 中，由异常处理程序(1b.1,1d.1)a 未经授权的访问来进行权限检查。

图 5.20 中的用例是一个 CRUD 变体，可以称为具有访问限制的 CRUD，根据用户身份的权限来访问数据。

用例 11：Manage Customers《crud》

1．用户选择：

- 增加（Create）顾客：变体 1a
- 查找（Retrieve）顾客：变体 1b
- 修改（Update）顾客：变体 1c
- 删除（Delete）顾客：变体 1d

变体 1a：Create customer

1a.1.用户提供姓名、ID 号、地址、电话号码和 Email 地址。

变体 1b：Retrieve customer

1b.1.用户标识一个顾客。

1b.2.系统显示顾客姓名、ID、地址、电话号码和 Email 地址。

变体 1c：Update customer

1c.1.包含变体 1b：查找顾客。

1c.2.用户提供新的顾客姓名、ID、地址、电话号码和 Email 地址。

变体 1.d：Delete customer

1d.1：用户标识要删除的顾客。

异常(1a.1,1c.2)a：ID 已存在。

(1a.1,1c.2)a.1：系统提示用户提供的顾客 ID 号已存在。

(1a.1,1c.2)a.2：返回引起异常情况的步骤。

异常(1a.1,1d.1)a：未经授权的访问。

(1b.1,1d.1)a.1.系统提示用户访问被拒绝。

(1b.1,1d.1)a.2.返回引起异常情况的步骤。

异常 1d.1b：有订单与顾客相关联。

1d.1b.1：系统提示因还有订单与顾客相关联，不能删除顾客。

1d.1b.2：返回步骤 1d.1。

图 5.20　具有访问限制的扩展 CRUD 用例

CRUD 变体还有以下几种。

- CRUDL：包含列出现有元素的变体。用户可以从列表操作对象，而不是简单地识别对象进行查找、修改或删除。
- SCRUD：包含搜索元素的变体。
- RUD：可以查找、修改和删除元素，但不能增加。
- CRU：可以增加、查找和修改元素，但不能删除。

根据需求以及需要记住更多模式的性价比，可以产生其他更多的变体。

如果完美符合模式，那么可以很容易定义基于模式的用例。其中包含列出需要填充的字段，以及需要注意的业务规则。其他则为应用模式，图 5.21 是其中一个示例。

使用图 5.21 所包含的信息和图 5.18 所示的模板，可以实施用例而无须进行扩展。

用例 12：Manage books《crud》

字段：

ISBN 号，书名、作者、页数、出版社、单价。

插入和修改规则：

例如 ISBN 号要唯一，不同的图书有不同的 ISBN 号。

删除规则：

不能删除已售出的书籍。

图 5.21　CRUD 用例的简单扩展示例

5.7　扩展用例的其他内容

在用例的概念创建时（Jacobson、Christenson、Jonsson 和 Ö vergaard，1992 年）就提出过不同的方案。每种方案当中都包含了不同的元素。“主要流”和“替代流”部分是任何详细用例描述的根本。如果分析师需要，可以在其他部分包含这些内容。在后续的内容中将介绍一些较为常用的方案。

5.7.1　利益相关者

有一种情况经常出现，除了参与者之外，还有用户组与用例有关。公司的其他部门也对用例感兴趣。例如，在用例 Order books 中，顾客是唯一的参与者，但是该用例的结果还与库存和财务部门有关，销售情况可能会影响库存的数量以及销售的金额，因此这些部门没有参与该用例，但它们属于其利益相关者（stakeholders）。

用例的利益相关者列表功能即用例要满足所有利益相关者。因此，对于分析师来说，用于存储、处理或传送信息相关文档是必需的，由此才能满足需求。

5.7.2　先验条件

根据定义，先验条件是在用例开始之前被认为为真的事实。先验条件不能与异常相混淆：异常只在用例开始后才能被发现，即是在用例执行过程中发现的，在用例开始前，花时间去验证该条件是否为真是不可能的。例如，在开始 Order books 用例之前，保证顾客的信用卡有足够的余额支付订单是不可能的，这是一个异常情况。但允许退回已售出的图书，因此，图书的销售和配送是其退回的先验条件。

因为在用例开始前，先验条件为真，所以在用例的执行过程当中就不会进行检查。虽然理论上可以有其他的解释，但这种类型的先验条件不会产生异常情况。如果它们一开始为假，那么是不可能执行用例的（否则它们就是异常情况，而不是先验条件）。

5.7.3　成功的后验条件

成功的后验条件确定了用例的结果，即确定了执行用例后，什么值会为真。例如，用例 Order books 的某个后置条件，其结果为“系统记录订单”。

5.7.4　已知问题

有时因为客户不在现场，开发团队不能确认一些取决于公司决策的问题。例如，顾客是否可以选择分期支付订单？当购买的商品超过一定数量时，是否有其他特价优惠？

如果客户不能及时明确这些问题，那么在用例中就将这些疑问标记为“已知问题”，留待后续尽快解决。

在最后，会有一些迭代的分析活动，解决这些已知问题，然后并入用例描述中。

5.8　系统时序图

在其他的使用中，扩展用例的文本可以用作以下方面：

- 为精练概念模型发现概念和属性提供信息来源（6.8 节）。
- 发现系统操作的信息来源，包含从接口封装系统域层的方法（第 8 章）。

有两种类型的系统操作：

- 系统命令（System Command），此操作修改数据，不返回数据。
- 系统查询（System Query），此操作返回数据，不修改数据。

该操作与 Meyer 于 1988 年提出的软件工程的命令查询分离（Command-Query Separation）或 CQS 原则类似，以允许更好的代码可重用性和可维护性。修改数据的查询的黏着度比没有附带影响和没有数据返回的命令要低一些。

系统命令是由系统事件激活的方法，即对用户活动的反应。根据定义，系统命令实现系统从外部到内部的信息流。因此，系统命令对信息的更新是由系统进行管理的。

系统查询是对应于简单验证已存储信息的方法。那些信息可能会按照已存储的值或者经过逻辑和数学运算（例如求和、求平均值等）后修改的值进行显示。根据定义，系统查询不会向系统添增新记录，也不会修改或删除系统中的内容，只能读取相关信息。

系统操作集对应于系统的所有功能，是由用户和系统执行的所有功能操作的集合。

用例是发现系统操作的最好方法。系统命令基本上指的是用户向系统发送信息的步骤（标记为[IN]），系统查询则指的是系统向参与者返回的信息（标记为[OUT]）。

5.8.1　时序图元素

有一种 UML 图可用于描述系统事件的序列，并返回在用例中，这就是时序图。当时序图用于描述用例时，称其为系统时序图。时序图包含了参与者实例以及其他系统组件的元素。在第一个版本的系统时序图中，只表示了参与者和系统接口（或应用层），如图 5.22 所示。

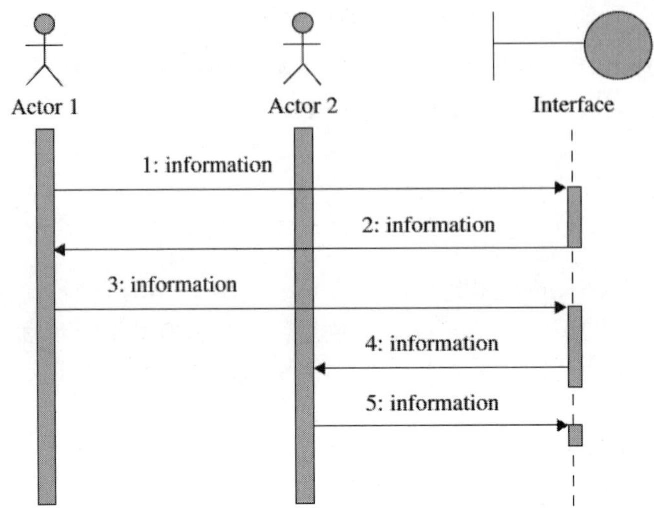

图 5.22　系统时序图

与用例分析相关联的活动不会涉及系统内部处理的对象，因此，系统必须作为一个单独的对象：黑盒。在这种情况下，可以按照 Jacobson 等人建议的方法（1992 年），用一个接口符号来表示。参与者只能通过该接口与系统进行通信。参与者发出的消息不能直接到达对象，如图 5.23 所示。

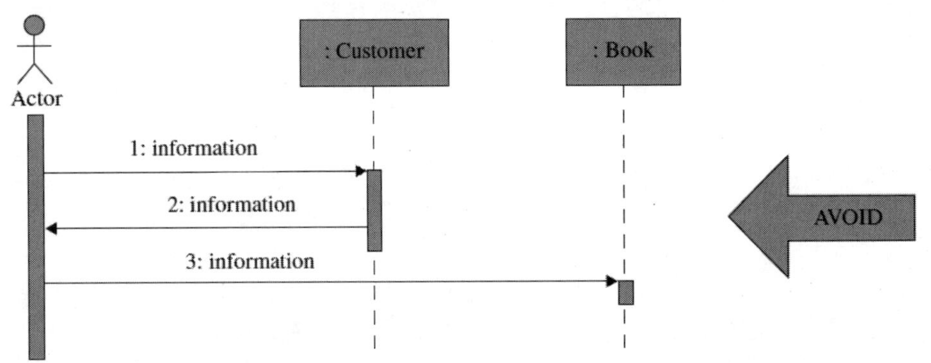

图 5.23　不恰当的系统时序图示例（参与者直接与对象进行通信）

时序图当中的参与者、接口和其他元素有一个生命线，用一条垂直线表示，表示其中可能会有事件发生。虚线表示参与者或系统处于不活动状态，实线表示元素处于激活状态（处理或等待由另一个元素执行操作的结果）。人类参与者通常被认为是处于激活状态的。

带箭头的水平线表示信息流，在图中有 3 种类型的信息流。

- 参与者之间的信息流：参与者之间的通信，对应于扩展用例的补充步骤。
- 参与者到系统的信息流：对应于系统事件，即在扩展用例中标记为[IN]的步骤。
- 系统到参与者的信息流：对应于系统返回，即在扩展用例中标记为[OUT]的步骤。

参与者之间传递的信息不属于系统的范围，但其可以说明信息在到达系统之前，在参与者之间是如何交换的。

需要注意的是，在这些时序图创建的过程中并不产生信息；只有在参与者和系统两者之间进行通信时才产生信息。参与者要向系统传递信息才能执行一个操作。例如，在购买图书时，顾客必须向系统表明其身份及其需要购买的图书。最开始时，只有顾客持有要购买哪本图书的信息，而系统则持有所有顾客和图书的信息，但在接收到顾客提供的信息前，系统并不能知道确切的顾客购买图书相关的信息。

时序图可以针对用例的主要流并使用替代流完成。在不同情况下，不同的时序图可以针对不同的工作流。但是，此时需要注意在参与者和系统之间传递的信息流。分析师要建立用例的主要流和替代流所识别出来的所有系统命令和查询（下一节中将进行讲述）的目录，用于定义表明系统如何获取和传递信息的契约（参见第 8 章）。

5.8.2　将用例扩展为系统时序图

系统时序图是更为正式和详细描述用例的工具。此外，开发系统时序图需要建立需求分析（扩展用例）与软件设计（要实现的系统操作）之间的联系。

可以通过以下两个步骤来构建系统时序图：

（1）将用例的步骤作为参与者和系统接口之间的信息传递。

（2）将系统操作作为接口以及 façade 控制器[①]之间的方法调用，其由系统域层进行封装。

第（1）步较为简单：每一个用例输入（以[IN]标记的步骤），都会有一个参与者发送信息到接口的等效系统事件；而每一个用例输出（以[OUT]标记的步骤），都会有一个参与者从系统获取到信息的等效系统事件（见图 5.24 和图 5.25）。

用例01：Order books

1．顾客通过关键字搜索图书。

2．系统生成符合关键字的图书列表，至少包含书名、作者、价格、页数、出版社、ISBN、封面图片等。

3．顾客选择图书及数量。

4．系统生成订单信息（每本书的书名、作者、数量、单价、合计）及订单价格。

5．顾客提交订单。

变体5d：顾客要继续购买。

5d.1.返回步骤1。

图 5.24　参考用例

注意参与者与接口之间的流是由发送和接收的信息组成。参与者发送信息，如填写表单，当表单内容显示在屏幕上时，参与者便接收信息。这个阶段参与者不是内部对象，因此流程不是调用方法。

[①] façade 控制器提供了“对子系统中一组接口的统一接口，façade 定义了便于使用子系统的更高层的接口”（Gamma，Helm，Johnson & Vlissides，1995 年）。

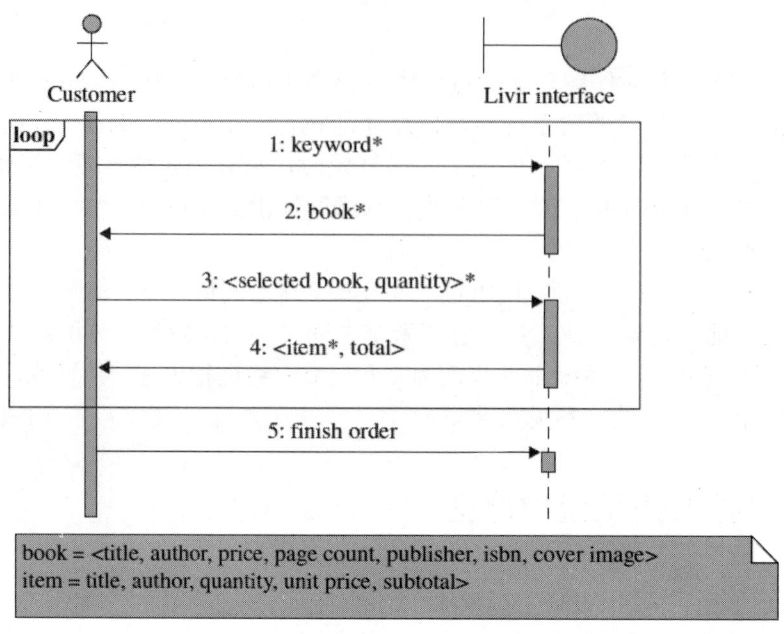

图 5.25　以系统时序图表示的用例主要流

时序图流程中的词语或短语表示的信息可能会造成混乱和误解，要避免产生混淆，建议使用标签模式：

- 简单信息（字母数字数据）用一个或多个单词表述。例如关键字（图 5.25 的步骤 1）、数量（图 5.25 的步骤 3）和合计（图 5.25 的步骤 5）。
- 在时序图中，用“<”和“>”包含多个（两个或 3 个以上）元素表示复杂信息。例如<已选择的图书,数量>（图 5.25 的步骤 3）。
- 在单独注释或数据字典①中，复杂信息可能包含许多元素（大于 3 个），此时图表中使用复杂概念的名称。例如，图 5.25 的步骤 2 中的图书（book）和步骤 4 中的项（item）。
- 使用后缀“*”表示所选择的值，例如，关键字*（图 5.25 的步骤 1），图书*（图 5.25 的步骤 2），<已选择的图书,数量>*（图 5.25 的步骤 3），项*（图 5.25 的步骤 4）。
- 当选择了列表中的某个对象时，用“已选择”表示该选择动作，在图 5.25 的步骤 3 中，“已选择的图书”表示选中在图 5.25 的步骤 2 中列表所列出的某一本图书。

在时序图中，还有其他一些需要注意的问题。如下所示：

- 在图 5.25 的步骤 1 中，开发团队可能使用关键字(keywords)而不是关键字*(keyword*)。但是，在这种情况下，所传递的信息是一个可能不遵循事先约定的单词列表。
- 在 Book 类的概念模型中，一本图书（book）包含的信息可能是一组属性的子集，而并不一定是包含整个图书类所有属性的集合。
- 在图 5.25 的步骤 3 中，当用户向系统提交已选择的图书列表时，并不需要将图书的完整信息发送给系统。从技术角度来说，用户只是从列表中选择图书，然后相关接口向系统发送所选择图书的正确标识符（用户不需要知道这个标识符的具体内容）。

---

① 注意，并不是在所有情况下与系统交换的复杂信息会对应到概念模型中某个模型的完整属性集上。

- 在图 5.25 的步骤 4 中，创建了一个项用于表示图书的相关信息，而不用总页数、出版商、ISBN 号、封面图片等信息，另一个项显示数量（非图书的一个属性）和小计（通过计算单价和数量得到）。
- 在图 5.25 的步骤 5 中，没有显示出在上一个步骤中已经发送或接收的简单信息。完成订单（Finish order）是一个控制步骤。它只是告诉系统订单状态已经发生变更，并不传递任何新的简单信息。
- 变体 5d 用于决定完成订单还是要继续购物。这是步骤 1 到步骤 4 的一个循环。

5.8.3　将接口连接到 façade 控制器

系统事件是用户在系统接口执行的操作。在使用 Web 接口时，这些操作包括填写表格、按下按钮等。这些都是与编程语言无关的操作，也就是说，这些流程是参与者到系统之间的一种流程，并不需要调用方法，反之亦然。

系统命令和系统查询是实现系统事件和系统返回的计算过程。通过接口发送到 façade 控制器的消息来激活系统命令和系统查询。目前，有相应的系统组件可以调用其他系统组件。由接口发送相应消息，请求 façade 控制器执行命令或查询的方法。

这些可能的消息的集合与系统整个功能是等效的：对数据的所有访问和修改的逻辑由系统命令和查询完成。

因此，系统时序图中需要关注的 4 种箭头分别如下。

- 系统事件：如图 5.26 所示，这是由参与者执行的向系统发送信息的操作。在时序图中，由参与者指向接口的箭头表示。
- 系统返回：如图 5.27 所示，为系统向参与者返回的信息。在时序图中，由接口指向参与者的箭头表示。

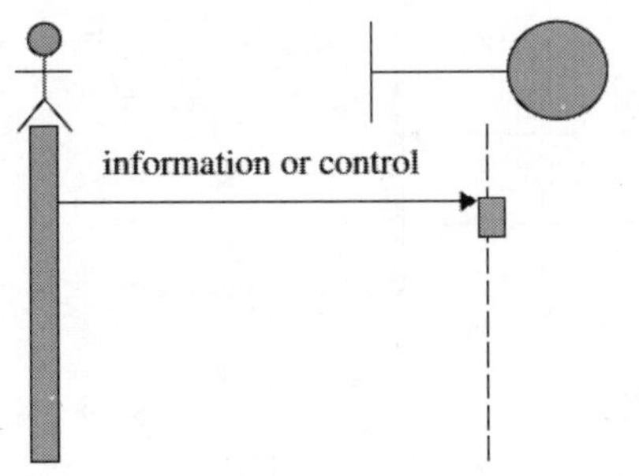

图 5.26　系统事件

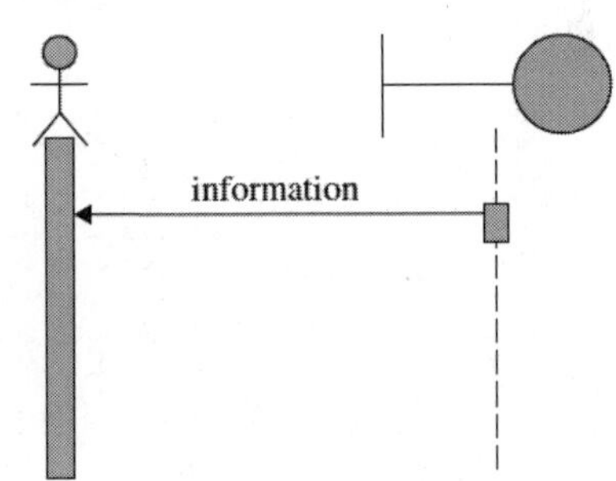

图 5.27　系统返回

- 系统命令：如图 5.28 所示，是从接口发送到控制器的消息，通常是对系统事件的响应。根据定义，系统命令必须由系统来存储或管理信息的变更。在时序图中，由接口指向控制器的包含了消息标签（推荐使用括号以区分信息流，例如系统事件和系统返回）的箭头表示。
- 系统查询：如图 5.29 所示，是从接口发送到控制器的信息，用于从系统中查询数据。查询操作只返回查询结果，不能修改数据。在时序图中，由接口指向控制器的箭头（包含明确返回值的消息标签）表示。

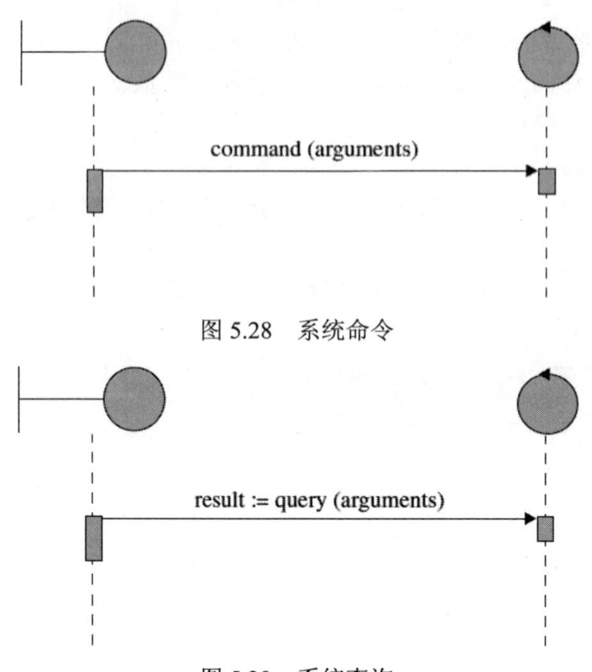

图 5.28　系统命令

图 5.29　系统查询

查询结果也可以用从控制器指向接口的虚线表示，如图 5.30 所示。开发人员可以采用其中一种表示方法。图 5.29 所显示的时序图中有较少的箭头，但在查询需要返回复杂数据时可能会比较复杂。用图 5.25 所示的方法来定义复杂数据可以将此问题最小化。其他分析师可能会更喜欢图 5.30 所示的方法，其在图中明确将返回标注为一个箭头。这种方法的缺点是其将唯一的查询调用分为两个箭头。

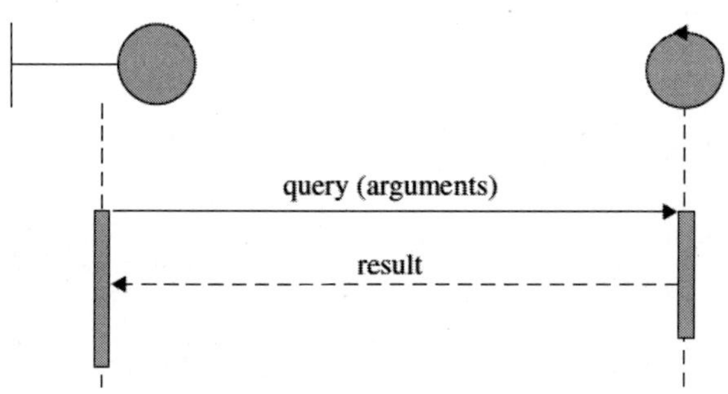

图 5.30　系统查询的替代表示

系统时序图中参与者之间的通信可以用参与者之间的箭头表示。如前所述，这些通信不会影响系统的实现。

应用程序的域层（包含着执行数据逻辑操作的所有类系统部分）由 façade 控制器进行封装，该控制器是实现所有系统命令和查询的类实例，可由一个给定的接口或一组接口访问。对于 façade 控制器来说至少存在 3 种子模式。首先，对一些小型的系统来说，可能只包含一个控制器，但这样会造成在一个类中包含了很多操作。对此的解决方案是应该将其划分为不同的用例控制器，即每个用例对应不同的控制器类。但如果不同的用例都调用相同的方法时，则不宜采用此解决方案，而应在不同类中实现。对于大多数中型或者大型系统来说，最合适的解决方案莫过于去实现组件或者子系统控制器，即那些封装了由系统架构所定义的子系统或者组件功能的控制器。

接口和控制器之间的消息设计是按照下面的规则对系统事件和返回进行检查后进行的：

- 发送数据到系统的系统事件肯定要被存储或者更新、修改，也就是说数据在系统内部的状态会发生变化，需要至少调用一个系统命令（见图 5.31）。

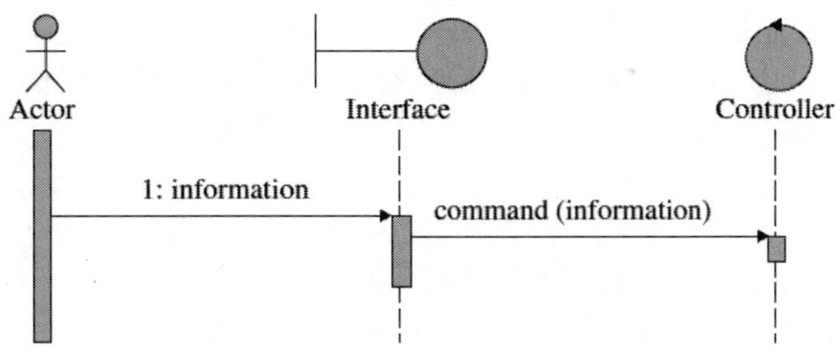

图 5.31　需要系统命令的系统事件

- 系统要将数据从系统中返回给用户，需要至少一个系统查询，因此，可以从控制器中取得数据，以便有接口来显示数据（见图 5.32）。

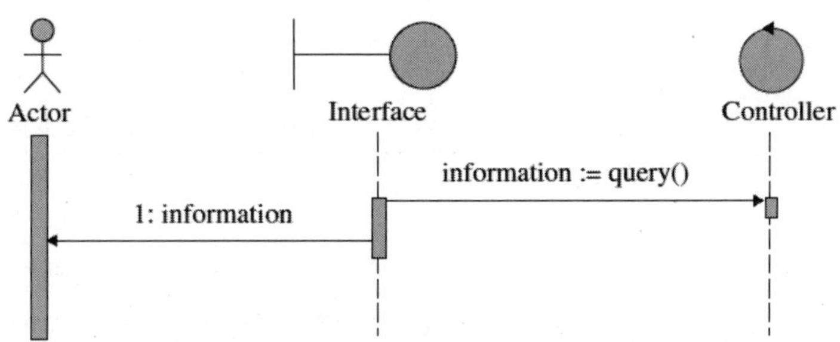

图 5.32　需要系统查询的系统返回

- 系统事件和返回的序列。系统事件只提供用于返回的参数，这需要一个系统查询，该查询将使用从系统事件获得的信息作为参数（见图 5.33）。

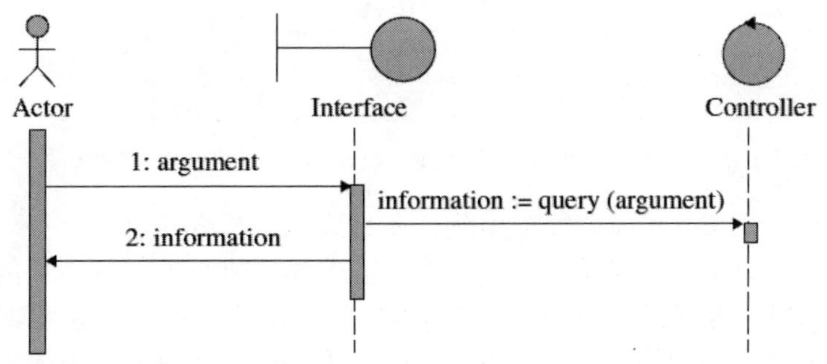

图 5.33　将系统查询作为事件参数传递的系统返回和系统事件的序列

事件和返回之间与返回和查询之间的因果关系并不一定那么直接，有时，查询可能会用到较早步骤中传递的参数，或者经使用者传递到接口，并且可以有不同的系统命令和查询多次使用的信息。

这些从返回和事件派生的查询和命令只是设计接口层的第一种方法。随后，建模技术和设计决策可能会改变调用这些命令和查询的方法。

5.8.4 无状态机制

在开发了系统时序图后，每一个信息片都会从参与者传递到系统。在下一个阶段中，接口和控制器之间不同的命令和查询可能需要用到相同的参数。例如，顾客 ID 可能要用于随后的一些操作，此时设计师必须决定控制器是否需要暂存器来存储这些参数（有状态机制），或者是否需要提供内存（无状态机制）。在无状态机制中，每一次执行系统查询或系统命令都要从接口中明确地获得所需的参数。

图 5.34 显示的是用例 Order books 在无状态机制下的系统时序图。参与者只向接口传递一次信息，但每次系统命令或系统查询需要使用该信息时，接口就将其作为一个参数再次传递到控制器。图中显示，接口向控制器传递了 3 次 cartID（购物车 ID）信息，分别在调用 add2Cart、getCartSummary 和 finishOrder 时进行。

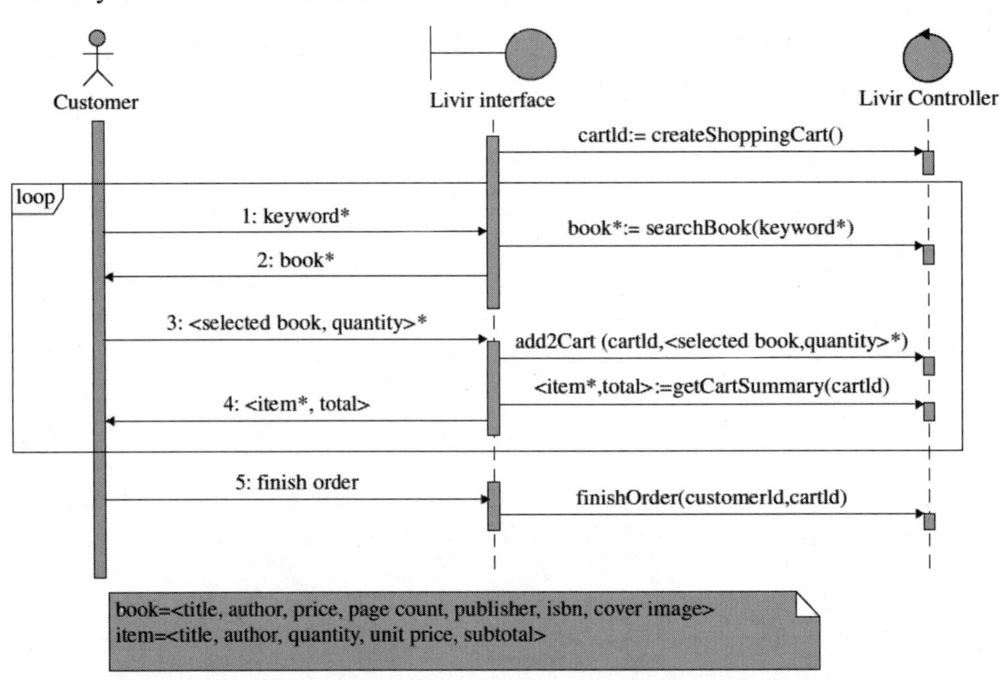

图 5.34 无状态机制下用例 Order books 主要流的系统时序图

从当前阶段来看，可以将其视为整个团队正在完成从分析向设计的转变，此时需要做好设计决策来满足各种需求。例如，在实际运行中，系统生成订单前必须识别用户的身份（如果订单是一个概念，则必须与顾客相关联）。因此，在初始化时序图时，应该创建购物车，而不是创建订单。订单应该在用户要结束购物（提交订单）行为时才创建，此时，如果还未识别用户，那么将产生一个异常，关于这方面内容将会在后续进行讨论。需要注意的一点是，因为控制器没有暂存器，所以不会记录产生购物行为的用户身份信息，而由接口来保存用户的身份信息。在提交订单时，接口才向控制器发送顾客的 ID 和购物车内的商品（切记购物车与顾客不相关联）。

因为控制器没有状态（暂存器），每一个与购物车相关的操作都与其编号（cartID）相关。为什么使用的是 cartID，而不是购物车对象本身？现在不是在做面向对象设计吗？问题在于域对象是由控制器进行封装的，也就是说接口不能直接访问到域对象。这就是接口发送 ID 号作为参数而不是发送购物车对象的原因。

此外，createShoppingCart 命令用于创建新的域对象，并且返回其识别码，会有人考虑其是否违反命令-查询分离的基本原则，其实不然，该命令只是创建了新的对象，并且返回其识别码，因此对于该原则是可接受的例外情况。采用其他方法来获得新创建对象的识别码可能达不到预期的目的。

5.8.5　有状态机制

在执行用例的过程中，如果控制器采用暂存器存储一些参数，那么所采用的方法就是有状态机制。因此，当一个操作向控制器发送了一些内容后，后续操作不需要再次接收该内容，而是由控制器保存在其本地存储中。

这个信息不要求是持久的信息，在数据库或其他相近的结构中都不会存储这个瞬态信息。此瞬态信息（包含当前使用购物车的用户信息等）只在用例事务处理期间有效。图 5.35 显示了图 5.34 中的用例，但在图 5.35 中，采用的是有状态机制的方法。该方法除了可观察之外，由于控制器暂存了购物车的信息，因此不需要返回新的购物车识别码。

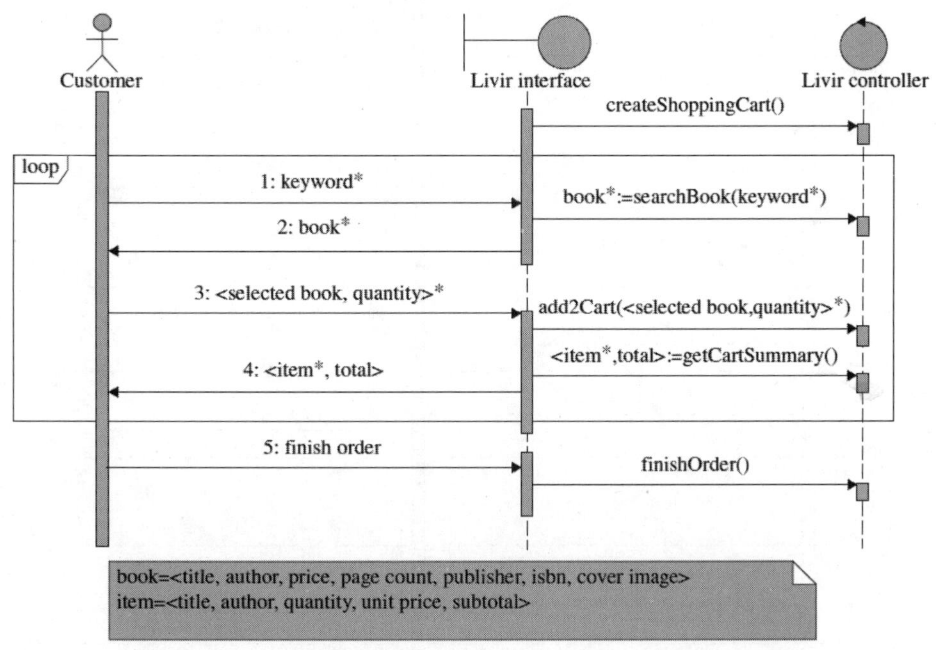

图 5.35　采用有状态机制的用例 Order books 主要流的系统时序图

采用有状态机制时，由于控制器通过内部机制暂存相应的值，因此没有必要返回购物车的相关参考信息。同样地，add2Cart、getCartSummary、finishOrder 等方法也不需要接收这些由控制器维护的信息。已识别的顾客身份也由控制器维护，而不是由接口维护。

实现瞬态存储的一种方法是使用瞬态关联（详见 8.3 节），它是决定使用某一种方法的体系架构，其优缺点如下：

- 有状态机制要求用瞬时（非持续性）存储机制来存储一些参数（例如瞬态关联），无状态机制则不要求此类机制。
- 无状态机制要求在接口和控制器之间多次传递参数信息，在通过网络传递这些信息时可能会有些不便，而有状态机制只需要传递一次信息即可。

此外，由于各个操作只接收其需要的参数，而不依赖于之前执行的操作，因此可以认为无状态机制的操作更适合于重用。无状态机制的使用范围也比有状态机制的大一些。采用无状态策略的系统可以更好地生成和维护较多的并发用户。

5.8.6　系统时序图中的替代流

在本章的开头曾经提到，由替代流处理用例步骤，特别是系统事件，可能会包含异常的情况。

在系统时序图的各个阶段，都可以插入这些替代流。在开始阶段，在图中可以识别异常以及异常所发生的位置，然后可能会产生 opt 片段，即图 5.36 中所显示的可选部分。该过程完善了图 5.7 中所显示的用例，将每个异常情况作为一个 opt 片段插入到流的合适位置中（通常是在可能引起异常情况的步骤之后）。

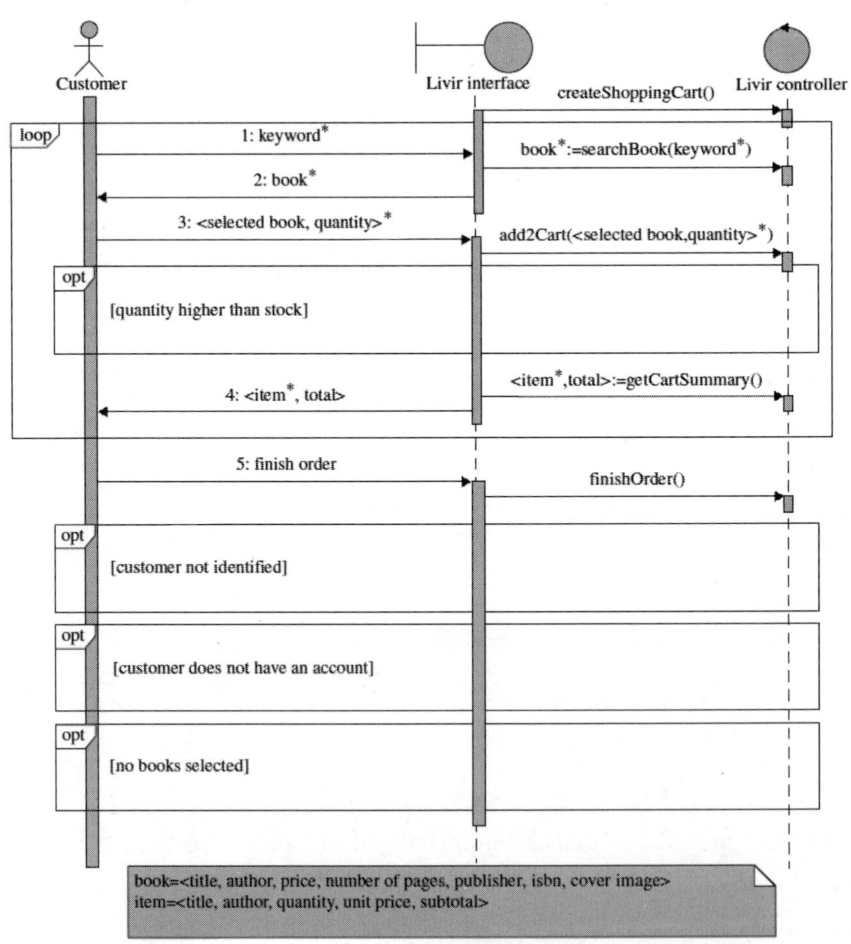

图 5.36　包含异常的时序图

图 5.36 清楚地标明了步骤 3 和步骤 5 之后可能发生的可选事件（异常）。这些事件与图 5.7 中所示的异常情况（3a、5a、5b 和 6c 等）相关联。

现在，必须在可选片段中设计在处理不同异常情况时需要的操作。在 opt 片段中包含了替代流的步骤，但同时也要注意替代流的终止阶段。一些替代流会返回到产生异常情况的步骤，并将包含产生异常情况的步骤视为重复循环，其他后续的步骤视为图的可选片段。当其他用例被引用或片段过长时，将其定义在不同的片段中。这里可能要使用到 ref 片段，用于指明正在调用其他时序图。ref 片段采用与程序设计函数相同的方式来接收和返回信息，并使用相同的标识，例如 otherDiagram(arguments):result。

图 5.36 需要进行改进以处理异常。如果不仔细做好设计决策，该过程可能会变得很复杂。例如在步骤 3 中，向系统发送了书本和各自数量的信息时，只检查了其数量。

这里需要进行异常情况处理——某些书籍的购买数量可能会超出库存数。因此，要修改时序图以便该异常情况能实时检查可供出售的图书数量。注意，此决策改变了用户察觉系统行为的方式：系统在用户选择图书后即检查数量，而不是在最后提交订单时才对数量提出异议。最终的时序图如图 5.37 所示，图中用例的前 3 个步骤进行了简化显示。

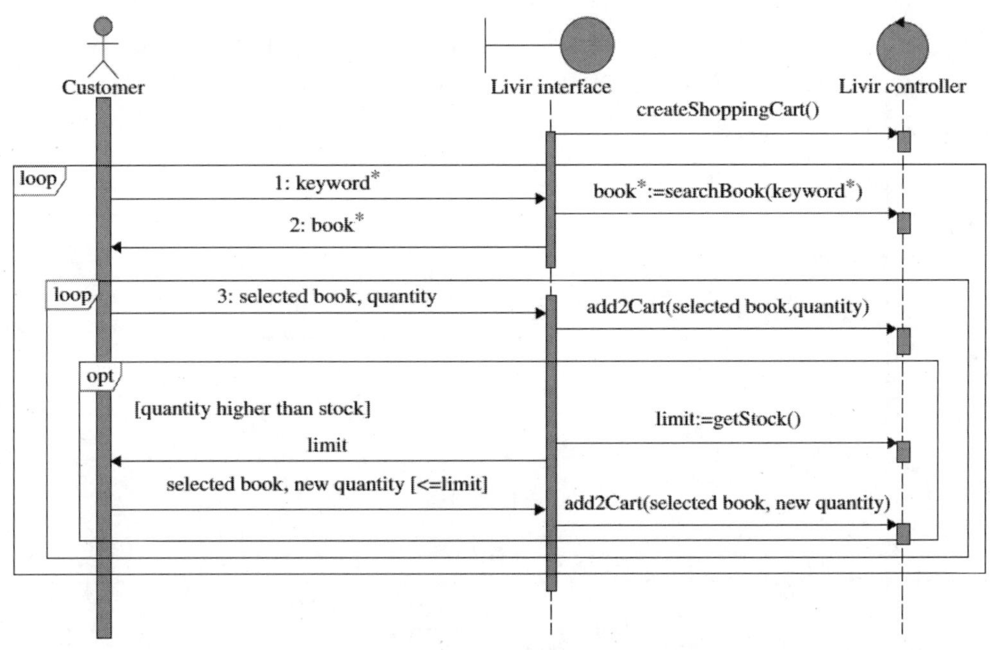

图 5.37　带有设计变更和异常处理程序的部分系统时序图

图 5.37 所示的设计还可以有进一步的改进。如果系统已经知道了相关的库存信息，为什么要执行一条检查库存数量的命令？由 searchBook 查询获得库存信息后，接口可以在输入购买数量时显示实时库存进行数量限制，库存信息也可以在显示书目信息时显示。如图 5.38 所示为改进后的设计。

在图 5.38 中，由于异常情况变成了系统命令 add2Cart 的一个先验条件，所以图中处理异常的片段已经消失了。第 8 章将重新介绍这个能够改进设计的常见技术。该技术能够防止用户发送非法参数，能够限制用户只能输入有效的值，由此来禁止发生异常情况。

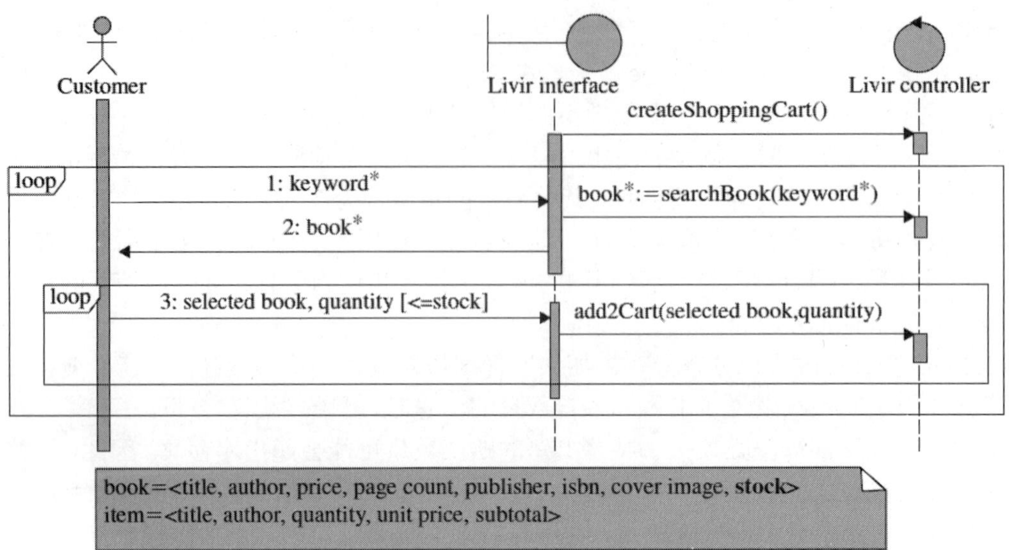

图 5.38　重新设计异常处理程序之后的部分系统时序图

当进行了用户识别后，就可以解决异常情况 5a 和 5b 了。在执行 finishOrder 命令时，如果没有进行用户识别，那么可能会产生一个异常情况。此时用户有两个选择：使用现有用户信息登录，或者注册一个新用户。图 5.39 显示了部分时序图。

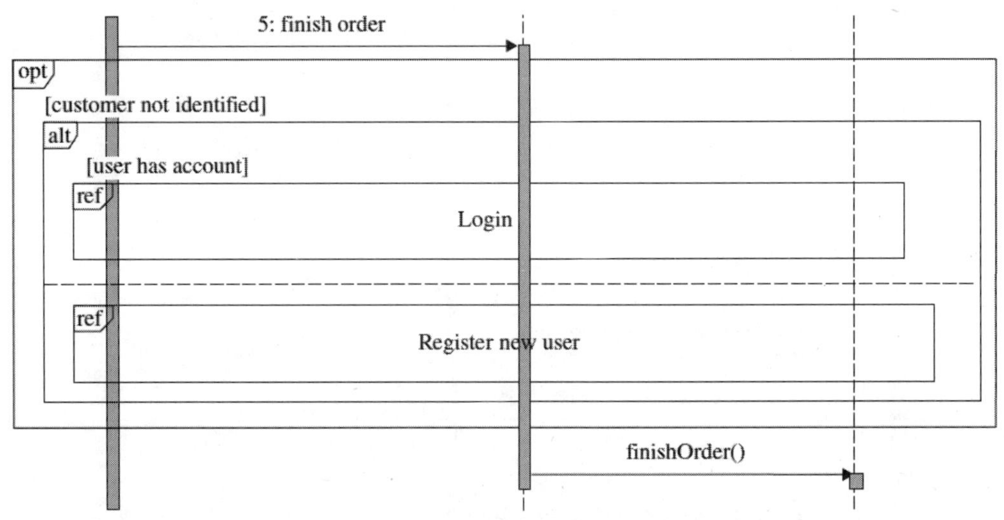

图 5.39　处理用户识别

如图 5.39 所示，没有必要为了确定用户是否已经识别而尝试执行 finishOrder 命令。在用户决定完成订单但没有执行该命令前要进行条件测试。因此，如果用户未被识别，则有两种选择，如 alt 片段中所示。alt 片段的工作方式与 if-then-else 类似：如果用户有账户，则需要登录；否则用户必须创建一个新的账户。在这两种情况下，这些序列都是需要能够重用的，其他时序图在对其进行引用时，采用 ref 片段来识别。

最后，如果在订单中没有选择任意书本，则不能结束异常情况 5c。实现的方法为循环执行步骤 1~步骤 4，直到至少选择了一本书。在图 5.37 所示的时序图中，已经包含了一个循环，因此足以在其中添加一个用于退出循环的条件。包含所有异常情况处理的完整时序图如图 5.40 所示。

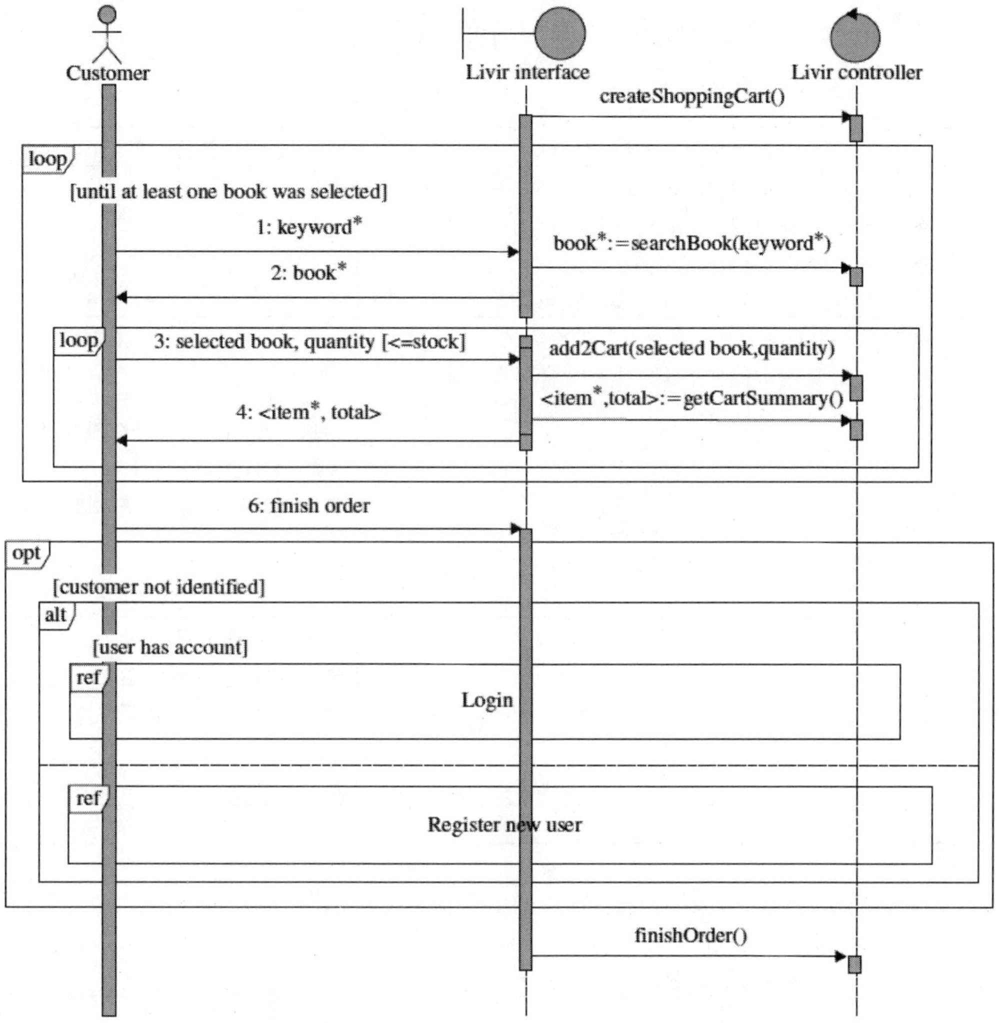

图 5.40　包含异常处理的完整时序图

系统时序图的主要目的是发现和设计系统命令和查询，这些系统命令和查询必须被实现，以便让系统的功能可供用户使用。根据图 5.40 当中所显示的内容，这些命令和查询包括如下内容①：

- createShoppingCart()。
- searchBook(keyword_):book_。
- add2Cart(selected book, quantity)。
- getCartSummary ():,item_, total。
- finishOrder()。

在第 8 章中，将会介绍如何使用这些信息来建立一套用于定义整个系统功能的契约集合。

① 图5.40采用的是有状态机制。如果使用了无状态机制，这些操作会因为具有较多的参数而有些不同。

5.9 当前进度

	起始阶段（Inception）	细化阶段（Elaboration）
业务建模	构建整个系统的概要视图： ● 构建业务用例图并确定项目的自动化范围 ● 为业务用例构建初步的活动图 ● 为关键业务对象构建初步的状态机图	
需求	准备系统用例图（功能需求）： ● 从业务用例模型中识别出系统参与者（actor） ● 从业务用例模型中识别出系统用例，并从业务模型当中识别活动以及状态机图 确定非功能性需求作为用例注解： ● 确定关联到用例的主要业务规则 ● 确定关联到用例的主要质量问题 确定增补需求	通过扩展用例进一步细化需求： ● 识别主要流 ● 识别替代流：变体以及异常处理
分析与设计	通过观察系统用例和所需概念，准备初期概念模型	细化系统时序图： ● 使用系统时序图表示用例的主要流 ● 使用状态或者无状态策略来表示系统命令及查询 ● 用替代流完成系统时序图
实现		
测试		
项目管理	估算项目的总体工作量、理想进度以及平均团队规模； 估算每个阶段的迭代次数及周期； 为首次迭代准备阶段计划和迭代计划	

5.10 思考题

1．变体和异常处理程序是用例的替代流，在什么情况下选用其中之一？

2．基本用例和实际用例有什么区别？为什么基本用例更关注于需求目的？

3．请解释强制性用例步骤、完整性用例步骤和不恰当用例步骤之间的区别。

4．请扩展第 3 章图 3.10 所示的用例 03 Deliver order 的主要流。

5．请通过指明其主要流完成图 5.2 中的用例扩展。

6．采用有状态机制或无状态机制来设计图 5.2 中所示用例主要流的系统时序图。在设计主要流时序图后，将问题 5 中的替代流加入其中。

第 6 章　概念建模：基础篇

本章提要

- 属性
- 概念
- 关联
- 集合
- 概念模型组织结构：结构型、关联型和时态型
- 常量
- 概念模型的迭代结构

6.1　概念建模概述

域分析包括发现和建模过程中必须由系统管理的信息，这意味着团队应该发现信息如何被构建和转换，始于最初概念模型初始化阶段，并在细化阶段持续。该模型被改善和完成时，就如需求分析使用用例扩展深化一样。

可以分析信息的两个方面：静态（static，也称作构架 structural），这将会在本章和第 7 章中进行讨论；功能（functional），将在第 8 章中讲述。静态方面可能在概念模型中表示，而功能方面则会在系统操作契约中进行表示。

在分析阶段，对象并没有动态模型，因为分析只考虑系统的外视图。动态模型，包括对象间的协作，在设计阶段完成（第 9 章），因为只有在这时，系统的内部方面才被处理。因而，分析的功能模型只需表明哪些信息进入和离开了系统，而不必说明信息如何被转换。此后，设计的动态模型将清晰地展示对象协作如何改变信息。

概念模型描述的是系统将要管理的信息，这是一个来自问题域的构件，而非解决方案域。因此，概念模型不应被属于软件架构（第 9 章）的设计类图（Design Class Diagram，DCD）所干扰。尽管设计类图最初源于概念模型，并且属于解决方案域，因此有不同的目的。

概念模型也不应被数据模型（第 13 章）所干扰，因为数据模型强调存储的数据表示和结构。而概念模型的目的是用户对信息的理解，而非其物理表达。因此，关系型数据模型只是更基本概念模型的可能物理表达之一。

理解概念模型的一种有趣方式是，想象一下由其描述的元素对应着在用户脑海中最初的信息，如图 6.1 所示，这并非在一个物理存储系统中。

用户向系统发送信息，并且通过系统事件和返回，分别接收来自系统的信息。就目前来看，

系统甚至不需要考虑一个计算系统，因为该信息独立存在于支持存储和管理它的计算机中。

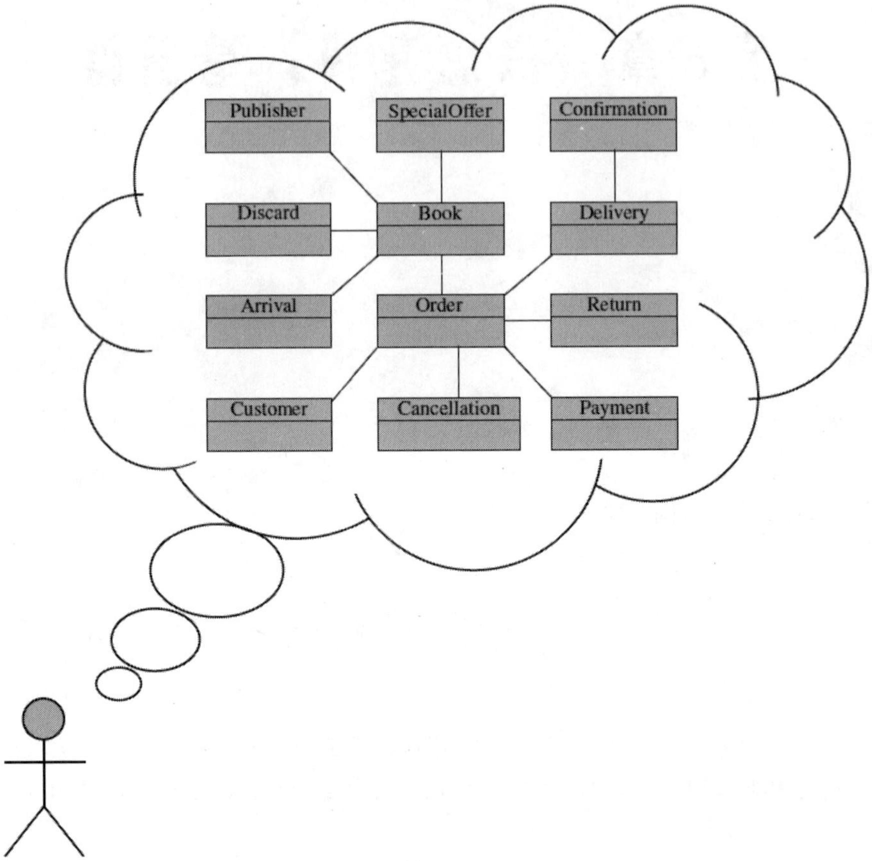

图 6.1　概念模型是用户信息视角的一种表示

分析的目的是研究问题，但计算系统是一种解决方案，因此它是隶属于设计范畴的。系统解决方案甚至不使用计算机技术来设计。也可能会分析整个条件，然后推荐一种手动解决方案来实现。例如，信息被存储在纸张上，并且由工作人员使用铅笔、橡皮和订书机来执行操作。

就像基本的用例一样，概念模型独立于可被采纳的物理解决方案，并且应该只包括属于问题域的元素，将其留给设计解决方案的元素，也就是说，所有与技术相关的元素，如接口、存储、通信等。

概念模型只代表信息的静态方面。因此，在概念模型中不会引用操作或者是系统的动态方面。尽管概念模型由 UML 类图表示，分析人员也不应在其中包含任何方法。在第 9 章中展示了如何使用系统方法识别和设计方法。

当类图用于概念模型时，明确了以下 3 类用于代表信息的元素。

- 属性（attribute）：简单的字母数字式或基本的信息，如数字、文本、日期等。在 Livir 项目中的有关属性的例子是客户名称、支付日期、书籍标题和订单的总额。属性总是会联系到一个更复杂的元素——概念。
- 概念（concept）：在域中有一致含义的复杂信息的表示。概念通常会对属性进行聚合，而且不能仅仅作为字母数字式被描述。概念也可能被相互关联。在 Livir 项目中概念的例子是书籍、客户、订单和支付。

- 关联（association）：链接不同概念的一类信息。不过，关联不仅仅是链接，它们是信息。例如，在 Livir 例子当中，关联应该存在于订单和客户之间，并且也存在于订单和书籍之间。

以上 3 类元素将会在随后的部分中进行详细讲解。在这里，根本不可能单独解释某一种属性，因为这三者有千丝万缕的联系。

6.2　属　　性

在概念模型中，属性指的是那些包含字母与数字的形式以及一些基本的元素，如日期、金额、数字、字符串、区间等。

尽管大多数编程语言允许属性作为数据结构被定义，如列表、数组、集合、树等，但在概念建模中并不建议这样做，因为这些结构可以作为关联被更好地建模，在接下来的内容中将会做进一步的解释。

复杂概念（类）同样不能作为其他概念（再次说明，尽管编程语言是允许这么做的）的属性被使用。例如，一本书不应该是订单的属性。如果书和订单之间存在某种关系，那么应该用一个关联来替代，因为书和订单是复杂概念。当一个基本类型（6.2.5 节）或枚举（6.2.4 节）用于标记属性时，这种推荐也出现一些例外情况；基本类型和枚举作为固定类（stereotyped classes）被定义，但它们并不能像属性那样，而是通常作为属性类型使用。例如，日期由年、月、日构成，而生日被认为是人的一个属性，并非一个关联到人的复杂概念。

在 UML 中的属性通常会在类中被表示，如图 6.2 所示。其中，类 Customer 具有如下属性：name、id、address 和 phone。

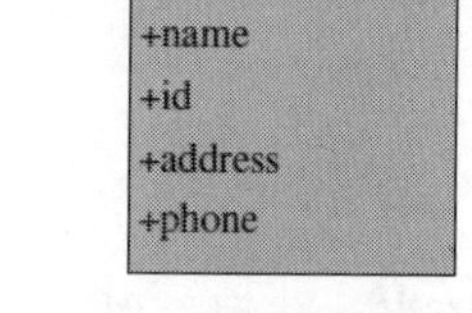

图 6.2　在类中表示的属性

6.2.1　属性类型

属性可能有一个类型，尽管这对概念模型不是强制的。图 6.3 代表了图 6.2 归类属性的类版本。

Customer
+name : String
+id : IdNumber
+address : String
+phone : PhoneNumber

图 6.3　加入类型后的属性

在概念模型中的类型，与它们在编程语言中有相同的含义。在图 6.3 中，看到了典型类型 String，还有原始用户定义类型 IdNumber 和 PhoneNumber。

当属性被形成规则定义时，就像在 id 和 phone 的示例中一样，建议为其专门定义一种基本类型。

类型 address 也很特殊。它是属性还是复杂概念呢？它只是一个由街道、邮编、数字、城市等组成的字符串或复杂概念吗？该例和其他的示例一样，要通过分析用户需要的信息决定。如果地址只是用于打印信封和发送邮件，那么可以仅仅作为字符串，并且可能以字符串的形式作为归类的属性被代表。然而，如果地址用于计算距离和路线，或者如果用于给邻近的客户分群，那么就表现为复杂概念，应该作为基本类型被建模。此外，如果地址之间有一个关联结构，那么应该作为复杂概念被建模。

6.2.2 初始值

属性可能用一个初始值声明，也就是说，每次创建概念的新实例时，该属性将自动接收一个定义的初始值，如果有必要，该初始值随后可以被改变。

例如，在 Livir 系统中，可能使用初始为 0 的总价值创建一个订单。这可以在类图中被定义，如图 6.4 所示。

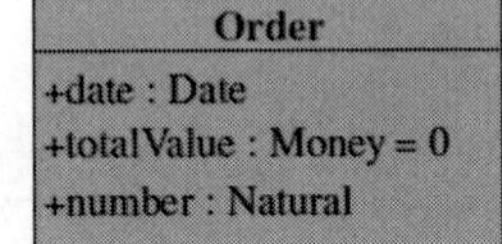

图 6.4 用初始值展示属性的类

为一个属性定义初始值也可能会用到对象约束语言（对象管理组织，2010）。

每一个 OCL 表达式应该在与类对应的上下文（context）中被声明。大多数 OCL 声明也会有一个子上下文（subcontext），包括一个类属性，也就是一个属性、关联规则或者一种方法。当为类 Order 的属性 totalValue 声明初始值时，上下文是 Order，而子上下文是 totalValue。因此，OCL 表达式可以以此开头：

```
Context Order::totalValue
```

另外，可以添加属性的类型：

```
Context Order::totalValue:Money
```

为了表明 OCL 表达式正在为属性定义一个初始值，可以使用 init:从句，当估计值为属性产生初始值时，其后跟表达式。正如在例中，初始值是常数 0，表达式可被定义为如下方式：

```
Context Order::totalValue:Money
  init:0
```

该表达式也可以被简化为省略属性类型的形式，如下所示：

```
Context Order::totalValue
  init:0
```

一个属性可能有被更多复杂表达式定义的初始值。随后，更多复杂 OCL 表达式示例将被展示，可用于利用数学和逻辑操作生成的值来初始化属性。

6.2.3 派生属性

派生属性在此只作为派生出来的字母数字值来理解。如果一个派生属性指的是对象或者数据结构，则称为派生关联（derived association，参见 6.4.3 节）。派生属性有别于一般属性，因为它们不能被直接改变。换句话说，派生属性是只读的。

派生属性由计算得来，并且由表达式定义。在类图中，派生属性可通过在属性名（还有类型）

前加斜线（/）来表示，其后跟“=”和定义属性的 OCL 表达式。图 6.5 展示了一个示例，在此，profits 作为 price 和 cost 之间的差来定义。

```
Book
+cost : Money
+price : Money
+ / profit : Money = price-cost
```

图 6.5　展示派生属性的类

派生属性也可以通过 OCL 表达式被定义[1]。表达式还会有一个作为上下文的类和作为子上下文的属性。其后跟关键字 derive，这表明其后的表达式定义派生属性的值如何被计算。图 6.5 所示的表达式通过使用同一类的其他属性值定义 profit：

```
profit=price-cost
```

OCL 表达式会跟随在诸如 init:和 derive:子句之后，用一个代表上下文类实例的表达式开头。该实例通常会使用关键字 self 来表示。

符号 self.property 允许访问属于对象特性（属性、关联规则或方法）的值。例如，在类 Book 的上下文中，表达式 self.cost 符号表示 Book 实例的 cost 属性值。

因此，为 Book 类的 profit 属性值定义派生属性的 OCL 表达式为：

```
Context Book::profit
  derive:
    self.price-self.cost
```

在 OCL 中，当上下文环境中不会引起歧义时，可能省略表达式中的 self。因此，在上面的例子中，表达式可以简化为如下形式：

```
Context Book::profit
  derive:
    price-self.cost
```

在 Book 上下文中，price 和 cost 可能只不过是 Book 的属性。那么，关键字 self 可能从表达式中被省略。

派生属性可能不会直接被更新。在图 6.5 所示的 Book 类中，只有属性 price 和 cost 可能被直接更新。派生属性 profit 是只读的，作为其定义表达式的结果被计算[2]。

6.2.4　枚举

枚举是概念和属性之间的一种平衡，是基本的字符串，并且也如此表现，但这里有一个预定义的有效字符串集合，该集合构成了枚举域。例如，日历日只能假设集合中的 7 个可能值之一：星期一、星期二、星期三、星期四、星期五、星期六、星期日。因此，作为一个 CalendarDay（用

[1] 这并不是必要的，因为很多分析人员可能会选择自然语言或其他专门语言。然而，由于 OCL 是 UML 包的一部分，所以建议使用 OCL。

[2] 许多读者和编程人员可能会担心被用于执行派生属性代码的性能问题。当它们通过定义被“计算”时，如果 cost 和 price 的初始值不改变，重复这些计算看起来是执行时间的浪费。不过，读者可以放心，因为代码优化机制可用于派生属性。例如，为派生属性计算的值可能被保存在缓存中，只有当其中一个组件变化时才会重新计算。例如，只有当 Book 的实例改变 price 或 cost 的值时，profit 才会被计算。

该枚举归类的）定义的属性，将只能假设这 7 个值中的一个。

枚举可能作为版型化的类出现在 UML 图中。建议域独立的枚举不要放在包含概念模型的同一个图中，但可以放在意欲包含枚举的特殊包中，如图 6.6 所示。因为域独立枚举（如 CalendarDay）在应用之间是可重用的。只有专门域枚举应该与概念模型的其他类保存在一起，这样，人们可以更容易地了解其含义。

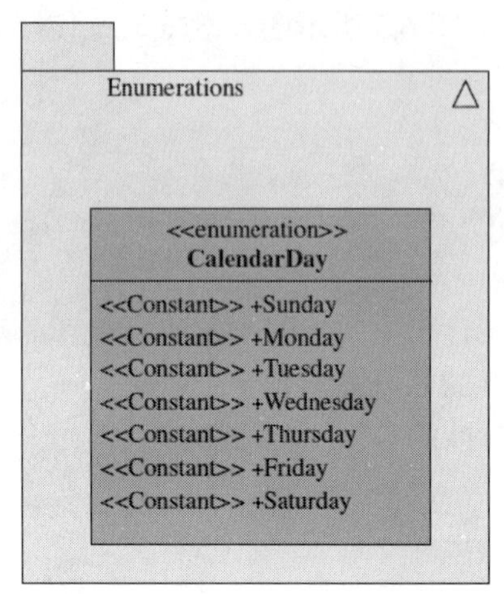

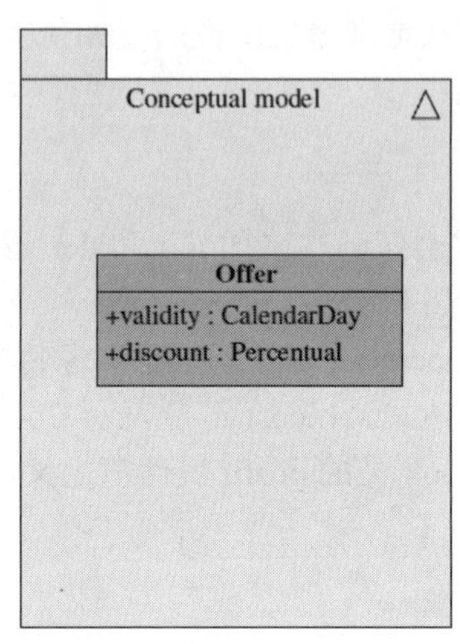

图 6.6 枚举的定义和使用

在图 6.6 中，类 Offer 的属性 validity 可能分配给它枚举 CalendarDay 的 7 个可能值中的一个。

枚举可能被认为是版型化的类，而它们可能有自己的关联和属性，不鼓励分析者使用这些属性，因为这些属性只能将枚举转化为一个复杂概念，并且可能会失去可重用性。例如，考虑一下 CalendarDay 枚举，它只是 7 个名称的列表。现在假设分析者添加某些属性到 CalendarDay 枚举，例如，工作时间。那么，周一到周五可能有从上午 9:00 到下午 5:00 定义的工作时间，周六是从上午 9:00 到中午，而周日可能根本没有工作时间。不同的应用可以用不同的方式定义工作时间。既然这样，当仍然有属性、可能的关联，甚至是之后的方法时，该枚举和一个复杂概念之间的区别是什么？不为枚举创建属性或者关联，可能被建议创建一个容纳枚举和其他属性的新的复杂概念。在示例中，新概念 working day 可用两个属性创建：calendar day（仍然是一个枚举）和 working hours（如上面解释的一般属性）。被看作包含额外功能的枚举应该不用该结构被保持，并且应该包含在一般类中。

为保持可重用性，枚举不能通过关联访问另一个类，但任何其他类应该可以访问该枚举。事实是，在图 6.6 中的 Offer 有一个用 CalendarDay 标记的属性，允许一般类 Offer 访问枚举 CalendarDay，但反过来却不可以。这使枚举不能从使用它的类中被耦合，因此枚举是可重用的。

在 OCL 中的枚举值，可能通过枚举名称后跟“::”和值的名称来表示，例如 CalendarDay::Tuesday。

6.2.5 基本类型

当团队处理有结构规则的属性时，应该定义基本类型（primitive type），例如 ISBN。基本类型可能被定义作为使用<<primitive>>版型的类，如图 6.7 所示。

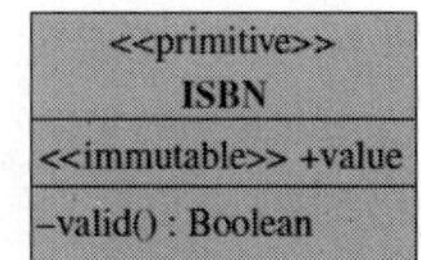

图 6.7　一个基本类型的例子

用这种方式经过版型化的类 ISBN 就是这样的一种类型，该类可被用于定义属性，不像 Book、Customer 等是一个复杂概念。此类有一个公共访问值（用“+”标记），还有一个私有的校验谓词（用“-”标记），意味着只能被类本身内的方法访问。该谓词可以被调用来确认 ISBN 值是否有效，这要考虑到其结构规则[1]。该谓词可被用于构造器（创建类实例的方法）中来保证只有有效的 ISBN 被创建。要牢记概念类没有方法，但基本类型不是概念模型的一部分。而是用户定义的、可重用的低端构件。

尽管基本类型的值可以公开访问，但通常会接受该值是不可变的。这意味着基本类型的值只有在创建时可以被定义，并且之后不能被更新。这使其与基本数据元素作为常数的想法一致，而不是作为对象。对象可能会改变其内部状态，而常数通常不会如此[2]。

某些基本类型，如 Date 和 Money，已经在一些编程语言和数据库管理系统中可用。其他的不常见类型可能会被创建，如 ISBN、邮政编码、奇数等。

基本类型结构规则必须依照句法定义，也就是说，通过不需要参考系统管理数据的评估表达式。如果一个结构规则需要参考属性或关联的值，就不可能是基本类型，而是一个一般的类。例如，质数结构规则可能不需要参考对象和关联来检查，但注册的用户名可能不是基本类型，因为要检验一个字符串是否是注册过的用户名，有必要查询当前存在的用户名。

基本类型通常是独立于应用的，也就是说，其含义通常是从系统或被开发的项目中独立出来的。ISBN 在任何的应用域具有相同的含义和结构规则。而诸如 Customer、Book 和 Order 之类的概念，在不同应用中可能用不同含义，在不进行有重构工作的情况下，通常不会被重用。然而，基本类型通常是 100%可重用的，并不必调整或修改。

6.3　概　　念

概念不只是字母数字值，也不只是一堆属性，因为它们具有含义，并且可能会相互关联。概念建模可能只始于概念和关联，即属性不是马上需要的。然而，当详细解释时，一个概念通常包含一系列的属性群。

6.3.1　唯一属性

假设某个概念的不同实例是通过它们被独立创建的事实来区分彼此的，这并不是基本类型的情形所在。像 05/03/2013 和 05/03/2013 这两个日期是相同的，但两个名同为 John Smith 的客户则不必完全相同。某些编程语言实际上使用两种比较谓词，一种检验两个对象是否相等（其属性具有相同的值）；另一种检验二者是否相同（在内存中共享同一空间）。

---

[1] 关于 ISBN 的结构规则的解释请参见 http://www.isbn.org/standards/home/isbn/us/isbnqa.asp。

[2] 在有些语言当中允许常量在运行时改变它们的值，如 Smalltalk，但这并不常见，也不为大多数应用程序所推崇。

不同的实例因此而被区分开来，但此外可能还具有其唯一属性。一旦一种属性被作为<<unique>>版型，那么概念的两个实例对于该属性来说就不能有相同的值。唯一属性的一个例子是书的 ISBN，对于每一本书都是唯一的（见图 6.8）。而其他属性对不同的书籍可能有相等的值。

Book
<<unique>> +isbn : ISBN +title : String +authorsName : String +pageCount : Natural

图 6.8　展示属性被版型化为<<unique>>的类

唯一属性不能被主关键字<<pk>>干扰。主关键字是专门用于数据库设计的，来为一个实例提供唯一身份。但<<unique>>和<<pk>>并非等同，因为概念可能只有一个主关键字，但会有多个唯一属性。唯一属性接近于关系数据库中的候选关键字想法（Date，1982 年）。

6.3.2　系统控制类

通常，期望概念模型是一个连接图，也就是说，每个概念有一条路径（一系列关联）连接到其他概念。当不是这样时，会假设有些东西丢失，即重要关联和概念还没有被发现。

尽管有些学者反对，如果采取了预防措施，作为整体（在本书的示例 Livir 中）代表系统的一个概念，在概念模型中可能有用。首先，该概念不应该被声明为单例模式（Singgleton）[①]；其次，该概念也不应该有属性，而只是一个控制类。该类对应着系统控制器或 façade 控制器，这已经在第 5 章中提到，它不代表任何数据，只作为引用点添加关联到其他类，随后章节中将会讲述。

为了能被应用访问，所有概念都会直接或间接地关联到控制类。

系统控制器类可以使用<<control>>版型，或使用 Jacobson（1994）所设计的图标进行绘制，如图 6.9 所示。

图 6.9　系统控制器类

在第 9 章中，详细介绍了使用控制器类的优点。还有许多作为来自控制器类的关联恰当建模的情况。[②]

6.4　关　　联

当谈到复杂概念时，也就是通常说的它们之间可有一个关联。关联通常只发生在两个概念之

① 一种设计模式，用一个单实例声明一个类是可被全局访问的。

② 如图 6.18 所示的示例。

间，但也可在 3 个或更多概念之间被定义，还可以作为相同类的不同实例之间的反射（reflexive）关联。例如，连接父母和子女的关联被定义为从 person 到 person 之间的反射关联。

当类被关联时，随后它们的实例也可能被链接起来。例如，订单将会链接到被订购的书上，也会涉及创建订单的客户。如果一个支付存在，也会链接到书店示例中的一个订单。

在用例文本中关联可能会很难识别，特别是由于有时很难界定概念或是关联。例如，一本书的预定是书和客户之间的关联吗？又或者是一个概念吗？如果把它作为一个概念，什么是它自己的关联呢？

此外，用例文本通常会提到并非是完全静态关联的操作。例如，像买书或预订的操作，是关于数据的动态转换，可以生成概念来代表操作的存在，但使用关联来表示是不恰当的。有必要在这里来讨论一下（静态）关联和（动态）操作之间的区别：

- 关联是可能存在于复杂概念之间的静态关系，在指定的时刻（其状态的一个片段）执行关于它们的信息，或者引用新的关联信息（例如，邻居、父母/子女）。
- 操作是存取和转换现存信息的动作。

作为一个动态过程的描述，用例文本通常充满了对操作的明确引用，但关联通常从文本中被推理出。

例如，在二手车交易过程中，有从其他人手中购买车的人。当某个人买了一辆车，就是在执行一个操作。该操作改变了对象之间的链接：一个所属关系的链接不复存在了，而另一个则在其消失的地方被创建出来。不适合将操作表示为一个关联，如图 6.10 所示。

为什么该说明不适合呢？因为购买不是信息的状态，而是状态间的转换。

在这种情况下，关于汽车和人的信息状态是所属关系：指定的人是否拥有一辆车。这可以表示为人和汽车之间的关联（见图 6.11）。

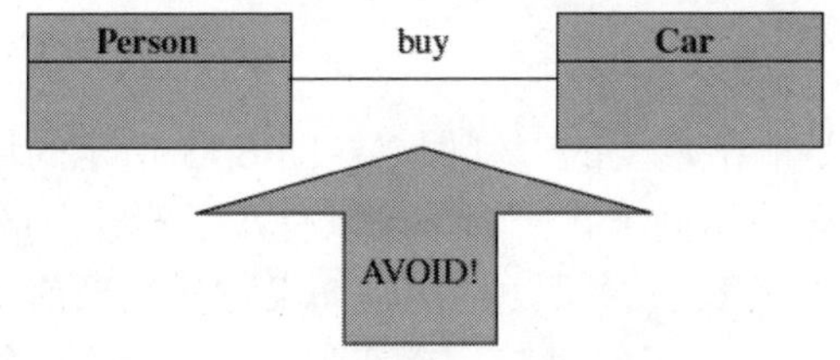

图 6.10　不适合被标记为关联的操作

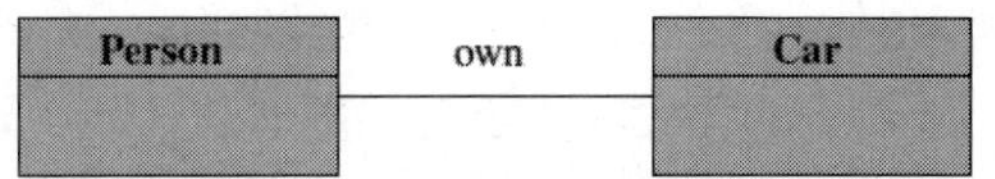

图 6.11　两个概念间的静态关联表示

然而，除了所属关系，还有不同的方法来关联人和汽车。一个人可能是一辆车的乘客，或者是其驾驶人员，而关联可能仅仅表示某人喜欢指定的一辆车。为消除这种歧义，在许多情况中，在关联的一端或者所有端使用了规则名称，该规则名称使用的目的就是为了指明一个类扮演哪个规则，这种做法是非常方便的。规则名称不是作为整体指定给关联，而是针对关联的两端。因此，一个二元的关联有两个规则名：每个参与类各对应一个。例如，在图 6.12 中，一个人在 owner 规则当中关联到车；而一辆车属于一个人的 fleet 规则。

不同的规则可能用不同的关联表示，如图 6.13 所示。

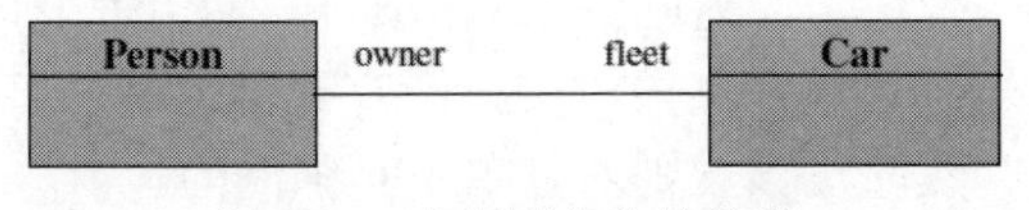

图 6.12　有规则名称的关联

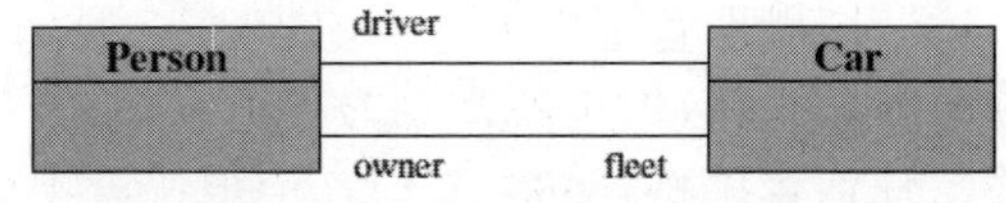

图 6.13　相同概念的多关联

当一个显示的规则名在图中消失时，通常会假设类名（不大写）是默认的规则名。图 6.13 所示的例子中，一辆车有两个规则和 people 有关：owner 和 driver。从 people 的角度来看，对于车有两个规则：fleet，对应着指定的人拥有的车；car，对应着一个人驾驶的车。

根据 UML 的规格说明，关联也可以有名称（图 6.11 就是一个例子），被置于链接到类端的中间。然而，类似这样的名称，除了很难给出命名以外（初级分析者多用 has 或近义词标记的关联），没有多少实际用途。

使用规则名代替关联名可能更简单、更有效。实际操作中，可以忽略关联能够有名称的事实。概念模型可以很清晰地用规则名替换关联名。规则名更容易给出，因为它们在概念之间定义了导航的可能性，并且对命名所派生的编程代码元素也很有用，例如，代码生成时，代表关联的变量。如果无论什么情况，关联名都是必需的，那么也可能通过组合规则名来创建，反之则不可以。例如，如果书和客户之间的关联确实需要一个名称（例如，为了引用），可命名为 book2customer。

有时，保存关于被执行的操作或交易的信息也很有趣。例如，可能对汽车销售系统存储销售交易信息很有用，如日期、金额等。在这种情况下，交易信息在图中作了表示，如同一个复杂概念（见图 6.14），并且静态地代表了被执行的操作。

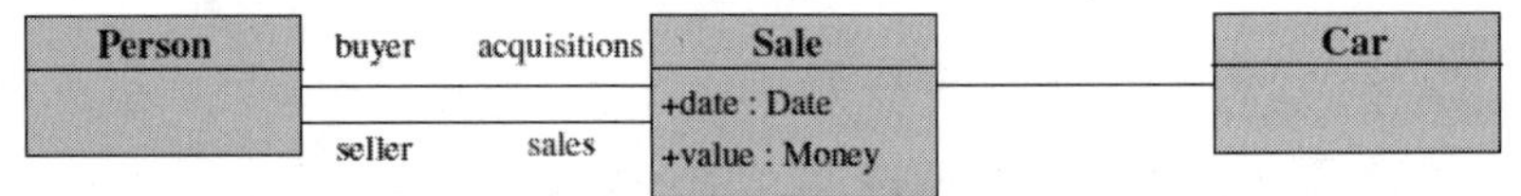

图 6.14　表示为概念的业务

这样，交易作为一个概念来代表，而其关联则代表概念间的静态关系。

6.4.1　规则重数

在概念模型中，知道一个规则所接受的元素数量是非常重要的。例如，在图 6.13 所示的用规则名 driver 的 Person 和 Car 间的关联中，一个人可以驾驶几辆车？一辆车可以有几个驾驶人员？

该问题的答案取决于对问题本质的研究，还有关联的真实含义，特别是如果它代表当前或过去的时间。例如，如果图 6.13 所示的关联代表当前，那么车可能只有一个驾驶人员（一次只能有一个），但如果关联代表过去，那么可能一辆车有许多驾驶人员，他们在不同的时间段驾驶车辆。

因此，在决定规则重数之前，弄清关联的含义很重要，必须记住关联是静态的约束，表示的是无论如何都会存在于关联的类实例之间的情况。因此，根据关联的含义，可能有不同的规则重数。

基本上，关于关联规则的重数，可做出两种决定：

（1）规则是否是强制的？例如，一个人至少应该有一辆车吗？一辆车至少有一个驾驶人或拥有者吗？

（2）可能通过规则被链接的实例数量有一个定义的概念界限吗？例如，一个人拥有或驾驶车辆的数目有最大值或最小值吗？

这些问题的答案可能不太清晰。例如，对于第一个决定，返回到 Livir 项目，期望每个订单必须有一个支付，但不能强制为订单限定支付，因为一个订单在某段时间内没有支付也可以存在。最终，任何订单将有助于支付，但很快就不必要了。然而，该规则对订单不是强制的。

另一个模棱两可的问题涉及一个规则允许的最大元素数量。从根本上来说，一个人可能拥有的汽车的最大数量就是存在于地球上的汽车的数量（数量是增长的，但该值在指定的某个时刻被定义，即使很难计算）。但当新汽车被制造出来后，可能会售出。然而，尽管对于所属规则有一个物理限制，但没有概念或逻辑限制。因此，几乎可以认为规则是没有上限的。

UML 中的规则重数可以通过一个数字表达式来表示。

- 星号“*”表示“任何数量”，表明没有上限。
- 逗号“,”表示“或者”。
- 两个点“..”表示“达到”。

下面是一些概念模型的一般重数限制的例子：

- 1——只有一个。
- 0..1——没有或一个。
- *——没有或许多。
- 1..*——一个或许多。
- 2..5——2~5 个。
- 2,5——2~5 个。
- 2,5..8——2 个或 5~8 个。

包括 0 的重数限制代表对概念可选的规则，其他限制都是强制的。

图 6.15 展示了这样一个实例：一个人可能有一系列未决定数量的车（可选），并且一个人至多是一辆车的驾驶者（同样是可选的）。另一方面，一辆车必须有一个单独的主人（这是强制的），并且可能有或者没有驾驶人（可选）。

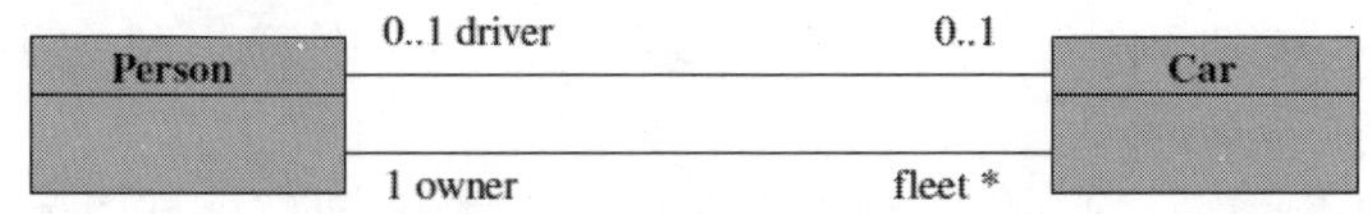

图 6.15　带有规则重数的关联示例

根据多国的法律，一辆车可能有超过一个所有者，或者可能属于一家公司。某些情况下，可能根本没有所有者。概念模型（见图 6.15）没有必要代表一个通用性现实，但有必要代表指定应用需要的信息。对于许多信息系统，有些信息可能是强制的，例如，为了被注册，一辆车有一个单独的所有者，并且该所有者必须是一个人。既然如此，概念模型应代表该系统需要的具体和实用信息。

6.4.2　关联方向

在概念模型中的关联应该是无向的，也就是说，关联的可导航性还未确定（Booch et al., 2007）。这主要由于分析的目的，只需要弄清两个概念之间有没有关联，随后就会依据可导航性来确定动态设计。

可导航性方向的过早定义（在动态设计之前）并无裨益。总体上来说，相对于双向关联，单向关联有如下优点：

- 不必为两端都定义规则名（只定义一端）。
- 更容易执行。

只有第一个优点对概念建模有意义，但它太过于弱势而不能预先做出决定。

6.4.3 派生关联

派生关联和派生属性同样有用，也就是说，没有被物理表示的关联从可得的信息中计算出来，例如，假设通常有必要知道指定客户已经在 Livir 系统购得哪些书。由于书没有直接链接到概念模型中的客户，涉及的信息可能比期望的更复杂。如图 6.16 所示的示例展示了一个 Livir 的概念模型如何通过订单和购买项将书和客户联系起来。既然这样，所有被客户购得书的集合被称为"客户到订单到项到书的集合"。

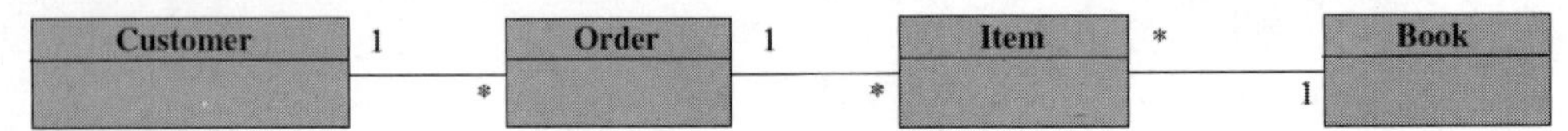

图 6.16 客户间接关联到书

与第 3 章中得出的初步概念模型相比，图 6.16 中将 Item 概念引入到 Book 和 Order 之间。如果概念 Book 指出版的名称，而不是实际的副本，那么 Item 就有必要。在这种情况下，被订购的是一个 Item，代表指定 Book 的一个或更多实际副本。书（Book）的价格可能会经常更新，但书的价格不能影响先前订单的价格。因此，如果书（Item）的价格被改变，项的价格应该与之保持一致。

注意在该模型中，客户和其已购买书之间没有直接关联。在 Customer 和 Book 之间创建一个直接关联并不是一个好的解决方案，因为当书的集合已经被间接获得时，对模型而言可能是冗余的。此外，Customer 和 Book 之间新的关联可以关联有任何书的任何用户，并非已经由用户通过订单购买的书。该模型支持不一致信息的表述，这会需要某些检验机制（例如，只允许被买的书关联到客户）。

如果当它与直接访问已从现存信息派生出的对象集合相关时，这种情况的一个建模解决方案是使用派生关联，如图 6.17 所示。

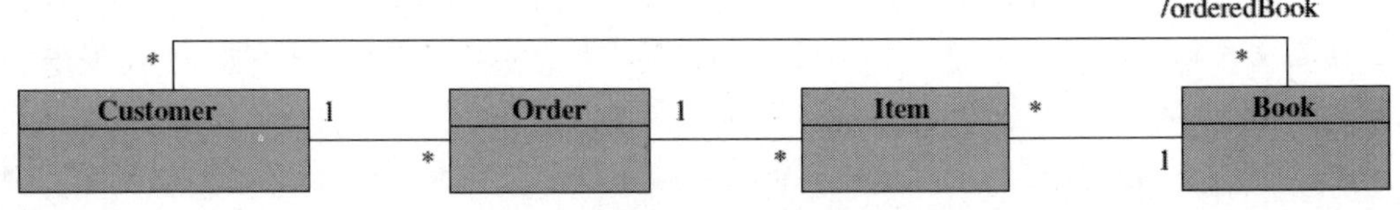

图 6.17 派生关联

UML 支持派生关联在两个方向导航。假设两个规则都是派生的，在图 6.17 所示的示例中，相对的规则 Customer 也必须考虑为派生，尽管其默认规则名没有在图中标明。

图 6.17 中派生关联两个规则的重数是多重的，因为通过在一般关联的导航，可以看到一个客户可能没下单或下了许多订单，并且一个订单可能没有或者被很多客户预订。通常一个派生属性的重数被规则重数所定义，并且能够导航到目的概念。下面的规则可用于决定该重数：

- 派生重数的下限由导航路径中规则下限所决定。
- 派生重数的上限由导航路径中规则上限所决定。

例如，若路径中所建立的重数是 1..5、2..*和 1，那么派生重数则为 2..*，因为其下限是 1，2 和 1（1*2*1=2），并且上限是 5，infinite 和 1（5*infinite*1=infinite）。

然而，如果在派生关联的定义中应用了过滤器，那么重数的结果可能不同。例如，若派生关联已经被定义，因此它链接一个客户到其已经购买的最贵的书，则派生重数是 1，而不是*。

相对于允许在添加和删除个体对象间链接的一般关联，派生关联可能只能被查阅（与派生属性相同，是只读的）。

派生关联同样也可以由 OCL 表达式定义。例如，图 6.17 所示的示例可被定义为：

```
Context Customer::orderedBook
  derive:
    self.order.item.book
```

对于该表达式可得出如下结论：

- 上下文是派生属性（Customer）起点的类。子上下文是派生属性（orderedBook）的规则名。
- 从句 derive:同样可用于派生属性的情况，决定表达式正在定义的属性或关联是否是上下文和由表达式返回的信息类型。派生属性由返回字母、数字或基本类型的表达式定义，而派生关联由返回对象或对象集合（数据结构）的表达式定义。

在面向对象的编程语言中，符号“.”通常用于单对象。然而，OCL 允许其用于对象的集合[①]。如果 x 是一个集合，那么 x.y 可被作为 x 属性的 y 的集合。例如，self.order 表示当前示例中客户订单的集合，并且 self.order.item.book 是所有链接到订单项的书籍集合，这些订单链接到客户。

派生关联同样可以通过过滤器应用，用于定义来自链接对象的对象子集。例如，假设书店有一个关于已购买价值超过 1000 美元的特别客户记录，这里称之为黄金客户（gold customer）。同样假设，Customer 类有一个派生属性 totalSales，该属性有客户所有订单的和。派生属性的定义对该示例并不重要，这里可能被忽略。控制器和 Customer 类之间的派生关联，可作为 Livir 客户的一个子集用于建模。图 6.18 展示了该示例的部分概念模型。

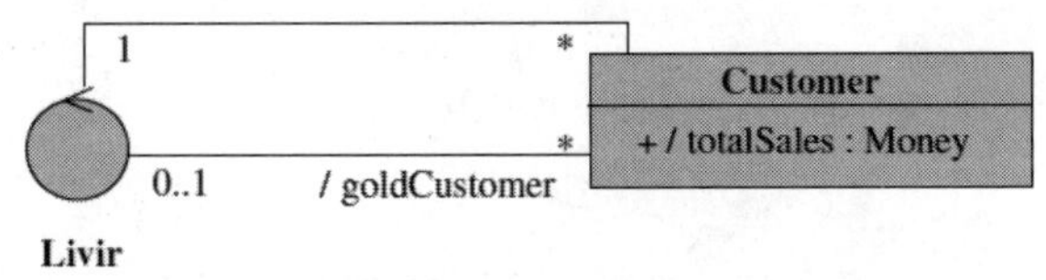

图 6.18　定义通用关联子集的派生关联

该派生属性的 OCL 表达式将作为 Livir 控制器自身的上下文，因为它是关联的起点。定义派生关联的表达式必须表示购买超过 1000 美元的客户集合，也就是 Customer whose totalSales 实例值超过 1000 的情况。

像这样满足指定布尔表达式元素集合的 OCL 表达式是 select。布尔表达式被置于 select 命令后的括号中。布尔表达式通常始于一个迭代变量，而下面的表达式则被称为 aCustomer。

```
Context Livir::goldCustomer
  derive:
    self.customer->select(aCustomer|(aCustomer. totalSales>1000)
```

① 在 OCL 中，单对象实际上被认为是一个有单元素的集合，这相当于集合的本质概念，但不是数学概念，因为在集合理论中，具有单元素的集合不是元素。在 OCL 中，有单元素的集合和元素是一回事。

对于该表达式，迭代变量被称为 aCustomer，并且可能有其他名称，表示满足表达式 aCustomer.totalSales>1000 的每一个客户。

箭头符号“->”在 select 之前用于替代“.”符号，因为 select 函数适用于集合结构，而不是其元素[①]。

如果表达式的上下文没有歧义，OCL 也支持迭代变量省略。那么，以上表达式可以缩写为如下形式：

```
Context  Livir:goldCustomer
   derive:
    customer->select(totalSales>1000)
```

注意到在 select 后面的括号中，上下文也可能存在歧义。在这里，属性 totalSales 可以指一个客户，也可以指 Livir 的实例。应该消除的歧义是，属性 totalSales 只存在于 Customer 类，而在 Livir 类中并不存在。如果 totalSales 存在于这两个类，那么为了消除表达式的歧义，就要使用不缩写的符号。

6.4.4 聚合与组合

从定义一种由其他对象所构成对象的意义上讲，某些关联可能会比其他的更健壮。例如，一座房子由许多房间构成，一本书由许多章节构成，本科生涯由许多课程构成等。

如果关联是专用的，这样对象不能同时是其他对象的一部分，那么该对象会被认为是一个个别与整体的强关联，这被称为组合聚合（composite aggregation）[②]，使用黑色菱形指向代表整体的规则来表示（见图 6.19）。

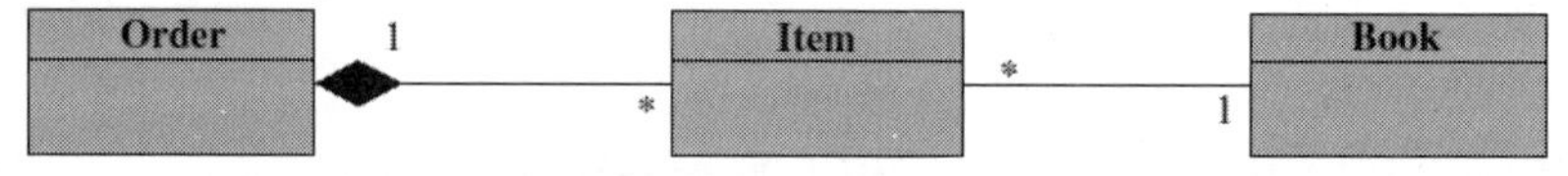

图 6.19　组合聚合的示例

就一个组合聚合而言，代表组合（菱形的一侧）规则的重数应该为 1 或者 1..0，而非其他值，因为组合不分享“部分”，甚至是相同类的对象。

组合聚合在部分-整体关联中表示排他性。当该排他性非强制（该部分可能是其他聚合的一部分）时，就会用一个白色菱形代替，并且该关联被称为共享聚合（shared aggregation）（见图 6.20）。

① 对于 people 的集合 p 来说，如果想获得所有年龄的集合，可以使用 p.age。然而，集合的规模并非是 people 的一个属性，而是集合结构的属性。要获得集合的规模大小，则需要使用表达式 p->size()。如果被写成 p.size，将代表每个 people 规模的集合，而不是集合的大小。

② “关联可能代表一个组合聚合（也就是一种整体/部分关系）。只有二元关联可以成为聚合。组合聚合是聚合的一种强形式，需要部分实例每次最多包含在一个组合内。注意，如果一个组合被删除，其所有部分也随之被删除。注意某一部分在组合被删除之前移除，因此它将不会作为组合的一部分被删除。组合可能在一个具有可传递删除特征的定向非循环图中被链接。也就是说，在图的某部分删除一个元素，同样会导致其下子图所有元素的删除”（对象管理组织，2011）。

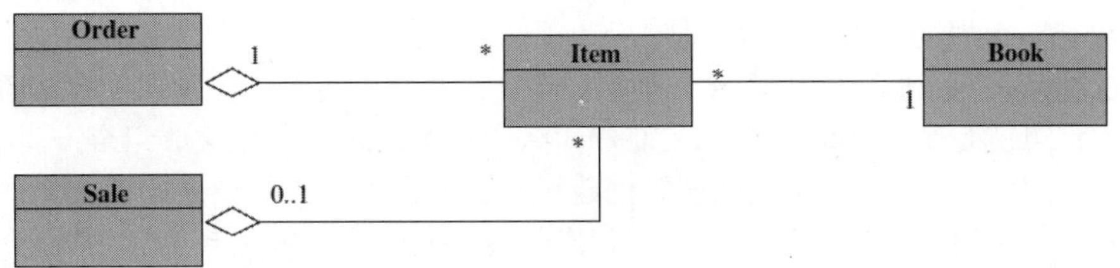

图 6.20　共享聚合的示例

白色菱形表示一个共享聚合，其中的部分可能同时属于不同整体。在图 6.20 中，指定 Item 必须是 Order 的一部分，但也可能是 Sale 的一部分。

组合和共享聚合是特殊的关联，并且使用时应特别简约，也就是说，它们只能用于团队确定对象确实是另一对象的一部分的情况，而并非只是一般关联。甚至 UML 规格说明（对象管理组织，2011）规定共享聚合的精确语义在应用领域和建模者之间都是不同的。

当非部分-整体相关的对象被这种关联链接时，聚合和组合在模型中被滥用的情况也很常见。例如，客户并非订单的一部分，如果不是为了其他原因，而事实上，客户是一个人，而订单不是具体的事物，而是一种交易。组合和共享聚合应合并相同类型的元素：具体对具体，抽象对抽象。订单可能被关联到一个客户，但订单不是由客户组成。

在概念建模中使用聚合没有实际优势。这是在概念模型中减少甚至是放弃使用它的另一个原因。其优势是，组合或共享聚合部分通常具有被组合和总体派生的属性。例如，订单的合计值是其项目的总和；包裹的重量是其中所有书重量的和；当一辆车被售出时，其所有部分也都被售出，以此类推。然而，这些考虑一般只在设计时出现。

6.4.5　n 元关联

大多数关联都是二元关联，也就是说绝大多数关联只含有两个规则。然而，必要时也存在有 3 个或更多规则的情况。在 UML 中，这些关联可通过使用一个连接关联所有规则的菱形来表示，如图 6.21 所示。

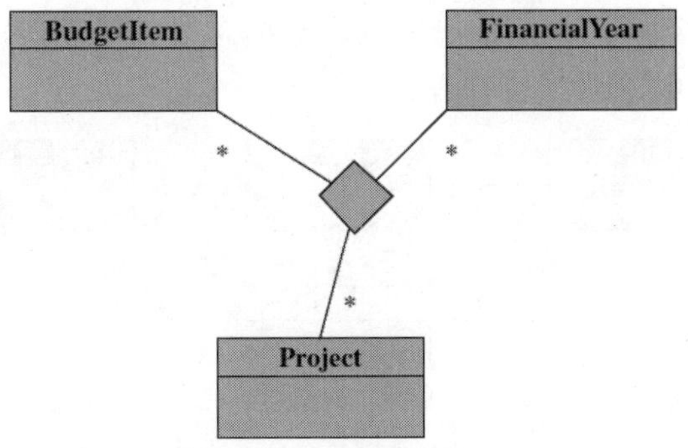

图 6.21　三元关联的示例

图 6.21 中的例子取自一个预算控制应用程序。每个项目可能被关联到多个预算项和多个财政年度。对于每一个项目，每个预算年度可能有一系列预算项。此时可以使用一个三元关联（也

就是一个关联有 3 个规则）来代表这种情况。

这些情况并不常见，但可能出现在一个项目中。在决定使用一个三元甚至是 n 元关联（在设计和实施期间这可能是个头痛的问题）之前，团队应该确认未与二元关联组合产生混淆。例如，图 6.22 展示的示例没有作为三元关联被正确建模，因为作者与出版商之间的关系只有当作者出版一本有出版商的书时才发生。那么，作者和出版商之间的关联应是一个派生关联。

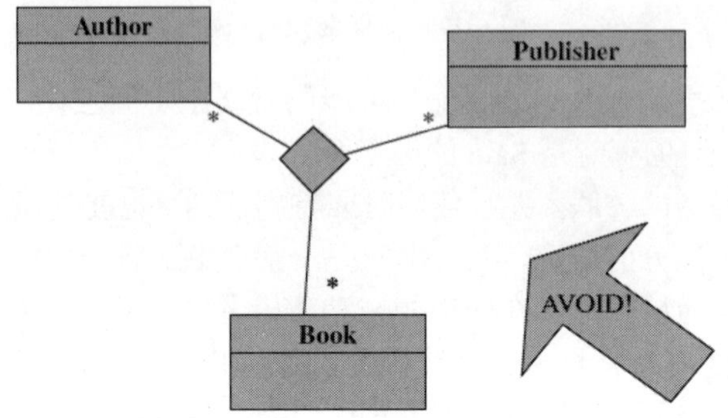

图 6.22　不恰当的三元关联

对于这个案例，图 6.23 表示的模型比图 6.22 中的更精确。只有当相同的作者使用不同的出版商出版相同的书，并且出版商可以使用不同作者出版相同的书时，才会出现使用三元关联的情况。

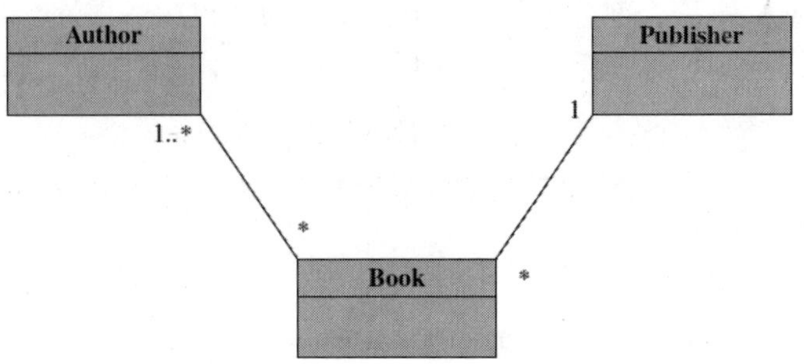

图 6.23　图 6.22 模型用两个二元关联的正确表示

然而，真正的三元关联仍可以被二元关联组合所代替。完成这一任务的最简单方法可能是用一个新概念来代替三元（或 n 元）关联。有时命名新概念可能很复杂，但这是可以做到的。例如，图 6.21 所示的模型可用图 6.24 来代替。

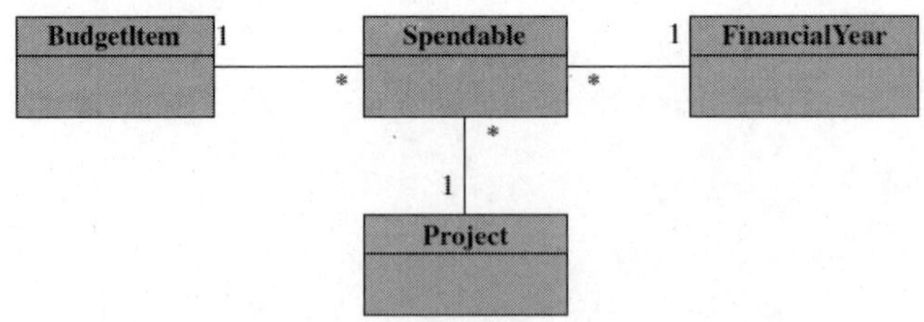

图 6.24　在模型中三元关联被一个新概念所替代

不过，在图 6.21 和图 6.24 之间的模型有细微的差别。对于图 6.24 中的情况来说，可能有两个或更多 Spendable 实例，它们确实具有相同预算项、财政年度和项目。而这些在图 6.21 中则不会发生。因此，有必要用一个常量来完成（见 6.7 节）。

6.5 集　　合

理论上，没有任何特别意义和结构的简单对象集合（collection）不应作为概念来表示，而应作为关联。任何关联规则已经代表了关联类对象的集合。那么，再看一下图 6.15，fleet 是关联车的集合到人的一个规则。因此，在图 6.25 中模型是不必要的、多余的。

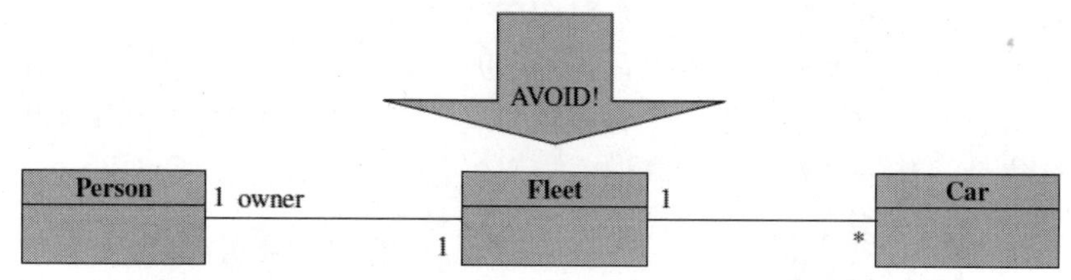

图 6.25　一个简单集合被不恰当地表示为一个类

因此，除非 fleet 有其自己的属性或关联（例如，一个人在不同的地方有多个 fleet），代表对象简单集合的正确形式是通过一个关联规则，而不是通过一个类（见图 6.26）。

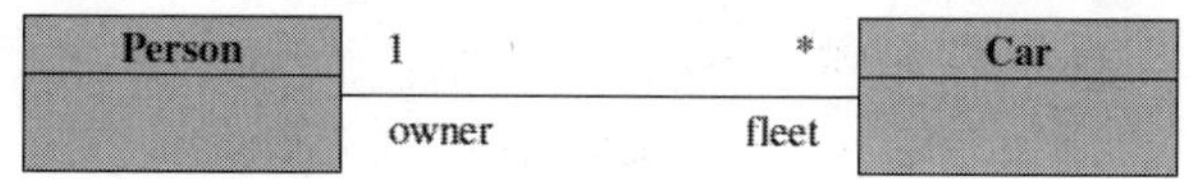

图 6.26　图 6.25 所表示情况的更简单模型

团队必须意识到，如果集合包含特别的属性或关联，那么它必须作为一个概念来表示。例如，Order 最初是作为项的集（译者注：为避免与前述术语 collcetion 集合产生混淆，在这里使用集来表示 set，下同）来理解，但 Order 仍然具有诸如签发日期、全值、折扣等属性，以及到可能有多订单客户的关联，如果是这样，集合就是一个概念。不过，没有特定属性或关联的集合仅仅是一个集合，因此作为一个关联规则被建模。

关联规则在概念模型中，可能被认为是用于表示抽象数据类型（Liskov，1974 年）。在设计模型中，将同样代表具体的数据类型。抽象数据类型只通过行为进行定义，而不是结构。例如，抽象数据类型会出现在下列情况中：

- 集（set）结构，其中元素不重复并且没有定义的位置。
- bag 结构，其中元素可能重复但仍没有定义的位置。
- 有序集（ordered set）结构，其中元素不重复但有一个定义的位置。
- 序列（sequence）结构，其中元素可能重复并且有一个定义的位置。

另一方面，具体数据结构是抽象数据结构的实际实现。例如，列表可能用许多形式执行，像数组、二元树（二叉树）、链接列表等。至于具体数据类型，除了行为，还会定义其实际结构。

6.5.1　集

关联规则默认为集，即这是一种结构，其中的元素不重复，也没有为这个元素定义的位置。

在图 6.26 中，fleet 是一个集合的示例。

如果想再次链接同一辆车到同一个人，则什么都不会发生，因为此操作已经属于该集合。

6.5.2 有序集

假设一本尚未入库的书籍一旦可用，就会存在一个有意向购买人的集合。如果不能确定收到书的数量能够满足所有的订单需求，那么访问这些客户更公平的方式是从最早的到最新预订的创建一条线索。客户需要在这条线索上有一个对应的位置。

如果客户不能预约同一本书一次以上，那么它仍然是没有重复元素的结构，但是现在包含了经过定义的位置信息。这会导致产生一个有序集结构。在图中，规则可能用约束{ordered}标记，来表明它是一个集合，其中的元素不重复但有定义的位置，如图 6.27 所示。

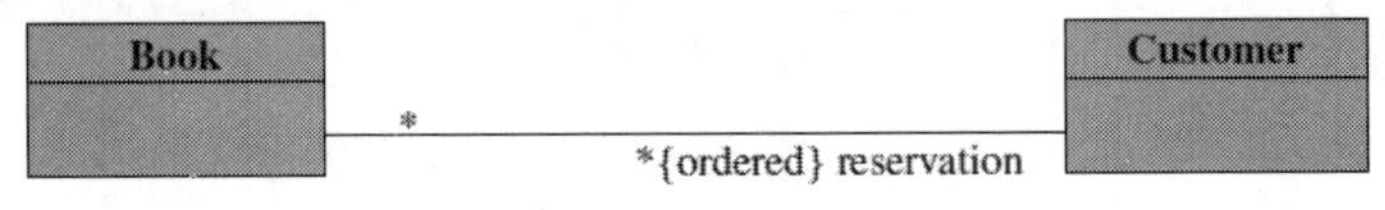

图 6.27 预订书籍的有序集

关联规则上的约束{ordered}表示，链接到该规则的元素有位置（1，2，3，…，最后一个），但不重复。

6.5.3 Bag

也有元素位置无关的情况，但集合中每个元素会重复出现。该结构被称为 Bag。

例如，可能需要知道有多少用户浏览了一本书的详情；同样，每个用户浏览的次数也很重要，但此时没有必要了解谁第一个浏览了该书的详情，但关于浏览数量的信息就很有必要。这是使用 Bag 的典型场景。当一个人每次浏览一本书的详情时，就会有一个新的链接添加到定义为 Bag 的关联上，该模型如图 6.28 所示。

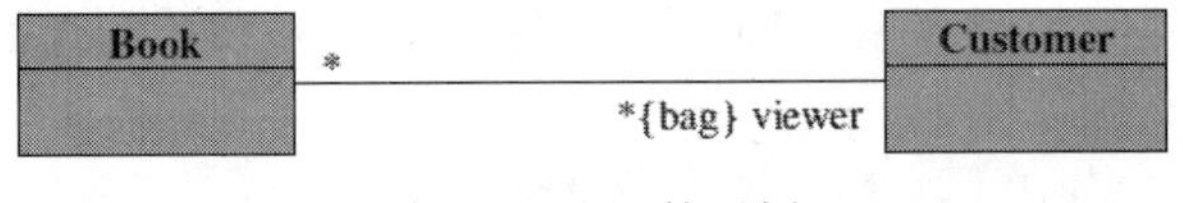

图 6.28 Bag 的示例

6.5.4 序列

序列允许元素重复，也为元素分配位置。例如，假设购买指定价值书的客户具有获得礼物的资格，但礼物的数量有限，因此，可能会创建有资格获得礼物的客户列表，一旦礼物可用，将被分配到列表的最开始。如果有用户再次购买超过了获得礼物的数量限制，则该用户将再次进入列表。因此，在该结构中元素的位置是相关的，并且每个元素可能出现多次，这对应着一个序列结构，如图 6.29 所示。

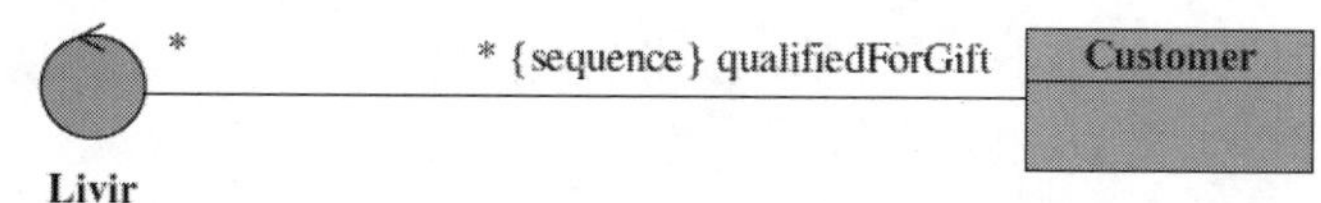

图 6.29 序列的示例

在 Livir 端，重数*表示并非所有的客户都具有获得礼物的资格，并且有人会不止一次获得资格。

序列有两种重要的特别情况。当被移除的第一个元素是序列中最早的时，如图 6.29 所示，那么该结构也会是一个队列（queue）。UML 不会为队列定义约束，而在序列约束上会有一个相应的版型来完成这项任务，即{sequence}<<queue>>。

当要移除的元素是序列中最新的元素时，那么此时的行为更像是一个堆栈（stack），并且可能版型为{sequence}<<stack>>。不会产生重复元素的队列和堆栈可能会被分别定义为{ordered}<<queue>>和{ordered}<<stack>>。

常规的列表可能会在任意位置移除并插入元素。队列和堆栈只在预定位置插入和移除元素，如上所述，尽管这在某些情况下，可能会去遍历所有元素。

在现实世界中，大多数集合是严格意义上的集，并非序列。但是尽管如此，得到最多的仍然是序列，而不是集合，这表明现实和用于编程的数据结构存在一定的差距。

6.5.5 映射

当概念具有唯一属性时，可以从属性到概念创建一个映射（map），通过这种方式可以更容易地确认和发现概念的具体实例。例如，当一本书有唯一的 ISBN 时，到 Book 的关联可由 ISBN 限定，意味着除了书的集之外，初始类已经访问了映射。该映射允许立即识别已知 ISBN 的任何书籍。图 6.30 展示了限定关联的一个示例。

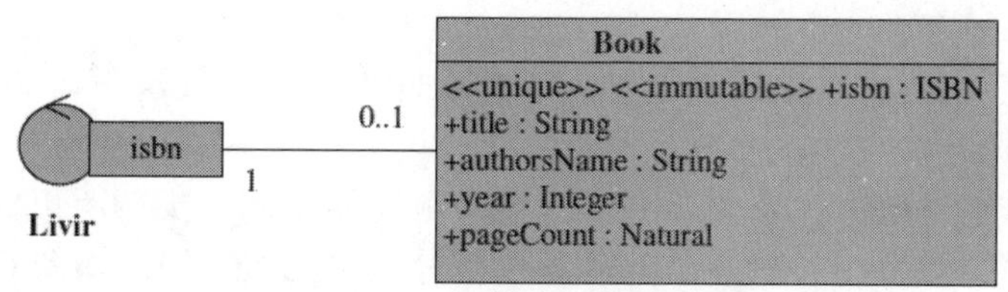

图 6.30 表示映射的限定关联示例

在图 6.30 中，关联左侧的小长方形代表了关联位于对向端的类的限定符。注意右侧的规则用 0..1 连接，而没有使用“*”。该关联应该读作“每个可能的 ISBN 对应着不超过一本书”。很多有效的 ISBN 值可能不会关联到任何书，因为这些书籍还尚未在系统中进行登记；或者尽管 ISBN 有效，但还没有分配给一本书。然而，如果一个 ISBN 已经被一本书使用，其他书将不能使用该 ISBN。事实上，限定关联仍然是一个“对多（to many）”的关联，但属于规则的对象可能被其中的一个属性访问。

在左侧（限定符一侧）的规则用“1”标记，表示每本书正好有一个单独的 ISBN，不多也不少。这必然会是真实的，因为 ISBN 是唯一的，对类 Book 是非可选的，因而，它是强制的并且不能重复。

限定符不仅是访问对象更简单的一种方式，还是一种功能强大的建模工具。例如，考虑下一个人有多部电话，但每种电话只有一部的情况。此时应该如何表示？这种情况的一种粗略模型如图 6.31 所示。

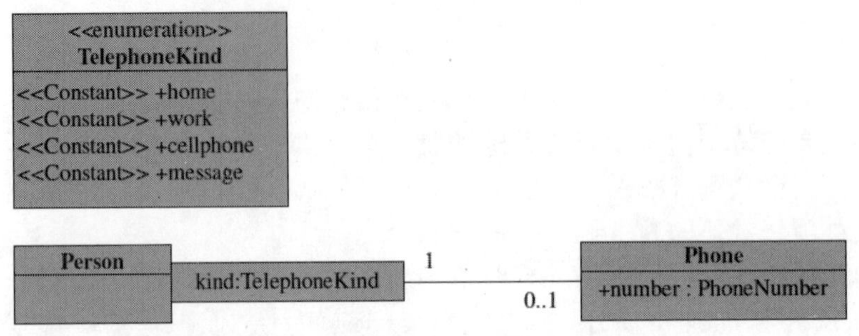

图 6.31　限定符作为一种建模工具

在图 6.31 所示的示例中，一个人可能有多达 4 部电话，但每种电话只有一部。如果后来有更多种类被添加到枚举中，那么就会有更多部电话关联到每个人。如果在右侧的规则是 1，而不是 0..1，那么一个人应该有 4 部电话，每部种类都不同。有强制性规则限定关联的这种用法，只有在限定符是枚举或有限集合时才有意义。

在图 6.30 所示的示例中，限定符是限定类的一个属性，在这种情况下，限定符称为内部限定符（internal qualifier）。另一方面，在图 6.31 中，限定符并不是类的一种属性，所以被称为外部限定符（external qualifier）。

6.5.6　分区

在图 6.30 和图 6.31 中，图右侧的重数 1 或 0..1 表示该关联是一个映射。也就是说，对于 key 的值，至多存在一个限定类的实例。

那么如果用“*”代替重数 1 或 0..1 会发生什么呢？在这种情况下，该关联应读作“对于任何一个 key，都存在限定类实例的集”。

例如，书可能通过类型进行分类。由于许多书可能属于同一类，所以类型属性可能不唯一，但可能会根据书籍的类型而在书的集合上定义一个分区（partition），如图 6.32 所示。

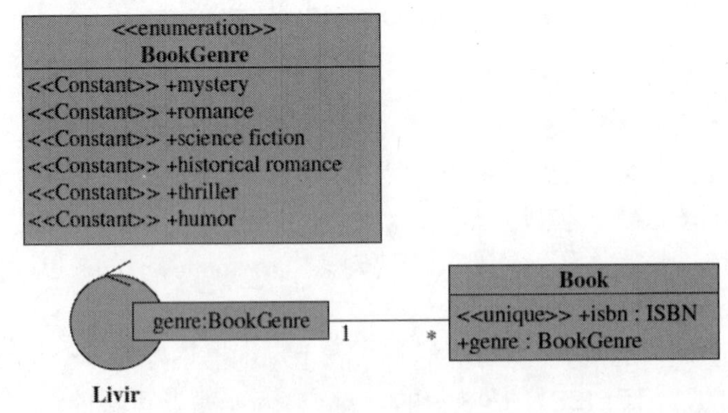

图 6.32　分区的示例

图 6.32 说明，对于每个特定的类型值，都存在一个书籍的集（有 0 个或更多元素）。左侧的

规则重数 1 表明每本书属于一个类。

6.5.7　关系

假设存在这样一种情况：一本书可能有多个类型，例如，<<银河漫游指南>>（Adams，1979 年），可能被同时分类到科幻和幽默两类。在图 6.32 中，为了表示一本书有超过一个类的可能性，完全可以将关联左侧的重数变为*（如果一种类型是可选的）或者 1..*（如果是强制的）。另外，类型应该从 Book 的属性中移除，变成一个外部限定符，因为类型属性应该允许有多个值。图 6.33 给出了结果关系。

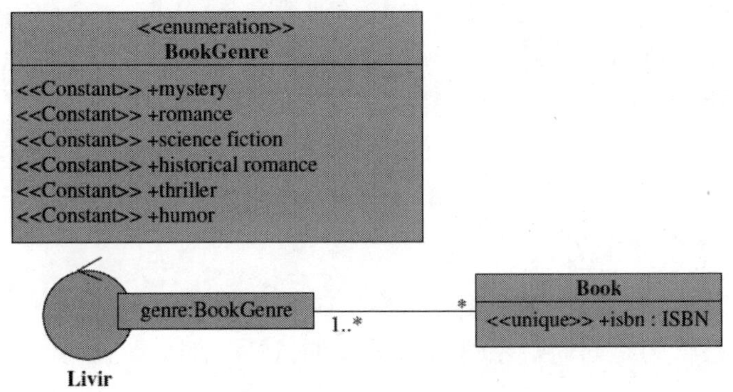

图 6.33　关系的示例

图 6.33 所示的关系表明，一本书可能有一个或更多的类型，而一个类型有与之关联的书的一个集。由于一本书可能有超过一个类型，那么限定符应该是外部的。

6.6　概念模型组织

概念模型的细化并不只是概念、属性和关联的简单整合。由于概念模型要真实可靠，并且要组织化地表示现实世界的信息，所以要使用许多建模技术。

概念的主要组织技术可分为以下 3 个方面。

- 构架型（Structural）：表示在概念中泛化。例如，BankAccount 泛化成 SavingsAccount 和 CheckAccount。
- 关联型（Associative）：表示某些概念展示的关联规则可能与其他规则相关，例如，规则 Person 可能会展示两个规则 Student 和 Professor，而这二者都与 school 相关。
- 时态型（Temporal）：表示概念不同状态之间的关系，例如，Order 的状态可能是 AttendingPayment 或 Paid。

初级分析师和稍有经验的分析者可能会考虑，分解信息的唯一方式是使用继承或泛化[①]。但

① 尝试使用关键词 UML 和“继承”在 Google 中搜索图片，将会看到许多继承滥用的示例，例如，person 作为 Student 和 Professor 的泛化。

是，在决定使用某种技术之前，有必要做出一些判断。继承只在一个概念有效地含有两个或更多子类型时使用。尽管 UML 允许一个实例改变它的类，但仅限于少数语言，如 Smalltalk（Goldberg 和 Robson，1989 年）会尝试执行这样一种特性。这可能是因为有许多未解决的现实固有问题，相关联于一个实例在联机状态下可以改变其内部结构。由于其引发的问题以及其并不必要的事实，大多数面向对象的语言都忽略了该特性，并且可通过该特性建模的大多数行为都有可替代的更简单表达形式，所以，在实际操作中，通常实例不能改变其类：它作为某个类的一员而产生，同样作为同一类的一员而消失[①]。由于学生可能变成教授，所以不能限定作为 people 的子类型（这种情况下最优的建模解决方案已在 6.6.2 节中给出）。

另一个反例是，Worker 和 Customer 作为 Person 的子类进行建模。这种做法也不值得使用。首先，没有人生来就是员工和客户。当一个人关联到某家公司时，才会成为一个员工或客户。另外，一个人可能是多家公司的员工或客户。这种情况下使用继承将会产生概念问题，例如，这会出现记录重复和数据不一致。

下面将会对概念组织的 3 种方法进行详细论述。

6.6.1 泛化、特化与继承

许多年来，继承被认为是面向对象语言最重要的特性。例如，像 Smalltalk 这种语言都是基于继承的类单层结构。

随着时间的推移，继承被逐步淡化，因为人们意识到继承并非总是解决建模问题的最佳方法。现今，继承被认为是帮助分解在类中被重复信息的一种技术。

在面向对象系统中，当两个类通过一个称为泛化（generalization）或者特化（specialization，取决于所查看的方向）的特定关联产生联系时，继承才会发生。泛化另一个类的类作为超类，被泛化的类将作为子类。

泛化时常被用于泛化类的一个集，如 X_1，…，X_n，存在差异和共同点，这样，共同点被提取到超类 X（X_1，…，X_n 的泛化），而差异保留在 X_1，…，X_n。

泛化的语义与概念模型的其他关联有很大差别。泛化只存在于类之间，不像一般的关联存在于实例之间。例如，如果 Customer 类通过一般关联与 Order 类关联，那么 Customer 的实例可能被链接到 Order 的实例：一般关联允许链接存在。另一方面，如果 BankAccount 类是 CheckAccount 类的一个泛化，那么 CheckAccount 的每个实例也必然会是 BankAccount 的实例（见图 6.34）。这并不是将两个实例链接起来，而是将双方类中都存在的属性包含于其中。在这个例子中，每个 CheckAccount 有 3 个属性：number、overdraftLimit 以及 overdraftFee。然而，并非 BankAccount 的每个实例都是 CheckAccount 的实例：泛化是反对称的。BankAccount 的实例只有一个属性：number。

因此，使用继承的原因之一是，在不同的类中有许多相似的特性（属性、关联或方法），它们可能像超类一样，在抽象结构中被分解。

[①] 更确切地说，对象也是其所有超类的一个实例（6.6.1 节）。在实例被创建以后，超类的集不应改变。

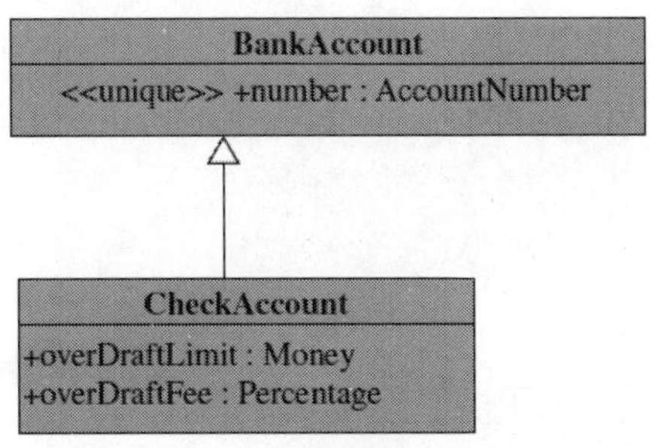

图 6.34　具有继承的泛化的示例

如果超类有其自己的实例，就是一般类。然而，大多数超类被定义为不允许直接拥有实例，只有其子类才可能有实例。在这种情况下，这些类被称为抽象超类。在 UML 中，抽象超类用一个类表示，该类的名称是用斜体或更明显的字体表示，并带有{abstract}约束（见图 6.35）。

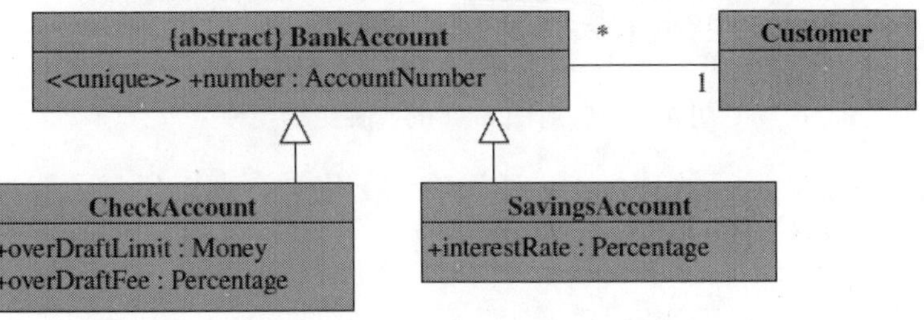

图 6.35　两个被抽象类泛化的类

在图 6.35 中，BankAccount 类是一个抽象类，因此不能有直接的实例，只有其子类才能有实例。CheckAccount 的实例属性有 number、overdraftLimit 以及 overdraftFee，而 SavingsAccount 的属性有 number 以及 interestRate。两个子类也继承到 Customer 类的关联，因此两个类的所有实例都要链接到客户的一个实例。

当超类没有属性时，不推荐使用泛化，即没有其自己的属性、关联或方法（见图 6.36）。

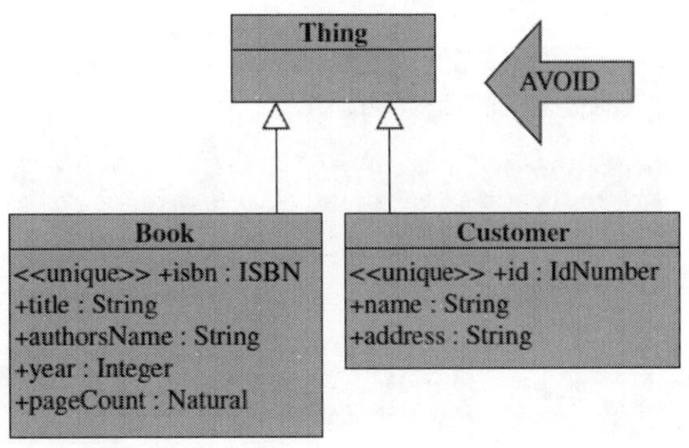

图 6.36　不建议使用泛化的情况

当子类没有区分彼此的属性（属性、关联或方法[①]）时，也不能使用泛化，如图 6.37 所示。

在这些情况下，理想的解决方案是使用一个单属性，可能会使用枚举类型来区别具有相同属

① 当设计类正在被建模时才会考虑方法。请牢记，概念类没有方法。

性对象的实例组（见图 6.38）。

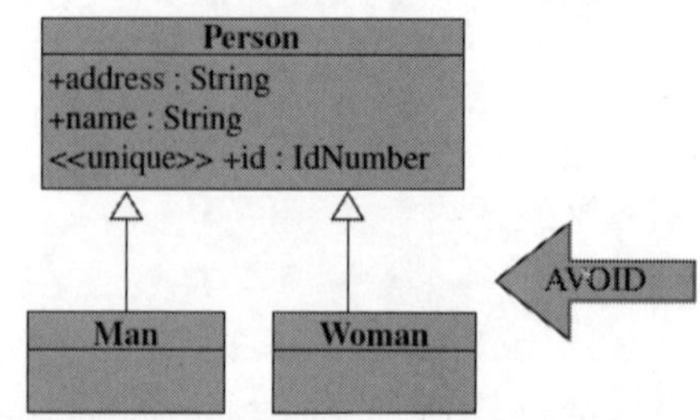

图 6.37　由于子类当中无属性被特化而不推荐使用特化的情况

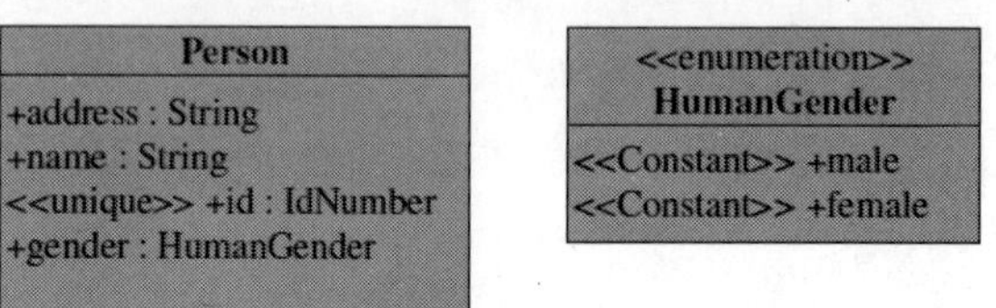

图 6.38　针对图 6.37 的一种更恰当模型

在决定使用继承之前，除了这些规则，建议确认泛化是否真正代表了元素的构造类别，而不是下面所见的关联或时态组织。

6.6.2　关联类

在概念建模中经常被误解的一个问题是在类中关于泛化的定义，这些类并不是真正的构造子类型，而是规则。例如，书店中可能有两种“类型”的人：客户和员工。发现他们都有姓名、地址、电话等属性之后，分析师可能会假设此时会存在两个应该被泛化为 Person 的概念。但这个看似简单解决方案（见图 6.39）会产生一个复杂问题，因为他们不是人的不同类型，而是与公司相关时人扮演的不同规则。

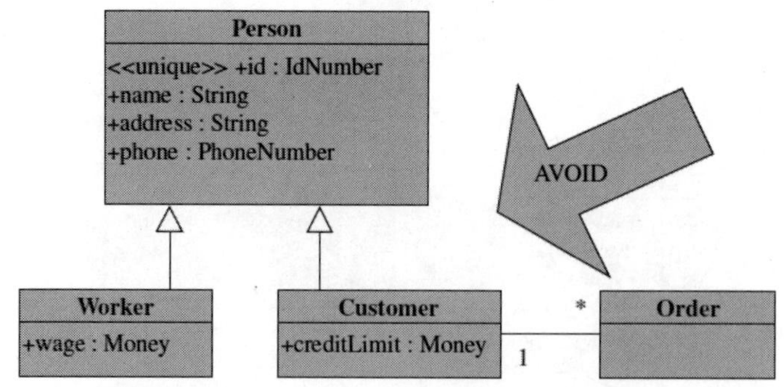

图 6.39　使用泛化来标识规则的不适当方法

这为什么会成为一个问题？想象一下，一个书店的员工想在其所工作的书店购买书籍，如果这样，该员工将扮演一个客户规则。对此经常出现的不合适的解决方案是，将员工作为客户创建第二条记录，就像该员工是另外一个人一样。因而，同一个人在系统中有两条不同的记录，一个是作为员工，另一个是作为客户，这会产生数据冗余，并且会成为数据不一致的根源。例如，如果员工注册了不同的地址，而客户可能仍然保留旧地址。当二者所代表的是同一个人时，该信息是不一致的。

更合适的解决方案应该如此考虑，一个人至少存在两种方式与一家公司产生联系：作为员工和作为客户。一个客户的专有属性（例如，信用限额）和一个员工的专有属性（例如，工资）将是关联的属性，而不是人的属性。为表示这些关联属性，需要为每个规则定义一个关联类，如图 6.40 所示。

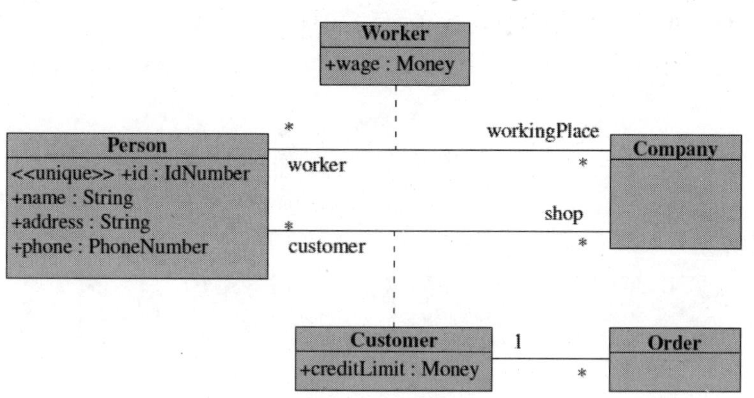

图 6.40　将规则作为关联类的更适当的表述

因而，当同一对象可能扮演与其他对象相关的不同规则时，这些规则不能用子类表示，而应该作为关联类。

为了决定什么条件下使用继承和关联类，需要确认子类型是否取决于有意义的第三个类的存在。如果子类型依赖于第三个类，那么解决方案就要使用一个关联类。例如，没有人可能只是一个学生。如果某人是一个学生，那么就必须被关联到一所学校，或者至少被关联到一位老师。

因此，不适合创建代表现实中人的类型并非是子类，而应是规则。员工、老师、学生、原则、客户等，不应是 Person 的子类。类似这些概念，只有当与像公司、学校、部门等概念发生联系时才会有意义。一个人可能是一家公司的员工、一所学校的学生等。

关联类和中间概念的差别细微。如图 6.41 所示是一个预定作为中间概念被建模，而图 6.42 所示是该预定作为关联类。

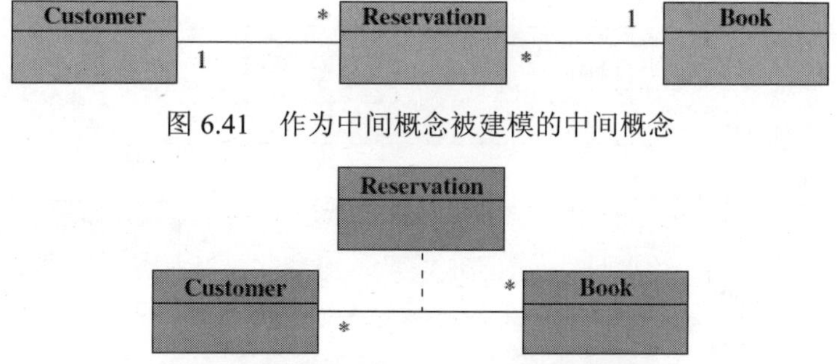

图 6.41　作为中间概念被建模的中间概念

图 6.42　作为关联类被建模的中间概念

在图 6.41 中，预定将一个客户关联到一本书。而对于图 6.42，客户和书直接关联，而预定作为一个关联类，是该关联的一个结果。然而，在图 6.41 中，同一客户可能有很多同一本书（在概念模型中没有限制）的预定，而在图 6.42 中，一个客户可能只有一个关于一本书的预定。客户和书之间的链接可能存在，也可能不存在，这不是一个 bag。然而，如果图 6.42 中关联的两个规则用{bag}标记，那么用户就有可能有同一本书的多个预定，并且图 6.42 中的模型等价于图 6.41 所示的模型。

如上所述，使同一人有不同记录的问题，在信息系统中经常出现。例如，一名学生进入了大学，并如上一样注册。那么，在其获得学士学位后，就会产生新的记录；之后，在一个实验室工作，会被再次注册；最后，被聘为教授，又产生新的记录。这将会在大学的记录中出现很多次，就像是不同的人一样。旧记录过期，地址、电话号码通常会在最近的记录中更新。会发生这种情况，是因为系统通常使用继承（见图 6.43），或者在这种情况下完全分离记录（见图 6.44）。

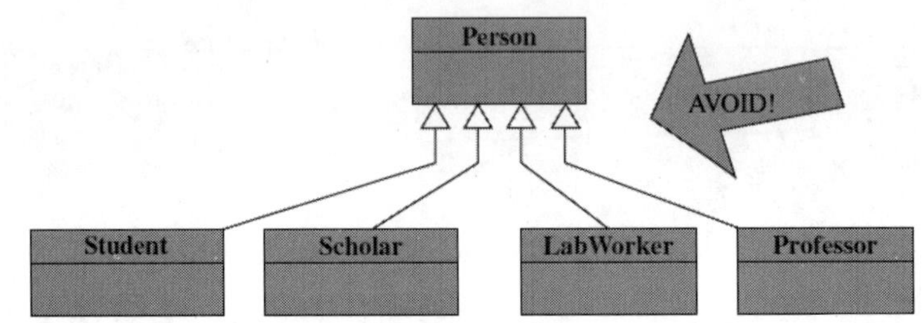

图 6.43　用继承表示同一个人多个记录的不当表达

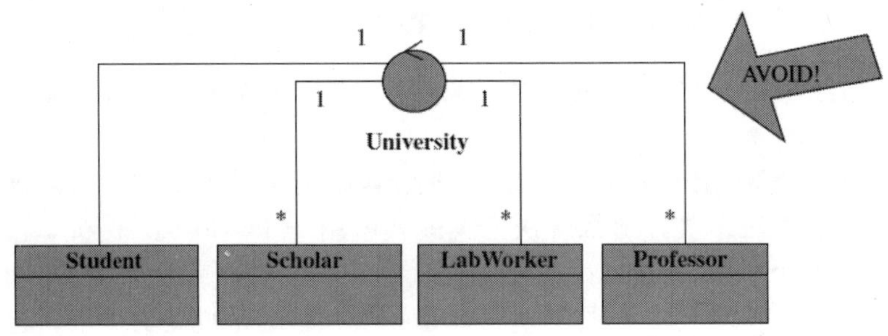

图 6.44　作为分离概念表示同一个人多个记录的不当表达

正如之前所见，为了避免该问题，应采取的解决方案是要认识到这个人一直都是同一个人。人的规则在机构中改变了，但这个人不会变成另一个人。因此，该问题的解决方案使用关联类更合适，如图 6.45 所示。

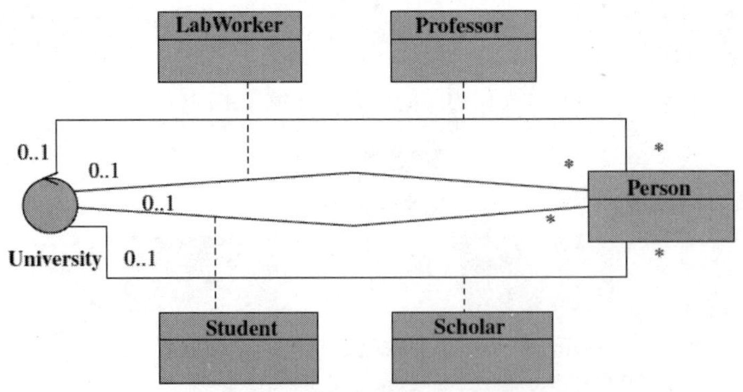

图 6.45　作为关联类表示同一个人多个记录的不当表达

在图 6.45 中，如果一个人扮演相同的规则超过一次，那么关联左侧的重数应该为*。

如果在系统的上下文中只有人的一种类别，那么就会有一种特例可能被忽略。例如，如果系统只管理关于教授的信息，并且这是该信息系统中，学校里面的人所扮演的唯一规则，那么创建一个名为 Professor 的类会更简单。在系统上下文中，Professor 将作为 Person 的同义词，因为其中没有其他类型的人。在 Livir 示例中也会发生同样的事情，例如，此时决定将客户作为代表人的唯一类，而不是将其变成一个关联类。

6.6.3　模态类

模态类（Modal class）用于建模概念，使用在其存在期间可从一种状态变化成另一种状态的实例，可能会改变它们属性的结构，包括属性、关联和行为，尽管很少有编程语言允许实例通过改变其类来改变它们的结构。模态类不被假定为建模原则，因为这种改变可能会产生不可预测的结构问题。

即使一个实例可以改变它的类，重定义其属性和关联也会有隐患。然而，也有建模技术允许不使用这种属性代表需要改变类的对象的情况，其思路是不改变对象类，而改变其状态。例如，打开电视时不会生成一种新类型的电视，而是仅仅改变了其状态而已。

可以识别与状态建模相关的复杂情况有以下 3 种。

- 稳态过渡（Stable transition）：对象的不同状态不会影响其结构，只会影响其属性值（属性和链接）。
- 单调递增过渡（Monotonic increasing transition）：当对象改变状态时，可能只保持其属性或获得新属性。
- 非单调过渡（Nonmonotonic transition）[①]：当对象改变状态时，可能保持、获得或失去属性。

稳态和单调递增过渡的建模解决方案非常简单。然而，对于非单调过渡的建模，则需要一个被为状态（Gamma、Helm、Johnson 和 Vlissides，1995 年）的设计模式，相关介绍可参见随后章节的内容。

1. 稳态过渡

通常，对象不同的状态可能通过单属性来表示。实际上，对象所有属性和链接的集定义了其状态。例如，一个订单的状态可能作为一个状态属性来建模，用枚举来表示，其值可能为“继续”、“终止”或“已支付”。

另一个例子是 Address 类的 suspended 属性（见图 6.46）。如果一个包裹发送的地址被退回，那么该地址就会标记为 suspended（属性值变为 true）。当客户更新地址时，它再次变为 false。suspended 属性值默认为 false。

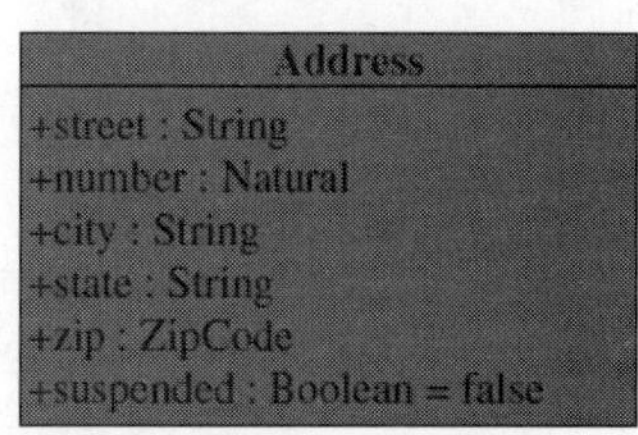

图 6.46　具有稳态过渡的概念

如果 suspended 属性值为 true，那么地址不能用于发送。

过渡被当作稳态是因为只是属性的值改变了，对象的内部结构并没有发生变化。下面介绍的两个示例就不会出现这种情况。

---

① 在这里也考虑单调递增的情况（只从一个实例移动属性的过渡）。

2. 单调递增过渡

由于概念改变状态而可能获得新属性或关联时，这种情况比较复杂。例如，待支付的发票只有 dueDate 以及 dueValue 属性，但已被支付的发票就将会附加 paymentDate 以及 paidValue 属性。

如图 6.47 所示，该图当中的过渡就是单调递增过渡，因为会为之创建新的属性和关联，但没有被消除。这意味着，支付过的发票不能返回到新的未支付状态。

如图 6.48 所示，用继承不足以完成这种情况的建模，这是因为在这样的情况下，NewInvoice 的实例将会变成 PaidInvoice 的实例，或者它要被销毁并且重新创建，而其所有涉及的信息都将重建。

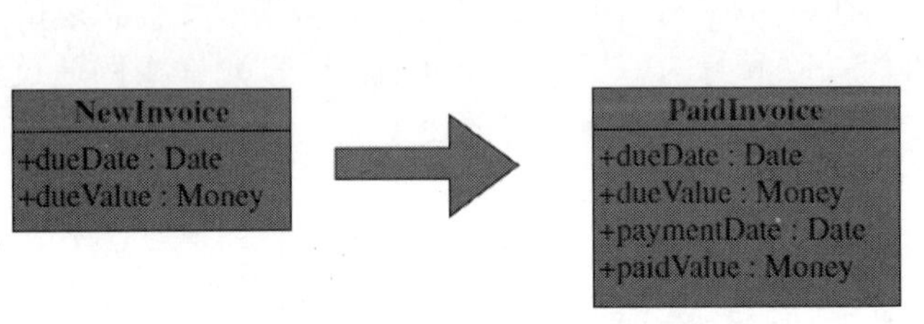

图 6.47　具有单调递增过渡的概念

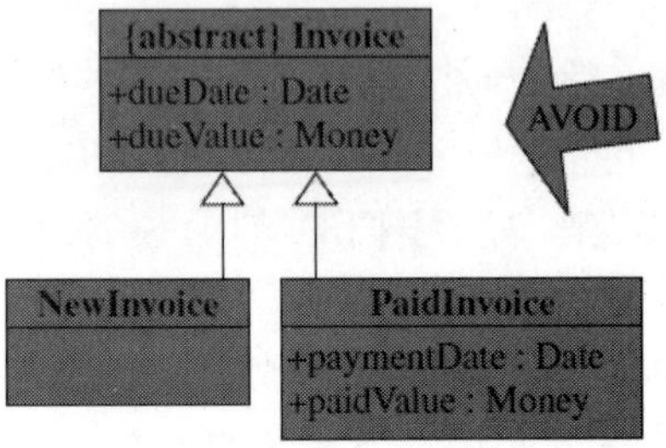

图 6.48　是用继承建模单调递增过渡的不当方法

另一种解决方案也并不完美，但却很常用，包括创建一个单类 Invoice，并且允许特定属性可以为空，并直到类改变其状态，如图 6.49 所示。通常，实例一致性的核实在更新方法中完成。此外，常量（参见 6.7 节）也可用于保证实例状态有效，例如，有一个定义的 paymentDate 以及一个空的 paidValue。

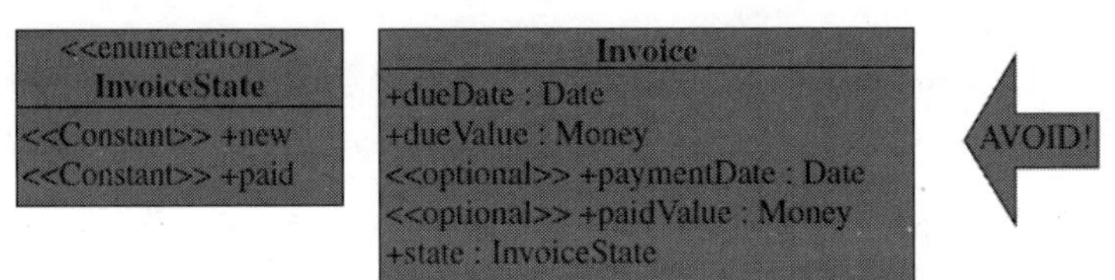

图 6.49　用单类和空属性建模单调递增过渡的不当方法

该模型也不够好，因为它生成了一个低耦合的类，其序列中，复杂的一致性规则需要不断被检验，这种类型的类对设计和编程错误非常敏感。

对 Invoice 概念进行建模会更好，这样，对象的一致性将被建模结构本身约束，而不是外部规则。当其为单调递增过渡时，可能会把初始概念一分为二来建模：一个代表发票，另一个则代表其有属性的支付，当支付发生时，该属性被添加。之后，这两个概念通过一个 1 到 0..1 的关联链接起来（见图 6.50）。

图 6.50　建模单调递增过渡的有效方法

有了图 6.50 中的模型，发票可能有一个已定义支付日期和一个未定义的支付值，并且这能够确保不用对其属性或关联执行任何更进一步的约束。

发票的状态是一种派生属性，其计算方法如下：如果没有支付链接到发票，那么发票就是 new。反之，就是 paid。在 OCL 中，可以使用如下代码表示：

```
Context Invoice::state
   derive:
     if self.payment->isEmpty() then
       InvoiceState::new
     else
       InvoiceState::paid
     endif
```

以上表达式引入了两个新的 OCL 特性。

- If-then-else-endif：这是 OCL 的选择函数之一。如果 if 后面的条件为真，那么表达式的结果是 then 之后的等式。反之，其结果是 else 之后的等式。
- isEmpty：这是一个适用于集合结构的函数，如果集合为空则返回真，反之，则返回假。这是检验某个对象是否链接到另一对象的简单方法。

3. 非单调过渡

使用非单调过渡，当对象改变状态时，可能既获得又失去属性。幸运的是，信息系统中需要删除信息的情况并不常见。然而，有时却必须要这么做。

例如，有很多种方式来构思和建模酒店的预订系统。其中一种是将 hosting 看作一种实体，它经以下 3 步演化而来：

（1）最初，潜在客人作一个预订，说明其意向到达和入住的日期、客房种类和入住人数，酒店提供价格。

（2）当客人登记时，注册到达日期（可能和预订日期相同，也可能不同）。酒店分配可能不同于预订时的房间。如果这样，就会通知客人新的房间价格。启程日期仍然存在，尽管它在停留期间可以被更新。

（3）当客人离店时，启程日期清除并且有效期程日期被注册，并且完成支付。

在进行业务分析时，可能使用类似图 6.51 所示的状态机器图建模这种状态集。

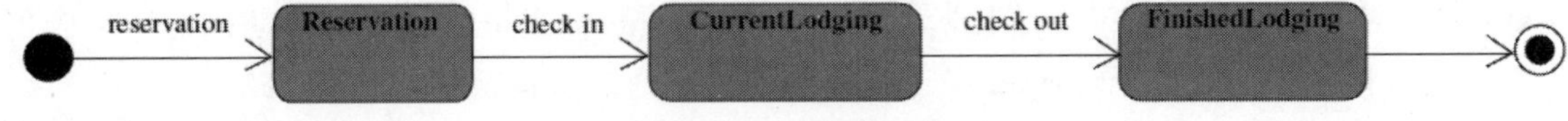

图 6.51　建模简单入住过程的状态机器图

在通过图 6.51 所示的状态演化时，如果一个 hosting 需要新的属性和关联，那么可以通过类似图 6.52 展示的概念链来表示。

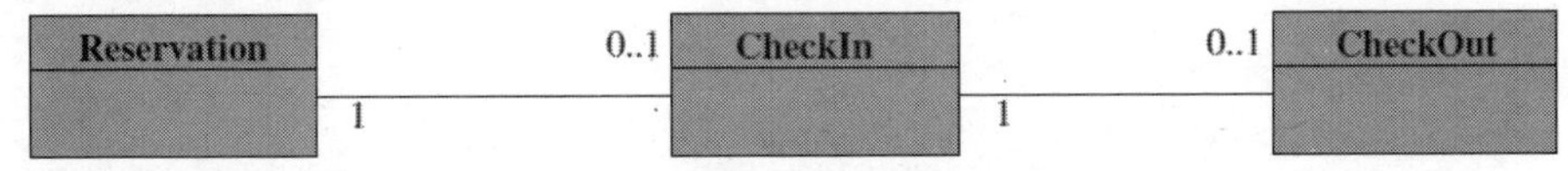

图 6.52　作为单调递增过渡的可能预订建模

然而，可能会假设某些状态过渡会消除一些在新状态中不再有意义的属性或关联。例如，清除日期，被真实的日期替代；房型，也会被真实的房型替代。

为了表示这种情况，有必要使用称为状态（Gamma、Helm、Johnson 和 Vlissides，1995 年）

的设计模式（State design pattern）。根据这种模式，类应该从其状态中分离出来。所有状态共有的属性保存在初始类中，而只属于一个或少数状态的类被移到相应的状态中。这些状态是一种抽象类的特化，如图 6.53 所示。

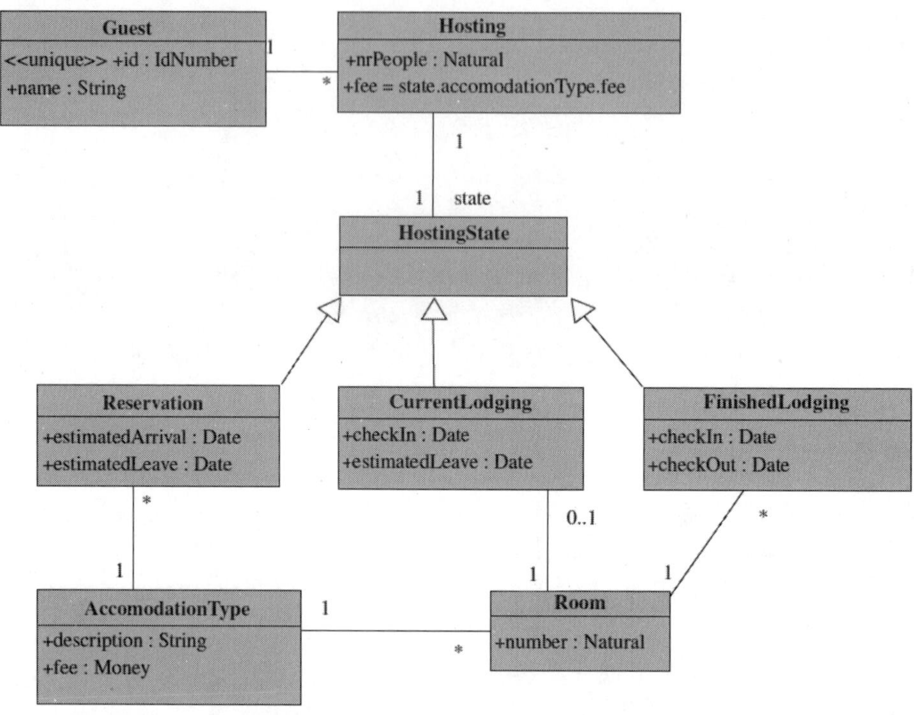

图 6.53 用状态设计模式建模的非单调状态过渡

在图 6.53 中，属性 nrPeople 和 fee 存在于 hosting 的任何一个可能状态，这就是它们在 Hosting 类中表示的原因。其他属性在 3 种可能的状态中分配。

- Reservation：除了人员数量外，hosting 已经从 hostingfee 获得的初始值中，估算出了到达和离店日期以及房型（不只是一间房）。
- CurrentLodging：除了人员数量和费用外，hosting 有一个实际登记日期、估计离店日期和实际房间分配，estimatedArrival 属性和到房型的直接链接将被放弃。
- FinishedLodging：除了人员数量和费用外，hosting 有实际登记和离店日期，还有一个实际分配的房间。估计离店日期不再需要，并被放弃。

从 Room 的角度看，它可被链接到至多一个 CurrentLodging（0..1），但也可能被链接到许多 FinishedLodging（*）。该关联的时态属性也被建模，因为目前要入住房间的属性可能最多只有一个，但之前却很多。

6.7 常　　量

在概念模型中，也存在图的表达能力不能足以表达应记录规则的情况。如果这样，分析师应使用常量（invariants）。

常量是对类实例的一般约束。许多约束在关联规则中被表示。例如，一个约束声明订单被表示的项不超过 5 个，如图 6.54 所示。

图 6.54　可作为规则重数表示的约束

然而，在关联规则中，并非每个可能约束都会被表示。假设有图 6.55 中的模型。

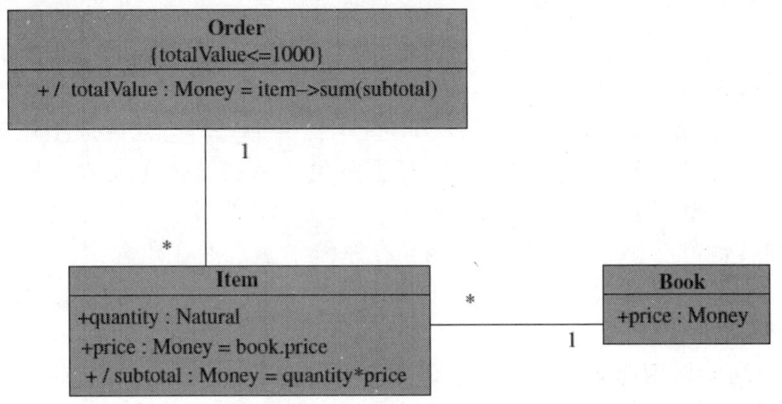

图 6.55　有一个常量的类

在图 6.55 中，订单中的 totalValue 是一种派生属性。在 OCL 中，sum 函数返回每个集元素生成的数值元素之和。sum 后括号中的表达式，表示每个单个数字值如何从集元素中获得。在图 6.55 中用来定义全值的表达式可以使用下面的缩写形式：

```
Context Order::totalValue:Money
   derive:
     self.item->sum(anItem|anItem.subtotal)
```

有人可能尝试把以上表达式写为 self.item->sum(aSubtotal|aSubtotal)或者是 self.item. subtotal->sum()。不过，在这种情况下，由于规则 item 是一个集，而不是 bag 或序列，那么分类汇总也将会是一个集。如果两个项具有相同的分类汇总值，那么它在集合中将只出现一次，并且汇总和不会影响建模者的意图。

Item 类中的分类汇总也是一个由下列表达式计算的派生值：

```
Context Item::subtotal:Money
   derive:
     self.quantity*self.price
```

项的价格中包含一个定义为书籍的价格的初始值，并链接到该项上。如下所示：

```
Context Item:price:Money
  Init:
   self.book.price
```

如果此时有一个约束来声明订单不能有超过 1000 美元的合计值，那么在规则重数中，该约束不可能被表示出来，如图 6.54 所示。不过约束则可以通过使用一个类似如下的常量来表示：

```
Context Order
  inv:
    self.totalValue<=1000
```

常量可能作为关联到类的约束在图中出现。上面提到的常量在图 6.55 中 Order 类名下被表示。

在 OCL 中，常量声明没有子上下文。对于每一个类的实例，常量必须为真，而不是对特定的属性或关联规则才为真。

当面临需要使用类似常量这种约束时，许多软件开发者会选择在更新对象属性和链接的方法中去包含这些规则。例如，在图 6.55 中，约束的测试可以添加新项到订单的方法，来检验合计值是否超出了 1000 美元。在这种情况下，操作将无法完成。

该方法存在的问题是校验只能用在某个方法上，而并非每种方法的通用规则。目前，某开发者熟悉了规则，而另一位开发者后来承担了项目会发生什么呢？如何维护？多年后改变系统的开发者没有必要知道该规则的存在，可能不会浏览需求文件（假设需求文件仍然存在，并且已经被更新）。如果能使其他方法不遵循此规则，则会在系统中引入潜在概念错误。

例如，假如只在添加新项到订单的操作中执行检查，如果 item 的价格改变会怎样？如果 Item 的数量发生了变化又会怎样？

因此，经常使用的通用概念规则应该在该概念模型中明确，并且在程序代码中不能降级为核实（verification）。不一致的实例可能被阻止，不过这通常应该用常量表示。

另一个时常发生的例子是，需要约束彼此独立的两个关联。请注意，在图 6.56 中，学生被关联到一个已选的专业，每个专业都有课程，并且学生也选课。

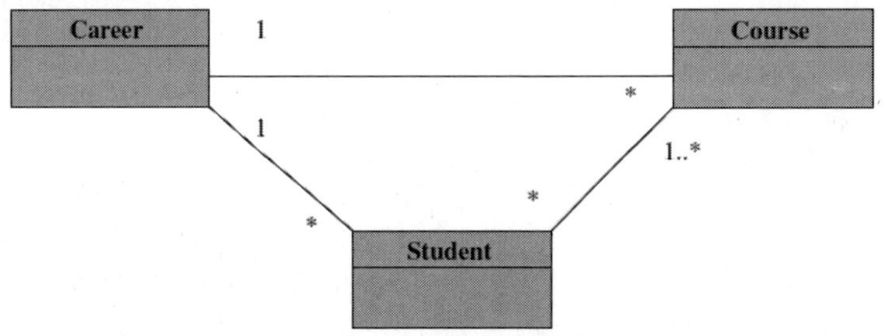

图 6.56　为保持一致而需进一步约束的模型

而在图中明确的模型并没有确保学生要选择关联到其专业的课程。根据该模型，学生可能会选择任何课程。如果不想这样，就需要向模型添加一个约束。UML 允许在关联（使用虚线）之间添加约束，该符号是常量的等价形式。

为了保证学生只能选择与其专业相关的课程，应该提供如下常量：

```
Context Student
  inv:
   self.course.career=self.career
```

上述表达式使用了集的一个属性(不允许元素重复)来核实学生所选的课都在其专业范围内。表达式 self.course.career 的结果是学生的专业（由于从学生到专业规则的重数具有一个单元素的集）。另一方面，表达式 self.course.career 导致所有专业的集都关联到了学生选择的所有课程。如果有来自不同专业的课程，那么该集就不等于表达式 self.career（有一个单元素）。否则，如果所有的专业都相同，那么 self.course.career 集将包含一个单元素（因为集当中不会有元素重复）。如果该元素与 self.career 相同，那么常量将为真并且有效。

6.8　概念模型的迭代架构

本节将会展示如何从扩展用例中使用信息去细化概念模型。一开始，讨论如何从用例文本中发现概念和属性；紧接着，讨论如何识别模型的关联，最后，用许多来自 Livir 项目第一层迭代的用例，展示一个完整的示例及其对概念模型的贡献。

6.8.1　如何发现概念和属性

发现概念模型元素的过程各有不同。然而，其中一种最有用的技术是观察扩展用例的文本或系统时序图。从这些工件当中可以发现通常涉及被管理信息的所有文本元素。

一般这些文本元素由一些名词组成，如“人”“订单”“支付”等，或者是代表名词的表达式（语法当中称为名词短语），例如“支付许可”。此外，当动词表达与名词对应的动作时也可以代表概念，例如，表示名词“支付（payment）”的动词“支付（paying）”。

当查找概念模型元素时，分析者应该注意项目的目标和范围。不建议在概念模型中表示与系统不相关的信息。因此，并非每个名词、形容词或动词都能作为模型元素。分析者负责理解系统需要的真正信息，并且过滤不相关的信息。

识别概念和属性的过程如下：

（1）在扩展用例文本或系统序列图的操作参数中，识别与保存记录相关的单词或短语。

（2）为与实体具有相同含义的单词或短语分组，例如，“购买”与“获得”、“客户”与“顾客”等。

（3）决定哪些被识别的元素是复杂概念，并且哪些只是属性。通常，属性是元素，可能被认为是字母数字（名称、号码、代码、币值、布尔值等）、枚举或主数据类型（日期、ISBN 等）。

将这种技术应用到第 5 章图 5.10 所示的用例，可能会发现与用例相关的主元素。图 6.57 展示了这些带有下划线的元素。

即使是在没有初始概念模型的情况下，该用例也足以识别许多属于系统域的概念。如果初始概念模型已经存在，那么用例会有助于细化模型、标识新概念、新属性或结构的变化。举例来说，假设已经有图 6.58 当中所描述的初始概念模型。

在图 6.57 所示用例文本中识别的术语顺序如下。

- Customer：已经在概念模型中存在的一个类。
- Keyword：关键字用于搜索，此时没有考虑自身的复杂概念属性（虽然在搜索历史或个人喜好信息已经记录的情况下可能会考虑这种情况）。

Use case 01: *Order books*

1. The customer provides keywords for searching books.
2. The system generates a list of books for sale that matches the keywords, including at least title, author, price, page count, publisher, ISBN, and cover image.
3. The customer selects books from the list and indicates the desired quantity for each one.
4. The system generates the order summary (title, author, quantity, unit price and subtotal for each book) and total value.
5. The customer finishes the order.

Exception 3a: The quantity asked is higher than the *quantity in stock* for one or more books.

3a.1. The system informs the available quantities for each book that was ordered above stock

3a.2. The user changes the desired quantities to meet the quantity in stock.

3a.3. Advances to step 4.

Exception 5a: The customer is not identified yet.

5a.1. The customer provides valid identification.

5a.2. Return to step 5.

Exception 5b: The customer does not have an account.

5b.1. The customer registers herself by providing username, password, and email address.

5b.2. Return to step 5.

Exception 5c: No book was selected for buying.

5c.1. Return to step 1.

图 6.57　有候选概念和属性的用例（已用下划线进行标示）

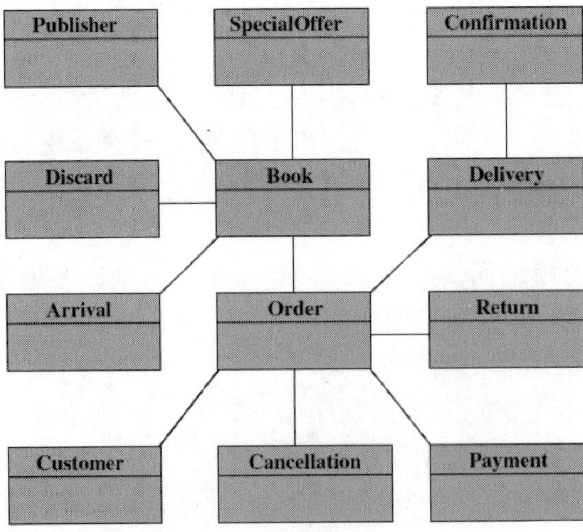

图 6.58　当前示例的初始概念模型

- Book：已经在概念模型中存在的一个类。
- Sale：在该用例的上下文中，从分析的角度，sale 和 order 被认为是同步的。因此，它也是已经在概念模型中存在的一个类。
- Title、author、price 和 page count：这些都是 Book 的属性。如果关于作者的信息比单独的名称更复杂，Author 也可以被认为是复杂概念。
- Publisher：已经在模型中存在的类。用例可能是指出版商的名称。
- ISBN 和 cover image：Book 的属性。
- Desired quantity：不能作为 Book 的属性，因为它根据订单变化。也不能作为 order 的属性，因为它根据书变化（一个订单中可能有很多本书）。因此，desired quantity 是书和订单之间关联的属性，用中间概念或称作 Item 的关联类表示。
- Order summary：引用自 Order，看起来不是一个新概念。
- Title、author（或 author's name）、quantity、unit price 和 subtotal：除 subtotal 之外，所有属性已经提到。Subtotal 可能是 Item 的派生属性。unit price 等价于 price，它已经被认为是 Book 的属性。不过，它可能实际上也是 Item 的一个属性。
- Total value：Order 的派生属性。
- Finishes the order：指代表订单状态变化的一个动作。可能一个属性足以代表这种状态，但建议进行更多的分析，因为要看完成一个订单是否是一个更复杂的操作（它确实是这种情况）。
- Quantity requested：与 quantity 含义相同。
- Quantity in stock：或许是 Book 的新属性。
- Available quantities：与 Quantity in stock 含义相同。
- Identified：这可以作为客户的一种状态吗？答案是不一定。Identified 所指的是客户是否登录或退出。
- Valid identification：属于安全域。然而，概念模型可能有一种方式来识别客户。通常使用身份证号和社保卡号就是出于这个目的。
- Account：与登录有关。
- Username、password 和 email address：根据使用的（或不使用的）安全框架的种类，这些可能是客户的属性（或者是与用户相关的客户属性）。它们甚至可能通过安全框架完全解决，而在概念模型中被忽略。目前，它们被作为安全问题，并不包含在概念模型中。

从以上搜集的信息可以看出，初始概念模型可能会被细化，并且与图 6.59 中所展示的内容相似，在该图中，新类和属性已经重点标出。

注意，一个单用例添加了全新信息到模型并非巧合，因为该用例在系统中被认为是最重要的，因此在迭代中第一个被详细说明。其复杂性对系统应该管理的信息结构的理解有很多贡献。

并非在图 6.59 中的每个目标都定义其重数。在默认情况下，UML 将未定义规则的重数定义为 1，但在图 6.59 中的情况是，此时没有定义重数的关联并没有被进一步分析，而被认为是“即将定义的（to be defined）”。

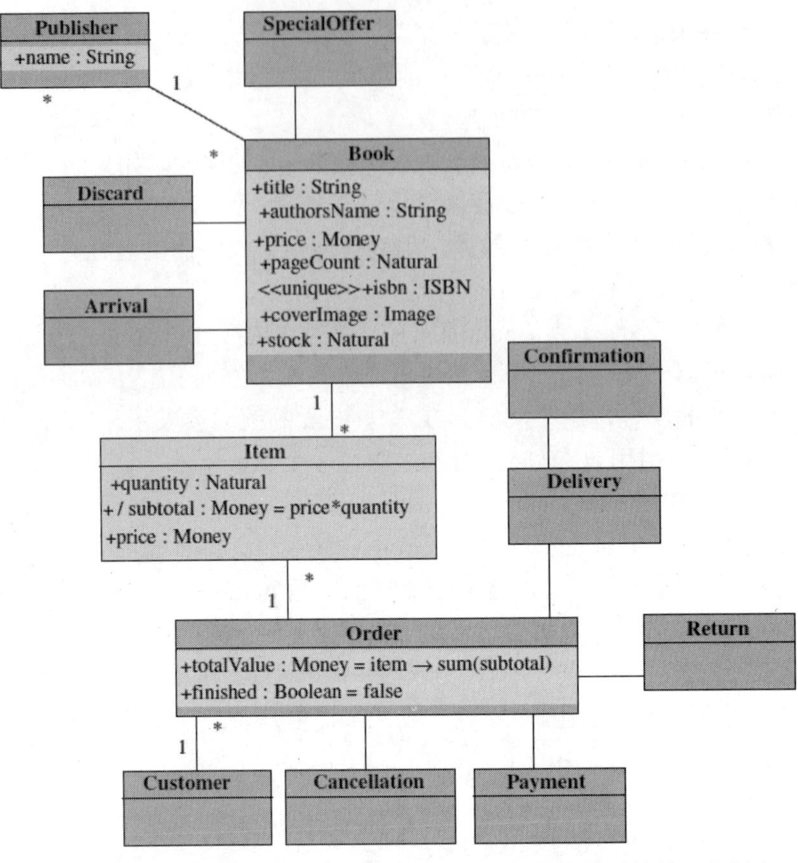

图 6.59　在用例 01:Order Books 分析之后细化的概念模型的第二个版本

6.8.2　依赖和独立概念

如果一个概念需要与其他一些概念相关联才能使其有意义，那么就可以认为这个概念是依赖（dependent）于其他概念的。换句话说就是，依赖性所表示的最少意义的信息①。观察图 6.59 可以看出，如果一个订单没有关联到客户和项的集，此订单就没有意义。没有这些关联，Order 的概念将没有意义。在图中，该订单还有其他关联，但它们是可选的。

如果一个概念没有被关联到其他概念也有意义，此概念就是独立的（independent）②。例如，Publisher 概念只是从其属性去理解，而没有被关联到其他概念。对出版商来说，现存的关联是可选的。因此，Publisher 概念在这种意义上是独立的。

但是，这种区别的目的是什么？在第 5 章中已经讲述了只有最简单的概念能被 CRUD 用例管理。理论上，依赖概念不能作为简单概念，而独立概念则有可能。

在图 6.59 中，几乎所有概念都是依赖的。例如，交付依赖于订单，确认依赖于交付等。只

① 依赖概念和及物动词之间是平行的。句子“他打开”没有意义，因为动词需要一个补语，例如“他打开了罐头”。

② 独立概念和及物动词之间也是平行关系。句子“他睡了”就有意义，因为该动词不需要补语。然而，即使是非及物动词也有补充信息（例如，“他睡了三个小时”），独立概念也是如此。

有 Publisher、Book、Customer 是独立概念，可以被 CRUD 用例管理。

由 CRUD 用例管理的概念通常是那些当信息从一个系统被检索时可以直接被访问的概念。尽管添加 façade 控制器类到模型要等待设计建模活动（第 9 章），现在就可以被添加进来以表示那些概念是独立的。在原则上，只有独立概念具有到控制类的强制性链接。被链接到控制器类意味着类实例可能会被直接访问。例如，Book 的实例可被其 ISBN 直接访问。然而，Item 的实例不能被直接访问。要访问 Item 的实例，必须从 Book 或 Order 进行导航才可以实现。因此，Item 没有到 façade 控制器类的链接。

尽管 Book 是一个独立类，但它不能链接到控制器，因为它有一个到另一独立类 Publisher 的强制关联。在这种情况下，任何书籍都可以通过查找出版商书的集被访问。如果随后发现书籍必须能够被直接访问，对于那些独立于其出版商或任何需要这种访问方式的概念，随后就需要为每个概念默认创建到控制器的（派生）关联，来避免在类中增加耦合。

因此，在图 6.60 所示的模型中，有两种访问信息的主要途径：一种是从 Publisher；另外一种是从 Customer。所有其他概念从这两种概念开始都能访问到。之后，信息可能需要定义其他路径。在第 9 章中将会看到一个订单必须也被直接访问，因为许多系统操作都需要通过订单编号或日期去获取订单，这将独立于谁是顾客或其中有什么书之外。

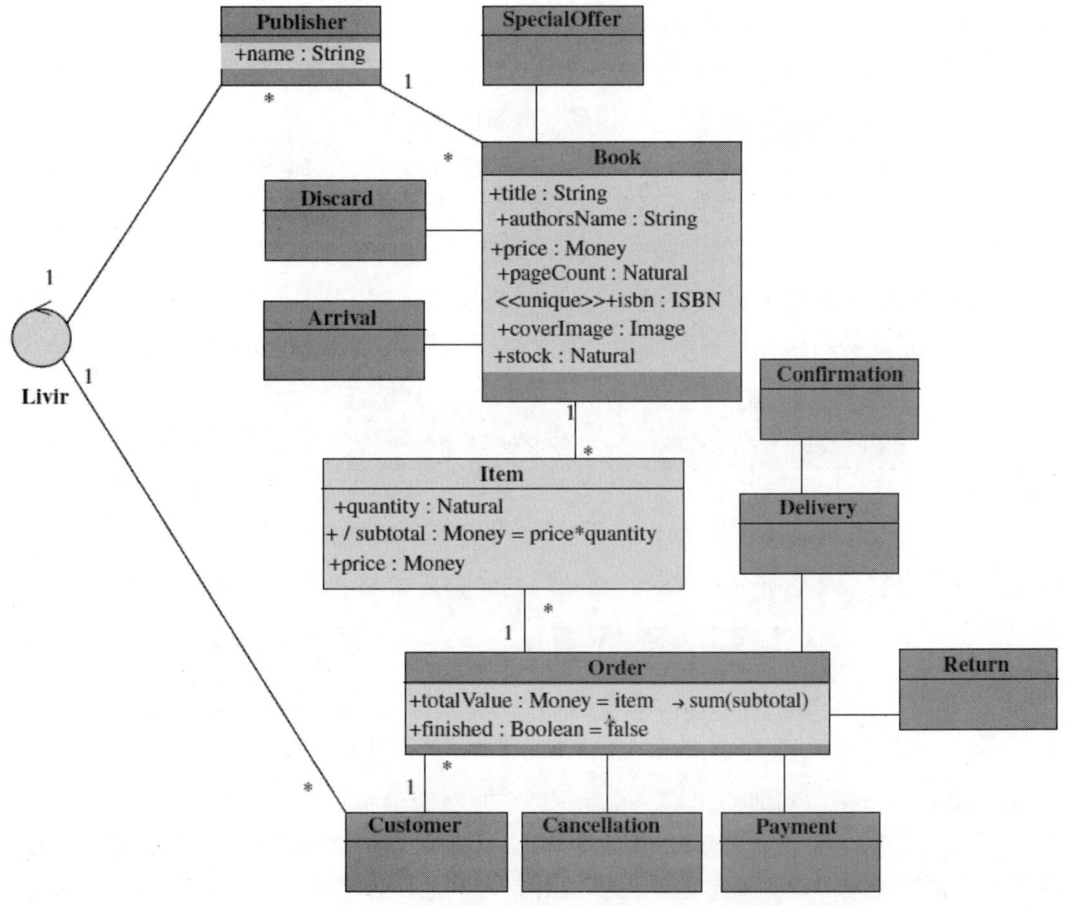

图 6.60　使用 façade 控制器重新定义的概念模型

6.8.3 如何发现关联

即使在用例文本中很容易发现与概念和属性相关的信息，也很难发现关联。就像之前提到的，用例表示很多变换信息的操作，但必须寻找关于关联的线索。

那么，如何发现复杂概念之间的关联呢？至少有以下两个可能的规则：

- 依赖概念（例如，Order、Payment、Cancellation 等）有必要被关联到补充它们的概念（可能是依赖的，也可能是独立的）。
- 关联信息，即非强制的关联，但这是在模型当中补充信息（例如“一个人可能拥有一辆车”），应该由关联来表示。

有时关联信息作为概念出现在用例文本中。例如，一个订单可能是客户和书籍之间的关联，但是作为概念表示足够复杂。当一个订单是依赖概念时，这些概念和它们的补充信息之间存在关联。

当声明一个人可能拥有一辆车时，该信息应该用一个关联表示。许多编程高手（而非建模高手）可能会建立类似图 6.61 表示的模型。然而，这样的描述并不合适，因为：

（1）属性不应具有作为类型的概念。

（2）模型有别于一个真正的关联。

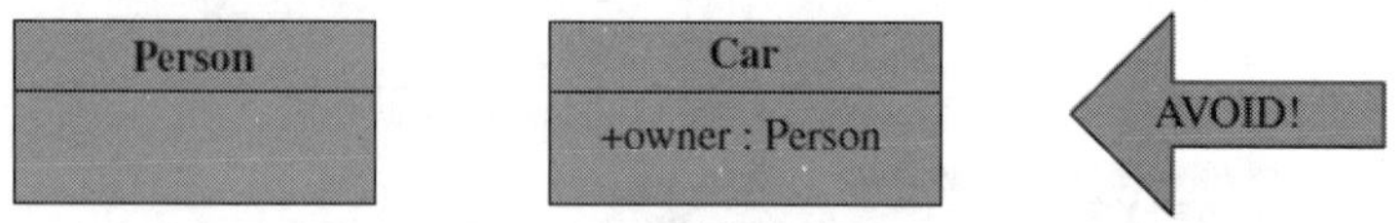

图 6.61　一个属性掩饰了关联

使用外键同样也不合适，如图 6.62 所示，因为这也有别于关联。习惯于设计关系数据库的建模者通常也会犯这种错误。外键不能用于概念建模，因为它是一种实现技术。

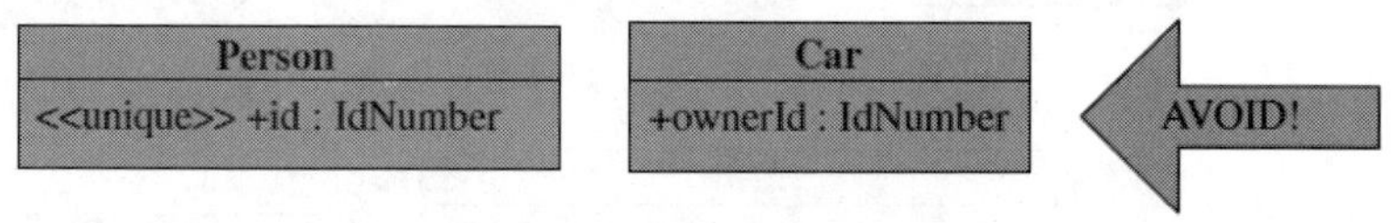

图 6.62　作为外键属性被掩饰的关联

因此，当两个复杂概念彼此相关时，要使用的结构应该是关联（见图 6.63）。

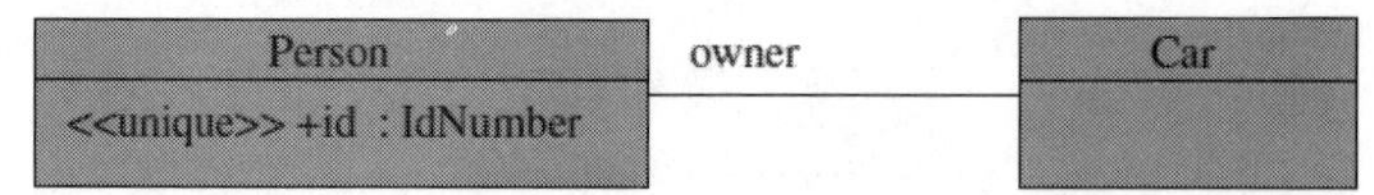

图 6.63　图 6.61 和图 6.62 中展示情况的恰当表达

图 6.63 所示的示例与其他的相反，遵循一种声明概念只包括自身属性的内聚规则。当 ID 是拥有者的属性时，不应该作为一辆车的属性被表示（就像图 6.62 中一样）。可视的非掩饰关联更实用的另一个原因是，可以更简单地看出哪些对象对其他对象有引用。之后的章节（第 9 章）中将会讨论这些能见度线如何用于有效的设计和高质量面向对象的代码。

6.8.4　概念模型迭代结构的示例

之前提到过，统一过程是用例驱动和以架构为中心的，但这在实际操作中意味着什么？此前已经知道如何识别和描述用例，并且明白用例可作为改善概念模型需求的源来使用，这是设计类图的基础，并且是系统结构非常重要的一部分。在 6.8.1 节中已经介绍了如何使用来自第一个详细描述用例（Order books）的信息来细化初始概念模型的相关内容。

再次运用该过程来模拟用例 02:Pay order 的第二次迭代，就会发现一些新的概念和属性（见图 6.64）。

Use case 02: *Pay order*

1. The system generates the pending order summary (title, author, quantity, unit price and subtotal for each book), as well as the total price of the order, and a list of registered delivery addresses for the customer.
2. The customer selects a delivery address.
3. The system generates the delivery fee, and the date scheduled for arrival, and a list of credit cards already registered for the customer (flag and last four digits of credit card number).
4. The customer selects one of her credit cards for payment.
5. The system sends to the respective credit card operator the following data: card number, owner's name, validity, security code, *purchase total value*, *code of the store*.
6. The credit card operator approves the sale by sending an authorization code.
7. The system informs the customer that the sale was approved and the tracking number of the delivered package.

图 6.64　具有识别出来的候选概念和属性的用例 02 的主要流

在该用例中识别出的元素如下。

- delivery addresses：作为客户可能有多个收货地址，并且当地址用于计算运费时，不能用简单属性表示，但可以用类来表示。第二种可能发生情况是，指定地址关联到了当前订单。因此，在订单和地址之间将出现新的关联。
- delivery fee：订单的属性。但从哪儿获取该值呢？如果需求被进一步分析，将会发现不同城市有不同运费，主要根据从该城市到公司总部的距离来确定。因而，会创建一个新的类（City），它被关联到 Address，并且作为该类的属性，每个城市都定义了默认运费。
- credit cards：新概念，应该关联到客户。
- flag：可能不是一个属性，但是一个关联到信用卡的复杂概念。
- card for payment：订单和用户信用卡之间的一个关联。
- credit card operator：其实是一个外部参与者，其数据被关联到信用卡的 flag 上。
- card number, owner's name, validity, security code：信用卡的属性。
- purchase total value：与 order total value 相同。
- code of the store：不是书店的属性，但同样需要考虑。该码为每个信用卡运营机构识别书店的标识。由于不同的运营机构提供不同的代码，如果书店的网络没有正在被建模，该属性应该在信用卡的 flag 属性中表示出来。

- approval：当接收到授权码时发生（参见下一项目）。
- authorization code：可被认为是订单的属性，但只存在于信用卡链接到订单时，因此，作为信用卡和订单间关联的属性被放置会更好。
- tracking number of the delivered package：可能是运输的属性。

在图 6.65 中，新元素已经高亮显示，这是 Livir 示例概念模型的第三个版本。注意，仍然存在很多概念没有属性，也没有定义重数。这是因为此时被分析的用例没有生成细化这些元素的信息。随后，当其他用例被扩展且其信息被包含在概念模型中时，它们会被改善。

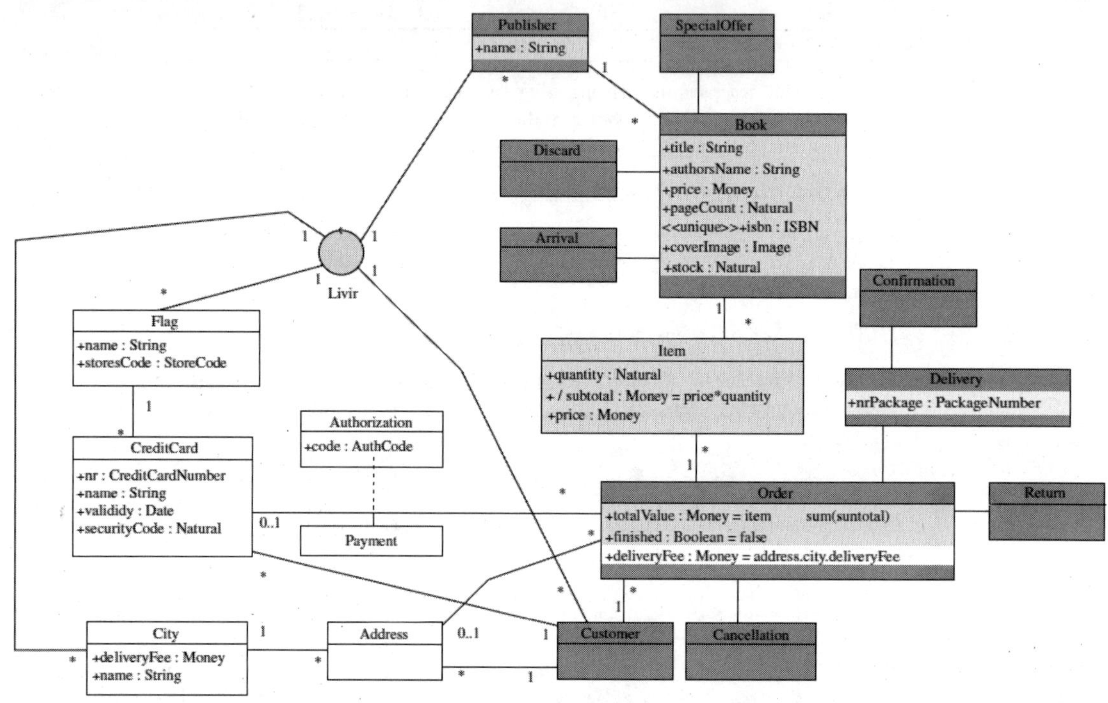

图 6.65　用来自用例 Pay order 第二次迭代主要流细化的概念模型

注意观察在示例中只使用了该用例的主要流。该用例的替代流仍然需要被分析和包含进来。最近，Jacobson et al.（2011 年）已经提出了用例 2.0 技术，在该技术中特别指出，用例应该分段（slice）解决，而不是作为不可分的一个整体。

为了避免存在不一致信息，仍需至少添加两个常量到图 6.65 中：订单的地址必须是订单客户的地址，并且用于支付订单的信用卡必须是客户的信用卡之一。这些常量在订单类中可被定义为如下形式：

```
Context Order
  Inv:
   self.customer.address->includes(self.address)
     and
   self.customer.creditCard->includes(self.creditCard)
```

OCL 谓词 includes 检验作为参数接收的对象是否包含在集中，等价于数学操作符“⊇”。例如，self.customer.address->includes(self.address)的意思就是 self.customer.address⊇self.address，即 self.customer.address 包含 self.address。假设作为参数接收的元素是空集，那么该表达式为真。因此，如果收货地址和信用卡还未定义，那么常量不会冲突。

第二个用例的分析已经用大量新类和属性填充了概念模型。最终只有被研究元素的 CRUD 以及包含应在系统中信息的报表被处理，而不希望它们给概念模型带来任何新信息。

反过来观察，该订单将前往许多类和属性终点的迭代，这将需要在设计中进行一些返工，为了满足这些需要，还可能进行一些结构的重构，这就是必须用大量复杂用例初始化项目，并且后来只有更简单的用例进入结构的原因。

6.9 当前进度

	起始阶段（Inception）	细化阶段（Elaboration）
业务建模	构建整个系统的概要视图： ● 构建业务用例图并确定项目的自动化范围 ● 为业务用例构建初步的活动图 ● 为关键业务对象构建初步的状态机图	
需求	准备系统用例图（功能需求）： ● 从业务用例模型中识别出系统参与者（actor） ● 从业务用例模型中识别出系统用例，并从业务模型中识别活动以及状态机图 确定非功能性需求作为用例注解： ● 确定关联到用例的主要业务规则 ● 确定关联到用例的主要质量问题 确定增补需求	通过扩展用例进一步细化需求： ● 识别主要流 ● 识别替代流：变体以及异常处理
分析与设计	通过观察系统用例和所需概念，准备初期概念模型	细化系统时序图： ● 使用系统时序图表示用例的主要流 ● 使用状态或者无状态策略来表示系统命令及查询 ● 用替代流完成系统时序图 提炼概念模型： ● 在扩展用例文本当中识别概念、属性以及关联 ● 使用需要的版型、重数以及约束来细化属性以及关联 ● 通过使用继承、关联类以及时序规范（temporal specification）来组织模型 ● 根据需要添加变量

续表

	起始阶段（Inception）	细化阶段（Elaboration）
实现		
测试		
项目管理	估算项目的总体工作量、理想进度以及平均团队规模 估算每个阶段的迭代次数及周期 为首次迭代准备阶段计划和迭代计划	

6.10 思考题

1．试着想象一下使用的结构为序列的现实世界的情况。记住，真正的序列允许元素重复，并且为元素分配位置。尽量不要被关键词“列表”的自然语言用法迷惑。例如，“杂货店列表”不是一个序列，因为元素不会重复，并且与它们在列表中位置无关。可能用字母表顺序组织学生名册，但再次说明，这里不允许重复，并且次序还是不相关，尽管这样排序很方便。但这些都不是真正的序列。

2．控制器类的目的是什么？依赖和独立概念的关系是什么？

3．为什么一个属性不能写成类名？为什么一个属性不能引用另一个类？

4．按照惯例细化概念和子概念的列表（例如，初始概念的子类型，dog 和 beagle），然后尝试识别每种关系的类型：结构型、关联型或时态型。在每个列表中，尝试为每种类型举例。

5．一般关联、聚合和组合之间的区别是什么？

6．列举可被定义为初始型数据类型的例子。

第 7 章　概念建模：模式

本章提要

- 高内聚
- 规约类
- 数量
- 测量
- 策略
- 组合
- 组织层级
- 账户/交易
- 范围
- 时态模式

7.1　概念模型模式概述

标识概念模型的类图通常都会十分复杂且维护难度大，远超出了分析者和团队其他成员的想象。当然同时也存在着能够减少类图复杂程度的技术，还可以改善它们的表现。单纯的模型没有必要太复杂。

这些技术被称为分析模式（analysis pattern），并且可能被理解为设计模式（Gamma、Helm、Johnson 和 Vissides，1995 年）的特殊用例，该模式被明确用于概念模型。本章出现的大多数模式都是由 Fowler 于 2003 年首次提出的。

分析或设计模式并非是必须遵循的规则，但都是基于先前经验的推荐。分析师的任务是决定何时在模型中运用指定模式。

7.2　高　内　聚[①]

高内聚（high cohesion）对于面向对象建模来说是非常重要的，被认为是超出模式本身的原则或指导方针。与低内聚相比，高内聚的概念更稳定、更具可重用性。低内聚概念会很快地变得

---

① 通常，高内聚会与低耦合联系起来。不过，当对象协作被设计时，耦合问题就会出现。关于低耦合的问题将在 9.6 节进行讨论。

复杂并难于持续。大多数系统可将其所有信息保存在一个单独的表中，但这可能是低内聚最糟的方式，并不实用。

在之前提到过，一个概念不应该有属于其他概念的属性，例如，一辆车不应该使用用户 ID 作为其属性。同时，属性也不能用类名或数据结构（集合、列表、数组等）作为数据类型。这是因为所有这些情况都是低内聚的表现（有这种属性的类可能会表示多个单独概念）。例如，Order 的一个实例不应该有 itemList 属性，这是因为 item 有其自身的属性和关联。它们应该通过一个 1 到*的关联，来表现与 Order 的关系。

在第 6 章图 6.65 所示的示例中，当发现一个客户可以有多个地址时，与使用创建属性的解决方案所不同的是（例如 address1、address2 等，甚至是使用 address:Array of Strings 之类的结构等），在这里创建了一个新的概念（Address），它被关联到客户。想象一下，如果地址作为字符串数组被建模，它处理像 deliveryFee 这样的信息该有多难。

概念和属性应该有一个具备高内聚元素的简单结构。低内聚的表现会涉及这样的一些场景：例如一个类的许多属性可能为空，这取决于其他属性的值。如果复杂约束（常量）有必要保持某个概念的一致，这相当于使用胶带把破碎的陶器重新粘合起来那样困难。

在图 7.1 中，paidValue 属性和 paymentDate 属性是相互依赖的：两者都为空或者两者都不为空。因此，必须要为该类添加某种变量，来避免出现其中一个为空而另一个不为空的情况。这样做的目的是避免出现不一致的实例。常量很适合表示一直有效的业务规则。但是，当常量只与一个类的两个属性联系起来时，这就是缺乏内聚的有力证明。

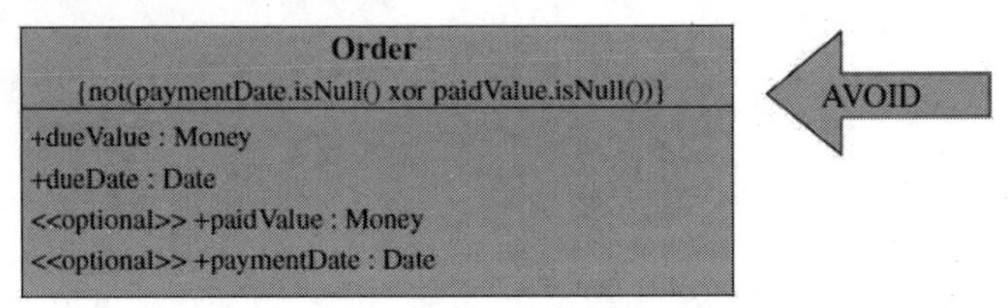

图 7.1　低内聚类，因其属性相互依赖

这种情况下，更好的建模方式如图 7.2 所示，其中的 Order 概念和 Payment 概念相互独立，但都具有高内聚。在这种情况下，它们彼此之间并没有什么互相依赖的可选属性，也就意味着不会出现约束。

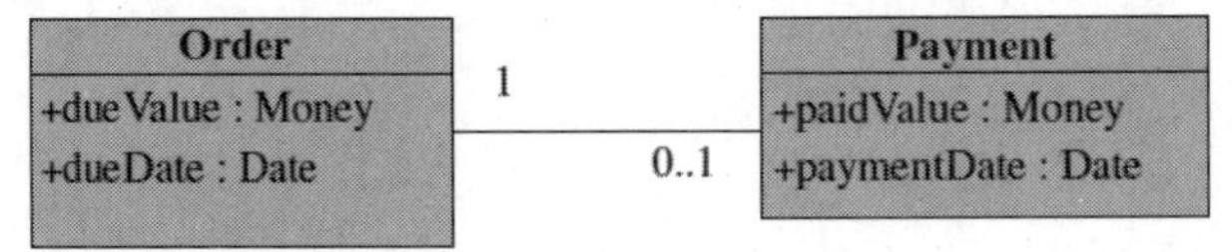

图 7.2　有高内聚类的建模解决方案

与低内聚有关的另一潜在问题是：强关联（strongly correlated attribute）属性组的存在。如图 7.3 所示，图中可以看出在组的内部，属性组有更强的关联性，如 street、number、city 和 state，它们组成了 address（地址）或者 ddd（远程直接拨号）和 phone（电话），这些都是完整电话号码的一部分；或者是 passportNumber 和 issuing Country，这些都是护照信息的组成部分。存在于每个组中的关系的出现，暗示了它们在类中的顺序。这样的设计并不好。举个例子来说，因为属性如果按字母顺序分类，组的弱结构将会被混淆，例如 city、ddd、issuingCountry、name、number、passportNumber、phone、state 和 street。对于一个概念的理解不应该取决于其属性的分类排序方式。

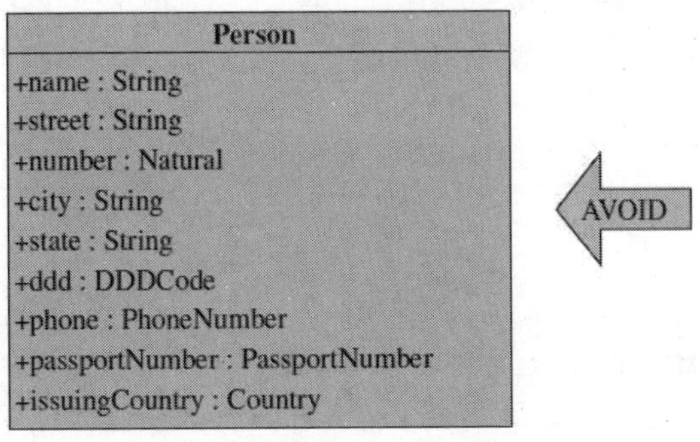

图 7.3 基于强关联属性的低内聚类

在该模型中，更好地改进高内聚的解决方案如图 7.4 所示。该方案同样也为其他建模提供了参考，例如，允许一个人有多个地址或者电话。在这些情况下，它所做的仅仅只是修改了关联的重数。

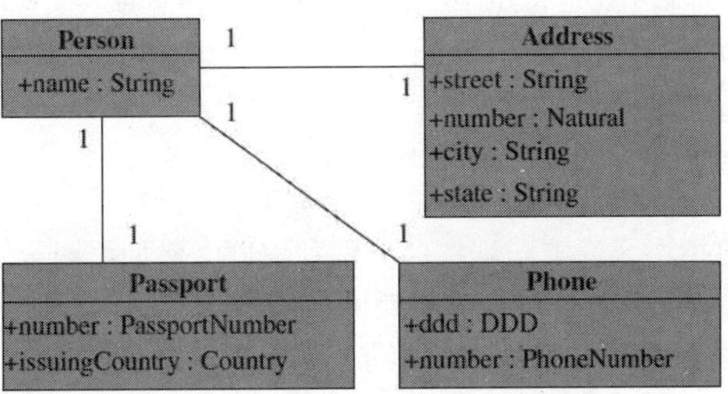

图 7.4 图 7.3 的高内聚解决方案

然而，当某些属性为某个实例组重复出现它们的值时，就会出现另一种情况。图 7.5 中所代表的就是这样的一个例子。在该图中，当客户完全一样时，属性 customerName、customerId 和 customerBirthDate 就会为不同订单重复相同的值。

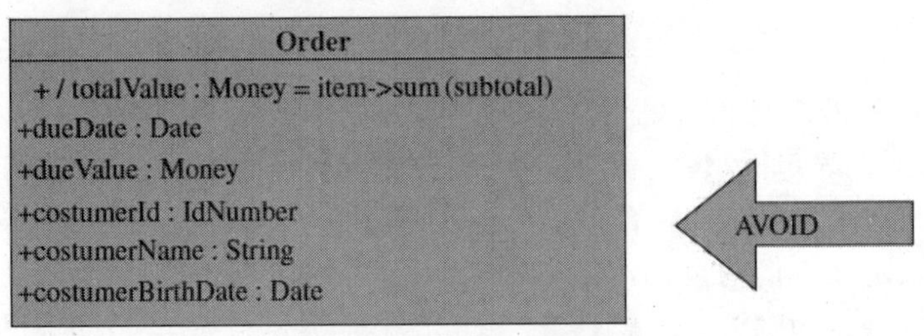

图 7.5 一个低内聚类

这种类型的场景可通过将概念拆分成两个更高内聚的关联概念来进行消解，如图 7.6 所示。需要注意的是，即使是属性名称，也仍然可以选择这种模型来简化。

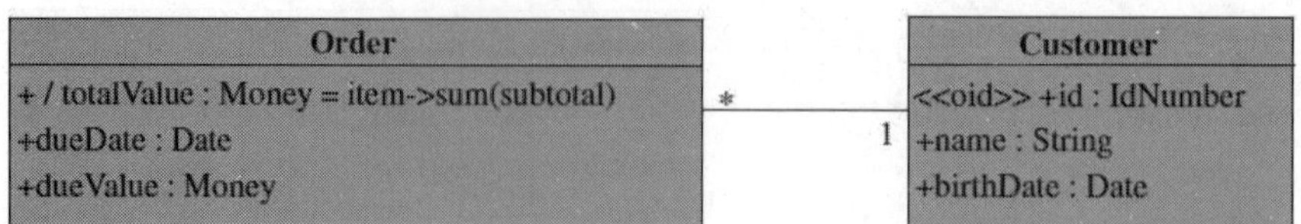

图 7.6　图 7.5 所示示例的一个具有高内聚类的模型

7.3　规　约　类

当对象被其规约（specification）混淆时，会发生另一种低内聚的特殊情况。这种情况很常见，有时，成品与零件会共用一个普通规约，而它们的原型可能不同。

在 Livir 的例子中已经讨论过的一个有关规约的例子是这样一种情况：一个 published title 的书籍的概念与作为 published title 的 physical copy 的书籍之间的区别。如果两个书籍所对应的概念不加任何区别，将会出现许多问题。在之前的例子当中，Book 类是指 published title，而 Item 则代表着 physical copy 的集合。因而，Book 的实例是未区分的 Item 实例集合的一个规约。

另一种可能性是，考虑到每个 item 均为 book 的一个单独副本。这将会忽略包含 Item 类中 quantity 属性的需求。但是，如果订单包含同一本书的多个副本，则将为订单创建更多实例和关联。

根据信息需要，有必要区分不同的副本。例如，如果所出售的是二手书籍，那么对于书籍的每个副本来说，应该保留其保存状态信息。在这种情况下，为了取代 item 的集合，Book 类可作为 Copy 类的规约来使用，其实例就是该书籍的单独副本。

规约类 Book 应该包括不区分不同副本的属性和关联。例如，同一本书的不同副本有相同的标题、作者、ISBN、基本价格等。然而，可能区分每个副本的保存状态和折扣信息。因而，这些属性（和关联，如果存在）将会被放置到 Copy 类中，如图 7.7 所示。

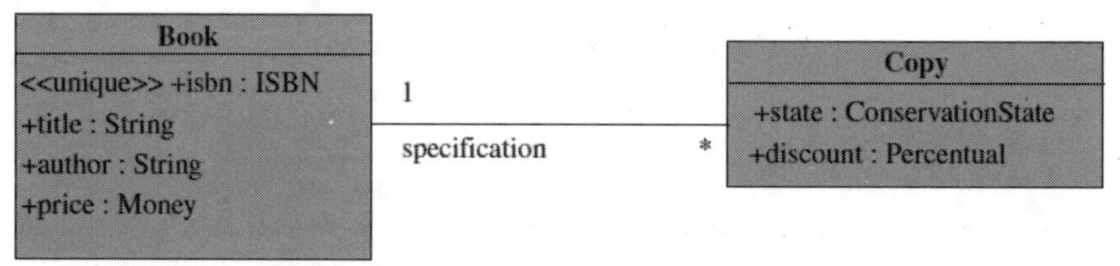

图 7.7　类及其规约类

一个类可能有多个规约。例如，根据书的保存状态（一个枚举型数值，如 new、used、demaged 等），书的折扣可被预先确定下来。因此，书籍的副本除了正在被 published title 所识别，同时也有可能被其保存状态所识别。因而，Conservation 将作为一个类，该类拥有许多可以识别书的物理复制的实例，并且定义它们的折扣，如图 7.8 所示。

Conservation 类的实例包含两个属性。第一个是保存状态，这是一个从枚举 Conservation State 获得的值，最初只有 3 个可能的值：new、used 和 demaged。第二个属性是折扣百分比，将根据其保存状态，应用到某个具体的副本上。由于希望具有相同保存状态的书具有相同的折扣，那么在类 Conservation 中的 state 属性必须是唯一的，因此用<<unique>>标记。否则的话，不同的折扣能被关联到相同的保存状态。

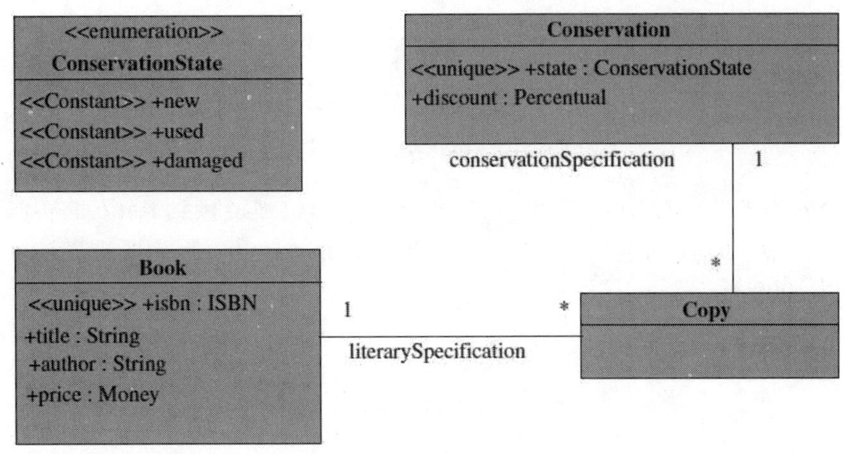

图 7.8　有两个规约类的类

7.4 数　　量

团队经常面临建模数量的需求，这些数量不仅仅是数字。例如，一本书的重量可以被定义为 400。但是 400 意味着什么？克？磅？亦或者是千克？对于这种情况，其中的一种解决方案就是为重量定义特定的类型（例如，磅），然后在使用时保持一致。该属性可被声明为 weight:Pounds，但这需要所有的书都用磅表示它们的重量。

在某些情况下，系统必须是可配置的，以支持不同重量单位。许多国家使用的是克和千克，而其他国家使用磅，甚至是其他单位。如果属性有一个类型引用了某种特定的单位，那么系统必须能够支持重构，以满足新的重量单位。

然而，数量模式（quantity pattern）允许不同的计量单位体系并存，并可以很轻易地相互转化。该模式涉及一个新的基本类型 Quantity 的创建，该类型包含两个属性，如图 7.9 所示。

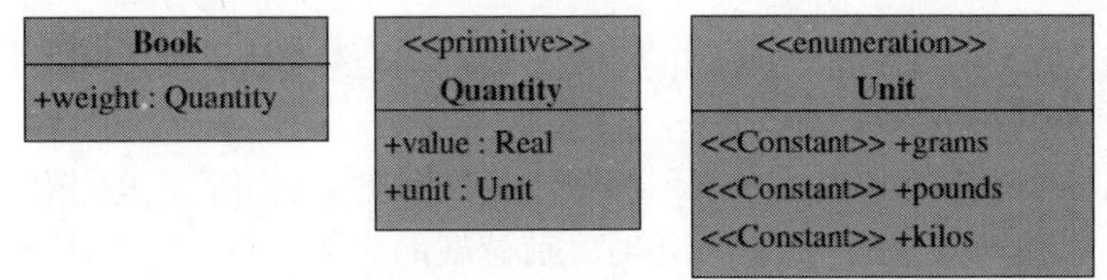

图 7.9　Quantity 的定义和使用

这样，每本书籍的重量都会通过一个数值型的 value 以及计量单位 unit，组成基本数量形式来指定，unit 的类型是定义为克、磅和千克等潜在值的枚举型。

如果需要计量单位之间转换，那么其中一种选择是将枚举类型 Unit 转换成普通类，并将一个新类 Ratio 关联到两个 unit 之上（origin 及 destination），如图 7.10 所示。当初始计量单位的数量值需要转换成最终计量单位的数量值时，初始计量单位的数量值就应当除以转换率才会得到最终的数量值。

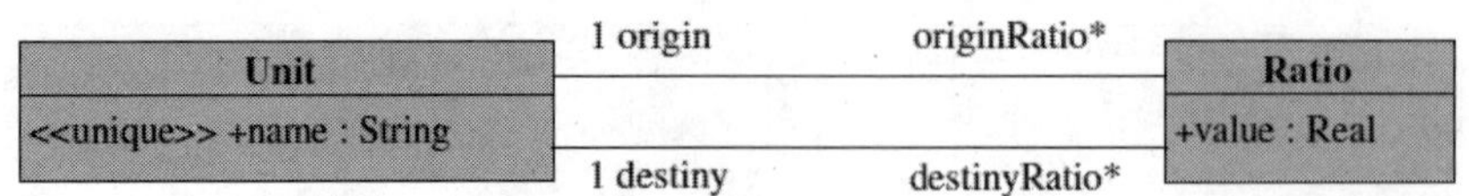

图 7.10　有转换比率的单位

例如，一个名为“克”的 Unit 实例，可能作为初始单位被链接到 Ratio 的实例，也可能被链接到 Unit 的另一个实例，称为“千克”。该比率的值应该为 1000，因为要把克转换成千克，克的初始值必须乘以 1000。

7.5　测　　量

数量模式的一种演化是测量模式（measure pattern）。该模式可被用于这样的一种场景之下：可能在不同时期对一个对象进行不同测量时，例如，在医院中被观察的病人，可能会时不时地接受测量：体温、血压、血糖浓度等。这当中要进行很多种测量，但通常只有一小部分是针对所有病人的。因此，为了避免给它们创建具有太多空属性的概念，一种更好的选择就是使用测量模式，如图 7.11 所示。

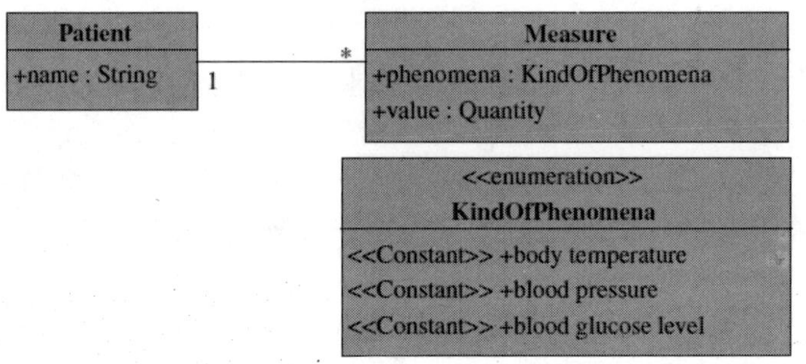

图 7.11　测量模式的定义和使用

因此，一个病人可能需要进行一系列的测量，每种都会估计出不同的病象，并且呈现与某种数量相对应的值（遵循测量模式）。

通过在 measure 类中添加属性，来表示测量进行的时刻，仍可能使这些模式更复杂，也能保证测量的有效性。例如，事实上一个在几小时之前感冒的病人，并不代表他现在仍然在感冒。类似这种情况将会在 7.12.1 节中进行介绍。

该模式的另一种演化是，添加一个属性来定义已完成测量的精度和准确度。例如，测量体温通常精确到 0.1 度（摄氏或华氏）。

7.6　策　　略

在前面已经提到过，需求所面临的巨大挑战之一是管理其变更。在系统设计中必须提供暂时性设计需求，这样当它们变更时，对系统的影响才会减到最小。

一些情况解决起来相对简单。例如，如果已经确定系统必须在不同国家使用，那么数量模式应该用来处理货币或其他随国度而变化的度量衡。

但是，也会存在很多更复杂的情况。例如，税款征收方式可能在国家间变化很大，甚至某些国家的不同州之间也存在很大差异，例如，某些税种的计算与利润有关，而其他的可能与售价相关等。计算税率的方法也随时间变化而变化，并且有些国家每年还会出现新的税种。系统必须能够及时应对，但是变化并不能完全预见，只是配置参数往往是不够的。

另一个例子是书店的折扣策略。例如，当前策略可能是满 100 元的订单优惠 10%，而一段时间之后，销售部门可能推出新的、不可预见的策略，例如：

- 订单达到 300 元，可赠送一本价值 50 元以内的书籍。
- 客户生日当天，两本书籍可享受 20%的优惠。
- 周五和每月 13 日，恐怖小说类书籍享受 5%优惠。
- 顾客转动转盘，根据指针指示，可获得 1%~10%不等的优惠。

此外，如果适用，可能结合几种方法，或者选择折扣更高的策略。

在这些情况下，策略模式（strategy pattern）建议将过程（如计算税率或折扣）从其运用的数据中分离出来。换句话说，如果一个折扣应用到订单，那么折扣不应只是订单类中的实施方法。折扣应该被定义为更容易改变的类型。策略模式的解决方案建议，创建一个关联到订单的抽象类。该抽象类可能有表示具体折扣方法的子类，如图 7.12 所示。

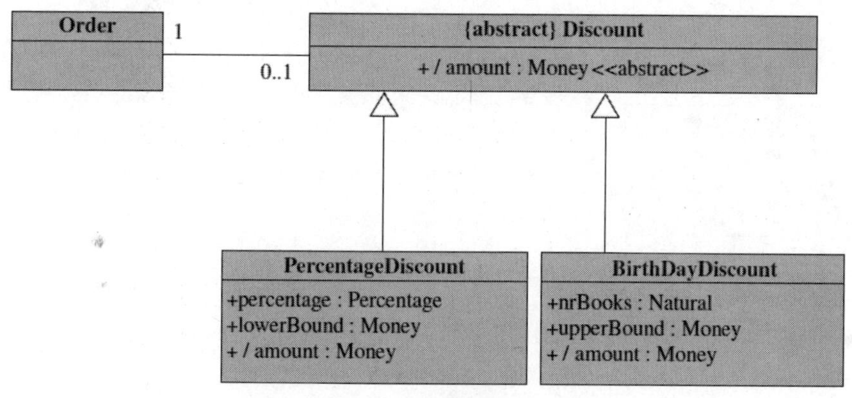

图 7.12　策略模式

因而，Order 的每个实例被关联到 Discount 策略的某个子类当中的一个实例。

UML 不允许一个属性被声明为{abstract}，只有类和方法才能这样声明。然而，当派生属性最终被方法所实现时，一个使用<<abstract>>版型的 abstract derived attribute 则会如图 7.12 所示，这样是为了与 UML 宗旨保持一致。

这样，抽象类 Discount 将会实现一个抽象的派生属性 amount，该属性在其每个子类中用具体方法实现。如果其中的某些策略需要来自客户或者来自计算订单折扣的数据，那么该数据可以通过关联被访问，这个关联从折扣抽象类链接到拥有信息的类。

这种模式将会使与需求变更相关的两个问题最小化。第一，当订单被处理时，此模式使折扣策略适用，即使是策略将来改变。第二，如果随后创建了新的策略，也足以为 Discount 实施一个或更多的子类。这不会影响上一个策略，或者之前的订单。

7.7 组　　合[①]

如 7.6 节所述，有时不同的策略必须进行分组，同时这种组合或者其中的某种选择都必须被执行。例如，可以获得不同折扣策略的组合。可通过每个单独策略获得派生属性 amount 的合计值，或者选择其中的最大或最小值。不同选择的组合会产生不同的组合策略。

图 7.13 展示了两种组合策略。其中，SumDiscount 定义 amount 为每个子折扣返回的合计值：

```
Context SumDiscount::amount:Money
  derive:
    self.discount->sum(aDiscount|aDiscount.amount)
```

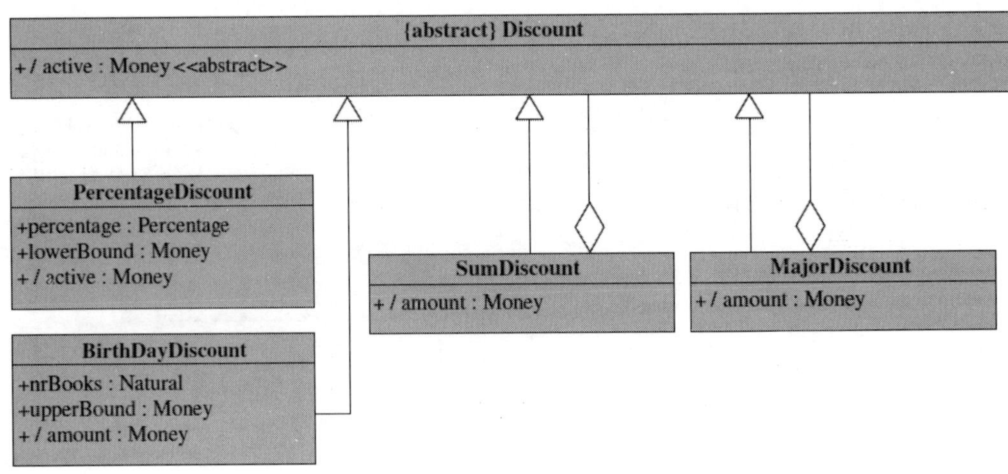

图 7.13　组合模式

MajorDiscount 在每个聚合的子类中选出最高的折扣：

```
Context MajorDiscount::amount:Money
  derive:
    self.discount->maxElement(aDiscount|aDiscount.amount)
```

OCL 的当前版本并没有定义选择集合中最高元素的函数 maxElement，但可被定义为一个新的操作。另一种解决方案是，通过使用该语言已经提供的函数来定义表达式，如下所示：

```
Context MajorDiscount::discountA mount:Money
   derive:
      self.discount->sortedBy(aDiscount|aDiscount.amount)->last()
```

① 组合（composite）是该模式的典型名称。然而，如果基本元素被不同的组合元素共享，就是用来替代组合聚合（composite aggregation）的共享聚合关联（shared aggregation）。这通常发生在策略组合的情况下。

此时不难发现，没有必要去创建完整列表的排序版本来获得其中最大值的元素。但是，请记住这就是规约，而不是实现。它是最终结果。不管怎样，如果有可能，在这种情况下定义一个新的操作会更合适，因为规约的含义会更清晰。

7.8　组 织 层 级

另一种常见的情况包含组织层级的需要，例如，在图 7.14 中展示了一家公司的管理组织组合层级。

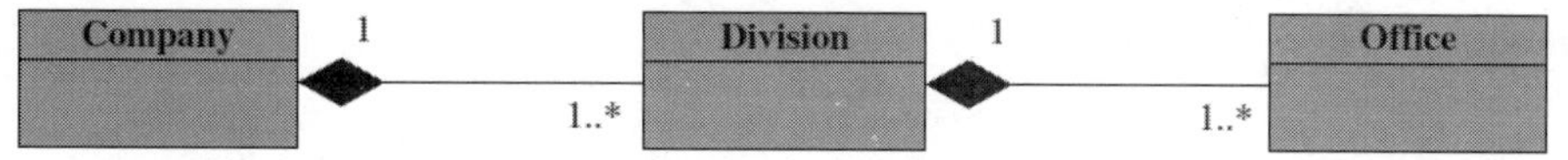

图 7.14　通过为组合的不同层级使用类来直接表示一个公司的组织结构

然而，类似这样的层级通常不好表现。首先，这种组织结构不是每个公司都遵循的，其他公司可能有不同的等级或组合；其次，公司的结构会随时间变化，可能会设立新部门或办公室，有些可能会组合，另一些可能会拆分，最后要特别指出，对同一个组织的理解还会存在偏差，例如，同是财务部，不同组织的分工却不一样。

如何在概念模型中处理这种复杂情况？可以使用组织层级模式（organization hierarchy）。

解决方案不作为概念来考虑不同的组织层级，但会作为一种单概念的实例来考虑，如图 7.15 所示。

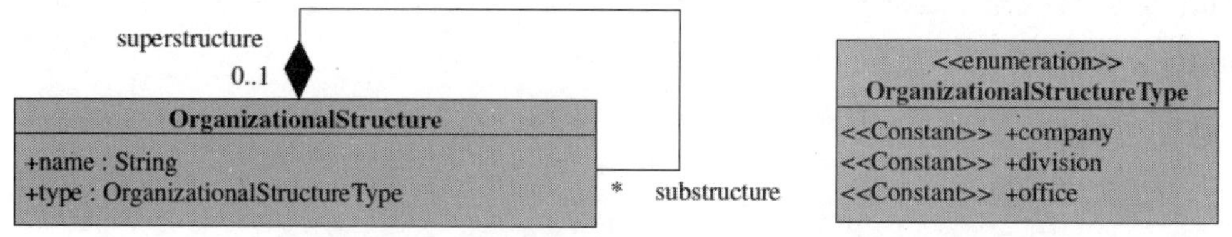

图 7.15　组织层级模式的应用

通过使用这种方式，可以灵活地同步处理不同公司的组织结构。同样，组织结构中的最终变更，如添加更多的层，或改变隶属关系，可能会更容易实现。

如果还要表示并行层级（concurrent hierarchy）、替代结构（superseding structure）或等价结构（equivalent structures），那么该模式可能要使用很多变量。这些变量将在后面的章节中进行讨论。

7.9　对 象 连 接

团队中的一个往往不成立的假设就是用户所做的每件事都是正确的。事实上并非总是这样。尽管设有故障安全接口，用户失误（有时可以说是破坏）还是会时常发生。例如，用户在系统中注册了一个新的出版商，随后发现该出版商已经被注册过了。输入不正确的代码或者真实世界对象身份不唯一，都会出现这种情况。结果是在系统中注册了两个对象，都代表了同一个出版商，并且每个出版商都会关联自己书籍的集合。这当中有些是重复的，有些则没有重复。

当出现这种错误时，解决方案是连接对象，这通常是把一个对象复制到另一个对象。该操作可以直接在数据库中执行。但在很多情况下，系统没有必要作为用户特性来应对这种可能性。

此外，并非只是错误导致需要一个连接。在某些情况下，存在一些对象，被一群人认为是等价的，而另一群人却认为不是，并且两种情况需要同时表示。在其他情况下，正如在多视角下的组织层级一样，可能有必要表明两种结构元素在不同视角下是等价的，或者一个最终会继承另一个。

在随后的章节中将会介绍处理这种情况的一些主要策略。

7.9.1 复制并替换

当有必要连接两个对象时，首先想到的策略是，将第一个对象的数据复制到第二个（复制并替换）。复制/替换命令应该通过一个契约（见第 8 章）来定义，并且团队应该为每个属性和关联，定义复制/替换命令期间应该发生的事情。需要定义某些规则来决定一个属性是否要被复制到另一个；或者它们的值是否要被添加；亦或者其中最新或最高占主导地位等。至于关联，团队必须决定发生了什么：一个是否替换另一个，或者它们的属性是否被添加等。

一个概念最后包含或变化的登记日期，可能对决定哪个属性在冲突中必须被保存有用。例如，如果一个注册的用户产生了一条记录，并且此记录将会被分解，那么必须保留最近的地址，而不是最早的。换句话说，该用户所有的订单必须被添加到结果实例。

执行完复制/替换命令之后，必须把被复制的实例销毁，并且任何对它的引用都要重新定向到接收数据的实例。

7.9.2 替代

当源对象必须保留并且不能被破坏时，可以使用替代（Superseding）技术。例如，对于及时被继承的组织结构，替代是适用的。假设把市场部门和销售部门连接起来成为负责联络客户的单独部门，最初的部门必须标记为失效，并且一个新的部门必须作为其后继被添加。替代策略可能会通过一个映射关联来执行，如图 7.16 所示。

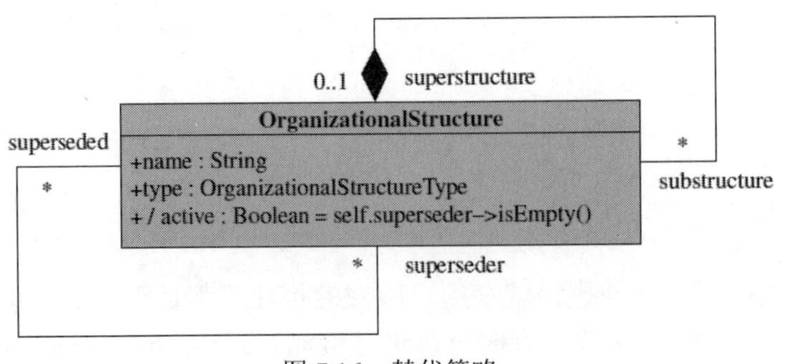

图 7.16　替代策略

在图 7.16 中，active 派生属性指示结构是否激活或者是否被替代。如果替代者的集合为空则为真，反之则为假。

即使初始组织结构不再有效，它的保持对于记录的作用可能很重要，例如，某天，某个人可能需要知道，有多少指定的不再存在部门还有诸如牙签等商品的消费。

添加一个关联类到 superseded/supersede 关联会很有用。例如，其属性可以表明替代事件发生时的日期，或者是必须考虑的环境或视角。如果那种信息有必要，团队应该考虑运用一种临时的模式（7.12 节）。

7.9.3　本质/现象

另一种经常发生的情况是存在被认为是等价的对象，必须作为分离对象进行保存。这并不是注册错误，也不是替代另一对象的对象，这是对象等价（object equivalent）。

对象等价的建模可以通过使用关联到等价对象集合的一个具体对象来完成。与复制/替换相反，初始对象被保留；与替代相反，没有活跃或替代的对象：所有关联的对象都是等价的。图 7.17 展示了类（Book）的一个例子，该类接受其成员共享一个通用的具体属性。

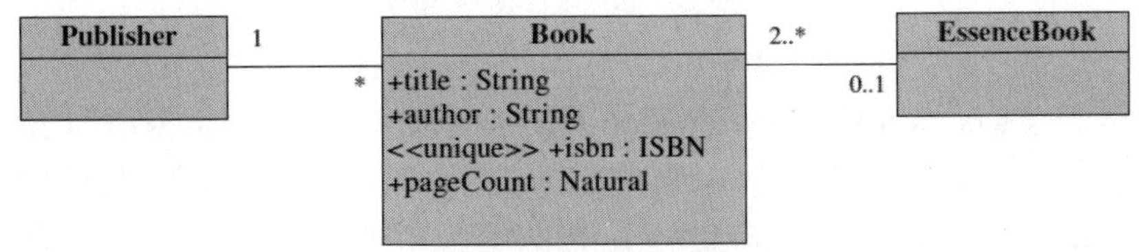

图 7.17　本质/现象

在这个例子中考虑到在本质上完全相同的书籍，特别是经典作品，可能会由不同的出版商出版。每种出版物都由不同的 ISBN 和页数来区分。甚至标题和作者名也会不同（可能会翻译合适的名称，或者有时会缩写），但文本内容的本质是相同的。有些用户可能对从指定的出版商订购柏拉图的《理想国》感兴趣，而其他用户可能对独立于版本和出版商之外的书感兴趣。因此，对特定出版物感兴趣的用户正在寻找现象（Book 的指定实例），而对文本内容感兴趣的用户则寻找书的本质（这与出版商无关）。第二类用户浏览《理想国》的任意版本时，也必须能浏览链接到同一 EssenceBook 的其他 Book 实例（如果其实例存在）。换句话说，如果需要寻找一本书 aBook，且如果 aBook.essenceBook->notEmpty()，那么就会看到 aBook.essenceBook.book——一个具有相同本质书籍的集合。

并非每个 Book 都必须被链接到 EssenceBook，只有参与等价类的才可以。同样地，至少要有两本等价书籍才能创建 EssenceBook。这就是来自 EssenceBook 到 Book 的关联规则被标记为 2..*的原因。

如果对象被链接到相同本质的对象，则被认为是等价的。只有建立在等价基础上，本质对象才会存在。通常，本质对象不会有任何其他特性，否则，会用规约类代替。

7.9.4 解除连接

只有在觉得现实世界没有那么复杂时，它才会简单。因此，如果有连接其他对象的可能性，就有可能再把对象的连接解除。再次强调，这些命令可能在数据库中直接执行，或者是在系统的用户界面上，通过精心策划的有效操作来执行。

为了使复制/替换技术的连接可以解除，必须保存初始对象的备份，因为该技术破坏其中一个对象，并且还会影响到另一个。替代技术允许连接通过移除关联来解除。至于本质/现象，移除关联是有必要的（以及本质对象，如果其保留的链接不超过两个的话）。

然而，在每一种情况下，当一个对象连接到其他对象时，决定如何处理对象中的最终变化都很重要。

要执行解除连接和其他操作，其中的一种方法是使用临时模式的变量（7.12.3 节），此类变量跟踪对象属性和关联的前值。

7.10 账户/交易

账户/交易模式（account/transaction pattern）与业务密切相关，但应用更广泛。之前提到，书籍可能会被分类、订购、递送、邮寄、放弃等。这些操作，还有其所涉及的金融交易，都来源于像 Order、Delivery、Return 等这些概念，其中的每一个都有自己的属性和关联。

然而，有可能为所有的这些概念和其他更多概念识别通用核心，这由一个单独的且功能强大的模式组成。

Account 是一个概念，生成某种事物的数量（如 item、product 或 money）。Account 有一个结存，通常由支出与收入的和组成。

另一方面，支出和收入通常是货物或金钱从一个账户到另一账户的记录。因此，一笔交易有两个记录：一个账户的支出和相同价值的另一账户的收入。在图 7.18 中说明了这些类。

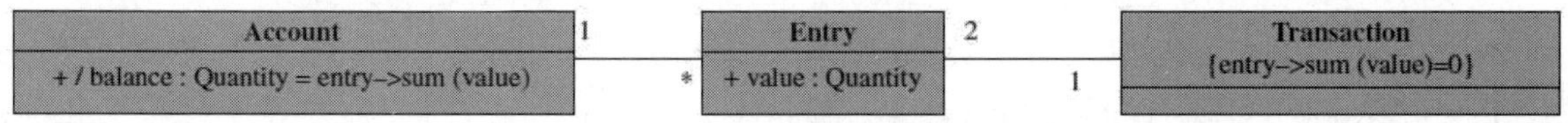

图 7.18 账户/交易模式

有两个记录的一致交易，就像在图 7.18 中所描述的那样，通常会需要有相同绝对值的两个记录，但符号相反。换句话说，如果一笔交易从一个账户转出 5 元，则必须将这 5 元转入另一个账户。支出用负号表示，收入用正号表示。因而，交易类需要使用如下常量：

```
Context Transaction

  inv:
   entry->sum(value)=0
```

这意味着，对于交易的每个实例，两个关联记录的和值必须为 0。

类 Account 的派生属性 balance 被定义为链接到该特定 Account 的每个记录的和值，如下所示：

```
Context Account::balance

  derive:
    entry->sum(value)
```

与书店例子相关的许多情况，都可从类 Account 的实例集合当中进行建模，例如：

- 对于每一个出版商，有一个来自书被“收回”的 Account 实例，即一个记录账户，并且当从供货商处被预订，其结存为负。
- 一个 orders expected 账户，其中包含已经从供货商处订购的但尚未到货的书籍。
- 一个 stock 账户，包含可用的书。
- 一个 sold books 账户，包含已售出的书，但并未被寄出。
- 一个 delivered books 账户，包含已寄出的书，但未被客户确认签收。
- 一个 confirmed delivery 账户，包含已寄出且被客户确认签收的书籍。其结存代表客户已经从书店购买书的整个集合。

与书的交易并存的是通常会伴随发生的货币交易，其中涉及可接收账户、可支付账户、已接收账户、已支付账户、投资、负债、完税余值等。

因此，书店例子中的诸多交易可作为交易的一个实例进行建模。例如：

- order 是指从 publisher 账户提取并添加到 orders expected 账户的一笔交易。
- 书籍的 arrival 是指从 orders expected 账户提取并添加到 stock 账户的一笔交易。
- sale 是指从 stock 账户中提取并添加到 sold books 账户的一笔交易。
- delivery 是指从 sold books 账户中提取并添加到 delivered books 账户的一笔交易。
- return 是指从 delivered books 账户中提取并添加到 stock 账户的一笔交易（如果书籍完好无损）。
- confirmation of delivery 是指从 delivery 账户中提取并添加到 confirmed delivery exit 账户的一笔交易。

举例说明，假设一家新成立的公司创建了 Account 类的 5 个实例[①]，这 5 个实例分别是 supplier、pendingOrders、stock、sold 和 delivered。图 7.19 中展示了这些对象的最初状态，所有账户的结存都为 0。

图 7.20 展示了 purchase order（Transaction 的实例）创建时的对象因集合。订单量是 50 本。

图 7.21 展示了 50 本书中只有 40 本到货的账户状态。

supplier : Account
balance = 0

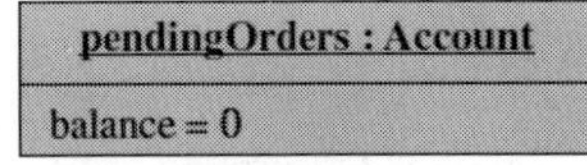

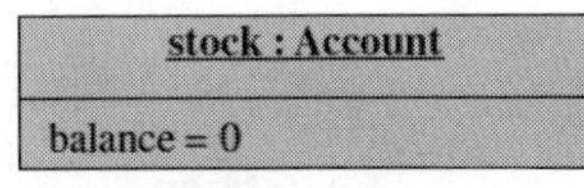

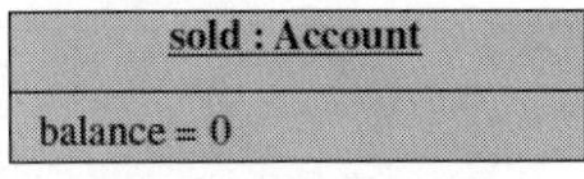

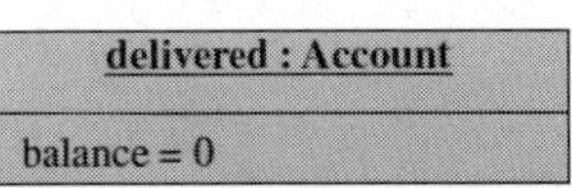

图 7.19　产品记账系统的初始状态

① 为了简化，示例中只列举了 5 个实例。这其中有可能还会包括其他更多的实例。

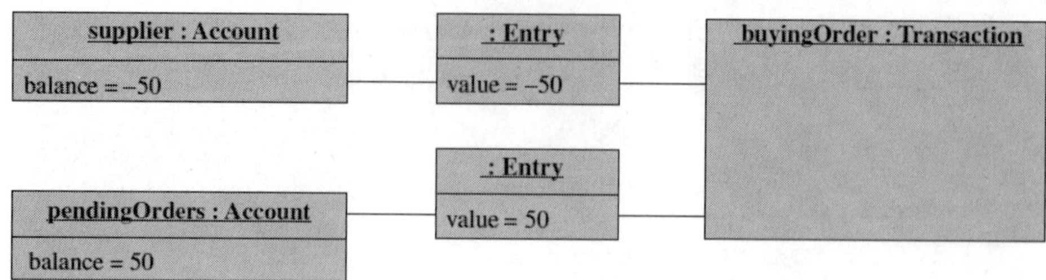

图 7.20　有 50 本书的订单执行后的账户状态

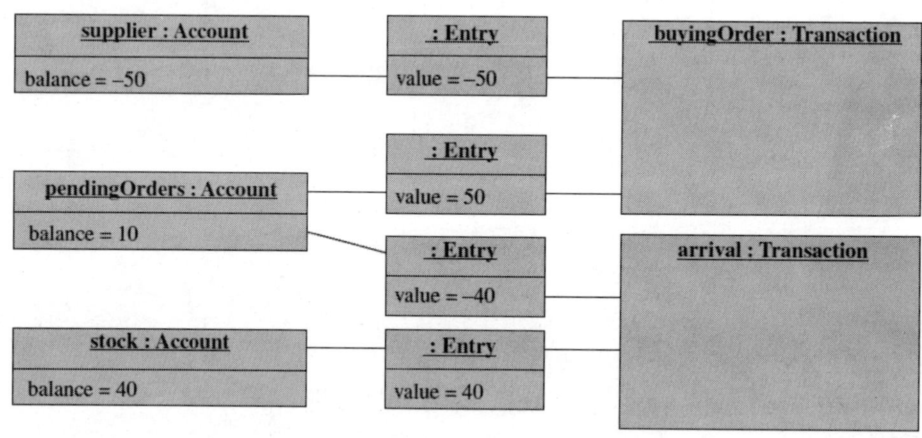

图 7.21　40 本书到店后账户的状态

图 7.22 展示了 25 本书被售出后的账户状态。

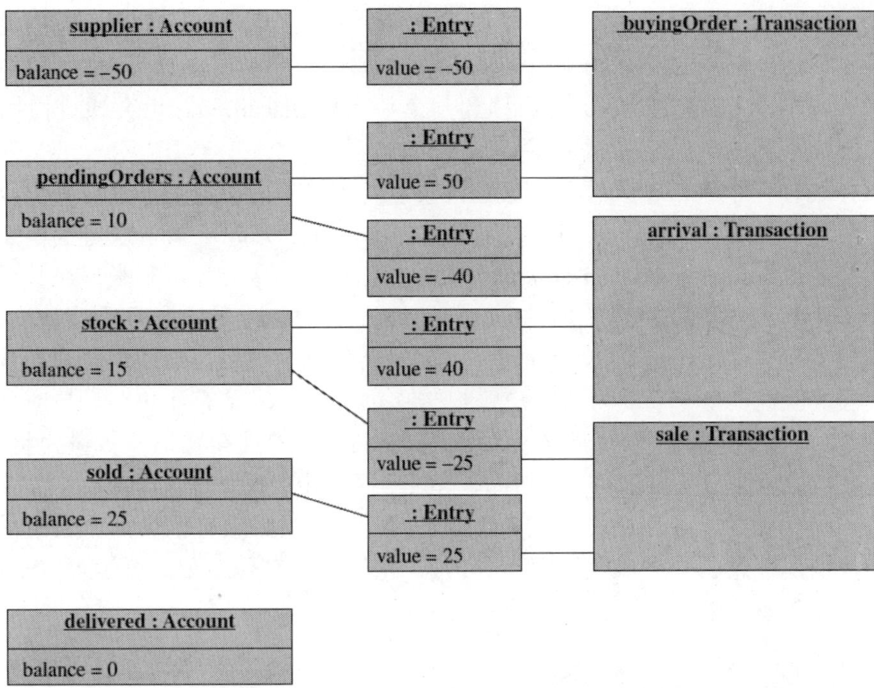

图 7.22　部分书籍被售出后账户的状态

最后，图 7.23 展示了售出的 25 本书确认收货后的账户状态。

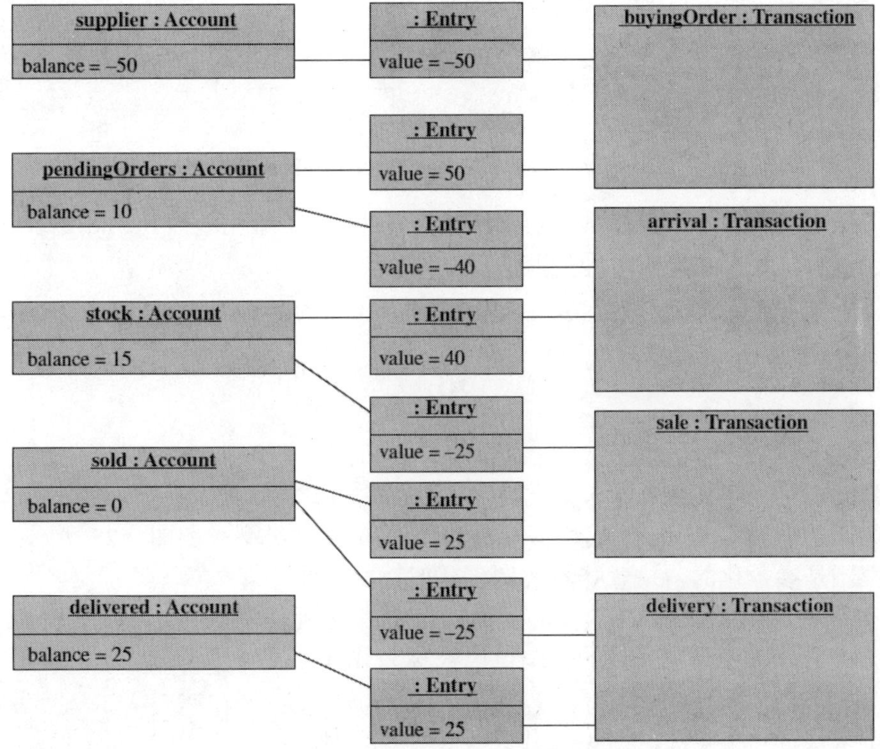

图 7.23　书籍确认收货后账户的状态

可能会动态产生新的交易和账户（即不必重新编译系统）。例如，可能为退货的书籍生成一项新的交易，这将会把书从 delivered 账户取回到 stock 账户当中。同样地，也可以为放弃购买创建一个新账户，将书从 stock 或 sold 账户移到一个新账户 discarded。也会通过使用 Account 和 Transaction 来创建平行的金融交易。

该模式用在这样一个例子中会非常有趣，代表了一个简单而又有效的想法，可以处理如此纷杂的情况，非常复杂且变化多样。例如，如果必要，可以为了完成从多个账户到单账户的移动操作，创建多边交易（multi-legged transactions），或者是从一个单账户到多账户，甚至是同时从多账户到多账户。为完成该变化，图 7.18 中从 Transaction 到 Entry 的重数规则应该变为 2..*。

另一个重要的变化是 memo 记录的使用。例如，当收到款项后，必须进行付税操作，但并没有必要即时付税。因此，当一笔交易从客户账户转移款项到书店结存账户时，与应付税款相等的款项应该被登记到税款 memo 账户。到该付税款时，memo 账户结存登记该数量为将被支付状态。

memo 账户和普通账户是可区分的。然而，当共享同一定义时，它们作为图 7.24 中单 Account 类的实例保存。换句话说，memo 账户被区分出来。一笔交易必须有至少两个常规的项目，但是 memo 记录的数量是任意的（大多数情况下是 0）。此外，只有普通记录会遵循 Transaction 类的变量。memo 记录会被忽略，因为它们并非真的移动商品或款项。

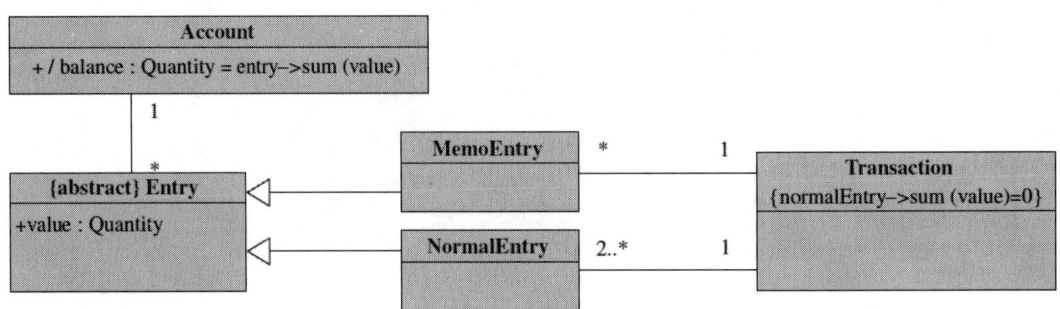

图 7.24　带有 memo 记录的账户/交易模式的演化

尽管普通账户和 memo 账户都具有相同结构和行为，为了避免链接 memo 记录的系统和一般账户系统发生混淆，还是要分清两种类型。反之亦然。

7.11　范　　围

当对象具有一对表示某现象始末的属性时，如初始和最终日期，不能将其表示为两个分开的属性，建议声明一个类似 Range（或者是 Interval）的单属性类型，如图 7.25 所示。

基本的范围是参数化的，这意味着实例创建时，必须指示用来定义其属性的类型。例如，一个日期的范围可称为 Range[Date]，并且作为距离定义量的范围可以被称为 Range [Distance]。

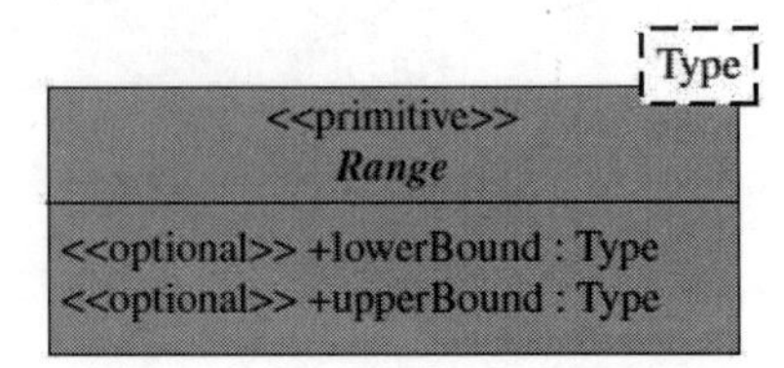

图 7.25　泛型基本类型 Range

使用范围来代替两个属性，主要是出于以下两种原因：

- 如果在概念类中，下限和上限是分离的属性，二者之间将会有一个强关联。这违背了 7.2 节中所介绍的高内聚原则。

- 将需要特定范围的操作（例如，检验一个值是否在某范围之内）。如果有一个特定 Range 基本类型，那么这些操作可能在基本类型中只执行一次。如果用两个属性来代替，它们在此声明的每个类应该在其范围内，执行自己的操作版本。

在高内聚类只执行一次操作，要比在低内聚类执行多次操作更合理。

如图 7.25 所示，Range 类的两个属性是可选的，这意味着该范围在一端或两端是未定义的。例如，一个始于 2013 年 1 月 1 日且没有上界的范围，可用 lowerBound ="01/01/2013" and upperBound=null 来定义。

该模型的演化涉及区间的数学特性。例如，有开区间和闭区间：[0..10]是包含 0 和 10 的区间，而(0..10)是不包含 0 和 10 的区间。此外，(0..10]不包含 0 包含 10，而[0..10)包含 0 不包含 10。这种演化仅通过添加两个布尔属性到类就可以实现：lowerBoundOpen 和 upperBoundOpen。

7.12　时 态 模 式

分析者时常要面临时间处理的需求，例如，可能有必要表示人和其工作之间的关系。但是，如果人和工作之间的关联只代表当前时间，那么有人完成工作后，他以前工作的信息就会丢失。本部分论述了处理这种重要概念的一些模式[①]。

7.12.1　有效性

当对象在一段时间内有效时（例如，一个温度量度有其测量时间，并且在一段时间内被认为是有效的），就可以使用有效性模式（effectivity pattern），包括在该类中的声明一个有效的属性，并且具有一个范围，如图 7.26 所示。

Measure
+phenomena : Kind Of Phenomena +value : Quantity +effective : Range[Time]

图 7.26　有效性模式的使用

7.12.2　历史记录

如果必须要保存一个关联过去状态的历史信息，就会用到历史关联模式（History association pattern）。这种关联可以通过<<history>>版型来识别，如图 7.27 所示。

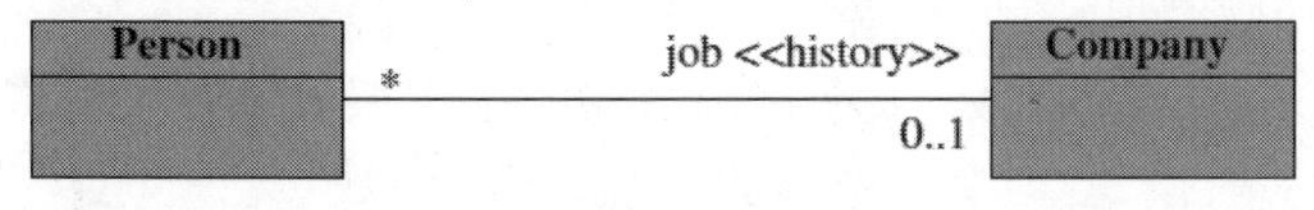

图 7.27　历史关联模式

图 7.27 中的关联所使用版型意味着一个人当前最多只能有一项工作，但他过去可能有其他

① Martin Fowler 对很多时态模式进行了很好的总结，可访问 http://martinfowler.com/eaaDev/timeNarrative.html。

工作。这些过去的工作可以作为在列表中的项目恢复。换句话说，就是有可能恢复上个工作，上上个工作等，以此类推。

当提到设计时，与导航规则关联的每个类为访问链接的元素都会实现一种方法。在图 7.27 所示的示例中，Person 的设计类有一个 getter 方法，即 getJob，该方法负责返回一个人当前工作的公司，或者是如果没有当前工作，则返回空集。如果关联使用了<<history>>版型，那么除了该标准方法外，还存在另一种带有参数的方法：getJob(index:Natural)。其中，getJob(1)返回当前的工作，getJob(2)返回上个作业，getJob(3)返回上上个工作等，以此类推。如果指定的索引没有任何工作信息，那么方法将会返回空集。

在实际操作中，该模式可以通过两个关联进行建模，如图 7.28 所示。那么，该版型将会是简化这种复杂结构的一种方式，只是用更简单的形式来更换它而已。

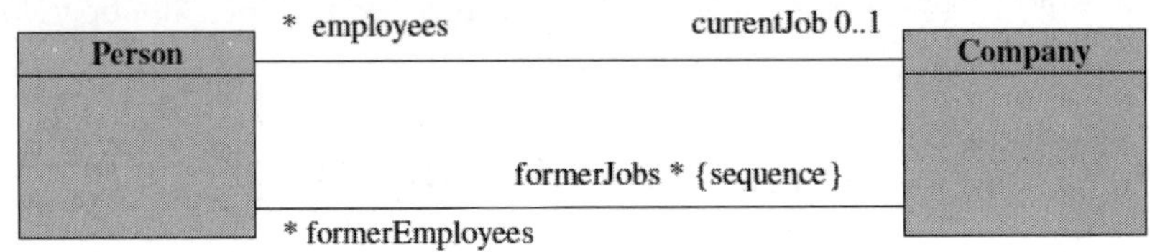

图 7.28　<<history>>版型的具体模型

7.12.3　时态

历史关联模式不能够回答人在哪个指定的日期工作，或者一个人过去是否失过业。为了表示这种信息类型，可使用该模式的演变形式：关联除了具有时序存储器以外，还具有时间存储器，如图 7.29 所示。

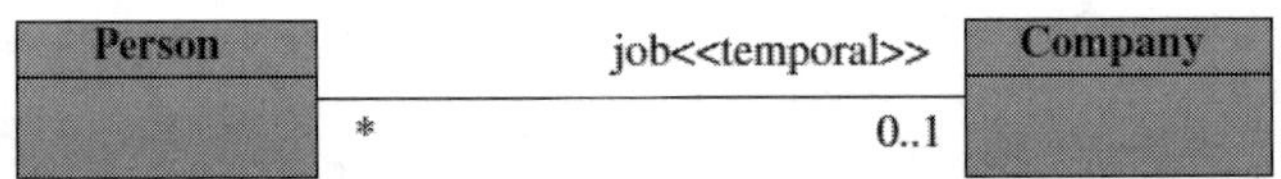

图 7.29　<<history>>版型的具体模型

除了上述的两个 get 方法外，时态关联（temporal association）还有在指定时间获取关联值的方法。在该例中，方法为 getJob(date:Date)。因此，图 7.29 中的 Person 类对时态 job 规则至少有以下 3 个 setter。

- getJob()：返回一个人的当前工作。如果此人当前被解雇，返回空集。
- getJob(index:Natural)：根据索引参数，返回一个人的当前或上一项工作。如果在索引中没有工作，返回空集。
- getJob(date:Date)：返回一个人在指定日期的工作。如果该人在指定日期没有被雇佣，返回空集。

若需要知道一个人在一天中指定时间的工作，那么可使用替代 Date 的基本类型 Time，指的是年、月、日、小时、分钟和秒。对于某些应用程序来说，也可用毫秒、微秒等替代使用。

图 7.30 代表了执行<<temporal>>版型的模型。

由图 7.30 可见，Job 类没有像 initialDate 和 endDate 这样的一对属性，但有一个 Range[Date]

类型的单属性 interval，用于表示两个日期之间的间隔。

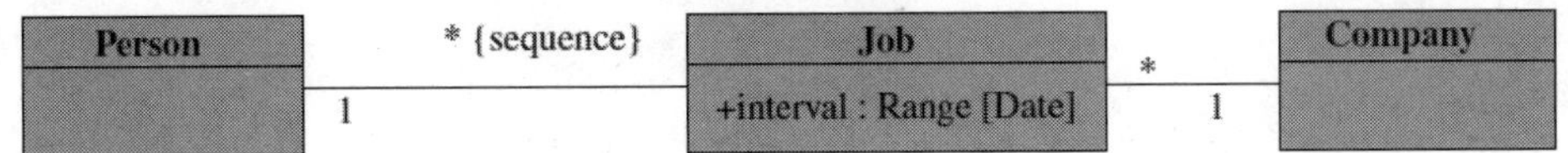

图 7.30 <<temporal>>版型的一种可能的实现方式

不仅关联可以是时态型，属性也可以。如果一个属性必须保持其前值的记录，那么<<temporal>>版型可用于跟踪它们。

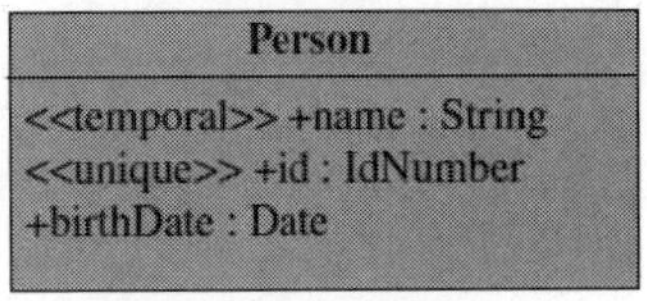

例如，有些国家允许人们在结婚、离婚或判决后更改其姓名。在图 7.31 中，一个人的身份证和出生日期不能更改，或者若改变，旧值不保存，然而曾用名必须保留。

Person
<<temporal>> +name : String
<<unique>> +id : IdNumber
+birthDate : Date

图 7.31 时态模式

这种模式的另一种演变就是定义一个时态类。至于一个使用了<<temporal>>版型的类，其所有属性和关联规则都是时态型的。该类还可以提供一种方法，在指定时刻生成实例的版本。例如，如果 x 是时态类的一个实例，可以通过使用像 x.atInstant（aTimeInstant）的功能获得 x 的先前状态。属性值或链接的每次改变，都会创建对象的一个新版本。

7.12.4 双时态

不仅仅是在科幻小说中，在当前许多信息系统应用中，时间都被认为是二维的。有一个事件发生的时间维度和一个得知事件已经发生的时间维度。

再来回顾一下图 7.29，并想象一下玛丽目前就职于公司 X。今天（2013 年 8 月 11 日）发现了玛丽其实于 2013 年 3 月 1 日更换了工作，并且更换工作的日期记录为 2013 年 3 月 1 日。然而此时只知道 2013 年 8 月 11 日的变化。该公司在 3 月 1 日和 8 月 11 日之间可能所采取的任何行动，当然目前知道玛丽仍然在 X 公司工作。有时，特别是对问责制和法定程序，知道什么时候做了记录是非常重要的。双时态模式是一种保持跟踪的优雅方式，不管是对事件线，还是对事件知识线（见图 7.32）。

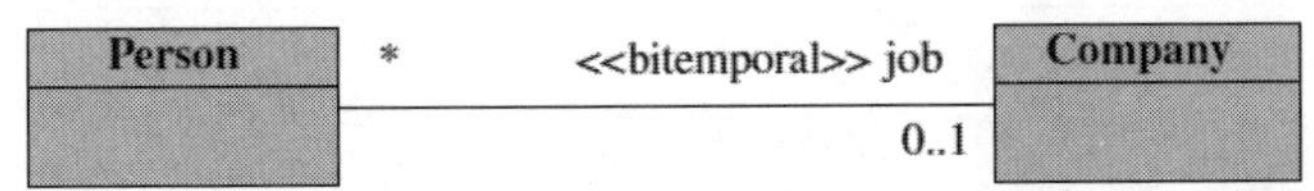

图 7.32 双时态模式（bitemporal pattern）

现在可以规则 job 引入一个新的 getter：getJob(date,knowledgeDate:Date)。其第一个参数是目前感兴趣的时间时刻；第二个参数是所知时间的实例。例如，如果想回答这个问题：“在 2013 年 6 月 15 日，我们相信玛丽在 2013 年 6 月 1 日工作吗？”，可以使用 getJob("06/01/ 2013","06/15/ 2013") 得到答案，得到的结果可能是“X 公司”。

根据现在所掌握的知识，如果想知道玛丽 2013 年 6 月 1 日在哪儿工作，可以使用上面提到的时态模式（7.12.3 节）getter：getJob("06/01/2013")，该模式比 getJob("06/01/2013", today)要简洁。

图 7.33 表示执行该版型的一种可能的实现模型。

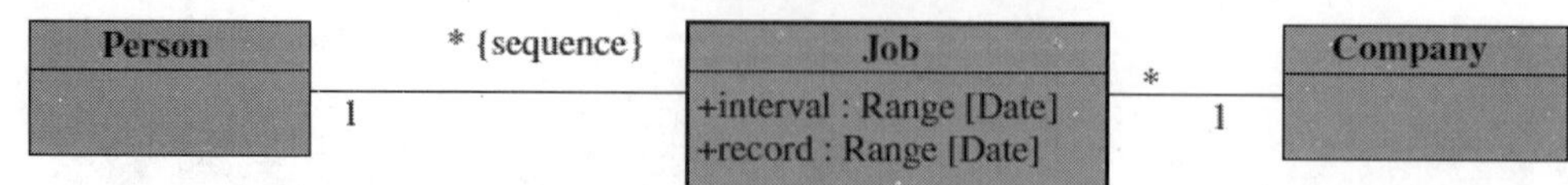

图 7.33　实现双时态模式的模型

在 Job 类中有两个日期的范围，一个表示有效工作时的注册时间；另一个表示注册时间被记录时的时间的范围。

对于一个人工作信息的每一次变化，都会创建 Job 的一个新实例。当 Job 有效时会建立一个区间属性，从所相信的点开始，记录属性开始建立。记录范围的上界将保持为未定义状态，当它代表当前所获得的信息时，也就是说，当这些信息不被新（最终矛盾的）信息覆盖时。

双时态模式也可以应用到属性或整个类，就像时态模式一样。

7.13　讨　　论

好的概念模型会生成一个适合产生已标准化数据库的有组织结构，采用防止用不一致方式表示的结构规则，也简化了将生成的代码，因为它最大限度地减少并组织一致性检查和由该模型本身保证的许多验证本身不需要由代码执行。

在有必要简化概念模型的情况下，采用合适的设计模式，赋予它更多的灵活性和更高的质量，因此，它是一种强大的工具。此外，还有许多其他方式，并且分析师可能创建自己新的模式。只是必须牢记，只有当其利润超出制造成本时，模式的创建才是合理的。

7.14　当 前 进 度

	起始阶段（Inception）	细化阶段（Elaboration）
业务建模	构建整个系统的概要视图： ● 构建业务用例图并确定项目的自动化范围 ● 为业务用例构建初步的活动图 ● 为关键业务对象构建初步的状态机图	
需求	准备系统用例图（功能需求）： ● 从业务用例模型中识别出系统参与者（actor） ● 从业务用例模型中识别出系统用例，并从业务模型当中识别活动以及状态机图 确定非功能性需求作为用例注解： ● 确定关联到用例的主要业务规则 ● 确定关联到用例的主要质量问题 确定增补需求	通过扩展用例进一步细化需求： ● 识别主要流 ● 识别替代流：变体以及异常处理

续表

	起始阶段（Inception）	细化阶段（Elaboration）
分析与设计	通过观察系统用例和所需概念，准备初期概念模型	细化系统时序图： ● 使用系统时序图表示用例的主要流 ● 使用状态或者无状态策略来表示系统命令及查询 ● 用替代流完成系统时序图 提炼概念模型： ● 在扩展用例文本当中识别概念、属性以及关联 ● 使用需要的版型、重数以及约束来细化属性以及关联 ● 通过使用继承、关联类以及时序规范（temporal specification）来组织模型 ● 根据需要添加变量 ● 依据应用系统分析模式来改进概念模型
实现		
测试		
项目管理	估算项目的总体工作量、理想进度以及平均团队规模 估算每个阶段的迭代次数及周期 为首次迭代准备阶段计划和迭代计划	

7.15 思考题

1．在图 7.18 中，Transaction 类需要另一个常量，一项交易不能被链接到链接同一账户的记录，用 OCL 细化该常量。

2．对图 7.19~图 7.23 中示例的平行金融交易，运用账户/交易模式。由于票据可提前支付，可能有必要使用 memo 记录。定义 Account 及 Transaction 实例的必要集合，并描述它们。

3．使用谷歌找到概念模型的例子，包括有属性的类。分析这些类，并检查它们是否表现出内聚的问题。如果必要，推荐可替代的方案。

4．在一个登记家谱树的系统当中，允许不同的用户检查在其自身系统中是否有一致的人。如果是这种情况，共享的人在系统树中被标记为另外一个等同（即一致）。例如，有相同祖父的两个堂兄弟，在他们的树中有一个一致的登记。对象连接的 3 个策略中，哪一个是最适合处理这种情况的？为什么？使用该模式，为表示系统树中的人细化一个模型。

5．使用有关订单、物品、书籍和客户的信息，完成图 7.12 所示的图，然后使用 OCL 为 Discount 的两个子类定义派生属性 amount。

第 8 章　功能建模与 OCL 契约

本章提要

- 先验条件
- 查询返回
- 后验条件
- 异常
- 系统操作契约

8.1　功能建模介绍

功能建模之前，在细化阶段的分析过程中将会生成如下两个重要构件：

- 细化概念模型（第 6 章和第 7 章），静态地表现了系统管理的信息。
- 扩展用例或系统时序图（第 5 章），指出了潜在用户如何与系统交换信息，未提及信息如何被系统内部处理，也未提及接口技术。

当系统时序图被创建时，系统命令和必须执行的查询被确认。每个系统命令和查询表明了用户的意图或目的。例如，用户可能会提供所打算购买书籍的信息，或者是咨询某本书的价格。这一意图会被系统命令契约（system command contract）和系统查询契约（system query contract）所捕获，这一般称为系统操作契约（system operation contract），包括系统的功能模型。

系统命令契约有以下部分。

- 先验条件（可选）：通过命令声明假设为真，因此不应被检验。
- 后验条件（强制）：如果命令被成功执行，声明命令如何改变现有信息。
- 异常（可选）：声明哪些阻止命令成功执行的条件将被它检验。

而系统查询契约由以下 3 部分组成。

- 先验条件（可选）：通过查询声明假设为真，因此不应被检验。
- 结果（强制）：定义查询返回的信息。
- 异常（可选）：声明被设计者添加的条件，以防止系统在某些情况下执行查询。

先验条件（Precondition）在两种契约类型中都存在，定义了已经补充到存在于概念模型中的约束。先验条件被操作假定为真，这意味着，先验条件不被契约定义的操作测试，但必须在操作执行前被测试和确认。

后验条件（Postcondition）仅存在于系统命令契约，因为它们说明系统保存的信息如何被改变。特别需要注意的是，不要把后验条件与查询结果混淆。根据命令-查询分离（Comm and-Query

Separation）原则（Meyer，1988 年），命令不适合返回任何结果（特殊的合理情况除外）。另一方面，查询必须返回某些结果，但不能在现有信息中产生任何变化。因此，系统查询必须要有结果，而系统命令必须有后验条件。

与操作被调用前必须为真的先验条件相反，异常（exception）通常是之前不能或不应该被测试的情况，它被操作本身测试。如果发生，异常是已经阻止操作成功的事件。

命令契约和查询契约中的异常可能有不同目的。在命令契约中，异常被用于参数和现有信息不能满足指定业务规则的情况（例如，尝试注册一个已经注册过的客户）。

而在查询契约中，异常具有不同的含义。当查询不改变信息时，不存在可能阻止明确定义被执行的无效参数。如果用户查询一个系统中不存在的客户，查询可以执行，但会回答“要查询的客户不存在”。这是正确执行结果，而不是一个异常。只有碰巧队列决定指定条件下不执行查询时，查询中的异常才会被使用。通常，这些条件与安全或其他技术问题相关，例如，多窗口界面、并发性、通信等。由于功能建模通常不解决这些问题，所以查询契约中的异常并不常见。

通常情况下，在操作契约中，不管是命令、查询还是异常，都可以转化为先验条件，反之亦然。设计一个问题作为先验条件或异常，决定了系统的哪部分负责测试该问题：调用的操作（calling operation）或被调用的操作（called operation）。通常，在大型多用户系统中，竞争条件（race condition）[①]可能会导致避免先验条件的选择。然而，如果系统不属于复杂的并发系统，或者有防止数据在交易中改变的并发控制机制，那么基于先验条件的设计可能是更好的选择。

本章所用案例是前面章节提出的概念模型局部细化（见图 8.1），以及系统时序图用例 01 的一个无状态版本——图书订购（见图 8.2）。

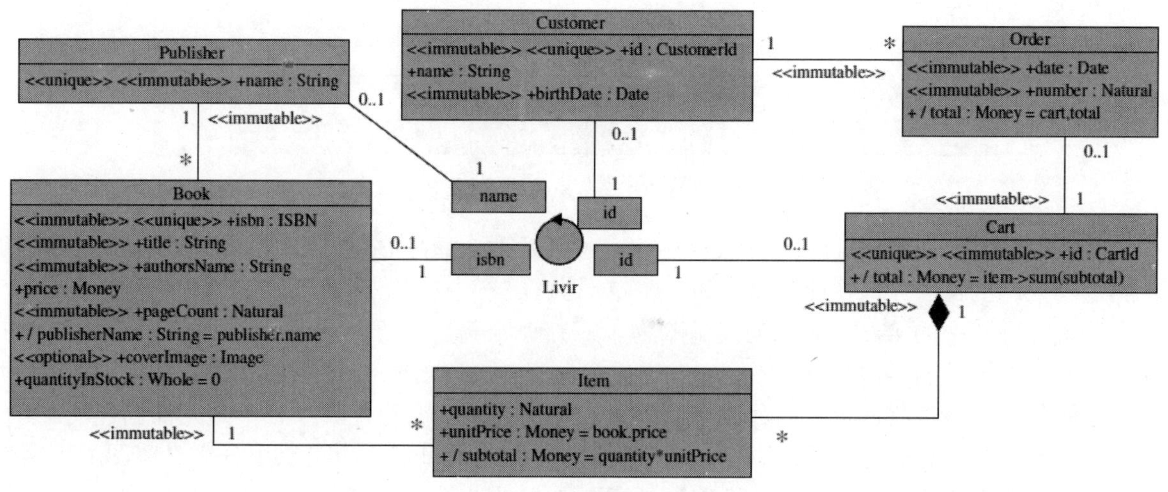

图 8.1　参考概念模型

在图 8.1 中，一些属性和规则使用的<<mmutable>>型将在 8.7.2 节中进行详细解释和说明。

图 8.1 中的局部概念模型里增加了购物车的概念，因为即使是在用户尚未被识别之前可能已经开始购物行为了。因此，购物车有一个识别代码（因为采用无状态策略时，必须以某种方式被

[①] 例如，某用户订购某本书后，尽管该用户正在结束该订单并进行支付的同时，也可能会存在着这本书可能会被卖给其他人的情况。此时必须要使用并发控制机制来避免这种情况的发生。这部分内容将会在第 13 章中进行讨论。

确认)。与此同时，尽管购物车不是一个独立的概念，也应该连接到控制器。因为即使没有客户甚至是商品（购物车可能是空的），控制器也可能存在。

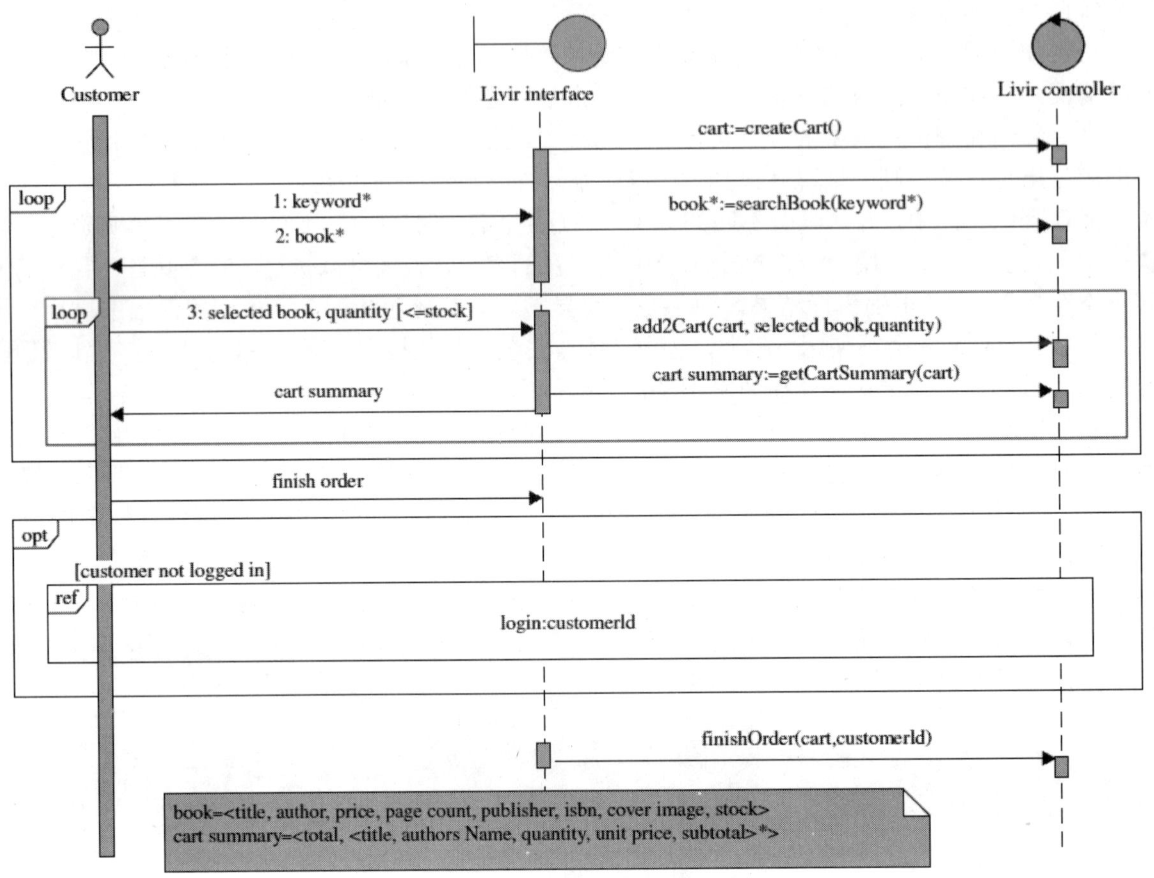

图 8.2　参考系统时序图

如果库存建模使用 account/transaction 模式（参见第 7 章），Book 类中的 quantityInStock 属性可能是一个派生属性。但在此它只作为一个单属性[①]。

系统时序图中的第一个命令创建了购物车，并返回其标识符。这对于命令-查询分离原则来说是一个可以接受的异常。为了要给它发送更多消息，接口需要一个对购物车的引用。如果用状态策略取代无状态策略，该返回就没有必要了。因为控制器会记住哪个订单是先前创建的。

如果客户并没有登录，将会调用名为 login 的片段（可以被一个可重用分离时序图所识别）。该片段返回一个客户标识符，并替换在第 5 章图 5.40 中提到的两个片段：如果该客户拥有账户，则可能会执行登录操作；否则，可能会创建一个新的账户并随后进行登录。

在图 8.2 建立的操作（命令和查询）如下（图中采用的参数传递是编程语言中更常见风格）。

- createCart():CartId：该命令用于创建 Cart 的新的空实例，并为之分配标识符。其返回的是一个标识符。
- searchBook(keywords:Set[String]):OrderedSet[Tuple]：这是一个返回元组有序集合的查

① 此时的 whole 类型所代表的是集合{0,1,2,3,…}。

询，包含与搜索相关的书籍信息。每个元组中包含书籍中的 title、author’s name、price、page count、publisher name、isbn、cover image 以及 quantity in stock 等属性。

- add2Cart(aCartId:CartId, anIsbn:Isbn, aQuantity:Whole)：这是一个创建 Item 新实例，并将其链接到购物车和被参数识别的书籍的命令。
- getCartSummary(aCartId:CartId):OrderedSet[Tuple]：该查询用于返回一个带有 cartID 标识信息的元组有序集合。就像图 8.2 的注释中声明的那样，所返回的是 title、author’s name、quantity、unit price 以及 total 等信息。
- finishOrder(aCartId:CartId, aCustomerId:CustomerId)：这是一个创建 Order 新实例的命令，并将其链接到客户和由参数识别的购物车。

8.2　先 验 条 件

当一个系统查询或命令被执行时，先验条件确定什么必须为真。例如，考虑图 8.1 中的参考概念模型，add2Cart(aCartId:CartId, anIsbn:Isbn, aQuantity:Natural) 操作可能会假设 cartID 是有效的，这是因为它是从前面的操作 createCart():CartId 中获得。因此，一个声明为真的先验条件可以写成：

```
Context Livir::add2Cart(aCartId:CartId,anIsbn:Isbn,aQuantity:Natural)
  pre:
    cart[aCartId] ->notEmpty()
```

在控制器 Livir 执行的系统命令 add2Cart 方法内容中声明的上述 OCL 表达式有一个先验条件，确定存在一个由参数 aCartId 识别的 Cart 实例。

如果在图 8.1 中，Livir 和 Cart 之间的关联是非限定的，那么可以通过对购物车集合进行 select，其先验条件可被写为如下形式：

```
Context Livir::add2Cart(aCartId:CartId,anIsbn:Isbn,aQuantity:Natural)
  pre:
    cart->select(id=aCartId) - >notEmpty()
```

不过，当图 8.1 中的一种关联是限定关联时，应该有一个键值直接用于访问关联映射的元素。因此，当 add2Cart 命令有一个参数 aCartId 时，表达式 cart[aCartId]就会与表达式 cart-.select (id5aCartId)产生相同的结果。请牢记，前述表达式也是 cart-.select(aCartjaCart. id5aCartId)的缩写。

为了使软件开发更有效，先验条件必须用严谨的方式表达。必须反映这样的一种事实：能够在先前开发的概念模型中被识别，或者其模型必须被更新以反映发现的新信息。这证明了可以使用 OCL 等格式化语言来代替自然语言编写契约（Warmer 和 Keppe，1998 年）。

可能被识别的两族先验条件如下。

- 参数保证（Parameter guarantee）：确保一个命令或查询参数对应有效对象的先验条件（例如，“存在一个作为参数传递的购物车 ID”）。
- 互补约束（Complementary constraint）：执行一个指定命令或查询时，进一步约束概念模型的先验条件。这是为了确保在操作执行时，信息存在于一个指定声明当中（例如，“购物车至少有一个项目”）。

8.2.1 参数保证

有一种系统方法可以知道指定的操作是否必须有一个参数保证先验条件（或异常）。这种技术也与操作的功能测试相关，关于此部分内容的相关信息请参见第 13 章。团队必须查看操作的每个参数，并就参数类型询问是否存在有效和无效值。

例如，如果参数类型为 Isbn，命令为 add2Cart(…, anIsbn:Isbn,…)；然后考虑业务规则，就会存在一组有效值（属于一本注册书籍的 ISBN）和一组无效值（有效的 ISBN，但在系统中没有分配给任何书籍）。

另外，如果参数的类型为 String，而命令为 add2Cart（…,anIsbn:String, ...）；那么应该考虑如下的 3 个类：一个有效类（如前所述已注册书籍的 ISBN），两个无效类，包括有效但不属于任何注册书籍（如前所述）的 ISBN，以及错误形成的 ISBN（因为字符串类型允许任何形式的字符串，而不仅仅是 ISBN）。区分错误形成和不存在 ISBN 会有助于防止类似误解的发生。例如，用户将 ISBN 作为搜索参数输入相关错误。

因此，鉴于参数的类型和无效参数组识别，寻找参数保证先验条件的规则如下：

对于每个系统操作参数的无效值组，必须定义先验条件或异常。

就参数保证的先验条件而言，必须特别注意不要把语义（semantic）先验条件与简单的语法验证混淆。语义验证要求数据库查阅，例如，用指定 ISBN 验证是否有一本书存在。然而，语法验证可能由先验条件以外的机制去做。如果参数包含类型 Natural，这意味着不需要数据库查询来验证指定参数是否属于该类型。如果一个参数被声明为 x:Natural，则不必编写任何先验条件来确保 x 是一个正数，因为类型中已经声明。

另一个例子是，有结构规则的 ISBN，可被语法检验。如果一个参数是标准格式的 ISBN，则不必编写先验条件来验证，团队可以用验证方法简单地创建一个基本类型的 ISBN 并使用它。

而对于 PrimeNumber 又会怎样呢？这可能是一个类型吗？答案是肯定的，因为位确定一个指定数字是否是一个质数，有语法验证就足够了。

类型必须在命令签名中定义。如果类型不存在，团队可以定义一个基本类型（primitive type）。例如，图 8.1 中给出了基本类型，如 CustomerId 和 OrderId，可能不仅包含识别和校验机制，还包括安全机制，因为这些标识符可以加密，以避免未经授权的访问。在这两种情况下，基本类型可以被定义用来处理验证机制的复杂性。

8.2.2 互补约束

当某个指定的命令执行时，互补约束用来保证获得比概念模型更健壮的特定约束。因此，如果概念模型声明指定规则具有重数 0..1，互补约束就可以表示成当执行一个指定的命令时，这个规则是填入（1）或不填入（0）。例如，一般情况下，一个 Cart 对象可能有一个与之关联的 Order 或者是非（0..1）。但完成一个 Order 订单的命令必须有一个先验条件，以声明 Cart 还没有链接到任何订单（从 Cart 到 Order 的规则不能填入 0）。

因此，先验条件不能与概念模型矛盾。如果概念模型声明 0..1，那么先验条件不能给相同的规则声明一个超过 2 个的重数。但如果概念模型声明 0..2，那么先验条件可以进一步加以限制，例如，声明 0..1 或者 1.. 2。

互补约束在使用状态策略的设计中很常见，因为在这种情况下，每个命令需要被其他命令放置于瞬时存储器的信息中。例如，客户机的身份信息，由一个命令传递，被其他命令使用。因此，这些其他命令将会作为一个客户机被充分识别的先验条件而建立（可能通过一个瞬时关联）。

至少存在以下 3 种可能被识别的互补约束：

- 关于一个实例或一个实例集合的特定声明（specific statement）。
- 关于实例集合的存在声明（existential statement）。
- 关于实例集合的通用声明（universal statement）。

再次考虑图 8.1 中的模型，这是一个关于实例特定声明的示例，可能被声明成 ID 为 123 的客户，其 birthDate 属性值等于 1970 年 7 月 14 日。如下所示：

```
Context Livir::someCommand()
  pre:
    customer[123].birthDate = Date.getDate(1970,7,14)
```

由于 OCL 不会为 Date 类型定义任何派生内容，因此预定义操作 Date.getDate 必须用来定义一个指定的日期。

存在声明的例子可能会表达为至少存在一个出生在 1970 年 7 月 14 日的客户（不管是谁）。如下所示：

```
Context Livir::soneCommand()
  pre:
    customer->exists(aCustomer|
     aCustomer.birthDate=Date.getDate(1970,7,14))
```

通用声明的例子可能会表达为：每一位客户出生于 1970 年 7 月 14 日。如下所示：

```
Customer Livir::someCommand()
  pre:
    customer->forAll(aCustomer|
      aCustomer.birthDate=Date.getDate(1970,7,14))
```

exists 表达式和 forAll 表达式都可以使用简化形式 exists(birthDate5Date.getDate(1970,7,14)) 和 forAll(birthDate5Date.getDate(1970,7,14))，与上述含义相同。

8.2.3　先验条件保证

由于先验条件不会被声明它们的命令测试，因此应该有一个外部机制确保它们在命令调用前得到保证。

这种类型的保证可以在调用命令之前，通过验证条件是否为真的调用查询显式地建立，或者通过防止命令被无效数据调用的接口机制来完成。

例如，取代用户在 ISBN 对话框输入任何字符串的操作，用户将被引导到有效的 ISBN 列表中进行选择。如此，参数就将在执行命令之前进行验证。

通常情况下，系统时序图中所表达的消息流，是验证先验条件是否可行的一种方式，而非异常。例如，从图 8.2 可以看到，操作 add2Cart 接收的购物车 ID 是有效的。这是因为它是由命令 createCart 所返回的。同样地，书籍的 ISBN 也有效，因为它是从 searchBook 查询的返回列表收集而来。最后，数量可能作为有效值被接受，因为接口可以与返回书籍其他信息当中的库存数量做比较[①]。

8.2.4 先验条件、异常与常量

常量被用于概念模型当中，用来表示一直有效的规则，独立于任何命令或查询。只有当指定的命令或查询被执行时，先验条件才被用于一个有效的规则。

当一个常量在指定情况下已经存在时，对于任何操作来说，都相当于一个异常。例如，如果有常量声明一个学生只能登记与专业相关的课程，那么常量函数就会作为命令的异常。因此，登记学生的命令可能认为，异常已经以常量形式存在。如果学生想登记一个不属于其专业的课程，将会引发一个异常。

然而，常量不能作为先验条件。常量的存在并不能保证设计不违反它。不过，一个命令可能添加一个先验条件来声明，它被执行之前常量必须被保证。

在系统测试活动期间，测试机制必须验证常量和先验条件是否被遵守。任何时候，只要这些条件被违反，就要报告异常。但是，在这些情况下，设计者必须修改设计来纠正错误，以防止其再次发生。当系统被交付给最终用户时，必须保证任何时候都不违反常量和先验条件。

8.3 瞬态关联

当状态策略用于系统时序图时，控制器有必要把特定非持久性的信息保存在内存中，但必须在用例执行期间进行存储。

一些对象、属性或非持久性关联可能被定义，以指示在用例执行期间仅存储在主存的信息，并在之后丢弃。这些元素可以用<<transient>>版型来表示。

例如，瞬态关联（transient association）可以用来指示控制器应该存储关于谁是细化概念模型中当前客户的信息，如图 8.3 所示。

因此，一个命令的先验条件可声明为当前客户已经存在。如下所示：

```
Context Livir::someCommand()
  pre:
    currentCustomer->notEmpty()
```

---

① 在这里需要注意的是，竞争条件并未考虑在内。此外，如果在并发情况下存在问题，可能会使该先验条件变为无效。

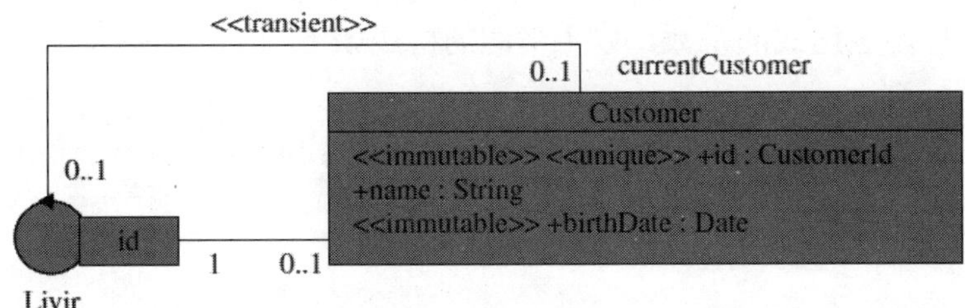

图 8.3　瞬态关联

如果需要，瞬态属性或类也可以用这种版型定义。在任何情况下，这意味着版型的信息块是非持久性的。

8.4 查询返回

如前所述，当查询给用户返回数据时，系统命令改变数据。系统查询契约必须定义返回内容，这可以在 OCL 中通过使用 body 子句实现。

代表先验条件的表达式都是布尔表达式，但代表查询返回的表达式可能是其他类型，可以返回字符串、数字、列表、元组，甚至更复杂的结构。下面的例子是以图 8.1 所示的模型为基础。最初，一个查询被定义为返回指定购物车的 total 属性值：

```
Context Livir::getCartTotal(aCartId:CartId):Money
  body:
    cart[aCartId].total
```

系统查询与系统命令总是以 Controller 作为其上下文，因此，在上面示例中，cart 是控制器 Livir 的一个属性，即从它到 Cart 类的一个关联规则。

下面的查询将会返回指定客户的姓名和出生日期：

```
Context
  Livir::getCustomerNameBirthDate(aCustomerId:CustomerId):Tuple
    Body:
      Tuple {
        name=customer[aCustomerId].nane,
          birthDate=customer[aCustomerId].birthDate
}
```

OCL 中，Tuple 构造器是表示 DTO[①]的一种方法。Tuple 作为一个 Pascal 记录来工作，在示例中有两个字段：姓名和出生日期。字段值由“=”后的表达式定义。

为避免诸如 customer[aCustomerId]或更复杂的表达式之类的表达式重复，可以使用 def 子句

① 数据传输对象（Data Transfer Object，DTO）是一种设计模式，用于指示通过 façade 控制器传递到接口的对象；反之不能作为域类（在概念模型当中的类）的实例。DTO 必须为纯数据，而不是具有行为的域对象。这可以使用那些仅包含属性以及各自的 getter 和 setter 方法（如果存在）的对象实现。Pascal 当中的 record 类型以及 OCL Tuple 都是 DTO 的一些例子。

来定义一个引用自原始表达式的常数。以上契约的格式如下：

```
Context
  Livir::getCustomerNameBirthDate(aCustonerId:CustomerId):Tuple
  def:
    aCustomer=customer[aCustomerId]
  body:
    Tuple {
      name=aCustomer.name,
      birthDate=aCustomer.birthDate
    }
```

def 子句中的表达式表明标识符 aCustomer 指的是这样的一些客户，他们的 ID 是从查询接收到的参数 aCustomerld。

以下表达式使在客户集的投影返回所有客户的名字：

```
Context Livir::listCustomerNames():Set
  body:
    customer.name
```

下面的表达式运用过滤器和投影，返回所有不满 25 岁的客户的名字：

```
Context Livir::listYoungCustomers():Set
  body:
    customer->select(birthDate.addYear(25)>Date.getCurrent()).name
```

上面的这个例子是想在客户生日上加上 25 年，再与当前日期作比较，如果客户在当前日期之后才满 25 岁，那么就应该不到 25 岁。此外，OCL 也有添加日、月到日期的操作，分别是 addDay 和 addMonth。表达式 Date.currentDate 返回系统当前日期。

最后的例子是一个查询，返回购物车汇总信息，如图 8.2 所示。

```
Context Livir::getCartSummary(aCartId:CartId):Tuple
  def:aCart=cart[aCartId]
  body:
    Tuple {
      total=aCart.total,
      iterms= aCart.item->collect(anltem|
        Tuple {
          title=anItem.book.title,
          authorsName=anItem.book.authorsName,
          quantity=anItem.quantity,
          unitPrice=anItem.unitPrice,
          subtotal =anItGm.subtotal
        }
      )
    }
```

collect 表达式是获得元素集合的一种方式，该集合中的元素是另一集合元素的属性或属性的转换。点号“.”本身就是 collect 的缩写形式。例如，customer.name 相当于 customer -> collect （aCustomer|aCustomer.name）或 customer->collect（name）。

在可能的情况下，点号是首选，因为它更简洁。但在 getCartSummary 的例子当中，创建一个元组来替代访问一个集合中元素属性的需求阻止了点号的使用，因为 Tuple 操作符有前缀。因此，在这种情况下，collect 表达式必须显式地使用。

这个例子中，创建了两个元组结构：外部的包含一个购物车汇总和其商品的有序集合；内部的包含每件商品所需的信息，如图 8.2 提及的书名、作者姓名等。

8.5 后验条件

在某些命令执行后，后验条件确立了由系统管理的信息的变更。后验条件也必须用术语详细说明，以便在概念模型结构中可以被迅速识别出来。尽管契约可以用自然语言编写，但它们也应该被认真对待，这样就可以迅速转化成 OCL 表达式。

在（系统）命令环境下，OCL 后验条件通过使用 post 子句编写。如下所示：

```
Context Livir::someCommand()
  post:
   <OCL expression>
```

如果后验条件超过一个，则可以使用 and 运算符[①]连接起来：

```
Context Livir::someComnand()
  post:
    <OCL expression>and
    <OCL expression>and
    …
    <OCL expression>
```

为了给可用于契约的后验条件区分类型，必须考虑概念模型的 3 个基本要素，即概念、属性和关联。因此，考虑到类的实例可以被创建和删除、关联链接可以添加和删除、属性值可以改变，只有可能出现以下 5 种类型的后验条件：

- 改变一个属性值。
- 创建一个类实例。
- 添加一个关联链接。
- 删除一个类实例。
- 删除一个关联链接。

这些命令是为面向对象系统定义的最基本或基础命令，这些命令不会被进一步分解，所有其他命令都被作为这些命令的组合来定义。

因此，基本命令是执行上述 5 个后验条件之一的命令。一个基本命令的意义和行为是预定义的。

---

① OCL 当中的 and 运算符也可被用于组合先验条件、异常以及常量。

遗憾的是，编程语言仍然不能为这些基本命令提供一个标准的实现。这些命令的实现有时会作为棘手工作任务，由程序员手工完成，特别是添加和删除链接命令的情况。

在以下章节定义的基本命令实际上是基础的，从这个基本意义上讲，在执行任务时，不需要执行特定的一致性检验。例如，添加一个链接的命令是不会去验证是否达到双方关联规则的上限。这种一致性检验最适合属于同一契约的整个命令集合。

关于在契约中保持对象一致性的问题，将在 8.5.6 节继续讨论。

8.5.1 改变属性值

有一种后验条件类型可用来表明属性值的改变。通常用 OCL 写为：

```
Object.attribute=value
```

但是，由于 OCL 是一种声明性语言，该表达式不能作为一项任务被理解。事实上，此表达式有 3 种可能方式来实现：

- object.attribute 可能被改变，而等于 value。这通常是默认的解释。
- value 也可能被改变，而等于 object.attribute。
- value 和 object.attribute 也可能变成第 3 个值，两者从而相等。

因此，就代码生成而言，这种表达可能产生模棱两可的解释。Cabot（2007 年）为解释这种表达式，提出了一种默认的语义，这可以减少歧义。不过，还有另一种可能的方法，该方法不需要改变原始 OCL 的语义，而是使用“^”（脱字符号）谓词来代替“=”（等号）谓词。

可以毫不含糊地说，属性改变是通过声明一个关于变化的基本消息被发送到对象来实现的。基本信息是预定义的，其名应该以前缀 set 开头，后跟属性的名称，而新值则作为参数来进行传递。

消息 setAttribute 可能被发送到一个包含属性的类的实例。例如，如果有兴趣改变指定书籍的价格，可以使用如下 OCL 表达式：

```
Context Livir::updateBookPrice(anIsbn:Isbn;newPrice:Money)
  post:
    book[anIsbn].price=newPrice
```

不过从中已经看到，这可以用模棱两可的方式解释。而下面的表达式表达相同的意图，但没有任何歧义：

```
Context Livir::updateBookPrice(anIsbn:Isbn;newPrice:Money)
  post:
    book[anIsbn]^setPrice(newPrice)
```

脱字符符号意味着右边的消息被发送到左边的对象或者对象集。因此，这是一种 Boolean 型谓词，上面表达式的结果也是一个布尔值。

表达式 book[anIsbn]price = newPrice 意味着不管结果是如何得到的，这两个值都相等。但是，book[anIsbn]^setPrice(newPrice)声明是没有歧义的，对象 book[anIsbn]的属性价格变成了 newPrice。

这种书写形式仍被认为是一种声明性规范，而不是强制性的。表达式[anIsbn]^setPrice(newPrice)仅仅是声明对象已经收到了一个消息。至于是谁发送的消息，在这里并没有指明。关于哪个对象将会发送消息到 book[anIsbn]的决定，留待在第 9 章中的动态建模部分进行探讨。

8.5.2　创建实例

用于创建实例的命令必须要创建一个类实例。尽管 OCL 不是一种强制性的语言，但它包含一个构造器用来指明一个类的新实例被创建。这作为对象的属性来表达，并使用如下方式进行引用：

```
object.oclIsNew()
```

当用于后验条件时，这意味着在命令被后验条件指定期间创建的对象。此属性可以用于与另一个声明对象类的属性连接：

```
object.isTypeOf(class)
```

然而，使用两个表达式声明实例的创建有些冗长，建议用一个单独谓词定义来表示，以作为指定类实例创建的对象。因此，表达式 object.isNewInstanceOf(class)的等价定义会如下所示：

```
object.oclIsNew()and object.oclIsTypeOf(class)
```

所以，声明 Book 新实例的后验条件（newBook）可以创建为如下定义：

```
newBook.newInstanceOf(Book)
```

在这种情况下并没有使用脱字符符号，因为它不是一个发送到 Book 的实例消息，而是一个 Book 类的 newBook 实例被创建的声明。

即便是强制性的，NewInstanceOf 消息中也不会存在关于实例属性以及链接的任何信息。与之前一样，可以假设其他表达式初始化强制属性和链接，并且新用例的一致性将被检查，因为契约是作为一个整体，而非针对每个单独的基本命令。

带有初始值的属性被认为是在实例创建时自动初始化。因此，用初始值指定后验条件来更新属性会有些冗余，除非这些值与期望的默认值不同。

另一方面，派生属性是被计算出来的，不能直接修改。因此，这些属性不会被初始化。

使用<<optional>>版型的属性在创建时可能不被定义，在这里为其定义一个值并不是强制性的。

但是，目前用其他（正常和强制性的）属性创建一个实例会发生什么呢？基本命令由谓词 NewInstanceOf 产生的实例代表，不初始化属性和链接，除非是那些使用默认初始值定义的。如果强制属性和链接没有被初始化，实例可能会不一致。因此，契约应该进一步指定后验条件，该后验条件确保在一个对象被创建时，所有的强制性属性和链接都被初始化。

到目前为止，已经了解了使用后验条件创建用例并改变属性的方法。可以结合这部分内容为 CRUD 命令创建一个契约，而正是这个命令创建了 Book 的一个新用例。系统命令 createBook 作为一个契约的初稿，可以表示如下：

```
Context Livir::createBook(anIsbn:ISBN;
  aTitle,anAuthorsName:String;aPrice:Money;
```

```
  aPageCount:Natural;aCoverImage:Image)
  post:
    newBook.newInstanceOf(Book)and
    newBook^setIsbn(anIsbn)and
    newBook^setTitle(aTitle)and
    newBook^setAuthorsName(anAuthorsName)and
    newBook^setPrice(aPrice)and
    newBook^setPageCount(aPageCount)and
    newBook^setCoverImage(aCoverImage)
```

注意，其中的 quantityInStock 使用了初始值进行定义。因此在本契约中不需要初始化。

coverImage 属性是一个可选属性，因此，该属性是唯一可以接受空值的参数，否则，就会被 createBook 的参数列表阻止。

publisherName 是派生属性。该属性是只读的，所以不能在契约中定义（相反，类的 derive 子句为每个实例定义它们的值）。不过，其取值取决于这本书与出版社之间的联系，本契约的第一个版本没有定义如何添加链接，这将在 8.5.3 节讨论。

还需要注意的是，如果考虑到所有信息都可以始于控制器实例的导航链接访问，就不建议声明这样的一种情况，即如果没有使用一条到 façade 控制器的路径链接到其他任何实例的情况下，就会创建一个实例。除非另一种核心搜索机制允许实例去查找未链接至（直接或间接）控制器的实例，否则新创建的实例是不可访问的。因此，实例的创建应该总是发生在添加一个链接的结合处，这也将在 8.5.3 节中进行讲述。

8.5.3　添加链接

如前所述，另一种基本命令是链接被添加到两个对象之间的声明。虽然链接添加有规则的重数限制，但这只是将契约作为一个整体检验，而非针对每个单独的基本命令。

通常情况下，指明创建链接的 OCL 后验条件表示如下：

```
object.role->includes(anotherObject)
```

但是，在代码生成阶段，该表达式表述起来可能会有歧义，因为至少有以下 4 种方法可以实现：

- 包括 object.role 中的 anotherObject。
- 分配给 anotherObject 一个已经存在于 object.role 中的对象。
- 分配一个第三方对象给 anotherObject，并将其包含在 object.role 中。
- 给 anotherObject 分配空集，这是因为 object.role 中本身包括空集。

通常，第一种选项是最先被想到的。但是，在这里推荐使用一个不会引起歧义解释的符号，同时也是软件开发人员比较熟悉的。符号“^”和基本命令用来表示创建一个链接。

有许多命名修改关联规则命令的专业术语。在这里使用了前缀 add + 规则名称的形式。另一常见的选择是使用 set 前缀，就像在属性的例子中一样。不过，当添加链接时，属性的值可以修改或替换。因此，不同的目标应该有不同名称。

考虑到 Book 和 Publisher 类之间的关联，还有两个实例 aBook 与 aPublisher，实例间的链接可能会以下面两种不同的方式来创建。其一，从书的角度来看：

```
aBook^addPublisher(aPublisher)
```

从出版商的角度来看：

```
aPublisher^addBook(aBook)
```

上面两个表达式是等价的，会产生完全相同的结果（一个基于实例之间创建关联的链接）。

对于强制性规则的关联（例如从 Book 到 Publisher），通常需要这些链接在同一契约中进行创建，该契约创建有规则填充的对象，因此，当 Book 的一个实例被创建时，从 Book 到 Publisher 的链接将被添加，如下所示：

```
Context Livir::createBook(anIsbn:ISBN; aTitle,anAuthorsName:String;
  aPrice:Money;aPageCount:Natural;aPublisherName:String; aCoverImage:Image)
  post:
    newBook.newInstanceOf(Book) and
    newBook^setIsbn(anIsbn) and
    newBook^setTitle(aTitle) and
    newBook^setAuthorsName(anAuthorsName) and
    newBook^setPrice(aPrice) and
    newBook^setPageCount(aPageCount) and
    newBook^setCoverImage(aCoverImage) and
    newBook^addPublisher(publisher[aPublisherName]) and
    self^addBook(newBook)
```

在上述契约中，newBook 上添加了两个强制链接：一个是从 newBook 到 Publisher；另一个是从 newBook 到控制器 Livir。要牢记，Livir 是契约的上下文，而 self 则代表一个 Livir 实例。

8.5.4　删除实例

尽管在面向对象的系统中，删除对象很少见，但有时也会发生。通常绝版书籍和已故客户是不会从记录中删除的：这些信息只是标记为不活跃或将其移到另一个地方。如果公司需要过去的可信赖活动记录，那么这些信息就不能丢失。

然而，假设一个出版商或任何其他类实例因失误被两次插入系统记录，如果两个实例都发生了变化，则会被合并。对于第二个实例，如果没有活动注册，则可能从记录中被删除。在这种情况下，一个对象必须被删除。

删除实例的方法有以下两种。

- 显式：通过给对象发送一个删除消息，声明该实例被删除。
- 隐式：所有到对象的关联被删除，这样实例就不可访问了。在编程语言中，这可能通过垃圾回收机制从内存对象中移除以达到无法访问的目的。

本书所选择的是显式方法，因为该方法使建模人员的实际意图更清晰。一个被删除的对象必须接收一个类似信息：

```
object^destroy()
```

在一个系统命令后验条件中该表达式的意思是：所引用对象在命令执行中被删除。

假设所有删除对象的链接被删除，如果先前链接到它的对象不一致，那么契约必须指明该对象发生了什么（是否该同样被删除，还是用另一对象的链接来取代）。

8.5.5 删除链接

两个对象之间链接的删除是由一个带有前缀 remove[①]的基本命令来完成，其后紧跟规则名，并接收作为要删除规则的对象成员的参数。例如，删除指定购物车的最后一件商品，可以使用以下契约：

```
Context Livir::removeLastItem(aCartId:CartId)
  def:aCart=cart[aCartId]
  def:lastItem=aCart.item->.last()
  post:
    aCart^removeItem(lastItem)
```

当要删除链接的目标规则具有重数为 1 或者 0..1 时，通知该参数的操作是可选的。这是因为只有一个可能的链接被删除。如果从商品项目的角度删除链接，而不是之前的购物车角度，其最终结果是相同的，但基本命令不需要参数：

```
Context Livir::removeLastItem(aCartId:CartId)
  def:aCart=cart[aCartId]
  def:anItem=aCart.item->last()
  post:
    anItem^removeCart()
```

不过，以上两个契约都会使 item 产生不一致问题。这是由于它包含一个至 Cart 的强制关联；如果契约完成，该关联就不存在。契约必须考虑这样一种情况：当从 Item 到 Cart 的规则具有强制性(1)时，删除此链接意味着删除该 Item 或者是它到另一个 Cart 的链接，这必须在同一契约中完成。

如果选择删除该 item，那么在契约中只能使用基本命令。因为只有使用这种方式，所有到该 Item 的链接也都会被认为自动进行删除：

```
Context Livir: : removeLastItem(aCartIc:CartId)
  def:aCart=cart[aCartId]
  def:1astItem=aCart.item->last()
  post:
    lastItem^destroy()
```

试图删除一个不存在的链接属于设计错误，不能在标准格式（well-formed）的契约中声明，这将在 8.5.6 节中详述。

---

① 在某些情况下可能会使用 unset。

8.5.6　标准格式后验条件

如果假设基本命令不检查对象和链接执行后是否处于一致状态，那么当设计者在指定系统命令契约时，必须进行验证。

必须完成的验证汇总如下：

- 创建实例的命令也必须由后验条件来声明所有的实例属性已被初始化。以下几类除外：
  - 派生属性（计算类的）。
  - 有初始值的属性（由 init 子句预定义，除非需要一个不同的值）。
  - 可以为空的可选属性（在这种情况下，初始化是可选的）。
- 必须为新创建的实例添加所有强制链接。
- 即使新创建的实例不包含任何链接或关联，也必须链接到至少一个实例之上。该实例包含一个到控制器的链路或直接连接到控制器本身。
- 所有创建的链接，必须在其关联规则所定义的范围内。
- 受属性、链接或实例中变化影响的常量，必须为真。

常量检查机制并不能保证设计者编写让所有常量为真的契约。设计者的职责通常包括小心地使用常量、避免引发异常。如果一个常量引发了系统无法处理的异常，那这就是设计问题。

另一个问题涉及用初始值声明的属性。如果该属性初始值的定义使用了只能通过浏览其链接才能获得的信息，那么在链接创建之前，它如何计算？必须注意这样一个问题，即具有初始值的属性，其初始化操作将会成为实现契约程序编码的最后任务之一。换句话说就是，只有在所有的链接都添加并且实例处于一致性状态之下，有初始值的属性才可以定义。例如，图 8.1 中 item 的 unitPrice 属性，只有在 item 和 book 之间的链接添加之后，才可能被初始化，因为初始值取决于链接。契约设计者并不需要关心这部分内容，因为契约是声明性的，不过程序员在生成代码时必须注意。

8.5.7　后验条件组合

如前所述，一个系统命令通常会带有许多个可以使用 and 操作符连接起来的后验条件。但是，有时也可以使用 or 操作符来表示获得其中一个后验条件，但这并不是必要的。如下所示：

```
post:
  <postcondition1> or
  <postcondition2>
```

就代码生成而言，该操作符的主要问题在于其固有的二义性（inherently ambiguous）。因此，在确定性的表达式出现时应该尽量避免使用。

另一个用于连接 OCL 表达式的操作符是 implies，它与布尔逻辑操作符含义相同。implies 用于这样一种场景：只有当一个特定条件为真时，后验条件才成立。例如，只有当它不存在时，下列契约才会添加一本书到购物车：

```
Context Livir::add2Cart(aCartId:CartID,anIsbn:Isbn,aQuantity:Natural)
  def:aCart=cart[aCartId]
  def:aBook=book[anIsbn]
  def:anItem=aCart.item->select(book.isbn=anIsbn)
  pre:
    aCart->notEmpty() and
    aBook->notEmpty()
  post:
    anItem->isEmpty() implies
      newItem.isNewInstanceOf(Item) and
      aCart^addItem(newItem) and
      newItem^setQuantity(aQuantity) and
      newItem^addBook(aBook) and
      newItem^setUnitPrice(aBook.price)
```

implies 操作符也可以用 if-then-endif 表达式代替。当条件为假，要获得一个替代后验条件时，特别适合使用该表达式。在这种情况下，应该使用 if-then-else-endif 的替代形式。而对于上面的例子，如果在订单上已经出现了该书目，订购量可能会被增加到已存在项目的数量属性当中。以下契约说明该操作符的用法。

```
Context Livir::add2Cart(aCartId:CartId, anIsbn:Isbn,aQuantity:Natural)
  def:aCart=cart[aCartId]
  def:aBook=book[anIsbn]
  def:anItem=aCart.item->.select(book.isbn5anIsbn)
  pre:
    aCart->.notEmpty() and
    aBook->.notEmpty()
  post:
    if anItem->.isEmpty() then
      newItem.isNewInstanceOf(Item) and
      aCart^addItem(newItem) and
      newItem^setQuantity(aQuantity) and
      newItem^addBook(aBook) and
      newItem^setUnitPrice(aBook.price)
    else
      anItem^setQuantity(anItem.quantity@pre+aQuantity)
    endif
```

有关操作符@pre 的具体含义将会在 8.5.8 节进行介绍。

implies 的优点是比较简洁。if-then-endif 或 if-then-else-endif 的优点在于程序员通常对此比较熟悉，同时还包括一种方法来指明在这两种情况下的布尔表达式中哪种形式比使用两个 implies 结构更简短。

8.5.8 前值

有时在命令被执行前，后验条件建立在属性和规则值的基础上。这些前值（former value）

被@pre 函数表示以指明在命令被执行后（应该是不同的），它们与属性值并不是一致的。例如，建立指定书的库存已经增加的后验条件可以表示为如下形式：

```
Context Livir::add2Stock(anIsbn:Isbn;aQuantiy:Natural)
  def:aBook=book[anIsbn]
  post:
    aBook^setQuantityInStock(
      aBook.quantityInStock@pre+aQuantity
    )
```

那么为什么在上面使用了@pre？这是因为命令被执行后，库存量已经递增，并且 setQuantityInStock 的基本命令的参数已经被定义为先前量加上新的增量。

切记，OCL 是声明性的，这就像使用数学符号表示的 x=x+1 是一个假命题，因为不管 x 取什么值，此式都不会成立。但是，当用编程语言编写 x:=x+1 时，就相当于 x=x@pre +1。

操作符@pre 同样可以用于一个指定规则的链接。例如，表示系统命令执行前连接到一个订单的条目集合，可使用以下表达式：

```
def:anOrder=...
post:
  anOrder.item@pre...
```

该操作符的另外一个更为鲜明的用例是：在系统命令被执行前，从订单中提取总计值的表达式。不只是数量和项目价格可能改变，项目列表本身也可能会发生改变。因此，有必要 3 次使用@pre 操作符。如下所示：

```
def:anOrder=...
post:
  anOrder.item@pre->sum(unitPrice@pre*quantity@pre)...
```

另一方面，如果分析者相信属性值和链接没有被系统命令所改变，那么@pre 表达式可以省略，如下所示：

```
def:anOrder=...
post:
  anOrder.item->(unitPrice*quantity)...
```

8.5.9　覆盖对象集合的后验条件

可以用一个单独 OCL 表达式声明整个对象集的变化。例如，一个表达式声明，每本书的价格增加了 x%，可以用 forAll 表达式表示为：

```
Context Livir::raiseBookPrice(x:Percent)
  post:
    self.book->forAll(aBook|
    aBook^setPrice(aBook.price@pre*(1+x))
  )
```

如果不需要使用等式当中的前值，即如果每个对象都用同一个价格更新，就可能去简化该记号。例如，如果所有书的价格都被设为 x 元，那么可以使用如下表达式来代替：

```
Context Livir::setBookPrice(x:Money)
  post:
    self.book->forAll(aBook|
    aBook^setPrice(x)
  )
```

这种情况下还存在另一种更为简化的形式：

```
Context Livir::setBookPrice(x:Money)
  post:
    book^setPrice(x)
```

请牢记这个例子，book 是一个从控制器到 Book 类关联的规则；因此，这相当于 self.book，即代表了所有在系统中注册书的集合，就像“.”符号那样，“^”符号也可以用于集合。

8.5.10 后验条件与真实事件

创建契约的过程与用例以及概念模型的扩充密切相关。概念模型应该时刻作为一种引用，因为它是具有可被声明信息的信息源。

就概念模型的元素而言，契约应一直使用可被解释的表达式书写。因此，类似“所订书籍已经开始发货”之类的声明不会成为后验条件，因为它们不代表包含在概念模型中的信息，所描述的是真实事件。如果开发团队想要在契约中表达这种含义，则应该创建一个概念结构（属性、规则或概念）来表示。例如，对于“书籍已经发货”这一事实的表示，可以通过创建一个 Delivery 类的实例，并将其链接到 Order 的当前实例。

8.6 异　　常

契约中的异常是指设计者执行命令前，所不能或不想避免的失败情况。

有时，作为异常的条件可能转化成前验条件。如果可以将异常转换成前验条件，通常会推荐此种转换，因为这样会尽可能避免问题。当然，最好的办法是阻止用户执行一个错误的操作，而不是允许用户如此操作并在随后报告错误。

OCL 不提供具体子句来管理异常，但可以在契约中通过如下假设后验条件进行模拟：

```
post:
  if <condition> then
    <raise exception>
  else
    <all other post conditions,including other exceptions>
endif
```

由于使用这种嵌套方法不容易去表达很多异常，因此在这里使用了新的版型化的子句 exception，使用该子句后，以上表达式可以表示为类似如下更为简洁的版本：

```
Exception:
  <condition> implies <raise exception>
```

目前，对于一个表示异常的契约来说，是足以识别产生异常以及命名异常的条件。

契约只是表示异常可能发生，但其操作必须在应用层和接口层设计期间定义。因为如果 façade 控制器引发了异常，应该立即由上述两层之一进行处理。

下面的例子演示了一个带有基于图 8.1 和图 8.2 异常的契约，如下所示：

```
Context Livir::finishOrder(acartId:CartId,aCustomerId: CustomerId)
  def:aCustomer=customer[aCustomerId]
  def:aCart=cart[aCartId]
  pre:
    aCustermer->notEmpty()and
    aCart->notEmpty()
  post:
    newOrder.isNewInstanceOf(Order) and
    newOrder^addCart(aCart) and
    newOrder^addCustomer(aCustomer) and
    newOrder^setDate(Date.getCurrent()) and
    newOrder^setNumber(OrderNumberGenerator.getNew())
  exception:
    aCart.item->isEmpty()implies Exception.throw('Cannot finish an empty order')
```

这里的基本消息 throw 用于将异常发送到一个称为 Exception 的类，这并不是一个基本的 OCL 类。当该命令的代码生成时，异常必须被发送到调用系统命令的对象中（这可能是一个来自应用层或接口层的对象），并且还要假设没有获得任何后验条件。

系统命令异常应该是一个通过系统命令执行不能被解决的条件，需要执行流控被返回到接口层，如此，用户会被询问是否会尝试其他选项。

系统命令能够内部处理的内部软件异常不会被反馈到接口中。因此，它们并没有在契约中提及，这将会在设计和编写内部控制机制时进行处理。

此外还要假设在异常抛出的同时命令不能被执行，并且没有获得后验条件。这是因为数据必须保持一致状态，甚至是在一个异常发生时。

正如前面所讲的那样，如果设计者找到一种在调用命令之前确认条件的方法，那么某些异常就可能会被转化成先验条件。因此，上述发生异常的契约可以转化为如下形式：

```
Context Livir::finishOrder(aCartId:CartId,aCustomerId:CustomerId)
  def:aCustomer=customer[aCustomerId]
  def:aCart=cart[aCartId]
  pre:
    aCustomer->notEmpty() and
    aCart->notEmpty() and
    aCart.item->notEmpty()
  post:
```

```
newOrder.isNewInstanceof(Order) and
newOrder^addCart(aCart) and
newOrder^addCustomer(aCustomer) and
newOrder^setDate(Date.getCurrent()) and
newOrder^setNumber(OrderNumberGenerator.getNew())
```

在这种情况下，命令假设在系统时序图中的先前操作已经检验，并且假设在这个时间点上购物车不为空。因此，命令将不会再次对它进行检验。这会在被调用时阻止 finishOrder 命令去执行不必要的验证，从而简化了代码。

只有概念元素（概念、属性或关联）可能在契约的 OCL 表达式中出现。这些元素与被分析系统的业务规则有必要联系。这里提到的异常必定是与业务规则相关的异常，而并非是与硬件或通信问题相关的异常。可能发生在物理存储、通信或外部设备环境中的异常，必定会被位于所涉及的元素所在层中特定机制所解决。通常情况下，用户不需要对此太过注意。

8.7 CRUD 的模式契约

下面所展现的是典型的 CRUD 命令契约模型，其中涉及 3 种系统命令契约和一种系统查询契约。这些命令和查询都是在图 8.1 中所定义的 Book 类中执行。CRUD 操作的契约与之类似，也可以被当作模式进行处理。

8.7.1 创建契约

create 命令的契约通常应该包括如下内容：一个新对象的实例化、其强制属性的初始化以及强制链接的添加。下面是一个创建一本新书的完整契约：

```
Context Livir::createBook(anIsbn:ISBN;aTitle.anAuthorsName:String;aPrice:Money;
  aPageCount:Natural;aPublisherName:String;aCoverImage:Image)
  pre:
    publisher[aPublisherName]->notEmpty()
  post:
    newBook.newIstanceOf(Book) and
    newBook^setIsbn(anIsbn) and
    newBook^setTitle(aTitle) and
    newBook^setAuthorsName(anAuthorsName) and
    newBook^setPrice(aPrice) and
    newBook^setPageCount(aPageCount) and
    newBook^setCoverImage(aCoverImage) and
    newBook^addPublisher(publisher[apublisherName]) and
    self^addBook(newBook)
```

契约中假设出版商名称已经过检验并且有效，否则该条件应该是一个异常，而不是一个先验条件。

当 ISBN 属性已经使用<<unique>>版型时，没有必要为使用现存 ISBN 创建一本书的问题而创建一个与之关联的异常，这是因为该异常将会通过<<unique>>版型所定义的类常量抛出。设计者可能想要该异常在其所存在的契约中显式存在，不过没有必要声明一个已作为常量定义的异常，同时也由于该冗余是一个应避免的可能问题源。

不过，如果团队想要确保传递到命令的 anIsbn 参数确实是一个还未注册的 ISBN，可以通过给契约添加一个先验条件来实现。这不能使得被常量引发的异常失效，不过能够确保这种指定操作不会引发该异常。如下所示：

```
Context Livir::createBook(anIsbn:ISBN;aTitle,anAuthorsName: String;aPrice:Money;
  aPageCount:Natural;aPublisherName:String;aCoverImage:Image)
  pre:
    publisher[aPublisherName]->notEmpty() and
    book[anIsbn]->isEmpty()
  post:
    newBook.newInstanceOf(Book) and
    newBook^setIsbn(anIsbn) and
    newBook^setTitle(aTitle) and
    newBook^setAuthorsName(anAuthorsName) and
    newBook^setPrice(aPrice) and
    newBook^setPageCount(aPageCount) and
    newBook^setCoverImage(aCoverImage) and
    newBook^addPublisher(publisher[apublisherName]) and
    self^addBook(newBook)
```

8.7.2　更新契约

update 命令通常只是涉及某些属性值的改变，但是有时也可能会涉及添加和删除链接的问题。不过，在为对象的更新操作定义一个契约之前，设计者必须考虑哪个属性和链接是不可变的。图 8.1 中添加到某些属性和关联规则的<<immutable>>版型，声明了这些属性在对象创建后不允许改变。在开始考虑对象是否可以修改以及编写契约期间唯一有意义的是将该功能纳入考虑范畴的时机。就一个不可变属性而言，其值可以在创建实例时定义，但一旦定义完成之后就不可改变。书籍的 ISBN 就是个例子。不可变规则涉及一个链接，该链接通常是强制性的，并在对象创建时被添加。在该规则之下的对象不能被改变。例如，当一个订单项目被创建时就与当前购物车建立了连接，在此之后就不能链接到另外一个购物车当中了。

更新命令不能改变不可变属性和链接。就图 8.1 中的 Book 而言，只有下列属性可被更新，分别是 price、coverImage 和 quantityInStock。此种情况下的更新契约类似如下代码：

```
Context Livir::updateBook(anIsbn:ISBN; aPrice:Money; aCoverImage:Image
  aQuantity:Natural)
  def:aBook=book[anIsbn]
  pre:
    aBook->notEmpty()
  post:
    aBook^setPrice(aPrice) and
```

```
    aBook^setCoverImage(aCoverImage) and
    aBook^setQuantityInStock(aQuantity)
```

ISBN 仅被用于查找指定的书籍。但由于其是不可变的，所以不能被更新。如果可以被更新，那么将会有两个 ISBN 值应该作为参数被传递，其中，旧的 ISBN 用于给书籍定位，新的 ISBN 将代替旧值。

就像第 6 章中所描述的那样，切记唯一属性并不是一定要作为主关键字，只是一些不会在不同实例重复的带有数值的属性而已，其可变与否，取决于概念的本质。

8.7.3 删除契约

在决定一个对象能否被删除之前，删除对象的命令必须考虑概念模型的结构化规则。

例如，图 8.1 所示的例子中，在没有决定 Item 最终链接到的实例发生什么状况的情况下，Book 的实例不能被删除。这是因为从 Item 的角度看，到 Book 的链接是强制性的。

为了在不违反任何结构化规则的情况下执行删除操作，必须选择下列 3 种方法之一：

- 就其关联的下限而言，通过先验条件，确保正在被删除的对象不会使其他对象产生不一致性。这种方法只能选择没有关联项目的书籍进行删除。这意味着，只有从来没被销售出去的书籍才会被删除。
- 如果一个对象试图使其他对象不一致，使用异常终止删除命令。如果用户试图删除一本有条目链接的书，就会引发异常。
- 通过后验条件，确保所有删除后产生不一致的对象也被删除。这样，链接到将被删书籍的条目也会被删除。

如果想要把删除命令扩展到每一个与被删除对象有强制关联的对象时，可以考虑使用第三种方法。该扩展是递归的：直到找不到与被删除对象有强制关联的对象时[①]，删除操作才会停止。这种方法并不常用。同时还会存在扩展删除与业务规则相悖的情况。例如，拿书籍来说，删除链接到一本被删书籍的项目，将会与已经注册的旧命令产生矛盾，这是不可接受的。然而，当一个购物车正在被删除时，删除项目是可以接受的，因为如果一个购物车被删除了，就会被业务规则排除，所有与其条目相关的信息也会被删除。

使用先验条件方法的一种可能契约如下：

```
Context Livir::deleteBook(anIsbn:ISBN)
  pre:
    book[anIsbn]->notEmpty() and
    book[anIsbn].item->isEmpty()
  post:
  book[anIsbn] ^destroy()
```

如前所述，destroy 消息会删除 Book 的实例以及其最终链接，该链接不需逐个删除。先验条

① 事实上，在一般情况下，规则的下限就是那些必须要加以考虑的信息。例如，如果规则的重数为 3..*，在删除链接时如果只保留 3 的那些将会造成对象的不一致。

件确保书籍存在，并且没有任何项目与之产生链接。如果一本指定的书有相关项目，那么该命令就会被调用。

使用异常方法的可能契约表示如下：

```
Context Livir::deleteBook(anIsbn:ISBN)
  pre:
    book[anIsbn]->notEmpty()
  post:
    book[anIsbn] ^destroy()
  exception:
    book[anIsbn].item->notEmpty() implies
      self^throw('The book cannot be deleted because copies of it have already
been sold')
```

使用后验条件方法扩展删除到所有链接购物车的条目，可表示为如下方式：

```
Context Livir::deleteCart(aCart:Cart Id)
  Pre:
    cart[aCartId]->notEmpty()
  post:
    cart[aCartId].item ^destroy() and
    cart[aCartId] ^destroy()
```

以上后验条件声明：除购物车外，每一个链接到它的项目也会被删除，因为 item 类与来自其他类的强制链接没有关联，删除过程可能就此停止（例如，链接到条目的书籍没有被删除），否则有必要删除其他对象，这应由契约完成。

当扩展删除到依赖于正在删除对象的所有对象可行时，必须使用后验条件方法。在删除组合聚集时，该方法同样有用。依据定义，所有的组件同样要被删除，除非该组件已经从组合中被移除。

就像先前提到的那样，也存在这种扩展不可行的情况。例如，若已经为某书籍登记了销售信息，就不可能将其从类中删除。在这种情况下，就必须选择先验条件方法或者异常方法。首先，需要阻止不能被删除的书，将其 ISBN 作为参数传递给那个命令。例如，在界面上的要删除的可用书籍列表，只能包含那些能被删除的书籍。如果该保证不可能或者不可行，就应该选择异常方法。此时，界面允许用户尝试删除。如果这不可能实现，就会引发异常。

信息系统通常不允许删除信息。例如，从某个类别中移除的书籍并没有真正被删除，而只是被标记为非活动（inactive）。如果有关该书的信息被移除，那么之前的销售信息将与现实不一致。为实行这种方法，一种简单的解决方案是：为那些成员可能用“标记不活跃”代替“删除”的类，定义一个新的布尔型 active 属性。该属性的默认值为真，因为对象被创建时，通常是处于活跃状态的。对于 Book 类来说，其解决方案如图 8.4 所示。该类的实例不能被删除，但可以被标记为不活跃。

在该例中，标记一本书不活跃的契约如下：

```
Context Livir::inactivateBook(anIsbn:ISBN)
  pre:
    book[anIsbn]->notEmpty()
  post:
    book[anIsbn] ^setActive(false)
```

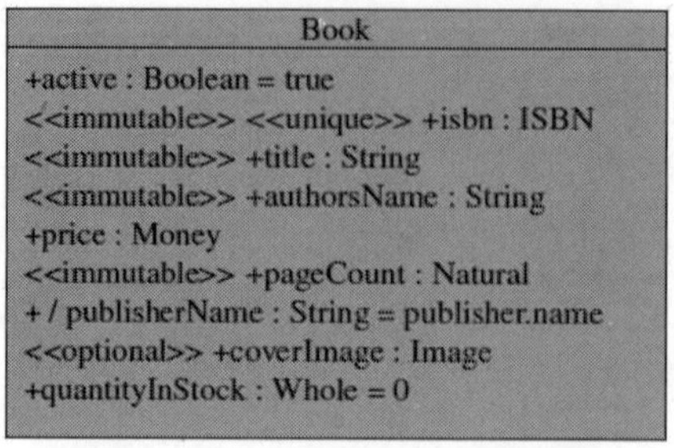

Book

+active : Boolean = true
<<immutable>> <<unique>> +isbn : ISBN
<<immutable>> +title : String
<<immutable>> +authorsName : String
+price : Money
<<immutable>> +pageCount : Natural
+ / publisherName : String = publisher.name
<<optional>> +coverImage : Image
+quantityInStock : Whole = 0

图 8.4　Book 类当中的一个变量

在该例中，没必要检验书籍是否包含条目，因为没有实际要被删除的项。

另一种方法是将不活跃对象移动到不同空间。例如，使用一个到控制器的新关联，该控制器可以把不活跃对象从活跃对象中隔离出来。图 8.5 所展示的就是为 Book 类实现这种方法的一个例子。

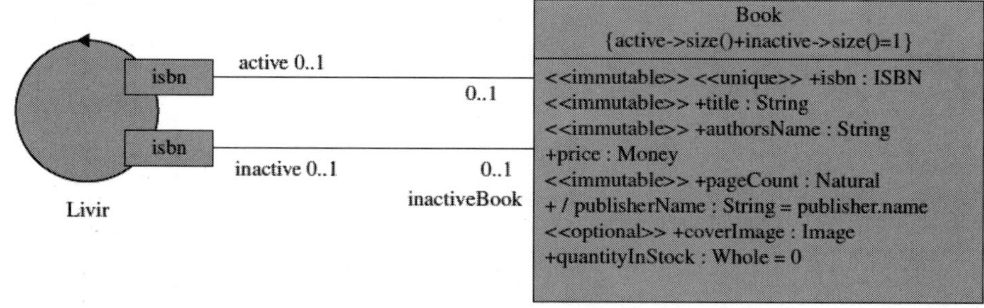

图 8.5　标识具有两个关联不活跃书籍的替代方法

在图 8.5 中存在着有关书籍对象的两个集合：（活跃的）book 和 inactiveBook。在 Book 类中的限制，确保一本书只属于一个或另一个集合。

此外，还存在另外一种方法，该方法使用 state 设计模式来为对象的两种状态进行建模，如图 8.6 所示。同样地，其中包含了书籍的两个集合。（活跃的）书籍的常见集合可以直接被某个派生关联访问；而图中不活跃书籍的集合则必须通过咨询连接到不活跃实例书籍的集合来访问（不过，即便是可行的，也不能阻止另一个派生关联的创建以访问不活跃书籍）。

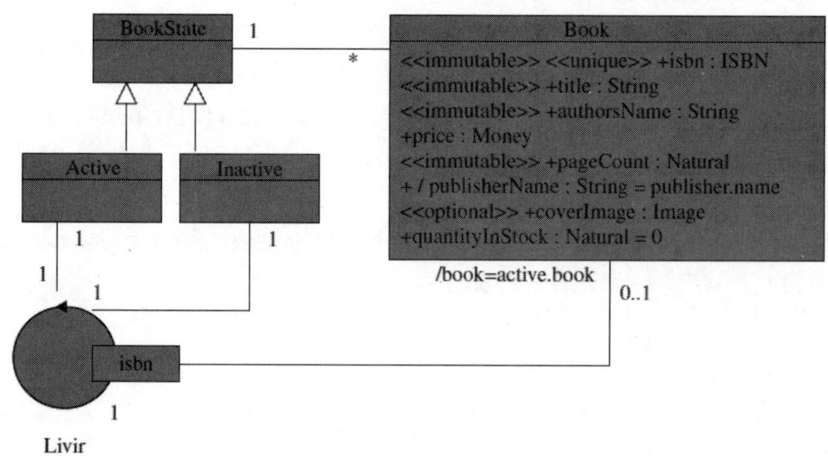

图 8.6　使用状态设计模型代表不活跃对象的一种替代方式

该模型看起来有些复杂，但是避免了一个约束的需求，同样可以被转化成某种模式以及一种可为之创建的版型。

8.7.4 检索契约

简单的 CRUD 检索查询会返回关于给定概念实例的可用数据，该概念由其当中的唯一标识符识别。这些查询不会返回在类定义中没显式指明的数据。用于从一个或更多对象中返回经过计算的数据的查询都是报表（使用<<report>>版型的用例）。检索操作本身并不执行计算。

如图 8.1 所示，Book 类的一个简单检索查询可被定义如下：

```
Context Livir::retrieveBook(anIsbn:ISBN):Tuple
  body:
    Tuple{
      isbn=anIsbn,
      title=book[anIsbn].title,
      authorsname=book[anIsbn].authorsName,
      price=book[anIsbn].price,
      pageCount=book[anIsbn].pageCount,
      publisherName=book[anIsbn].publisherName,
      coverImage=book[anIsbn].coverImage,
      quantityInStock=book[anIsbn].quantityInStock,
    }
```

检索查询返回一个元组或记录，当中含有来自对象属性的数据，这些对象是通过查询参数选择的。

8.8 对象列表模式契约

在一个或更多属性出现的地方，往往有必要列出对象。这种契约形式的第一个例子是：列出书店所有可用书籍的 title 属性信息，如下所示：

```
Context Livir::listBook():Set
  body:
    book.title
```

在图 8.1 中，由于来自控制器的 book 规则是一个绝对的集合形式，因此 book.title 表达式的结果也应该是一个集合。因此，若两本书籍有相同的标题，将只被列出一次，即使这两本书有不同的 ISBN。

如果列表中希望包含多列（例如，作者和标题），那么有必要返回元组的一个集合，如下所示：

```
Context livir::listBook():Set
  body:
```

```
    book->collect(aBook|
     Tuple{
       authorName=aBook.authorName,
       title=aBook.title
      }
    )
```

在有些情况下，需要为列表使用某个过滤器。例如，只返回某些书的作者和标题，而且这些书没有任何条目链接到它们（即从未出售过的书）。在这种情况下，形成元组前 select 可能被运用到集合中：

```
Context Livir::listBookNotSold():Set
  body:
    book->select(
      item->isEmpty()
    )->collect(aBook|
      Tuple{
        authorsName=aBook.authorsName,
        title=aBook.title
      }
    )
```

大多数列表查询可能只有两种构造器：select（过滤器）和 collect（投影）。但有可能会涉及创建更多的复杂查询。在这些情况下，不匹配列表模式（<<list>>）也被认为是一些更为复杂的报表（<<report>>）。

8.9 用例相关契约

扩展用例是一系列的命令和查询链，并随后在某个给定序列中被执行。通常情况下，每个操作将提供信息，或为其他操作保证先验条件。为这种操作序列书写契约的最好方法是，遵循在系统时序图中描述的用例流。在这种时序图中，设计者必须要自查的是：

- 每个操作的目标是什么？
- 就信息而言，会产生什么？
- 期望其前导任务已经产生了什么？
- 在执行期间可能发生什么异常？
- 当中的异常能作为先验条件重新配置吗？
- 其参数包括无效值的组吗？
- 操作遵循一个已知的模式吗？

在回答这些问题的同时，设计者将会建立契约。该契约允许命令和查询在用例处理环境中，用一种一致的方式被执行。如果有必要为了确保特定的先验条件而添加新查询或命令到时序图，此时就是最佳时刻。

本章展示了许多与图 8.2 所示的系统时序图相关的例子，希望读者经常回顾一下那幅图，为每一操作询问以上问题，来理解它们在本章是如何做出解答的。

8.10 当前进度

	起始阶段（Inception）	细化阶段（Elaboration）
业务建模	构建整个系统的概要视图： ● 构建业务用例图并确定项目的自动化范围 ● 为业务用例构建初步的活动图 ● 为关键业务对象构建初步的状态机图	
需求	准备系统用例图（功能需求）： ● 从业务用例模型中识别出系统参与者（actor） ● 从业务用例模型中识别出系统用例，并从业务模型中识别活动以及状态机图 确定非功能性需求作为用例注解： ● 确定关联到用例的主要业务规则 ● 确定关联到用例的主要质量问题 确定增补需求	通过扩展用例进一步细化需求： ● 识别主要流 ● 识别替代流：变体以及异常处理
分析与设计	通过观察系统用例和所需概念，准备初期概念模型	细化系统时序图： ● 使用系统时序图表示用例的主要流 ● 使用状态或者无状态策略来表示系统命令及查询 ● 用替代流完成系统时序图 提炼概念模型： ● 在扩展用例文本中识别概念、属性以及关联 ● 使用需要的版型、重数以及约束来细化属性以及关联 ● 通过使用继承、关联类以及时序规范（temporal specification）来组织模型 ● 根据需要添加变量 ● 依据应用系统分析模式来改进概念模型 在系统时序图中为命令和查询编写相应的系统操作契约： ● 基于无效参数以及互补约束确定先验条件及异常 ● 确定命令的后验条件以及查询的返回
实现		
测试		
项目管理	估算项目的总体工作量、理想进度以及平均团队规模 估算每个阶段的迭代次数及周期 为首次迭代准备阶段计划和迭代计划	

8.11 思 考 题

1．就异常如何才能被转化成先验条件，解释和介绍一个实例；反之亦然。
2．命令契约和查询契约中的异常有何区别？
3．5 个可能的后验条件是什么，用什么基本命令定义它们？它们在 OCL 契约中如何表示？
4．为图 8.2 中的 searchBook 查询编写一个契约。

第 9 章　域 层 设 计

本章提要

- 职责（Responsibility）
- 可见性（Visibility）
- 低耦合（Low coupling）
- 委托（Delegation）
- 动态建模
- 设计类图

9.1　域层设计概述

软件设计的总体目标是：形成已经通过分析充分说明问题的解决方案。问题的静态方面在概念模型中表现，功能方面在扩展用例、系统时序图和系统操作契约中体现。现在，可以去设计某种软件（也可能是硬件）解决方案来实现系统的逻辑和技术方面。从这个意义上讲，设计是通过分析为问题建模的一种解决方案。

在迭代期间，经过了用例扩展、概念模型精练、契约编写之后，团队会择机实施设计活动，这些活动可以被分成如下两组。

- 逻辑设计（本章内容）：涉及与业务逻辑相关问题的方方面面。逻辑设计通常在设计类图（Design Class Diagram，DCD）中表示，并通过交互图实现。DCD 是由概念模型演化而来的，而交互图负责展示对象如何为执行系统操作和获得契约的后验条件而进行信息交换。
- 技术设计：涉及所使用技术固有问题的所有方面，如接口、数据存储、安全、通信、容错等。与技术设计相关的活动被随后处理。
    - 接口层设计（参见第 12 章）：包括设计用户接口和更好地使其从域层当中去耦。
    - 持久层设计（参见第 13 章）：包括允许数据装载和存储的持久机制定义，可以被自动地执行，这可以使设计者从这些方面的忧虑当中解脱出来。

逻辑设计也称为域层设计。域层对应着执行所有数据转化和查询类的集合。系统的技术方面由其他层实现：持久性、接口、通信、安全等，通常源自域层，并且为域层所决定，其作用是连接域的纯逻辑到物理的计算机层面（如通信网络、用户界面、存储设备等）。

域层设计基本包括两个被迭代执行的活动。

- 动态建模：包括为系统操作契约创建执行模型。在面向对象的系统中，这样的模型通常使用交互图表示，例如通信图和时序图，甚至是纯文本算法。

- DCD 创建：基本包括添加到概念模型一些早先不可能或不可取的信息。例如，关联的导航方向，以及在每个类中被实现的方法。如果动态建模完成，这些方面可以被有效地包含在软件设计中。此外，设计类的结构可能会与概念模型有些细微的区别，这是因为此时新的类或者某个不同类组织可能对于执行某些功能很有必要。

如果团队是由以下两个构件所组成，那么就可以系统地执行逻辑设计：

- 演化设计类图。
- 由系统操作契约表示的功能模型。

逻辑设计活动包括为建立在系统时序图中的系统操作（特别是系统命令，这将在随后进行解释）创建交互图，同时要考虑 DCD 和各自的系统操作契约。

就像前面提到的那样，动态建模可使用通信图或时序图，甚至是算法。这些形式都有各自的优缺点：

- 对程序员而言，算法的编写更容易一些。但是，要清楚理解简单文本中对象之间的连接可能有些困难。因此，选择使用面向对象动态建模的算法，可能会引起类中的高耦合风险，以及生成不良设计的风险。
- 在可视化和职责分配这方面来看，通信图要优于算法，此外，在提供对象间可见行的显式视图方面，也优于时序图。不过，这些图可能难于组织；同时，对于复杂的协作来说，通信图可能会比时序图更难阅读。
- 时序图通常比通信图易读，但不能显式展示对象间的行可见性。如果设计者没有注意到这方面的问题，可能会将无效或不可能的通信包含到图中。

为了减轻对象间行可见性可视化，本章为动态建模使用了通信图。在某些情况下，为了便于做比较，也会使用等价的时序图。

本章当中类图的例子都是在假设处于设计期间。因此，关联可能是定向的，并且类可能包含方法和私有属性。

本章最初讨论了对象职责，这是理解在对象间如何分配方法的一个关键性概念。要知道哪个对象应该实施何种职责，用于允许设计类被高内聚。

另一个被详细介绍的关键性概念是可见性，用于确定只有当行可见性存在时，对象间的通信才会发生。如果这些行的数量被最小化，低耦合（meyer，1988 年）才会在设计中获得。

最后，本章介绍了如何通过使用职责分配和可见性以及其他设计模式将契约转化成动态模型，以尽可能形成最佳设计。

9.2 对象职责分配

对象间的职责分配与以下问题有关：在哪些类实施什么方法？

当设计者只是试图添加方法到一个类图时，就会发现很难为该问题找到一种简洁的解决方案。然而，交互图和设计模式的使用可能提供一种更行之有效的方法，以便能够发掘出实施每种方法的最佳之处。

DCD 从概念模型中建立，该模型提供了基本的类、属性和所需的关联的集合。很有必要为每个系统操作契约开发交互图。为了获得各自契约的后验条件，这些图展示了交换信息的对象。有许多技术可以用简单的方式帮助建立这些图。特别是对初级设计者，使用图要比算法好。因为使用算法会使设计者沉迷于一个单独类中所有职责，继而导致设计失败。而这些图可以使对象间的职责分配更形象化。本章后续内容中将会讲述有关这方面的例子。

当一个团队创建面向对象的代码时，如果没有为动态建模使用恰当的方法（也就是说，只是设计了类图，并且为其添加了 ad-hoc 方法），就会存在在类之间出现不恰当分配职责的风险。最终结果可能是非结构化的乱码。通常，面向对象系统在类层面的组织是很标准的。但糟糕的是，方法内部所编写的代码通常都是缺乏良好设计的。

因此，要使一个系统简洁，职责必须被合理分配。如果没有使用系统的方法，职责可能在控制器类，或者是在那些标识业务执行者（actor）的类（如 Customer 或 Clerk）当中显得过于集中。最后，诸如 Book、Order 以及 Payment 这样的类，除了它们自己的 getter 和 setter 属性，将不会有相关的方法。

当有一两个类执行所有操作且其他类都处于被动等待时，这样的编码就明显与面向对象名不副实，就剩下了一个集中的结构。这种情况下，更可能会做出一个好的结构设计，而不是差的面向对象设计。

此外，设计者有时也会犯这样的错误：相信面向对象系统就是对真实世界的模拟。这并不完全正确。面向对象模型表示的是真实世界的信息，而不是它们自身的东西。该区别并不明显：方法与真实世界中的操作并不一致，但与系统的内部信息处理是一致的。这就是类似 Book 这样的概念在真实世界是被动的，而在面向对象系统中却用于承担执行命令的重任的原因所在。

因此，设计面向对象软件必须作为一种精确的方法来理解，由学习模式指引，不只简单地作为对它们创建类和关联 ad hoc 方法的动作。

在解释如何在对象间分配职责之前，必须为这些职责定义分类。基本上存在以下两个高级别的职责组。

- knowing 职责：对应对象上的查询。
- updating 职责：对应对象所执行的命令。

这两个职责组都被分成以下 3 个子组。

- 对象所知道的或者是在其本身更新的事件（它的属性）。
- 对象所知道的或者是在其附近更新的事件（它的链接）。
- 对象所知道的或者更新的其他事件，这些事件并未归于先前的两个组的分类当中。一般这些事件与派生知识（总的说来，是指派生的属性和关联以及其他的查询）以及协调活动（代理方法）一致。

对于 knowing 职责来说，其中的 3 个子组描述如下。

- 对象知道关于其自身的事件：这等价于可以访问某个对象的属性。这样的职责被合并到类，通过基本查询方法命名：前缀 get+属性名称[①]。例如，如果 Person 类有一个属性名为 birthDate，那么方法 getBirthDate 就有该属性值的 knowing 职责。

① 虽然这对于那些属于概念模型当中类的常规属性是有效的，但是在 DCD 构建期间，表示内部状态以及影响对象行为的新设计属性可能会变得必要；同时，那些属性不必被其他对象所访问：在这样的情况下，这些属性将不会包含 getter 属性（即为 private 或是 protected 类型）。

- 对象所知道的关于其邻近对象的事件：这等价于可以直接访问链接的对象。该职责被纳入通过给定规则链接获得对象集的方法。这样的方法经常用前缀 get+规则名称来表示（或者缺少规则名的类名）。例如，如果 Car 关联到 Person 并且 Person 的规则名是 driver，那么 getDriver 返回指定汽车司机的集合。
- 对象知道的派生事件：这等价于从其他信息计算或组合而来的信息。该职责可能被关联到派生属性和派生关联，表示方法同样是前缀 get+派生属性或派生关联的名称。例如，如果 totalValue 是类 Order 派生属性的名称，那么 getTotalValue 就是返回该派生属性的一种方法。派生知识也包括其他查询，这些查询与不作为衍生属性或关联表示的对象有关。例如，带有参数的查询。在这种情况下，名称可能会不同。

就与更新信息相关的职责而言，其 3 个子组可被描述为以下内容。

- 对象对本身做的事件：这对应着更新一个单独属性的基本命令，由前缀 set[①]+属性名称表示。例如，如果 Person 类有一个名为 weight 的属性，那么 setWeight 就是一种改变那个属性对应职责的方法。
- 对象对其邻近对象做的事件：这对应着添加和删除对象之间链接的基本命令。这些命令可以分别通过前缀 add 和 remove[②]各自识别，其后跟的是关联规则的名称。例如，如果类 Customer 有一个与 Reservation 的关联，那么 addReservation 和 removeReser vation 方法就对应该职责。
- 对象对应的事件：这对应着可能在不同的对象中执行多任务的命令。这些命令也称作代理方法，对类设计非常关键，因为其他组的方法是具有先前所知行为的基本命令，不过必须设计代理方法。例如，如果指定订单中所有的书籍必须被标记为已交付，对应的标记活动必须通过 Order 本身的实例完成。这是因为它是最直接访问在操作中参与对象的对象。

表 9.1 汇总了 6 种职责以及与之对应的方法。

表 9.1　对象职责

	Know	Update
关于本身	关于属性的查询： ● getAttribute	更新属性： ● setAttribute
关于其邻近对象	关于关联规则的查询： ● getRole	更新链接： ● addRole ● removeRole ● replaceRole
其他	关于派生属性和规则的查询以及一般查询： ● getAttribute ● getRole ● 其他一些不同名称的方法（如果是一般查询）	代理方法： ● 一些不同名称的方法

① 这里需要注意的是，并不是每个属性都必须包含一个 setter。不可变属性不应该包含 setter；派生属性没有 setter，同时 private 属性也不应当包含公共 setter。

② 即便是关联为 1，此时仍然可以使用 add 以及 remove 前缀。因为从概念上来讲，它们和其他链接没有太大区别。不过，通常情况下关联为 1 时不会执行类似 add 以及 remove 的命令，通常会使用 set 或者是 replace 命令。这些命令可以使用其他内容来替换当前的强制性链接，以保持规则的一致性。

对于代理方法和一般查询来说没有固定的标准名称，使用哪个命名取决于所执行的操作。通常，这些名称不包含它们被执行之处的类名。例如，如果 Livir 执行一个系统命令 finishOrder，且该命令代理该职责至 Order 类，那么在类 Order 中执行方法的名称只能用 finish，因为它可能作为 anOrder.finish()被引用。

9.3　可　见　性

对于可以交换信息执行其职责的两个对象，二者之间有必要存在某种可见性。对象间的可见性有如下 4 种形式。

- 通过关联（By association）：是否有两个对象之间的链接通过它们的类之间的关联所定义。
- 通过参数（By parameter）：执行一种方法时，是否一个对象接收另一个对象作为参数。
- 本地声明（Locally declared）：是否正在执行一种方法的对象接收另一个对象作为查询返回。
- 全局（Global）：对象是否对其他任何对象可见。

可见性的形式是不对称的。也就是说，如果 x 对 y 有可见性，这并不意味着 y 对 x 也有可见性。如果关联是双向的，通过关联的可见性可能是对称的，但并不总是这样。

9.3.1　关联可见性

只有当它们各自类之间存在关联时，两个对象之间才会有关联可见性。这种可见性取决于规则的重数和其他特性，例如，限定关联和有序关联等。

一个关联规则可能被认为是实例的集合，特别是当其上限大于 1 时。但对于重数 1 或 0..1，可能把规则作为一个集合或者一个独立的对象来解释。在这种情况下，OCL 会认为规则既是一个对象又是一个集合。那么，对于重数来说，可能被识别的可见性如下所示。

- 如果重数是 1，那么对一个实例和只包含一个实例的集合有直接可见性。
- 任何其外编重数只允许对一个实例集合的可见性[①]。

DCD 不是决定规则重数的唯一规范，由契约的先验条件来补充，这可更多地限制重数的边界，后续内容中将会介绍。

1. 单对象可见性

图 9.1 展示了到 Order 有一个单向关联的 Payment 类，其重数为 1。在这种情况下，Payment 的任何实例对 Order 的实例有直接可见性[②]。

---

① 这可以被认为是 0..1 规则使用一个对象或者是一个空值进行填充。但是，使用其他重数的解释是不连贯的，如 0..2 或*等。其中的 0 所代表的是空集而不是空值。因此，为了避免类似的不一致问题，优先考虑重数 0..1 代表一个可以为空或者包含单个元素的集合。

② 并附加到一个包含某个订单的集合，即使该选项不经常被使用。

图 9.1　重数为 1 关联规则

这样，当 Payment 的一个实例在交互图中表示时，就像在图 9.2 中展示的通信图一样，可以直接发送信息链接到它的 Order 实例。

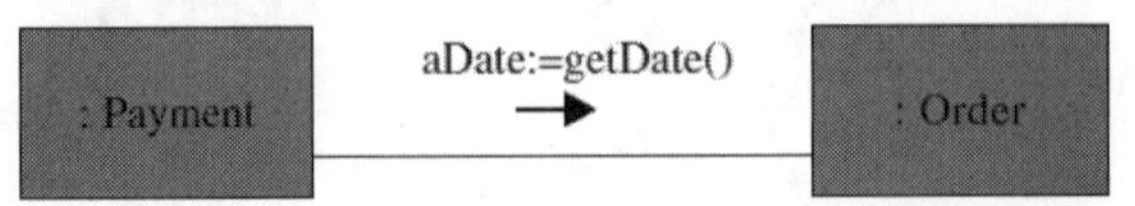

图 9.2　payment 对一个单个 oder 信息有可见性的通信图

2. 多对象可见性

诸如*、1..*或 5 等不同于 1 的重数值，为对象的聚集[①]提供可见性，并非只是一个单独的实例。从现在起，所有这些例子都将作为*重数被处理，或者是关联到多的一方。

图 9.3 展示了 Order 类使用重数*关联到 Item 类的一个单向关联。

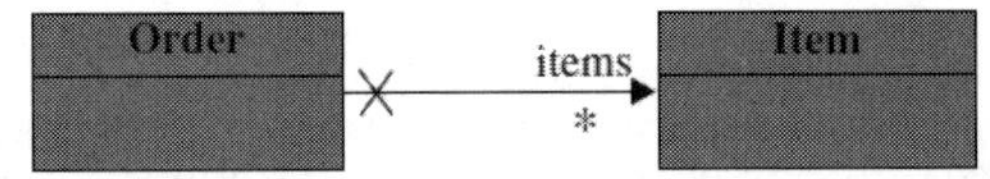

图 9.3　重数为*关联规则

在这种情况下，Order 的实例可以发送一条消息到 Item 实例的集合。可能发送消息到集合结构本身[②]，如图 9.4 所示。在该例中，消息将会其检验集合是否为空。

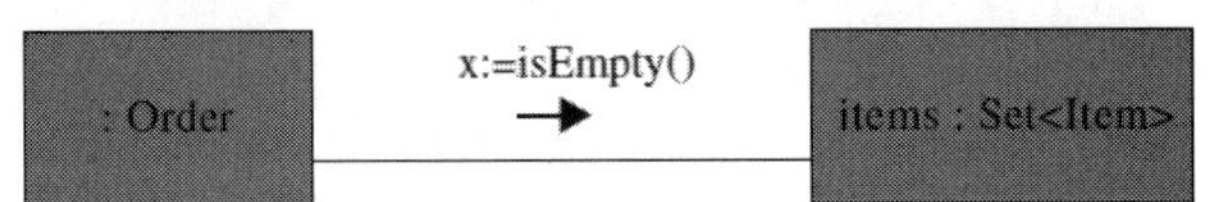

图 9.4　消息被发送到一个集合结构的通信图

但是，也可能迭代地发送一条消息到集合的每个元素，如图 9.5 所示。在这个例子中，消息需要每个条目的汇总值。

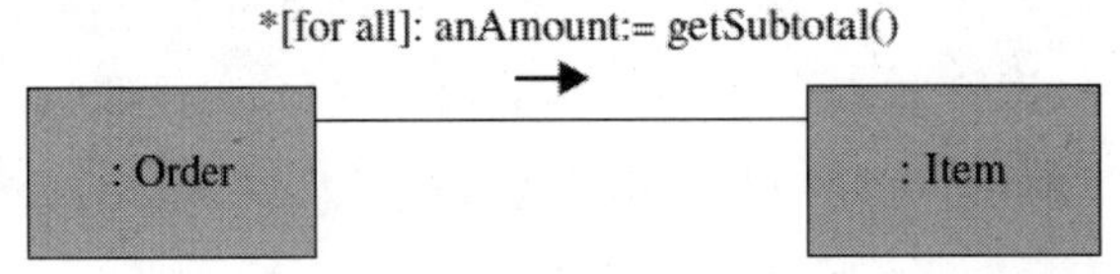

图 9.5　消息被发送到集合每个元素的通信图

因此，在通信图中的消息可能被发送给集合结构或对集合的单个元素。当一条消息被发送到结构，接收消息的对象类型应该是集合，就像图 9.4 中的 Set<Item>。事实上，消息是迭代的，

① 默认值为一个集合。

② 此处假设集合可用的操作以及其他聚集使用 OCL 所定义的（Object Management Group，2010）。但是，如果使用了不同的语言和软件包，那么将会用到不同的操作集。

被发送到集合中的所有元素，这些集合先于消息，用“*”来表示。条件[for all]表示集合的所有元素接收消息。

如果消息只是打算用于某些已选的元素，这里可以使用一个过滤器。例如，如果消息 getSubtotal 只是为了用于数量大于 1 的条目，那么可以写成*[quantity>1]:anAmount:=getSubtotal()。

3. 有序规则关联可见性

如果关联规则使用{ordered}或{sequence}约束进行排序，对集合的整体可见性被保留，那么对单个元素通过其位置索引的直接可见性是被允许的。

图 9.6 展示了有一个有序规则的单向关联类图。

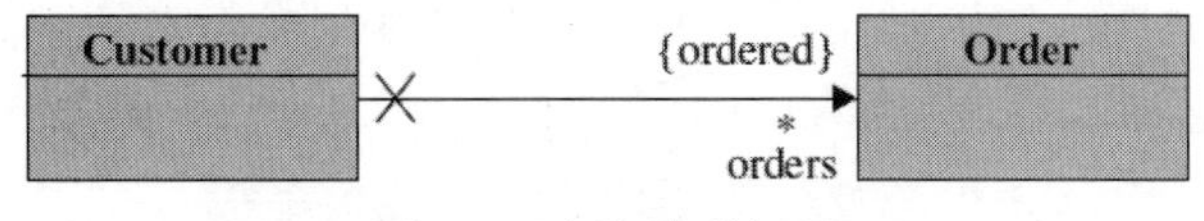

图 9.6　有序关联规则

在图 9.7 中，信息被发送到有序集合的每个元素，这与图 9.5 图中所示的类似。

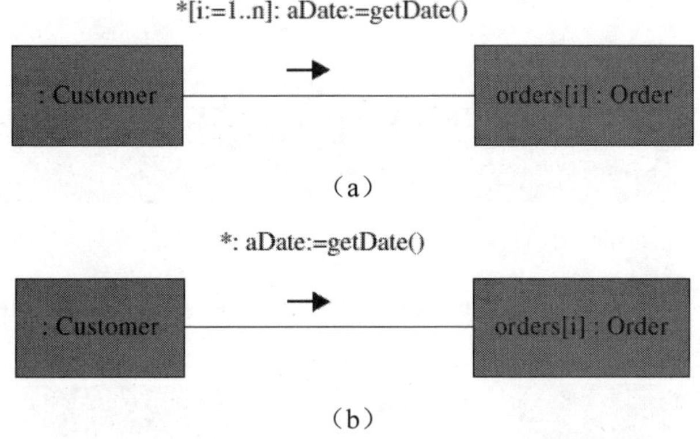

图 9.7　一条消息被发送到有序集合结构的通信图

图 9.7（a）代表着一条迭代消息发送到有序集合或序列的显式方法，图 9.7（b）则是表达相同含义的更简短方式。*[forall]:形式用于可接受的集合。

图 9.8 中，只有有序集合的第三个元素接收了消息。像之前一样，对多个对象并没有可见性，但是对单对象则反之。这在用于代表对象（orders[3]）名称的索引中做了说明。正如例子中演示的一样，两个类别之间的值可能是一个常数，或者是 Customer 实例所知的一个变量，甚至还可以是一个结果为整数的数学表达式。

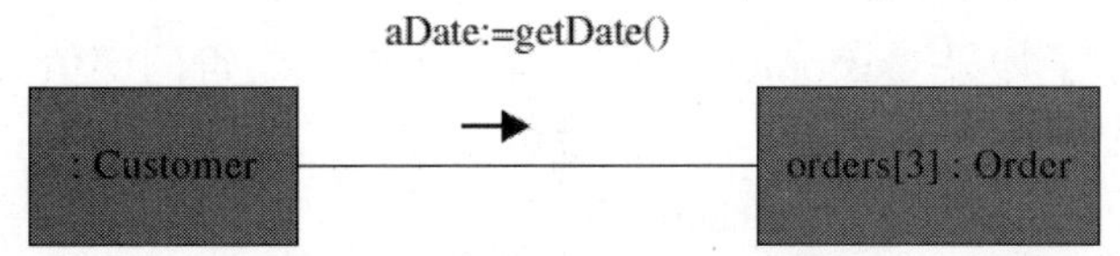

图 9.8　一条消息被发送到有序集合某特定元素的通信图

在图 9.9 中，只有有序集合的最后一个元素接收了消息。

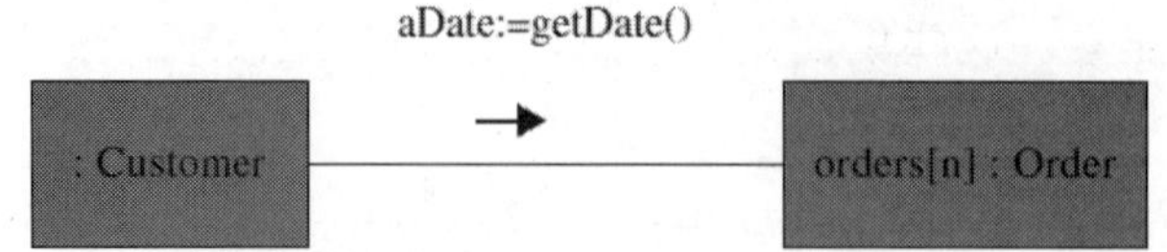

图 9.9　一条消息被发送到有序集合最后一个元素的通信图

4. 限定符关联可见性

如果关联作为映射（限定符的每个值只有一个元素）被限定，那么至少有直接可见性的两种形式。

- 对元素集合的整体可见性（犹如它是一个常规集合）。
- 对单元素的可见性，如果对象有一个访问关联规则中元素的键。

图 9.10 代表了一个类图，有一个从 Customer 到 CreditCard 限定关联。

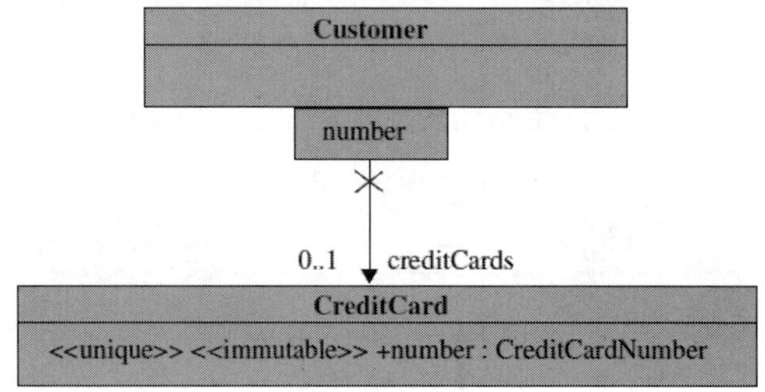

图 9.10　定义了一个映射的被限定关联类图

图 9.11 展示了这种情况下，Customer 的实例对链接到它的 CreditCard 实例集合有可见性。

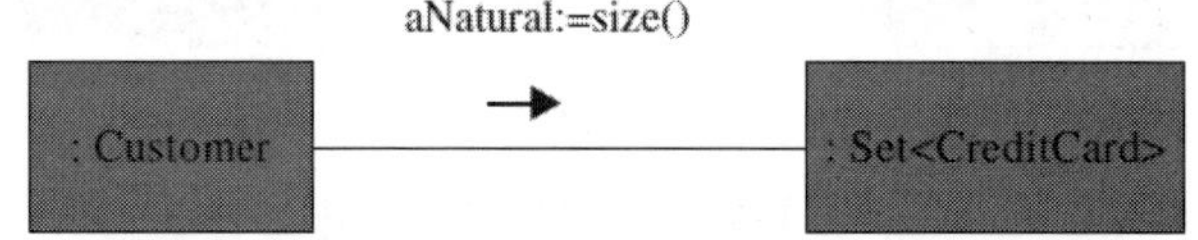

图 9.11　一条消息被发送到映射集合结构的通信图

图 9.12 展示了一条消息正在被发送到映射集中的每张信用卡信息。

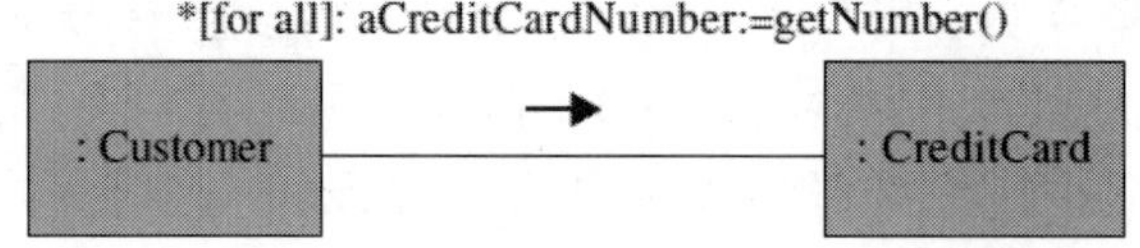

图 9.12　一条消息被发送到映射集合每个元素的通信图

最后，图 9.13 展示了如果 Customer 的实例有一个对限定符的键值（即当中的 aNumber），那么它对被该关键值限定的映射结合元素有直接可见性。

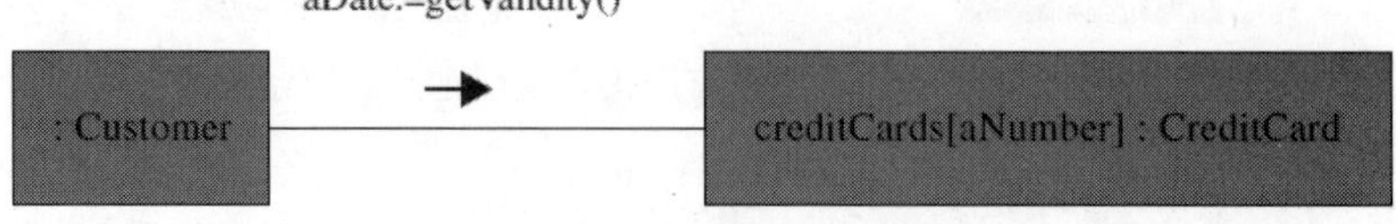

图 9.13　通信图展示了对映射集合中限定对象有直接可见性的对象

另一方面，如果限定关联所代表的是一个分区，如图 9.14 所示，那么值的集合被关联到每个限定符。

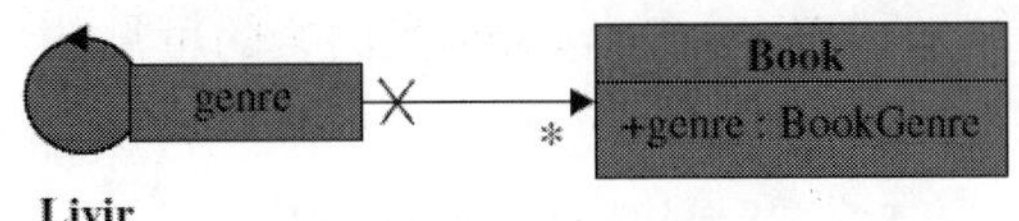

图 9.14　定义一个分区的限定关联类图

在这种情况下，整个集合都可能会被访问（例如图 9.15 中所有的书籍）。

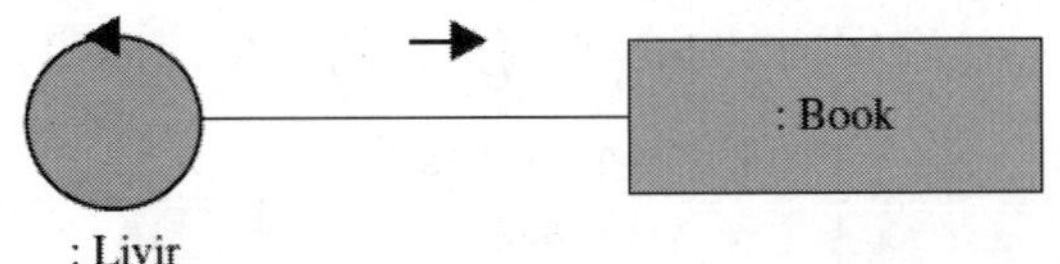

图 9.15　一条消息正在被发送到分区集合每个元素的通信图

不过，限定符的使用允许了对某个指定子集内书籍的访问（如图 9.16 所示的恐怖类型小说）。

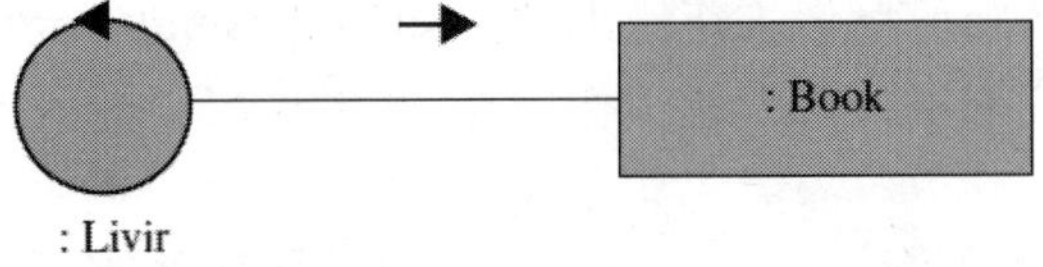

图 9.16　到限定集合分区每个元素的迭代消息

图 9.15 和图 9.16 中的两个例子都展示了被发送到集合元素的消息，而不是集合结构。

5. 关联类的关联可见性

正如第 6 章 6.6.2 节中所介绍的那样，当链接从参与类的实例被添加以及移除时，一个关联类实例就会被创建和删除。因此，如果 Person 到 Company 之间存在一个单向关联，并且该关联有一个关联类 Job，如图 9.17 所示，当 Person 和 Company 之间的实例链接被添加，Job 的一个实例就会被创建。每次当 Person 和 Company 之间的链接被移除，Job 中所对应的实例就会被删除。因此，Person 的一个实例对有规模相同的两个集[①]有可见性：一个对应 Company 的实例，另一个对应 Job 的实例。Job 的实例只对 Company 的一个单独实例有可见性。

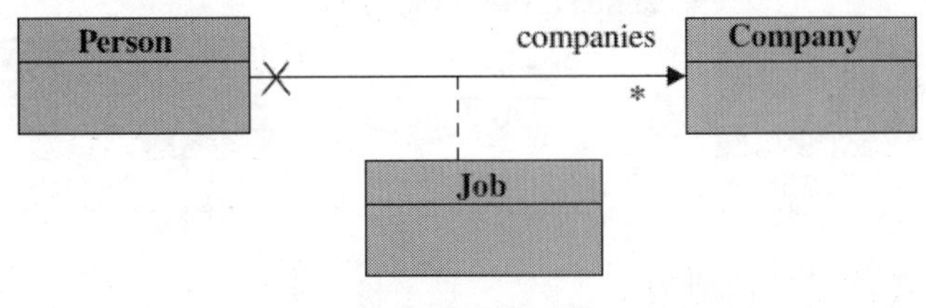

图 9.17　关联类

① 虽然关联可能会被物理地实现而不是表现为两个集合（具体参见第 10 章），这里的可见性是指对象的两个集有可能通过某个实例获得，但这并不意味着是按照这种方式去实现。

如果图 9.17 中的关联是双向的，那么 Company 的实例将同样对 Person 集合和 Job 集合具有可见性。此外，任何 Job 的实例都将对 Person 和 Company 的实例具有可见性。

图 9.18 代表了 Person 的一个实例对 Company 实例集的可见性。所对应的是为重数*而获得的默认可见性。

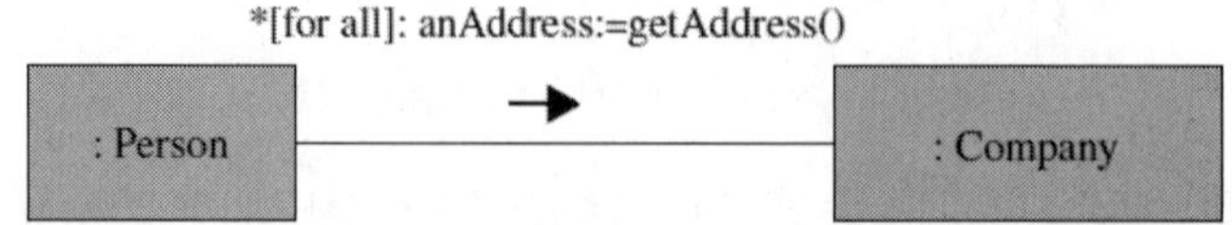

图 9.18　一条消息正在被发送到通过关联类关联的集合元素

图 9.19 代表了 Person 的一个实例对 Job 实例集合的可见性，即关联类。

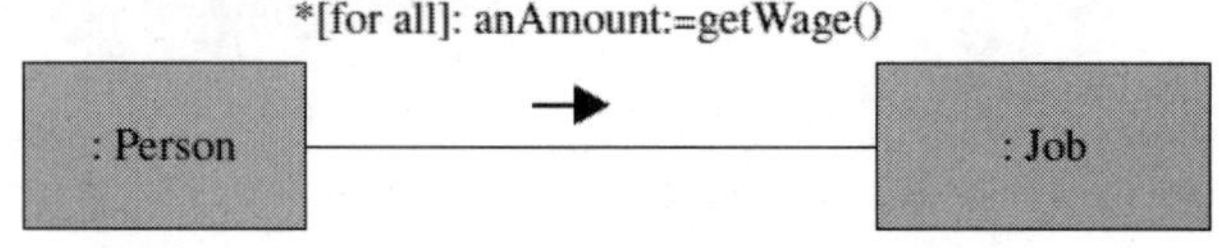

图 9.19　一条消息正在被发送到关联类实例集合元素

关联类同样可以作为某种方式的映射，这与限定关联是非常相似的。图 9.17 中的模型等价于为一个人工作的每个公司映射一份工作。因此，如果 Person 的一个实例对 Company 的一个指定实例有可见性，就可能会发现公司中的工作信息，如图 9.20 所示。

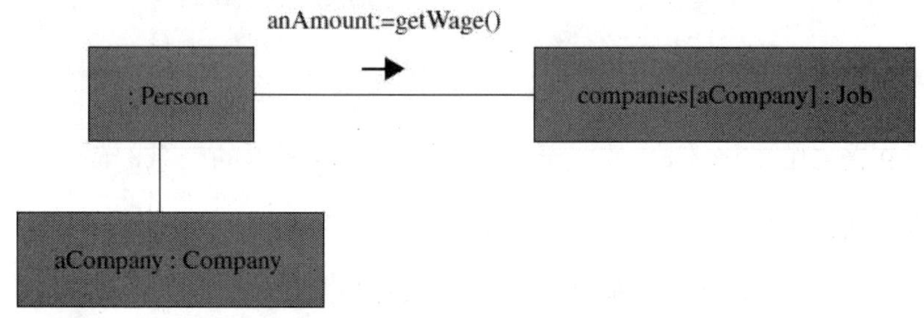

图 9.20　一条消息正在被发送到关联类的具体实例

从图 9.20 还可以看到，为了使用它访问 Job 各自的实例，aCompany 必须是 Company 的一个实例，并且 Person 的实例必须对它有某些可见性。

最后，图 9.21 展示了关联类实例所具有的到参与类实例的可见性：一种严格意义上的可见性。

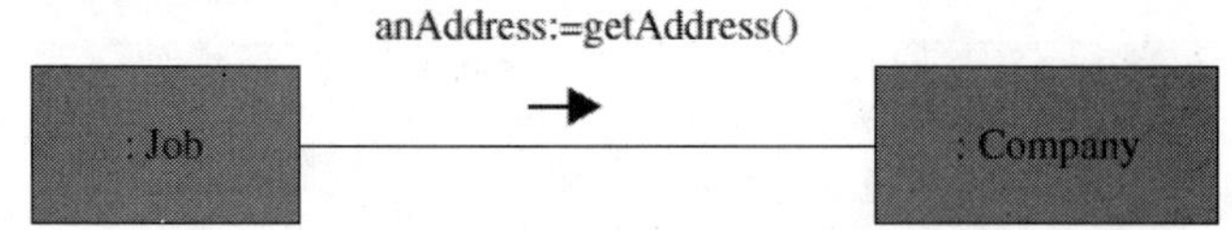

图 9.21　从关联类实例到其中一个参与类实例的可见性

6. 先验条件对关联可见性的影响

当契约中的先验条件声明一个比在类图中已经承认的更具限定性的重数时，由先验条件建立的可见性，在该操作环境下必须是有效的。

例如，考虑图9.22中的类图，在该图中定义了一个命令是否可能有一个payment链接到它。

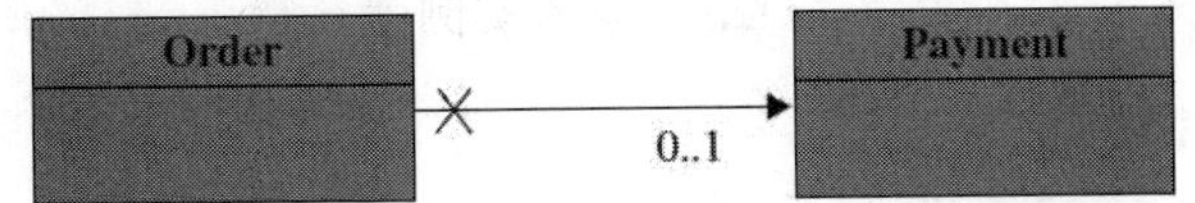

图9.22　有可选规则的关联

此时假设一个指定的操作契约有某种先验条件声明，如下所示：

```
pre:
  anOrder.payment->nonempty()
```

那么，在该操作环境中，对于具体实例anOrder，必须考虑一个更具限定性的可见性，如图9.23所示。

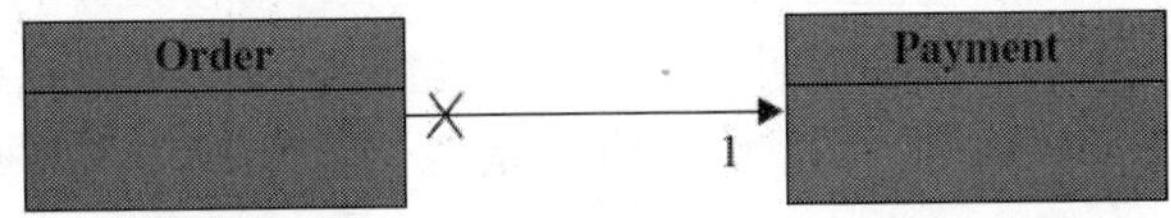

图9.23　当契约有更具限定性的先验条件时如何为某个具体实例考虑图9.22中的初始可见性

9.3.2　参数可见性

当一个对象A执行某个方法，将对象B作为一个参数接收时，就会获得参数可见性。在那样的情况下，对象A可以与对象B通信，甚至是在它们的类没有关联的情况下。

假设图9.24中，Book类没有到Delivery类的关联，因此，Book类实例不会直接发送信息到Delivery类的实例，反之亦然。

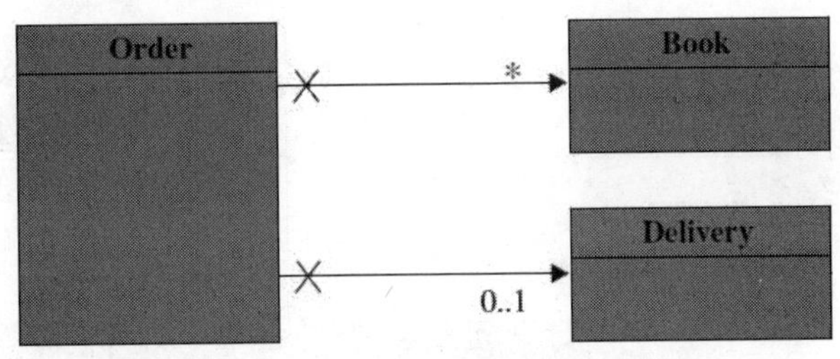

图9.24　参考类图

此时Order实例链接到Book和Delivery的实例，如图9.25所示。

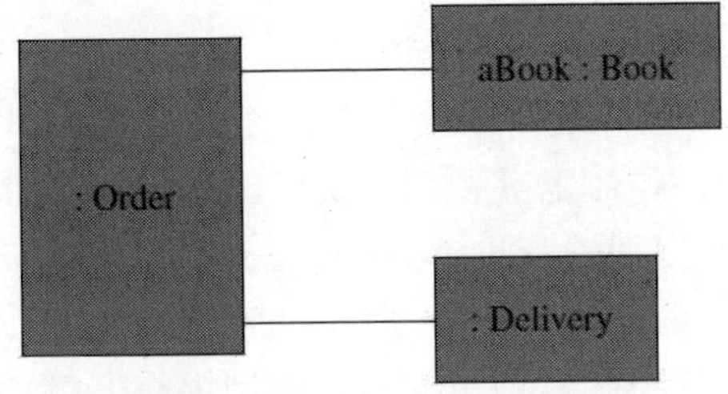

图9.25　Delivery实例对Book实例没有直接可见性的初始条件

如果此时 Order 的实例向 Delivery 实例发送一条消息 registerWeight，将对 Book 实例的引用作为参数传递，如图 9.26 所示，随后，Delivery 的实例就获得了到 Book 实例的参数可见性。

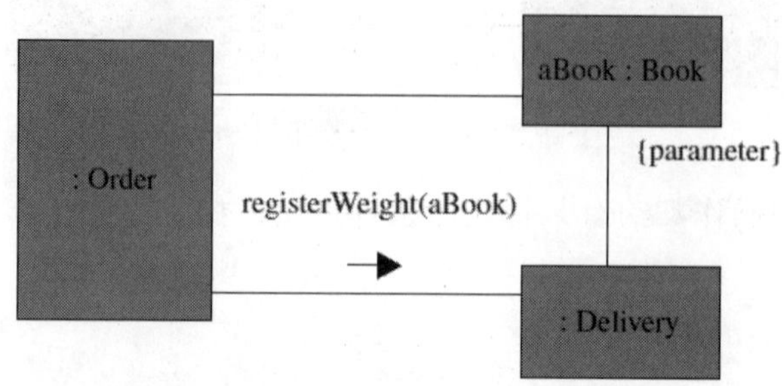

图 9.26　Delivery 实例通过参数获得对 aBook 的可见性

对于参数可见性来说，应该假设最初发送参数的对象对接收参数的对象有某种可见性。

通常良好的设计实践需要关注参数可见性，这不是用关联可见性所获得的同种耦合。有了参数可见性，参与类已经被一个语义关联耦合，也就是说，无论如何它们被链接在一起，因为当中一个的含义依附到另外一个的含义之上（例如，一个订单和它所包含的项目）。但至于参数可见性，任何对象可能作为参数被传递到另一个对象，即使它们之间没有关系。

每次当一个类使用属于并未与之关联类的参数来声明方法时，新的（可能是没必要的）耦合就会被创建。高耦合度意味着差的设计，因此，为便利起见，要尽可能避免使用这种方式。

参数可见性的最佳用途是用于接收和重发对象，直到它们达到末端的（基础）操作。在实际操作当中所发生的是，某些对象被传送到其他一系列对象，直到它们到达那些必须被其链接或解除链接的对象位置，如下面的这个例子所示。

一开始，请先考虑图 9.27 中的类图，以及 Livir（façade 控制器）、Book、Customer 和 Reservation 类。

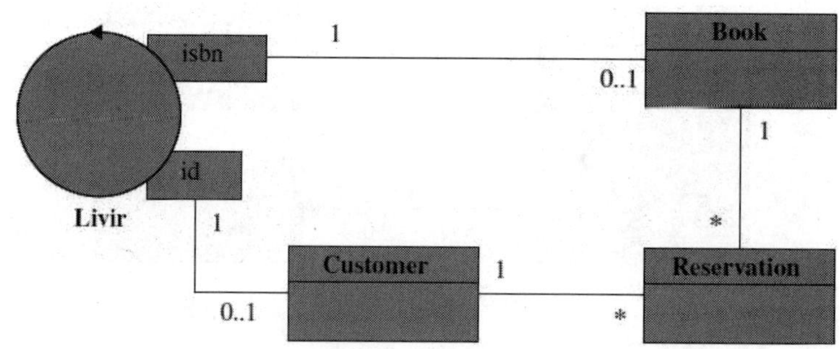

图 9.27　参考类图

图 9.28 代表了一个协作，图中这些类的实例合作执行系统命令 reserveBook，该命令为指定的书添加一个预定到指定客户。在控制器中执行的系统命令被接口层调用，作为参数传递书籍的 ISBN 和客户的 ID 信息。最初，控制器获得对 Book 具体实例（信息被标记为 1）的可见性，通过对其本身发送一个关于 book 规则的查询消息——getBook（anIsbn）消息。然后，使用类似的方式获得了对 Customer 实例（信息被标记为 2）的可见性。实例通过分配到本地变量 aBook 和 aCustomer 的消息返回。最后，控制器对 Customer 实例提交书籍预定操作（信息被标记为 3）。

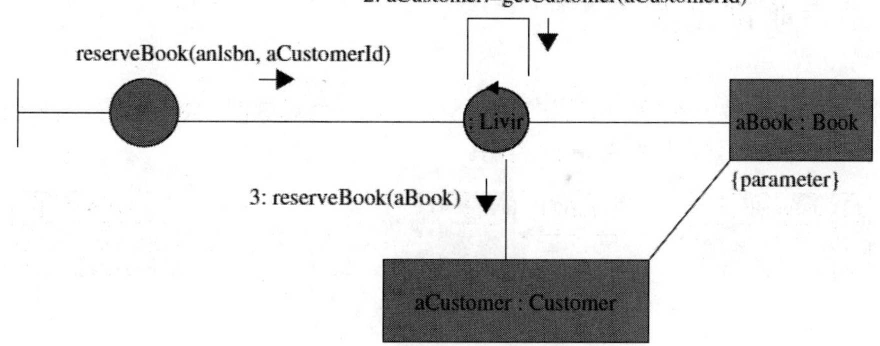

图 9.28　参数可见性创建

被标记为 3 的 reserveBook（aBook）消息，从控制器被发送到 ID 为 aCustomerId 的客户。控制器不应该负责创建这种预定，因为它本身并没有到 Reservation 的关联，而将职责委托给 aCustomer。此时，aCustomer 通过参数获得了对 aBook 的可见性。

现在，aCustomer 可以开始执行它的职责。aCustomer 创建 Reservation 的一个新实例并将其链接到它本身和 aBook。图 9.29 展示了构造器信息 Create 被发送，为使用其初始化参数 aBook 和 aCustomer 创建一个预定动作。该信息用 3.1 进行标记，因为它在信息 3 的执行中被调用，该消息被 aCustomer 接收。

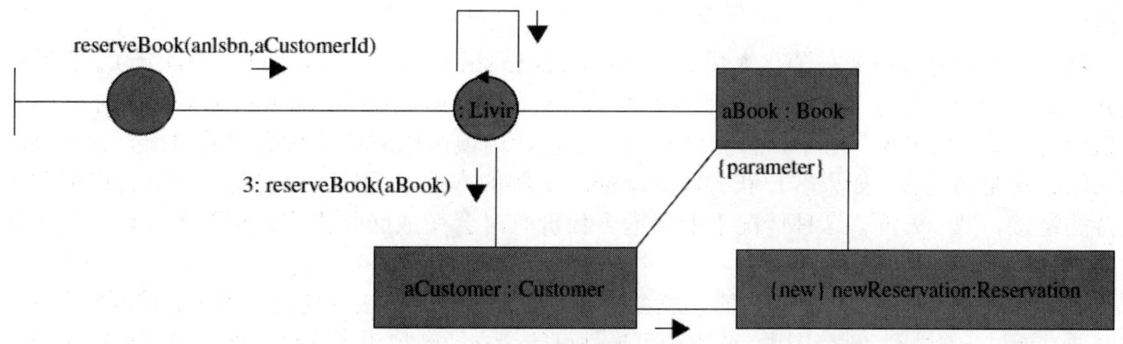

图 9.29　Reservation 的一个新实例被创建的通信图

试想一下，如果不向客户传递 Book 的实例，控制器已经传送了其 ISBN 码作为从接口接收的信息时，会发生什么情况？当 Reservation 的实例将添加书籍到它的链接时，必须获得实例，因为它不能只添加 ISBN 码。如果不具有到所有书籍集合的访问权，Reservation 的实例如何通过其 ISBN 查找 Book 的实例？它将只能发送一条消息到控制器，以便去查找书籍。这并非高质量的设计，因为在这样的情况下，信息流会无条件流回控制器。在图 9.29 所示的例子中，控制器一得到初始信息就获得了书籍。为了随后交换控制流，没有必要耽搁这一过程。

9.3.3 本地声明可见性

当对象发送查询到另一对象，并且作为返回接收第三个对象时，会出现另一种形式的可见性，如图 9.31 所示。该协作是基于图 9.30 的类图。

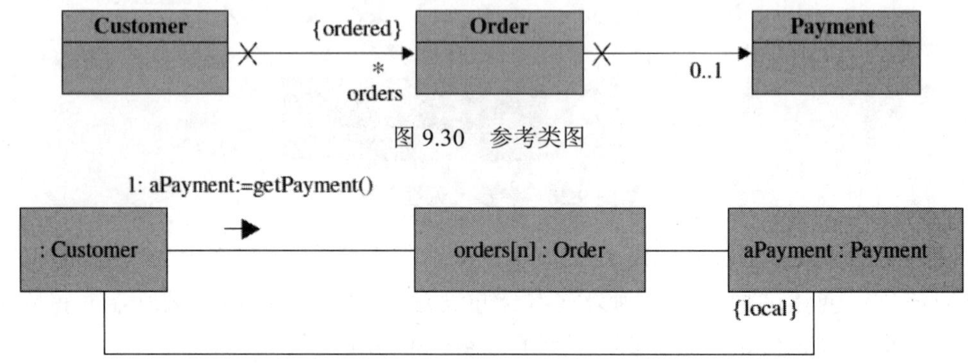

图 9.30　参考类图

图 9.31　创建本地可见性的示例

在这个例子中，Customer 的实例发送信息 getPayment 到 Order 的实例。这样，customer 和 order 链接在一起，但 customer 与 payment 之间并没有链接。不过，在 getPayment 方法被执行后，Payment 的一个实例被返回到 customer，需要到 payment 的本地可见性。这是因为此时 payment 被分配到客户正在执行方法的本地变量（aPayment）。

从此以后，Customer 的实例就获得了对 payment 的本地可见性。同时，还可能直接与其进行通信。

然而，被称为“不要与陌生人讲话（Don’t talk to strangers）”（Larman，2004 年）[①]的设计模式并不推荐一个对象发送消息到只是本地可见的对象。根据该模式，customer 不应该向 aPayment 发送消息。如后面 9.6 节所示，总有这样的一个设计选项可以避免这种类型的通信。这里再次出现的问题就是高耦合：如果客户获得对 Payment 实例的本地可见性，则需要一个概念模型非语义支持的链接。另一方面，这种情况下的低耦合代价有时会变成必须去实施更多的方法，关于这方面的内容将会在随后做出解释。

当创建对象的基本命令被调用时，就会出现本地可见性的可接受使用。当对象被创建之后，新实例通常通过一个本地变量引用。该本地可见性可能会立即转换为关联可见性，如图 9.32 所示。

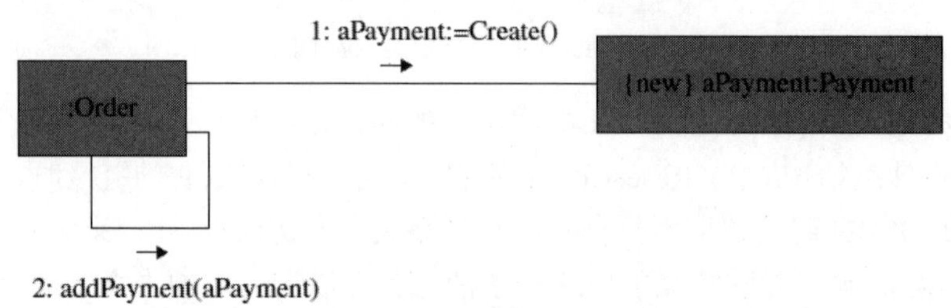

图 9.32　新本地可见性被转化成关联可见性的示例

① 对迪米特法则（Law of Demeter）的总结（Lieberherr & Holland，1989）。

在这个例子中，第一条消息是一个基本命令，一个生成 Payment 实例的构造器。此时，Order 的实例通过本地变量 aPayment 获得一个新的本地可见性。链接新实例到 Order 的第二条消息，通过对其关联获得可见性。

只有在生成它们方法的范围内，本地可见性和参数可见性才会都有效。就像在编程语言中的参数和本地变量一样，只在其被声明的方法中有效，方法超出范围后就会消失。关联可见性是永久性的，会一直持续到被删除链接的基本命令被删除为止。

9.3.4 全局可见性

当某一对象随时都可以被任何对象访问时，就会有全局可见性。单例设计模式（Gamma，Helm，Johnson 和 Vlissides，1995 年）建议，如果某实例是某个类的唯一实例，则该实例可能具有全局可见性。这样说是很有道理的，因为如果该类只有一个单独实例，就没有必要从其他对象到此类创建关联。同样地，如果类有一个单独的实例，那么没有必要将其作为参数传递到函数，因为使用参数的想法是这些参数可能会随时变化。如果类有一个单独的实例，这种情况就不会发生。在这种情况下，全局可见性是最好的选择。

单例的例子是代表着服务的类，如 CurrencyConverter、TimeCounter、OrderNumberGenerator 等。必定存在可以被任何对象随时访问的一个服务类单独的实例，如图 9.33 所示。

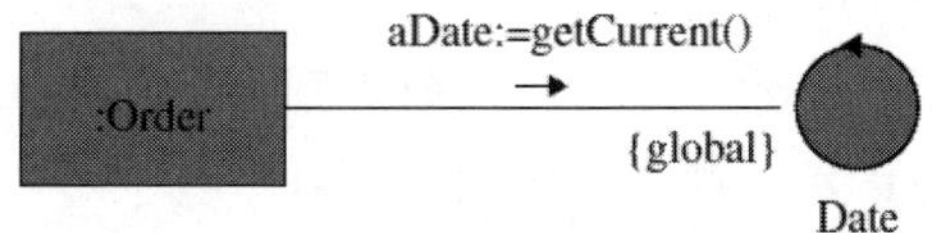

图 9.33 全局可见性

如果单例模式被过度使用，就有可能会变成反面模式（anti-pattern）。设计者不能为概念模型的实体使用单例。例如，如果系统是单用户，某时可能存在一个单独购物车，不应被声明为一个单例，因为它是一个概念实体，不是一个服务类。此时唯一的概念实体在将来有可能会接受多实例；同时，声明它为一个单实例将阻碍该类的演化。

同样地，在理论上，一个单例不应有对实体的直接引用，因为那样会减少其潜在可重用性，产生高耦合问题。服务类也不能被关联到实体类，它们是全局可见的，但不能授权访问其他实例。

9.4 基于后验条件的动态建模

前面已经介绍了系统命令契约代表为创建和删除实例、添加和移除链接以及修改属性值等操作，而对应特定基本命令后验条件的集合，这些契约仅仅指示了被假定要发生的情况（what），但不会展示为实现这些目标，对象间消息如何被交换（how）。UML 交互图可能会被用于明确设计这些协作可能如何发生。以下是一些推荐原则。

- 对象间可见性种类主要取决于规则属性。例如，多样性、排序和限制，在类图中定义，有时被先验条件进一步约束（参见 9.3 节）。

- 契约中的每个后验条件，必须在交互图中通过消息被获取，该消息是指在保存职责的对象中调用基本命令的一条信息（参见 9.2 节）。
- 动态模型中的控制流始于 façade 控制器的实例，该控制器从接口接收信息。
- 当正在执行的对象对必须执行一个基本操作的对象没有可见性时，应该对另一个邻近保存职责的对象委托职责和执行。

Santos 于 2007 年提出，通过定义一个基于搜索的自动生成系统，将这些原则系统化，可以从契约概括选项中生成标准通信图。

除这些原则外，应该运用可能帮助设计者有效创建可重用和可持续方法的设计模式。

9.4.1 实例创建

当一个契约规定某实例已经被创建、其他实例必须在各自的通信图，通过发送一条基本 create 信息来实际创建它。creator 设计模式（Larman，2004 年）认为可以进行如下合理的选择。

- 对将被创建对象的类有一个复合或共享聚集的类实例。
- 对将被创建对象的类有一个一对多关联的类实例。
- 如果一个对象当中包含了即将被创建对象的初始化数据，那么可以将其关联对象的首选。

只有当先前规则没被运用时，才可以运用当前规则。

作为下面这个例子的参考，先回顾一下用例 01 的操作，即第 8 章中所提出的 Order books。图 8.1 的参考概念模型被重现在图 9.34 中。

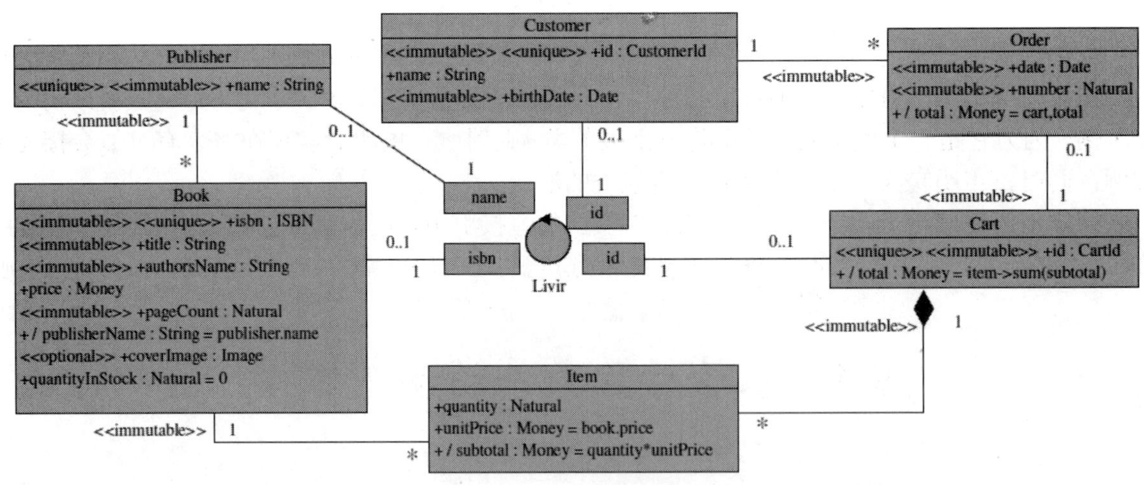

图 9.34　参考类图

用例 01 中系统时序图的第一个系统命令是 add2Cart(aCartId:CartId, anIsbn:ISBN, aQuantity: Natural)，该契约规定如果书籍在当前购物车当中已经不存在，就会创建一个新条目，并且连接到该书籍和购物车。quantity 条目作为参数接所收到的值集；unitPrice 是书籍价格的集合。另外，如果该书籍已经在订单中，新的数量将添加到当前数量之上。此时的契约如下所示：

```
Context Livir::add2Cart(aCartId:CartId;anIsbn:ISBN;aQuantity:Natural)
  def:aCart=cart[aCartId]
  def:aBook=book[anIsbn]
  def:anItem=aCart.item->select(book.isbn=anIsbn)
pre:
  aCart->notEmpty() and
  aBook-> notEmpty()
post:
  if anItem->isEmpty() then
    newItem.isNewInstanceOf(Item) and
    aCart^addItem(newItem) and
    newItem^setQuantity(aQuantity) and
    newItem^addBook(aBook) and
    newItem^setUnitPrice(aBook.price)
  else
    anItem^setQuantity(anItem.quantity@pre + aQuantity)
  endif
```

在所有其他后置条件中，如果书籍还没有被加入到购物车中，Item 的一个实例必须被创建。此时的问题是，如果控制流始于 façade 控制器（Livir），哪个类需要创建 Item 的实例？选项如下。

- 已经保存了控制流的 façade 控制器本身（这是初级设计者的选择）。
- Book 类的一个实例，因为它到 Item 有一个一对多的关联。
- Cart 类的一个实例，因为它是 Item 的一个复合聚集。

如果一个控制器选项被选择，那么在它与类 Item 间之前不存在的一个耦合将被创建，那对设计来说，是个很差的选择。

遵循 creator 设计模式，最好的选择是 Cart。Item 和 Book 之间是正常关联，而 Cart 和 Item 之间是一个复合聚集。

对于通信图的第一个版本，先暂且忘记 if 条件以及添加链接和改变属性值的后验条件。把注意力集中到创建 Item 的一个实例。

设计者的第一项任务是获得指定 ID 的 Cart 正确实例，委托其创建 Item 的新实例，如图 9.35 所示。

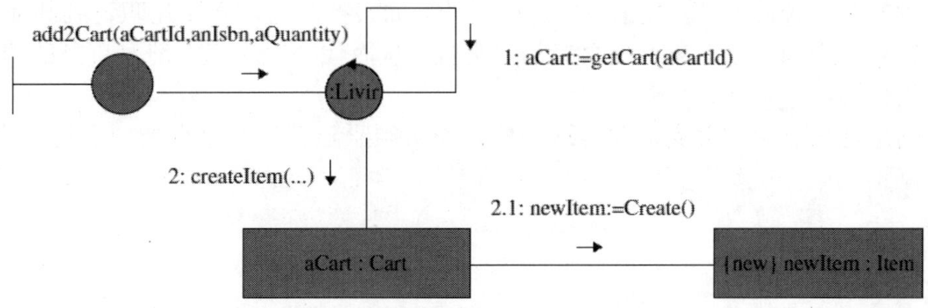

图 9.35 展示一个实例被创建的通信图

如图 9.35 所示，图中只执行了一个后验条件：一个 Item 实例的创建。最初，控制器必须决定哪个购物车是指定的 aCartId。这通过标记 1：getCart 消息来执行，查询 Livir 控制器的 Cart 规则，并在变量 aCart 中存储产生该结果的实例。aCart 是正在被建模的系统命令 add2Cart 的本地变量。由于先验条件 aCart->notEmpty()假设 aCart 有效，动态模型不需要再次检验它[①]。

在序列中，被标记 2：createItem 的信息，委托购物车创建一个条目的职责，这是因为控制器没有到 Item 的任何关联。如果控制器没有经过委托就创建了新的条目，那么 Livir 需要被耦合到 Item 类，此时高耦合相关的问题将会出现。createItem 的参数被保留，随后作为不必要的参数被添加。

最后，Cart 的实例通过发送一个基本信息 Create 获得后验条件，在图中标记 2.1，它创建 Item 的一个新实例。该实例被存储在一个称作 newItem 的变量，对 Cart 类中的 createItem 是本地变量。

某些设计者宁愿选择可视化对象间的协作以作为时序图，如图 9.35 所示。图 9.36 代表了一个等价于图 9.35 通信图的时序图。

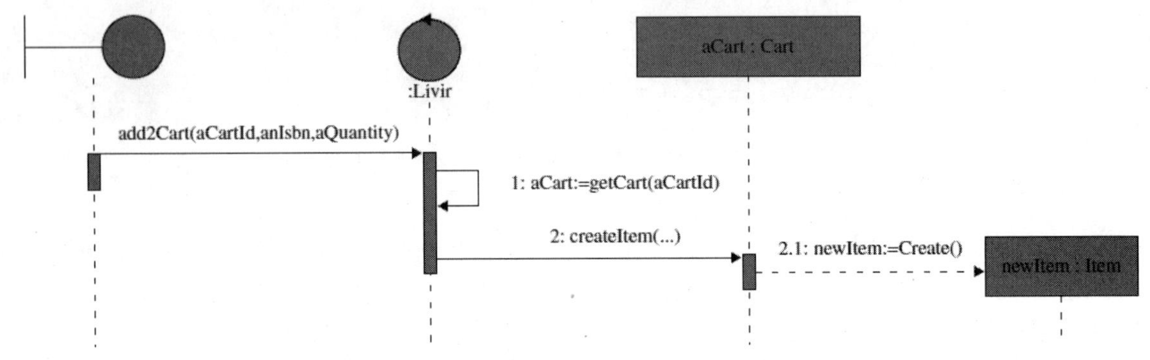

图 9.36　等价于图 9.35 通信图的时序图

用于动态建模的序列和通信图有如下的 3 种消息：

- 调用一个系统操作的消息，通过接口被发送，通过本例中的控制器 aad2Cart 被接收。
- 本例中调用操作的基本消息：getCart 和 Create，不必被进一步细化。
- 本例中，当一个实例对对象没有可见性时，可能被使用的授权信息必须执行一项职责：createItem。

消息的第一种和第二种类型总是在这些图中提到。调用系统操作的消息位于动态模型信息树的顶部（根）。基本消息是信息树的叶子节点，对应着最终对象查询和更新。

总的来说，每个单独的后验条件都会有一个基本信息。这些消息都是基础的，在这种意义上，它们不需要被更深层次地细化：当到达相应地点时，控制流终止。

上面提到的第三种消息（委托消息）是可选的。如果控制器需要委托职责到其他对象，而这些对象对必须被查询和更新对象有更直接的可见性，从而代替发送基本消息自身的情况下，授权信息可能会被使用。

被委托消息是信息树的分支，并且这些信息流必须紧随其后。只有当一个基本信息到达时，信息流才会终止。

9.4.2　链接添加

之前曾经提到过这样一种情况，即当一个实例被创建时，必须被即时地链接到另一个实例，

---

① 在常规条件下该假设为真。不多，如果系统被复杂竞争条件所控制，并且安全性是一个比较严峻问题的情况下，有时可能会建议实施复核机制（double-checking）。

这样才能从 façade 控制器访问。9.4.1 节中所提出的 add2Cart 契约声明了近期创建的 Item 实例必须被链接到一本书或者一个订单之上。图 9.37 展示了获得两个后验条件的动态模型的演化。

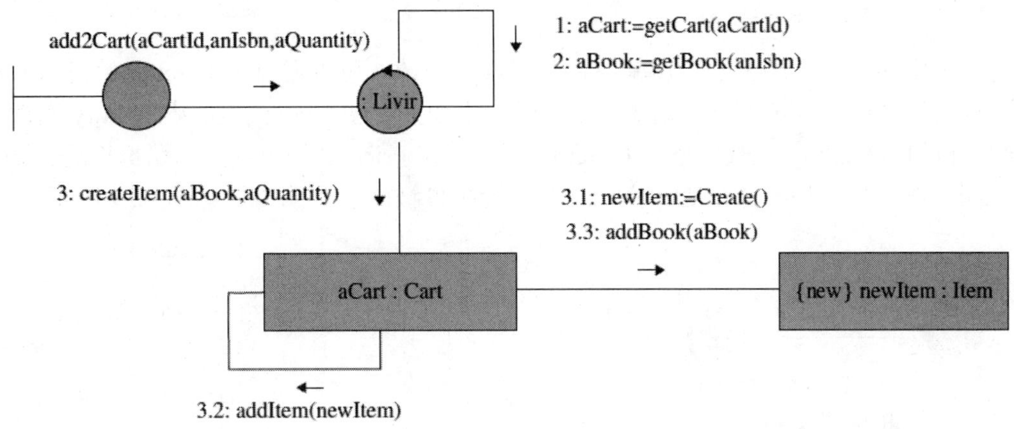

图 9.37　图 9.35 的演化模型（显示了一些附加链接）

当购物车被执行 createItem 方法时，会创建新条目（信息 3.1），并在其自身和新条目（信息 3.2）之间添加了一个链接；此外，还在新条目和通过 anIsbn（信息 3.3）指定的书之间添加了一个新链接。

这种设计是可被接受的，因为它几乎真正地重现了由契约指定的对象。不过，这只有当代码通过随后不会被手动改变的设计生成时才会如此。如果最终程序代码会在将来的某个时间被直接改变，那么就必须采取预防措施。

现在的问题是，当某个 Item 通过没有参数的基本构造器被创建时，直到它的每个强制属性和链接被定义，才会与其定义保持一致。而对于图 9.37 中的例子，newItem 在信息 3.1 和信息 3.3 区间不一致。该问题的解决方案是避免使构造器返回不一致的对象。如果这样，构造器必须接收所有生成一致实例所需要的参数。因此，Create 构造器不仅仅是术语初始概念当中的一个基本信息，因为它必须被进一步细化和改善。图 9.38 展示了动态模型的一个新版本。其中，Item 的构造器用必要的强制关联生成了一个实例。

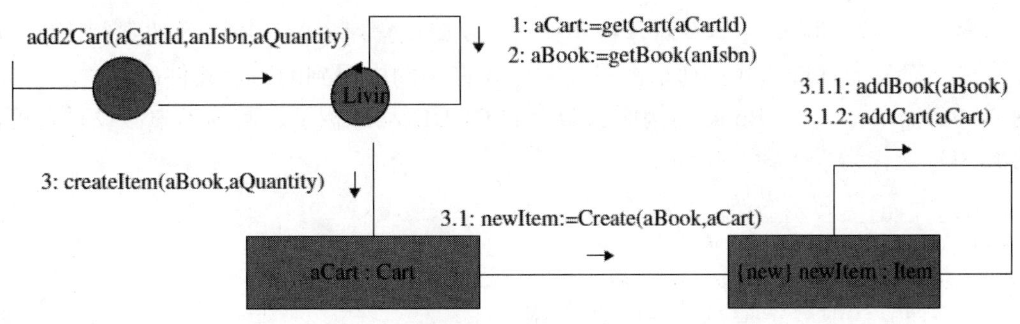

图 9.38　图 9.37 模型的一个变量

现在看来，即使是最终程序代码在之后被手动改变，设计者也会知道任意时间被使用的 Item 实例都与其定义一致。

9.4.3 属性值修改

动态建模中必须考虑的另一种后验条件是属性值修改，可以通过基本 setter 消息来实现。该消息可由拥有属性的对象或其邻近对象发送。继续上面的例子，Item 新实例 quantity 属性必须用 aad2Cart 各自的 aQuantity 参数填充，而 Item 的属性 unitPrice 必须用各自书籍价格进行初始化，这就像被图中该属性的初始值声明一样。这些后验条件被添加到图中，如图 9.39 所示。

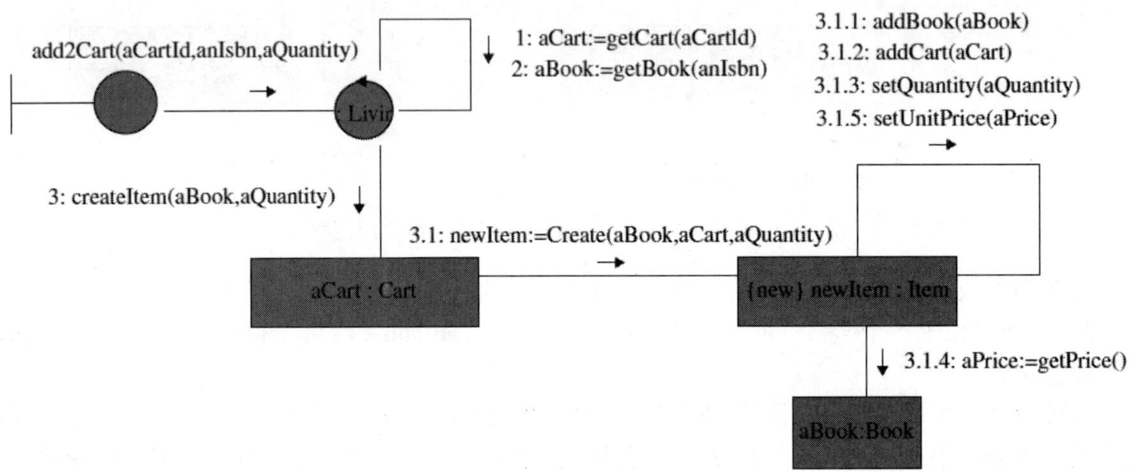

图 9.39 图 9.38 中模型演化

9.4.4 实例销毁

实例销毁是通过发送 destroy 基本信息到一个对象来动态地建模，这与 creator 设计模式所运用的原则相同：销毁实例的对象必须与被销毁对象有一个共享或复合聚集关系，或一对多的关联、或至少被关联到该对象之上。

必须要引起注意的是，在一个对象被销毁后，要避免给对象留下不一致的强制连接。如果契约是没有孤立对象的标准形式，通信图只需要标识在契约中提到的后验条件。

图 9.40 表示了一个为 Book 实例删除命令的 CRUD 动态模型。契约当中假设只有可被删除实例的 ISBNs 能作为一个参数传递[①]：

```
Context Livir::deleteBook(anIsbn:ISBN)
  pre:
    book[anIsbn]->notEmpty() and
    book[anIsbn].item->isEmpty()
  post:
    book[anIsbn]^destroy()
```

[①] 例如，delete 命令仅可针对列表中可删除的书籍进行调用（如没有任何 item 关联到自身的书籍）。

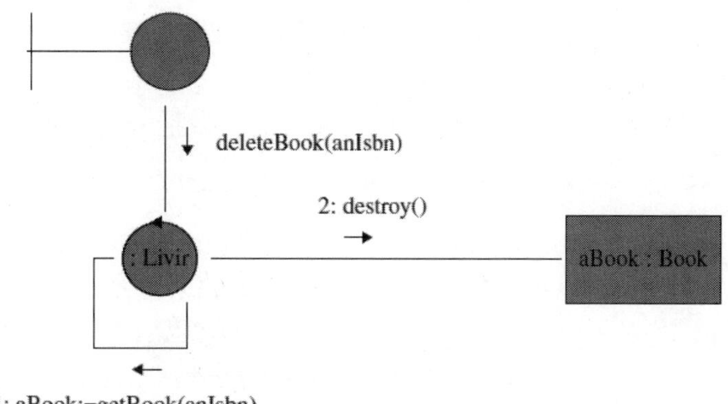

图 9.40　一个被销毁对象的通信图

9.4.5　移除与替换链接

当后验条件确定一个链接必须被移除时，动态模型中的对象必须发送一条 remove 基本信息到其中某个参与对象。如图 9.41 所示为一个参考类图，图 9.42 则展示了一个基于图 9.41 类图动态模型的例子。其中，一条链接被移除并被另一链接替换。以下契约说明了一辆汽车如何变换其所有人，其动态版本代码如下：

```
Context Control::
  changeOwner(newOwnerId:IdNumber,aLicense:CarLicense)
    pre:
      person[newOwnerId]->notEmpty() and
      car[aLicense]->notEmpty
    post:
      car[aLicense]^removeOwner() and
      car[aLicense]^addOwner(person[aNewOwnerId])
```

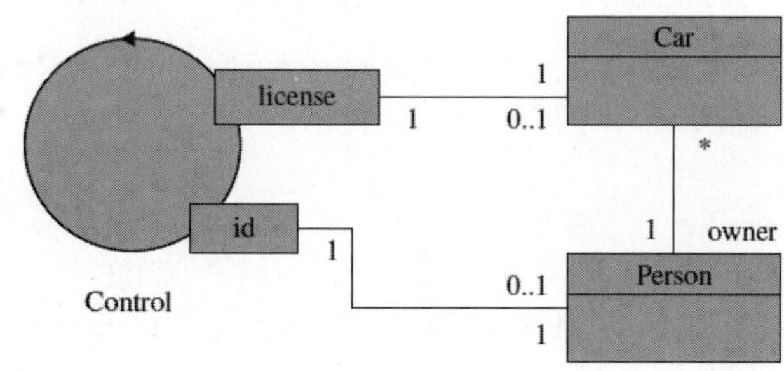

图 9.41　参考类图

当 owner 规则具有重数 1 时，移除链接的命令不需要参数说明。

同样地，当规则具有重数 1 时，可能生成一个替换关联的新的基本信息来取代 remove/add 序列。该信息可被称为 setOwner（newOwner：Person）或 replaceOwner（newOwner：Person），并且该消息将会是线程安全的。如果在命令执行间隔的短时间内，有其他进程（线程）执行了一个对临时处于不一致状态对象的查询，使用 remove/add 序列可能会比较危险。如果用一个类似

replace 的单命令取而代之，且假设当该命令被执行时，对象还被锁定为只读状态，那么上述的危险情况就不会发生。

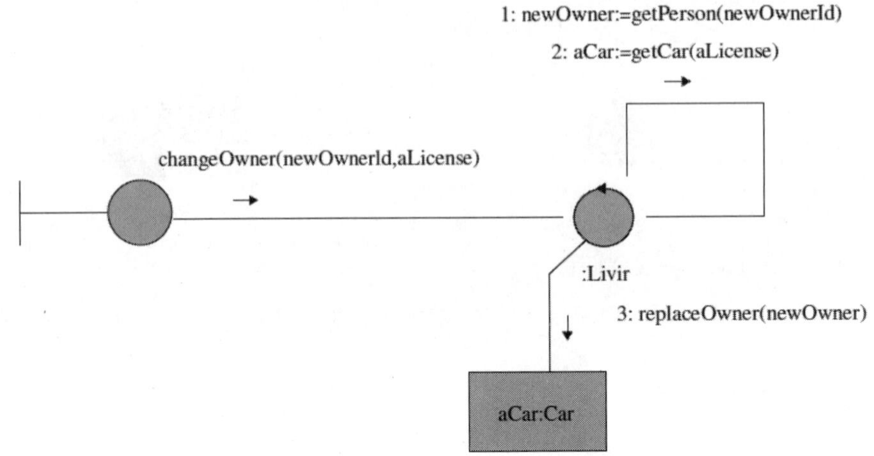

图 9.42　带有链接替换命令的通信图

9.4.6　条件式后验条件

如前所述，除非指定条件有效，才必须要有一个后验条件。在这种情况下，才可能在交互图使用有条件的消息，这类似于在机器状态与活动图中使用的保护条件（guard condition）。

继续有关 add2Cart 的这个例子，条件表达式确认购物车是否已经有书籍的一个条目。该表达式不会作为一个派生属性授权，因为它是参数化的（是布尔类型，但其值取决于书籍的具体情况），所以，它可能在 Cart 类中作为正常查询被定义：

```
Context Cart::includeBook(aBook:Book):Boolean
  body:
    item.book->exists(aBook)
```

图 9.43 展示了图 9.39 模型的演化，当前在测试一本书籍是否已经添加至该购物车。注意消息 3 在这里被重命名为 insertItem，因为它不再是仅创建一个新条目，而是可能被创建或者被增量添加。

如果条件仅仅是“implies,”，那么在图中有一个条件消息就足够了。但是如果条件涉及 if-then-else-endif 这种结构，如图 9.43 所示，就必须使用两个互斥的条件消息。在图 9.43 中，只有当 includeBook(aBook)为真时，消息 3.1 才被执行。而当 includeBook(aBook)为假时，消息 3.2 被执行。

需要注意的是，消息 3.1.1 到 3.1.5 从属于消息 3.1。只有当消息 3.1 被执行时，才会执行它们。同样，消息 3.2.1 和 3.2.2 从属于 3.2，只有当消息 3.2 被执行时，它们才被执行。

消息 3.2.1（selectItemFor）是对类 Cart 有用的另一个查询，可以被定义为如下形式：

```
Context Cart::selectItemFor(aBook:Book):Item
  body:
    item->select(book=aBook)
```

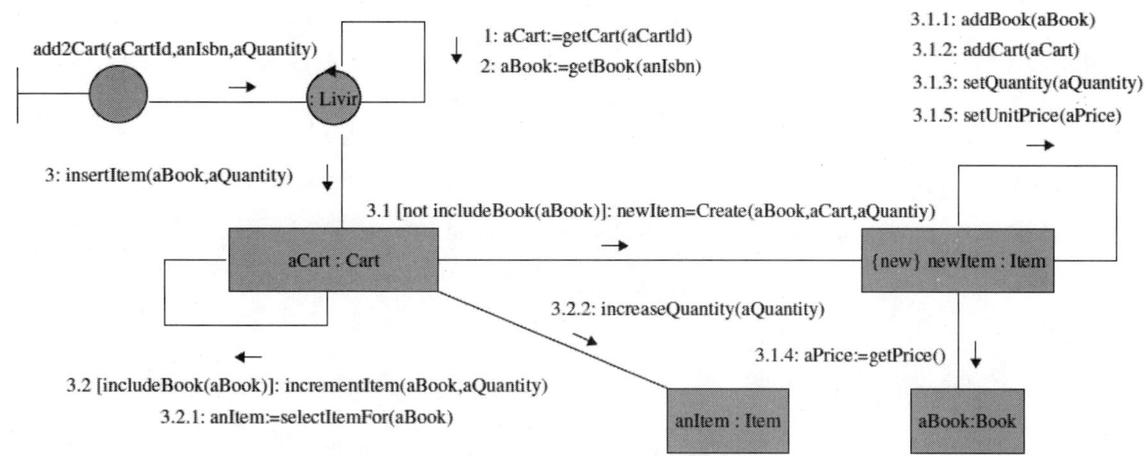

图 9.43 add2Cart 契约动态模型的完整草稿

消息 3.2.2 同样很重要，只有当基本消息（如先前所定义的）被用于替代消息 3.2.2，才会使用 currentQuantity:=getQuantity()和 setQuangtity(currentQuantity+aQuantity)的一个序列。然而，该构造并不是线程安全的。如果 quantity 在这两条消息之间通过另一个过程被更新，那么只有并发能够被很好地得到控制，该消息序列才会使 quantity 处于一致状态。因此，通常不执行 get 和 set 的序列来增加数值属性的值，更倾向于定义一个 increase 基本消息，作为一个参数来传递，简单添加 quantity 到各自的数值属性。

目前为止，动态建模为 Cart 类生成了两个新查询：includeBook 和 selectItemFor。同时，也为 Cart 类提供了两种委托方法：insertItem 和 incrementItem。对于 Item 类，定义了一个构造器，当必须为 quantity 条目增加值时，一个新的基本消息 increaseQuangtity 同样被定义。图中的其他信息，如 getCart、setQuantity 等都是基本消息。

不过，如今另一个必须要解决的问题是，在条目被创建后，应该被改变吗？这个问题与 immutability 设计模式有关，该模式确定不应被改变的对象不能执行公共的更新方法。特别要指出的是，对于 Item 类来说，在图 9.43 中有一个已创建的实例，此时必须考虑其中的 book、cart、price 以及 quantity 以后会不会被改变。这当然取决于为其他系统操作而创建的动态模型。但是这里可以假设当所链接的书籍和购物车不可改变时，quantity 和 unitPrice 也可能改变。因此，该条目不能将 addBook 和 addCart 作为公共方法。在 UML 类图中，可以通过在方法名称之前添加负号标记“-”来声明私有方法。私有方法虽然存在，但只能被属于它们的实例调用，其他对象不能访问该方法。

9.4.7 异常

条件也可能用于模型异常。再次回顾删除一本书的契约，但这次不是假设书被先验条件删除，而是当书被链接到至少一个条目时，引发了下列异常：

```
Context Livir::deleteBook(anIsbn:ISBN)
  pre:
```

```
    book[anIsbn]->notEmpty() and
  post:
    book[anIsbn]^destroy()
  exception:
    book[anIsbn].item->notEmpty() implies
      Exception.throw('Cannot delete a book that was sold')①
```

在动态模型中，异常通常是第一个被测试的条件，这是因为若其中一个异常发生，就不能获得其他后验条件。这样，将会在测试其他任何条件之前，使用一条条件信息测试异常条件。

图 9.44 展示了在书籍包含条目的情况下，如何测试和引发异常。

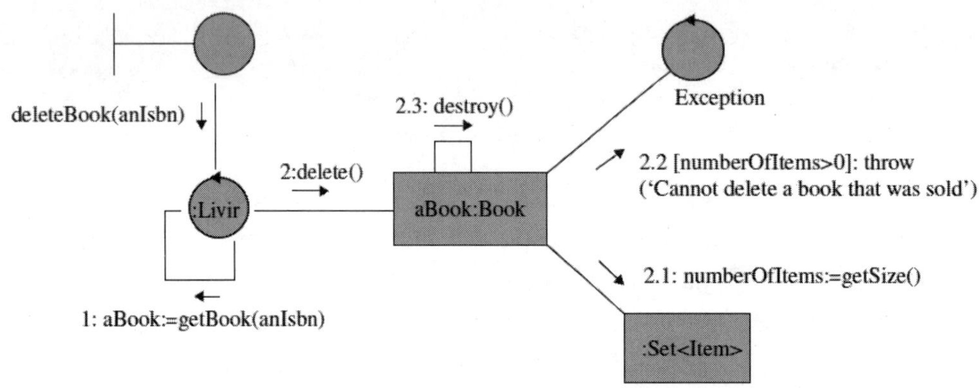

图 9.44　带有包含异常的契约的动态模型

图 9.44 中的模型假设 throw 信息是终点，也就是说，系统操作的执行可以被其打断。这意味着，如果异常条件为真，消息 3（实际的销毁器）将不会被执行。

9.4.8　与集合有关的后验条件

当系统命令包含一些具有指定更新对象集合后验条件的契约时，通信图中可能使用循环结构用以表示一条消息被循环发送到集合当中的所有元素。例如，下面的系统命令通过 aPencentage 来增加每本书籍的价格，如下所示：

```
Context Livir::raisePrices (aPercentage: Percentage)
  post:
    book->forAll(aBook|
      aBook^setPrice(aBook.price@pre*(1+aPercentage))
    )
```

图 9.45 所描述的是该契约的动态模型图。

再次强调，选择定义一个新的基本信息 raisePrice 来替代 getPrice 和 setPrice 序列的原因是由于它是线程安全的，通过与(1+aPercentage)相乘，基本信息 raisePrice 改变了属性 price 的值。

---

① 通常，异常不会接受此类消息作为参数，取而代之的是引用消息列表的异常代码。不过，为了保证例子更为简洁，在这里将它们保留了下来。

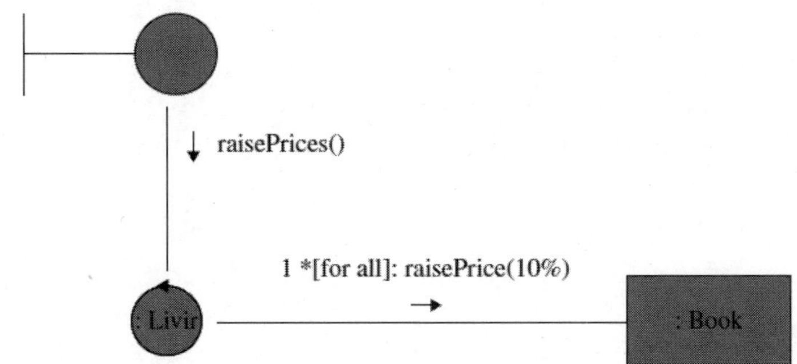

图 9.45　对象集合后验条件契约的动态模型

当循环并不会在集合中的每个对象上执行时，才会发生另一种常见情况，但这仅限于满足指定条件的情况下。以下命令通过 aPrercentage 来提高页数超过 aPageCount 的书的价格，如下所示：

```
Context Livir::raiseThickBooks(aPrercentage:Prercentage;aPageCount:Natural)
  post:
    book->select(pageCount>aPgeCount)->forAll(aBook|
      aBook^setPrice(aBook.price@pre*(1+aPercentage))
    )
```

该契约的通信图如图 9.46 所示。

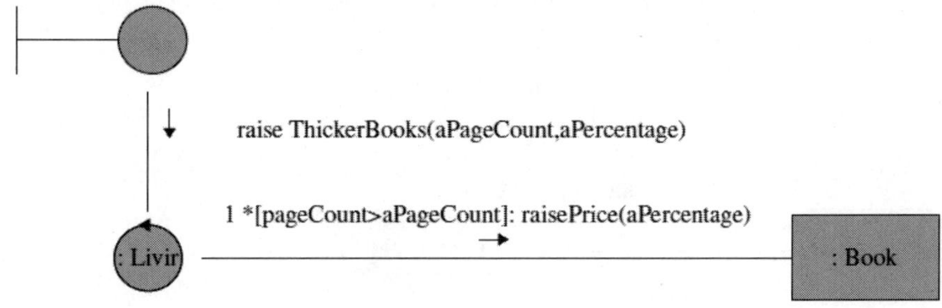

图 9.46　带有循环和选择的通信图

9.5　系 统 查 询

系统查询契约通常只定义从对象获取数据的组合。尽管不一定有用，也有可能为这些契约开发通信或者时序图。例如，图 9.47 中的通信图，这是为以下系统查询 listBooks 的契约而建立的，如下所示：

```
Context Livir::listBooks():Set
  body:
    book->collect(aBook|
      Tuple {
      isbn=aBook.isbn,
        title=aBook.title,
        authorsName=aBook.authorsName,
```

```
    price=aBook.price,
    pageCount=aBook.pageCount,
    publishName=aBook.publisher.name,
    coverImage=aBook.coverImage,
    quntityInStock=aBook.quntityInStock
  }
)
```

books:=listBooks()=<isbn,title,author,price,numberOfPages,publisher,coverImage,quantityInStock>*

1 *[for all]: aBook:=getBook()

:Livir

:Book

2: isbn:=getIsbn()

3: title:=get Title()

4: authorsName:=getAuthorsName()

5: price:=getPrice()

6: pageCount:=getPageCount()

7: publisherName:=getPublisherName()=publisherName

8: coverImage:=getCoverImage()

9: quantityInStock:=getQuantityInStock()

7.1: publisherName:=getName()

aBook:Book

:Publisher

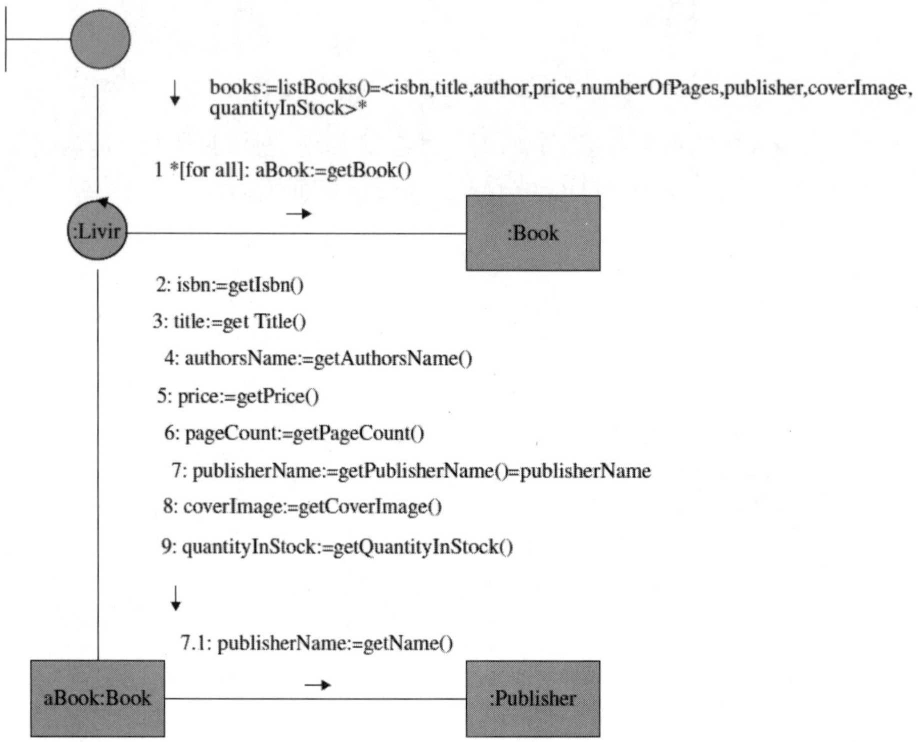

图 9.47 系统查询的协作图

当这些图被系统查询建模时，与之相关的最大困难是它们并没有减少数据组合的表示。例如，在图 9.47 中，控制器给每个 Book 的实例发送了 8 条消息，每条消息产生一个不同的返回。控制器怎么处理这些返回值？它从查询的契约用 8 个值建立一个元组，把元组集中到一个集合当中，该集合就是查询的最终返回数据。但是，在图上表示只需重复在契约中的已知条件。因此，就查询来说，这些图的实体是受限的。

关于建模查询有许多重要的问题。首先，要定义如下 3 种查询消息。

- 系统查询（system query）：在控制器中执行，并被接口直接调用。当域对象被封装到域层以及处理对话框和按钮的界面时，系统查询会接收作为参数的文字和字母数据，并且返回文字和字母数据。
- 基本查询（basic query）：参考实际的属性和对应基本 get 查询的链接。
- 中间查询（intermediate query）：对应着派生属性和关联。派生属性返回文字和字母数据，而派生关联返回对象或保存对象的数据结构。中间查询的另一种类型是参数化查询，不能作为一个派生属性或关联被定义，例如，图 9.43 中的 includeBook。

在图 9.47 中，唯一的中间查询是 getPublisherName，通过控制器被发送到 book。轮到 book 时，将基本查询 getName 发送到其出版商。因而，publisherName 可能被认为是 Book 的一个派生属性。

至于“中间查询应该返回出版商名称还是出版商本身”这个问题，有以下问题应该值得考虑。

- 如果需要对象的单属性，要避免返回对象，因为它可能对 Don't talk to strangers 模式产生一项无确认风险。如果需要一个单独的文字和字母值，那么最好是作为像 Book 类中 publisherName 这样的派生属性来定义。
- 当必须从单个对象或多对象中获取属性或值的集合，并且目的是通过它们执行操作时，（例如，执行求和、查找最大值或平均值。）最好是对最直接访问值的类执行操作。换句话说，操作要尽可能被执行，已经产生的结果应该作为派生属性被返回。例如，totalValue，它是 Cart 的一个派生属性，必须被 Cart 本身计算，而不是客户或控制器。如果购物车对分类汇总执行求和，并将条目返回到控制器，这将是一个失败的设计。
- 当必须返回有复杂结构值的集合，并且不能被转化成简单的文字和字母值，此时，最好是将那些信息作为对象集合返回，将其定义为一个派生关联。因为通过这样的处理，类中已经用来对数据执行计算和操作的方法才可用。不过，这种选择可能会产生更多耦合情况。同时，如果其他选择不适用，就必须要使用它。

9.6 委托与低耦合

到目前为止已经了解了一些创建通信图的技术。但是，在很多情况下会有多种设计选择和信息发送方法。

就像之前讨论的那样，有时对其他对象有控制权而没有可见性的对象可以执行职责。在这种情况下，可以确定以下两种截然相反的设计方法。

- 有控制权的对象试图获得一个对象对另一对象的引用，被引用对象可以执行职责并直接与其通信。
- 对象委托消息到另一可执行职责的邻近对象。

为了理解上面两种方法的不同之处，假设这样的一种场景：Mary 是 Peter 的老板。老板想为公司聚会预订自助餐，但对餐饮公司的情况一无所知。但是老板知道 Peter 与一些餐饮公司有联系，那么就可能有如下两种订餐方式。

- 老板向 Peter 询问餐饮公司的电话号码并由自己预订。此时，Peter 唯一要做的事就是把联系方式给老板。
- 老板告诉 Peter 宴会的相关参数：参加人数、食物类型、活动预算等，让 Peter 自行预订。聚会如期举行，而老板永远不需要去通知餐饮公司，因为此事已委托给了 Peter 办理。

尽管在现实生活中，与许多人或公司取得联系很有趣，但在面向对象系统中却并非如此。当对象被高度耦合时，系统就会比原本更复杂。因而，有必要避免在开始并没有连接的对象之间创建连接。

上面讨论的第一种方法称为集中（concentration）。有执行控制权的对象可以发送信息来获取对所有需要对象的引用，并自身执行操作。第二种方法称为委托（delegation），包括在其不能执行职责时向对象进行委托。第二种方法通常是首选的，为重用类和方法提供了更大的潜力，因为中间查询或这种方法产生的委托方法通常是可以重用的。

一个与之相关具体实例如下所示。此时假设一个系统查询 getCartTotal 的定义如下代码所示：

```
Livir::getCartTotal(aCratId:CratId):Money
  body:
    cart[aCartId].Item->sum(quantity*unitPrice)
```

以上系统查询契约作为获取指定购物车汇总值的对象（该契约的定义故意没有使用图 9.34 中所定义的派生属性，假设它们还没有被定义）。该值必须从订单中每个条目的 value 和 quantity 计算得出。

使用集中的方法，整个过程将会在类 Livir 中被执行。这个类将获得所有必要的数据来执行计算，并为接口返回结果。集中的通信图包含了被 Livir 发送的所有信息。只有 Livir 实例发送信息时，委托才不会发生。系统查询的伪代码可以描述如下：

```
CLASS Livir
  ASSOCIATION VAR carts:MAP[CartId->Cart]
  ...
  METHOD getCartTotal():Money
    LOCAL VAR aCart:Cart
    LOCAL VAR cartsItems:SET<Item>
    LOCAL VAR total:Money
    aCart:=carts.at(aCartId)
    cartsItems:=aCart.getItem()
    total:=0
    FOR EACH item IN cartsItem DO
      total:= total+ (itemgetValue()*item.getQuantity())
    END FOR
    RETURN total
  END METHOD
END CLASS
```

从这段代码中可以总结如下信息。

- 代码解决该问题。
- 除了在 Livir 类中执行的查询本身，没有生成可重用的软件元素。
- 在类之间增强了耦合，因为 Livir 获得了对 Item 的可见性，它在图 9.34 中却不是这样的。

通过使用委托的方法，查询也可以被正确执行，但同时也会生成新的高内聚、低耦合可重用结构。

从一开始，必须要阻止 Livir 类访问 Item 的任何实例，这是因为类图中这些类之间没有任何连接。为了执行职责，Livir 必须把计算委托给 cart。当返回值是 Money（一个指定文字和字母）时，为 Cart 创建该中间查询等价于为其定义一个派生属性，使用 OCL 具体表述如下所示：

```
Context Cart::total:Money
  derive:
    item->sum(subtotal)
```

除了可以在 Cart 中创建派生属性外，同样可以在 Item 类中创建，以便返回分类汇总。如下所示：

```
Context Item::subtotal:Money
  derive:
    unitPrice*quantity
```

目前，使用这两个派生属性，在类之间分配的职责的伪代码可被定义为如下形式：

```
CLASS Livir
  ASSOCIATION VAR carts:MAP[CartId->Cart]
  ...
  METHOD getCartTotal(aCartId: CartId):Money
    RETURN carts.at(aCartId).getTotal()
  END METHOD
END CLASS

CLASS Cart
  ASSOCIATION VAR items:SET<Item>
   ...
  METHOD getTotal():Money
    LOCAL VAR total:Money
    total:=0
    FOR EACH item IN item DO
      total:= total+item.getSubtotal()
    END FOR
    RETURN total
  END METHOD
END CLASS

CLASS Item
  ATTRIBUTE VAR quantity:Natural
  ATTRIBUTE VAR unitPrice:Money
  ...
  METHOD getSubtotal():Money
    RETURN quantity*unitPrice
  END METHOD
END CLASS
```

使用这种方法，大多数计算可以发生在最即时有效地访问必要信息的类中，也就是 Cart。因而，该计算过程比通过集中方法生成的过程更具可重用性，因为它现在包含在类 Cart 中。如果 Cart 类被重用，则可以独立计算汇总值，而不必依靠一个非 Livir 组件的类。对 Item 也一样，Item 知道如何计算其自身的分类汇总。

对于系统命令而言，当设计者选择委托来替代返回一个对象时，也适用于低耦合原则。再回顾一下图 9.34 中的类图，假设从 Cart 到 Item 的规则被标记为{ordered}，图 9.48 的通信图使用集中方法展示了系统命令 deleteLastItem，图 9.49 用委托方法展示了相同的命令，在类中避免了不必要的耦合。

使用授权方法的 price，在中间类中通常包含更多的方法声明。然而，可重用方法通常被用来抵消这个问题。使用集中方法的 price 有一种设计，它将职责集中在 façade 控制器中，而不是使其在对象当中分配。这产生了一种很难长期演化和保持的模型。

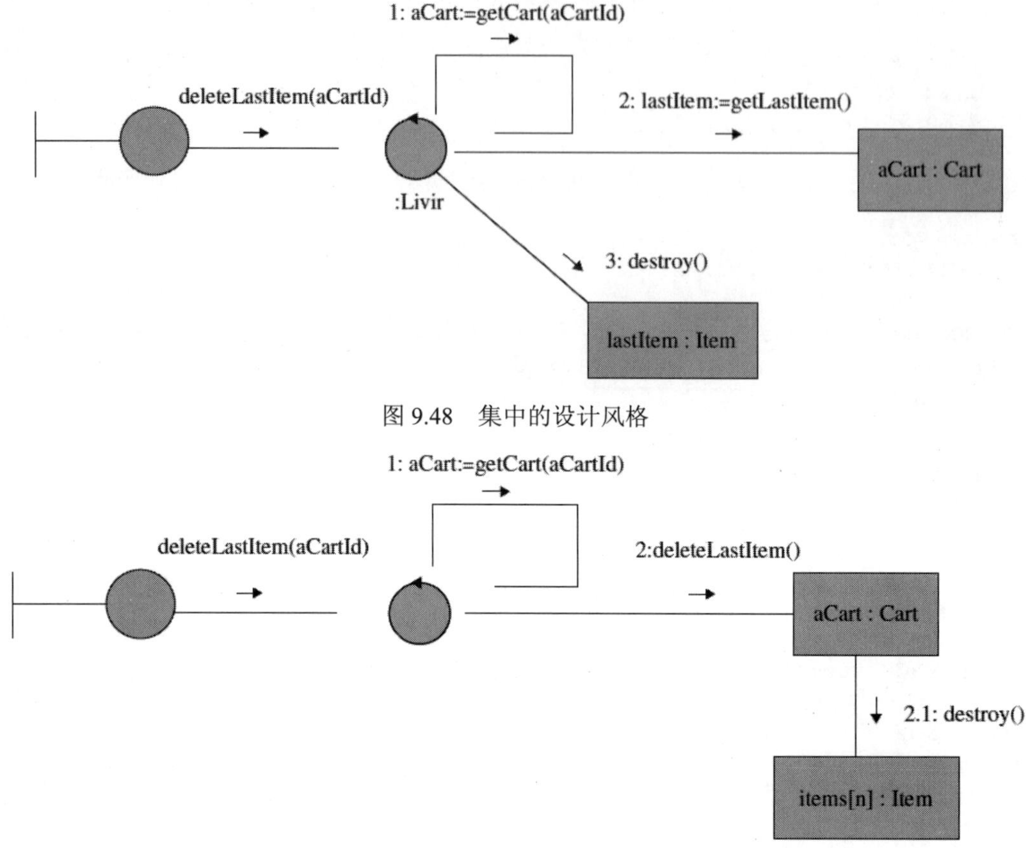

图 9.48　集中的设计风格

图 9.49　委托的设计风格

9.7 设 计 类 图

逻辑设计的目标之一是建立和细化设计类图（DCD），该图从概念模型和动态建模期间（当契约的交互图被建立时）获取的信息中被创建。

DCD 的第一个版本是概念模型的精确复制，随后将被修改。在域层设计期间，在 DCD 中的基本修改如下：

- 方法被添加。在分析过程中，只有系统命令和查询被发现，并添加到 façade 控制器类中。在设计阶段，委托和属于其他类的基本方法被添加。
- 关联被定向。在分析过程中，关联是非定向的。在设计阶段，它们的方向由交互图中对象间消息流动的方向所决定。
- 属性和关联被详细说明。在分析阶段，并不强制描述属性和关联的细节。这些细节在设计过程中添加。另外，在分析过程中只有抽象数据类型用于说明关联规则，并且在设计阶段可能被具体数据类型替换（例如，通过 array list 或 linked list 替换 sequence）。

- 类和关联的结构可能会改变。可能有必要创建一个新类来执行特定设计结构（例如，策略和服务等）。某些情况下，DCD 的类结构可能与概念模型的结构不一致。
- 可能创建被保护和私有的属性。在概念模型中，所有属性都是公共的，因为它们代表静态信息而不是行为。然而，当对象的动态方面被表达时，为了封装决定某些对象行为的内部状态，有必要使用私有属性。这些属性有时通过 getter 和 setter 可能不是直接可访问的，但可能对某些方法产生影响。

在通信图的构建期间，对象接收到委托消息的每一刻，它的类必须要去执行相应的方法。图 9.43 中的通信图表达了必须在某些类中作为方法执行的许多信息。

- Livir 必须执行：
  - aad2Cart(aCartId:CartId,anIsbn:ISBN,aQuantity:Natatural)——系统命令。
  - getCart(aCartId:CartId):Cart——基本查询。
  - getBook(anIsbn):Book——基本查询。
- Cart 必须执行：
  - insertIte(aBook:Book,aQuantity:Natrual)——委托命令。
  - includeBook(aBook:Book):Boolean——查询或谓词。
  - increamentItem(aBook:Book, aQuantity:Natrual)——委托命令。
  - selectItemFor(aBook:Book):Item——查询。
- Item 必须执行：
  - Create(aBook:Book,aQuantity:Natrual)——构造器。
  - addBook(aBook:Book)——私有基本命令。
  - addCart(aCart:Cart)——私有基本命令。
  - setQuantity(aQuantity:Natural)——基本命令。
  - increaseQuantity(aQuantity:Natural)——基本命令。
  - setUnitPrice(aValue:Money)——基本命令。
- Book 必须执行：
  - getPrice()Money——基本查询。

如果设计者选择不执行每个双向的关联，DCD 也可能包含关于关联方向的信息。这通常是因为与双向关联相比，单向关联执行起来更简单有效。

决定一个关联是单向还是双向，取决于交互图上的消息流。理论上，关联在控制器的方向是不可操纵的：控制器能看到类，但看不到关联。如果信息只朝一个方向流动，那么其他关联可能是单向的。图 9.50 代表了图 9.34 的一个演化，这包含了图 9.39 动态模型中发现的方法和关联方向。

并非是图 9.50 中的每个关联是有向的，因为图 9.39 展示了从控制器到 Cart、从 Cart 到 Item、从 Item 到 Book 中被发送的消息。在通信图中没有被消息跟随的关联不会被定义，直到另一个图最终决定其方向。

如果为不同的系统操作开发的其他协作图需要反方向上的消息导航（就像那些已经发现的消息），那么相应的关联应该是双向的。

由于关联方向取决于动态模型中被发送消息的方向，因此试图在最初概念模型中定义该方向是毫无意义的（参见第 3 章）。在此时，由可用的信息足以做出设计决定。这对决定一个类执行哪种方法同样有效。

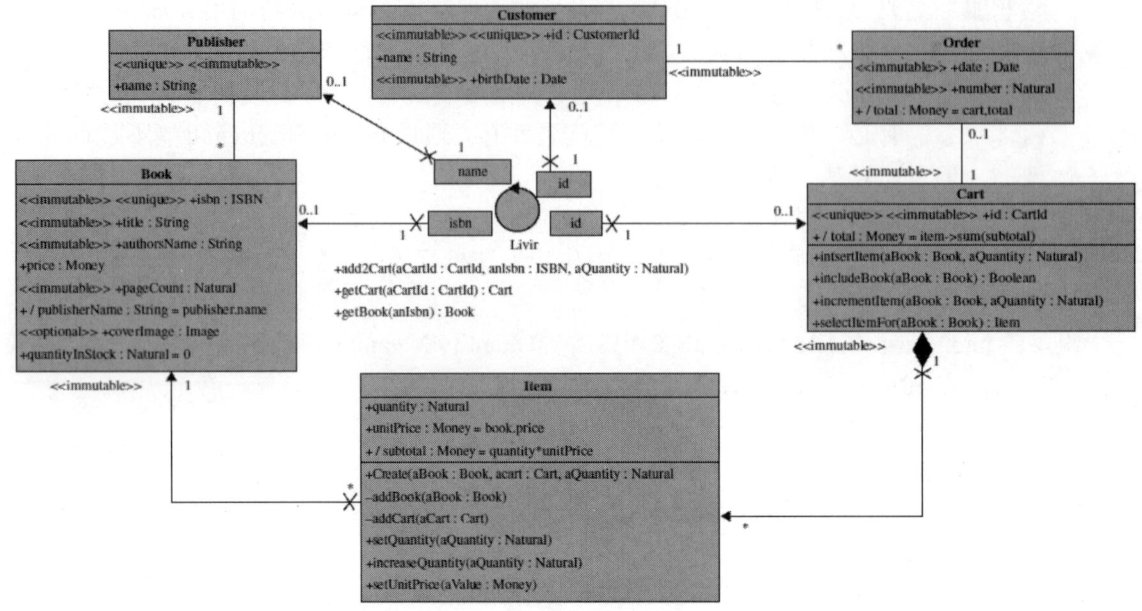

图 9.50　包含方法以及关联方向的设计类图

默认情况下，假设单向关联没有初始约束，但并非一直如此。例如，对于从 Item 到 Book 的关联为真，这在其初始没有多样性约束，但从 Cart 到 Item 的关联在初始是受约束的，因为需要一个精确地关联到购物车的条目。如果关联只是作为保存 Item 集合的 Cart 中一个变量被执行，那么该约束不会被轻易确定。这就是在第 10 章中，单向关联在初始作为双向关联处理的原因：在两个方向它们可能不被导航，但是必须在两个终端执行。

9.8　当前进度

	起始阶段（Inception）	细化阶段（Elaboration）
业务建模	构建整个系统的概要视图： ● 构建业务用例图并确定项目的自动化范围 ● 为业务用例构建初步的活动图 ● 为关键业务对象构建初步的状态机图	
需求	准备系统用例图（功能需求）： ● 从业务用例模型中识别出系统参与者（actor） ● 从业务用例模型中识别出系统用例，并从业务模型当中识别活动以及状态机图 确定非功能性需求作为用例注解： ● 确定关联到用例的主要业务规则 ● 确定关联到用例的主要质量问题 确定增补需求	通过扩展用例进一步细化需求： ● 识别主要流 ● 识别替代流：变体以及异常处理

续表

	起始阶段（Inception）	细化阶段（Elaboration）
分析与设计	通过观察系统用例和所需概念，准备初期概念模型	细化系统时序图： ● 使用系统时序图表示用例的主要流 ● 使用状态或者无状态策略来表示系统命令及查询 ● 用替代流完成系统时序图 提炼概念模型： ● 在扩展用例文本中识别概念、属性以及关联 ● 使用需要的版型、重数以及约束来细化属性以及关联 ● 通过使用继承、关联类以及时序规范（temporal specification）来组织模型 ● 根据需要添加变量 ● 依据应用系统分析模式来改进概念模型 在系统时序图中为命令和查询编写相应的系统操作契约： ● 基于无效参数以及互补约束确定先验条件及异常 ● 确定命令的后验条件以及查询的返回 设计域层： ● 为每个系统命令契约创建对应的时序图或通信图 ● 使用上述图来确定来每个类中要实现哪些方法 ● 检查上述图以发现哪些关联是单向的并按照此形式进行定义 ● 查看系统查询契约并决定哪些委托类型的查询是可以被实现的；哪些能够从关联或者属性中派生出来 ● 生成或者细化设计类图
实现		
测试		
项目管理	估计项目的总工作量、理想进度、团队平均规模 为每个阶段估计持续时间和迭代次数 为首次迭代准备阶段计划和迭代计划	

9.9 思考题

1．对象的 6 种可能职责是什么？用于执行每种职责的方法又是什么？

2．存在于对象之间的 4 种可见性是什么？它们是对称的吗？它们每个在类中如何影响高耦合？

3．再次阅读 9.3.2 节最后一段，尝试画一幅描述这种情况的通信图。为什么与图 9.29 提出的图相比，它的设计更差？

4．解释动态模型中契约后验条件和异常的影响，它们如何影响动态模型的复杂性？

5．为图 9.43 画一幅等价的时序图。

第 10 章　代 码 生 成

本章提要

- 类、属性及关联的代码生成
- 委托方法和系统操作的代码生成
- 过滤查询模式

10.1　代码生成简介

统一过程的执行规则包括设计模型的代码生成活动。有必要为域层类生成代码，同样也要为系统其他技术层生成代码。本章关注的是为域层生成代码。

一旦通信图和 DCD 被生成，代码生成就是一项可以系统化到某个点的活动，该点可以自动实际执行。对于执行所有由系统操作契约识别的逻辑过程的域层，自动代码生成是可行的。

本章提出了 DCD 和通信图的代码生成规则，其中的一些例子在伪代码当中被指出，这些伪代码可被翻译成大多数程序语言（尤其是面向对象的语言）。

10.2　类 与 属 性

DCD 类通常直接被转化成程序语言类。类属性在相应的类中，被转化成私有实例变量（private instance variables）。

如第 6 章所述，属性类型应该是文字和数字（如 Integer、Real、String、Boolean 等）、主类型（如 Date、Money、ISBN 等）或枚举类型（如 CalendarDay、Gender、PhoneType 等）。

如果其他对象可以访问属性，那么应该用 getter 方法来实现。如果一个属性可以被更新，那么必须用 setter 方法实现。它可能是一个直接 setAttribute 方法或者另一种类型。例如，如果属性是数值型的，对应的类型可能是 increamentAttribute。图 10.1 表示了设计类的一个例子，用于展示程序代码如何生成。

以下代码对应着图 10.1 所示类的伪代码实现。首先，类的属性被转化成程序代码私有属性，如下所示：

```
CLASS Book
  PRIVATE ATTRIBUTE VAR isbn:Isbn
```

Book

<<immutable>> <<unique>> +isbn : ISBN
<<immutable>> +title : String
<<immutable>> +authorsName : String
+price : Money
<<immutable>> +pageCount : Natural
+ /publisherName : String=publisher.name
<<optional>> +coverImage : Image
+quantityInStock : Natural = 0

图 10.1　参考类的代码生成

```
    PRIVATE ATTRIBUTE VAR title:String
    PRIVATE ATTRIBUTE VAR authorsName:String
    PRIVATE ATTRIBUTE VAR price:Money
    PRIVATE ATTRIBUTE VAR pageCount:Natural
    PRIVATE ATTRIBUTE VAR coverImage:Image
    PRIVATE ATTRIBUTE VAR quantityInStock:Natural
    ...
```

从中不难发现，除了 publisherName 这个派生属性之外，所有的属性都被定义为伪代码属性。大多数语言都不区分 ATTRIBUTE VAR 和 ASSOCIATION VAR。在本书中，这些名称用于变量间的明确区分，这些变量代表执行关联规则的属性和变量。不过，对大多数语言来说，任何实例变量将被简单地声明为 VAR，或者一种等价语言的具体表达式。

另一方面，大多数语言在 PRRIVATE 与 PUBLIC 之间区分变量和方法。每当允许私有变量时，这种方法是最好的选择。因为在这种方法中，属性被封装到对象中，它们可能不会被无权限对象改变。

现在，必须要考虑类属性将被如何更新。它们其中有些可以随时在无形中被更新。而其他应该被定义为只在创建期间或之后阻止其改变，即这些属性都是不可变属性。在图 10.1 中，当对象被创建后，不能改变的属性将被创建为<<immutable>>版型。

一个 setter 集和一个[①]构造器可能会按照如下的推荐方式被定义：

- 构造器必须作为参数接收所有非可选的、派生的或有已定义初始值（如果存在）属性的初始值。
- 构造器的实现会使用各自的值（如果存在）去初始化有初始值的属性。
- 构造器必须作为参数接收对象来满足关联的强制性规则（如果存在）（稍后这将在一个更复杂的例子中进行讲述）。
- 只有非派生的和不可变属性应该定义一个或多个 setter（setAttribute，increamentAttribute 等，视情况而定）。

因而，下面的代码可被创建作为以上实现类定义的继续：

```
...
CONSTRUCTOR MMETHOD create(anIsbn:Isbn;aTitle:String,
  anAnthorsName:String;aPrice:Money;aPageCount:Natural)
  isbn:=anIsbn
  title:=aTitle
  anthorsName:=anAuthorsName
  price=aPrice
  pageCount:=aPageCount
  quantityInStock:=0
END CONSTRUCTOR MMETHOD
METHOD setPrice(aPrice:Money)
  price:=aPrice
END METHOD
METHOD raisePrice(aPercentage:Percent)
```

① 虽然在某些情况下，类可能会允许多于一个的构造器。

```
  price:=aPrice*(1+aPercentage)
END METHOD
METHOD setCoverImage(aCoverImage:Image)
  coverImage:=aCoverImage
END METHOD
METHOD increaseQuantityInStock(anIncrement:Integer)
  quangtityInStock:=quantityInStock+anIncrement
END METHOD
...
```

注意在构造器内部，每个属性被分配到各自的参数。例如，quantityInStock 被分配的是 0（其初始默认值）。

在这段代码当中，只有 3 个属性可能会被更新。属性 price 有两个 setter：setPrice，用于定义独立于初始价格的一个全新价格；raisePrice，通过一个百分比提高价格。

quantityInStock 属性通过对其添加一个增量来更新。由于 anIncrement 参数可能是负值，因此使用这种方法也可以用于减量。

现在假设这样的一种情况，设计生成了交互图，该图可以描述该类的所有属性必须能被其他对象访问。在这种情况下，所有属性必须实现一种 getter 方法，甚至是派生属性。因而，下面代码可能是上面代码的延续：

```
...
METHOD getIsbn():Isbn
  RETURN isbn
END METHOD
METHOD getTitle():String
  RETURN title
END METHOD
METHOD getAuthorsName():String
  RENTURN anthorsName
END METHOD
METHOD getPrice():Money
  RENTURN price
END METHOD
METHOD getPageCount():Natural
  RENTURN pageCount
END METHOD
METHOD getPublisherName():String
  RENTURN ...①
END METHOD
METHOD getCoverImage():Image
  RENTURN coverImage
END METHOD
METHOD getQuantityInStock():Natural
  RENTURN quantityInStock
END METHOD
```

① 该方法中所涉及的一些关联，将会在 10.3 节和 10.4 节讲述。

看到这里，读者有可能会产生这样一个疑问：“为什么 authorsName 在这里仍然作为字符串类型的属性，而不是对 Book 有多对多关联的类？”其原因在于，这个例子模拟了一个正在进行的项目，而不是其最终版本。此时唯一的用例检测并不需要将其中的作者作为一个复杂概念来处理。因此，authorsName 属性非常适合此处的功能发现。而在随后其他用例被检测时，该属性将会改变。根据奥卡姆剃刀原理当中所述，“避重趋轻（Numquam ponenda est pluralitas sine necessitate）”（即如无必要，勿增实体），同样坚持灵活性原则，必要时才执行功能，因为这样执行起来非常简单。

10.3 单 向 关 联

在初始没有重数约束的单向关联和来自单例的单向关联（如 façade 控制器），在实现方法上可能与将属性作为实例变量类似，并且如果有必要，应该有更新和查询方法。

不过，如果在初始规则没有重数约束的情况下，这些关联必须被作为双向（bidirectional）来处理，即使它们只是单向可导航的。图 10.2 展示了这种情况下的一个例子。其中，尽管关联只是从 Car 到 Person 可导航，每辆车只能与单独的一个人建立联系。如果关联作为一个 Person 类的实例变量来实现，将很难确定一辆车属于一个人。

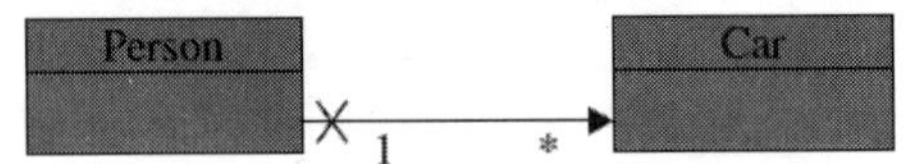

图 10.2 初始规则带有重数约束的单向关联

必须考虑一个属性和单向关联之间的区别。首先，属性总是被实现为文字和数字、初始值或者枚举类型的变量。此外，关联被类型为域类（就关联到 1 的情况来说）或数据结构（就关联到多的情况来说）的变量执行。

另外，考虑不同的规则重数和其他功能的关联，要做出关于在为每种类型的关联实施方法的区别。

瞬态及持久关联和属性的代码生成是相同的。这些元素种类间的唯一区别在于它们的存储方式。

一般而言，如果有必要，类可能为每个关联实现以下 3 种方法。

- 添加链接方法：通常是指 addRole。
- 移除链接方法：通常是指 removeRole。
- 获得链接对象的方法：通常执行 getRole 来返回链接的所有集合。该集合可能被实施，其元素也可能被迭代，从这种意上说，它必须得到保护。但是，不能从原始集合中添加或删除元素。另外，如果有必要，可能会执行获取具体元素或指定某个键值子集的方法，或者是其他搜索标准。

通常情况下，连接到 1 的关联可能会作为一个单变量来实现，而不是作为一个集合。在这种情况下，addRole 和 removeRole 方法不适用，并且该类实现了一个替换的 replaceRole 方法，该方法用一个新链接替换当前链接。

对 0..1 的关联也需要实现 replaceRole 方法，但是在这种情况下，addRole 和 remove Role 也可能被执行。为 0..1 规则执行 addRole 和 removeRole 方法，那么它们必须检验规则的边界。

根据定义，派生关联只能执行 get 方法。

其他方法也很必要，这主要取决于关联的种类，例如：

- 如果关联为 qualified（限定的），可能会有一个额外的 get 方法，以作为参数接收限定符键，并且返回被限定的对象或子集。另外，如果限定符是外部的，add 方法应该接收限定符的值。如果它是一个内部限定符，其参数不能被传递，因为它可能从对象本身获得。此外，还可能会添加一种新的 remove 方法，来移除一个位于其限定符值内对象的链接。
- 对于 ordered 关联来说，一个额外的 get 方法可能返回一个基于其集合内位置的对象。同样地，add 方法可以在指定位置添加元素，这表示为该方法的一个新参数；同时，remove 方法可能从指定的位置移除一个链接。ordered 关联也可能包含这样的一些方法，使用这些方法可以从其头部和尾部来访问、添加和移除元素。
- 对于堆栈和队列，可能有特殊方法，例如，对这些结构遵循具体规则的 push 和 pop 方法。

表 10.1 列出了这些方法的汇总信息，这些方法可能为类中的每种关联所执行，这主要取决于设计需要。

表 10.1　基于关联类型的关联典型操作

类　型	1	0..1	多（*）
Get	getRole():Object	getRole():Object	getRole():Set
Add	不适用	addRole(obj)	addRole(obj)
Remove	不适用	removeRole()	removeRole(obj)
Replace	replaceRole(obj)	replaceRole(obj)	replaceRole(oldObj,newObj)
类　型	**有　序　集**		**序　列**
Get	getRole():OrderedSet		getRole():Sequence
	getRole(Position):Object		getRole(Position):Object
	getFirstRole():Object		getFirstRole():Object
	getLastRole():Object		getLastRole():Object
Add	addRole(positon,obj)		addRole(positon,obj)
	addFirstRole(obj)		addFirstRole(obj)
	addLastRole(obj)		addLastRole(obj)
Remove	removeRole(obj)		
	removeRole(positon)		removeRole(positon)
	removeFirstRole()		removeFirstRole()
	removeLastRole()		removeLastRole()
Replace	replaceRole(oldObj,newObj)		replaceRole(position,obj)
	replaceRole(position,obj)		replaceFirstRole(obj)
	replaceFirstRole(obj)		replaceLastRole(obj)
	replaceLastRole(obj)		
类　型	**映射（内部限定符）**		**映射（外部限定符）**
Get	getRole():Set		getRole():Set
	getRole(key):Object		getRole(key):Object

续表

类　型	映射（内部限定符）		映射（外部限定符）
Add	addRole(obj)		addRole(key,obj)
Remove	removeRole(obj)		removeRole(obj)
	removeRole(key)		removeRole(key)
Replace			replaceRole(oleKey,newObj)
	replace(oldObj,newObj)		replaceRole(oldObj,newObj)
类　型	分区（内部限定符）		分区（外部限定符）
Get	GetRole():set		GetRole():set
	GetRole(key):set		GetRole(key):set
Add	addRole(obj)		addRole(key,obj)
Remove	removeRole(obj)		removeRole(obj)
Replace	replaceRole(oldObj,newObj)		replaceRole(oldObj,newObj)
类　型	有关联类的集合（set）	包（bag）	数组（固定规模的）
Get	getRole():Set	getRole():Bag	getRole():Arry
	getAssociationClass():Set		getRole(position):Object
	getAssociationClass(obj):Object		
Add	addRole(obj)	addRole(obj)	不适用
Remove	removeRole(obj)	removeRole(obj)	不适用
	removeAssociationClass(obj)		
Replace	replaceRole(oldObj,newObj)	不适用	replaceRole(position,obj)
类　型	堆　栈		队　列
Get	getRole():Object		getRole():Object
Add	pushRole(obj)		queueRole(obj)
Remove	popRole()		removeRole()
Replace	通常情况下不适用		通常情况下不适用

从表 10.1 不难看出，每种关联对于访问和改变链接来说，都有一套不同方法的集合。这些方法的实现遵循的定义与从类到类的定义保持一致。在以下章节当中将会讲述其中一些方法的例子。

10.3.1　单向关联（一对一）

具有规则重数为 1 的单向关联，可能被存储在初始类中的单实例变量当中，并且其类型应该是目标类。图 10.3 展示了一个从 Car 到 Person 的一对一单向关联。其中，Person 有一个名为 owner 的规则。

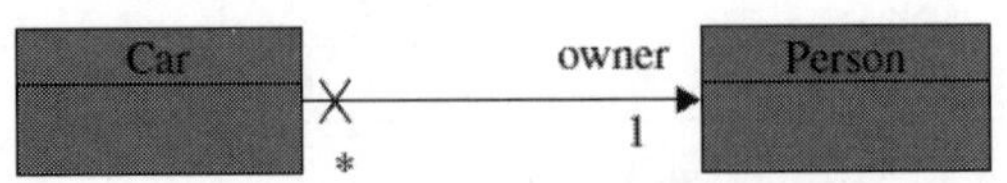

图 10.3　具有一对一单向关联的类

Car 类的实现需要一个名为 owner 的实例变量，此变量用类型 Person 所实现。至于关联方法，遵照表 10.1 中的内容，只有 getOwner 和 replaceOwner 应该被实现。该例中类 Car 的伪代码如下所示：

```
CLASS Car
  PRIVATE ASSOCIATION VAR owner :Person
  CONSTRUCTOR METHOD Create(anOwner:Person)
    owner:=anOwner
  END CONSTRUCTOR METHOD

  METHOD getOwner():Person
    RETURN owner
  END METHOD

  METHOD replaceOwner(newOwner:Person)
    owner:=newOwner
  END METHOD

END CLASS
```

至于重数为 0..1 的规则，有以下两种可能性：

- 可能被实现作为一个集合，这与重数为*的规则相似。在这种情况下，如果没有链接的对象，get 方法将会返回空集。
- 可能被实现作为一个单变量，这与重数为 1 的规则相似。如上所示，如果没有链接的对象，get 方法将返回空对象。

第二种方法被广泛采用。甚至会使用空对象设计模式（Woolf，1998 年）替代语言提供的空值（null）。其优点在于，空对象是独立于语言的。空对象是空类（Null）的一个实例，其行为包括不做任何事。如果对空对象有一个迭代，就像有一个空集合。另一方面，对空值或无值迭代会产生异常，这在上述情况下是不希望出现的。

如果假设图 10.3 中规则的重数为 0..1，那么会有两种可能的实现。第一种实现方法是将关联看作一个集合，如下所示：

```
CLASS Car
  PRIVATE ASSOCIATION VAR owner:Set<Person>
  CONSTRUCTOR METHOD Create()
    owner:=Set.new()
  END CONSTRUCTOR METHOD

  METHOD getOwner():=Set<Person>
    RETURN owner.protected()
  END METHOD
  METHOD addOwner(newOwner:Person)
    IF owner.size()>0 THEN
      Exception.throw('Car already has an owner')
    ENDIF
    owner.add(newOwner)
  END METHOD

  METHOD removeOwner()
    IF owner.size()=0 THEN
      Exception.throw('Car does not have an owner')
```

```
      ENDIF
      owner.removeOneElement()
    END METHOD

    METHOD replaceOwner(newOwner:Person)
      IF owner.size()=1 THEN
        owner.removeOneElement()
      ENDIF
      owner.add(newOwner)
    END METHOD
  END CLASS
```

任何时候，像 getOwner 这样的方法返回一个对象集合，该集合必须是被保护的，不能被改变。本章稍后将详细介绍。

removeOwner 方法通过对一个集合调用 removeOneElement 方法来实现。该方法从集合中移除一个元素（任何一个），不需要指定具体是哪一个。当集合只有一个元素时，就没必要知道是哪个元素了。removeOwner 方法同样可以作为 owner:=Set.new()来实现，其结果相同。然而，大多数程序员应该注意，如果对象经常从该规则中被添加或移除，这种实现方式会在内存中产生大量的垃圾，这会降低效率。

第二种方法将关联看作一个单变量，并且使用空对象设计模式，如下所示：

```
CLASS Car
  PRIVATE ASSOCIATION VAR owner: Person
  CONSTRUCTOR METHOD Create()
    owner:=Nullobject.instance()
  END CONSTRUCTOR METHOD
  METHOD getOwner():=Person
    RETURN owner
  END METHOD

  METHOD addOwner(newOwner:Person)
    IF owner<>Nullobject.instance()  THEN
      Exception.throw('Car already has an owner')
    ENDIF
    owner:= newOwner
  END METHOD
  METHOD removeOwner()
    IF owner=Nullobject.instance() THEN
      Exception.raise('Car does not have an owner')
    ENDIF
    owner:=Nullobject.instance()
  END METHOD
  METHOD replaceOwner(newOwner:Person)
    owner:=newOwner
  END METHOD
END CLASS
```

上述的两种 replaceOwner 的实现都在假设这样的一种情况：如果 owner 存在，则被替换；如果不存在，就会被定义。如果为没有 owner 的车辆调用 replaceOwner 方法，此时并不会产生异常。在这种情况下，对它的操作就像 addOwner 方法一样。

10.3.2 单向关联（一对多）

一对多单向关联可以作为某种数据结构来实现。如果它在目标规则中是一个具有重数为*的简单关联，那么可能作为集合被实现。以下是图 10.4 中代表关联的一段伪代码示例：

```
CLASS Customer
  PRIVATE ASSOCIATION VAR wishes:SET<Book>
  METHOD getWishes():SET<Book>
    RETURN wishes.protected()
  END METHOD

  METHOD addWish(aBook:Book)
    wishes.add(aBook)
  END METHOD

  METHOD removeWish(aBook:Book)
    Wishes.remove(aBook)
  END METHOD
END CLASS
```

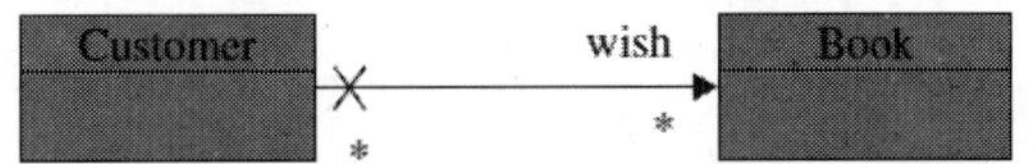

图 10.4 有一个简单 1 对多单向关联的类

这里没有必要实现 replaceWish 方法，这是因为 wish 通常只是从某个 customer 中被添加和移除。使用其中一个来替换另一个的情况并不常见，因而不考虑该方法的实现。

为避免元素被移除或添加到初始集合，除了在类中实现的添加和移除信息的方法以外，还可以通过向集合发送 protected 信息，以产生该集合的不可编辑版本。

这种保护的实现可以通过很多方式来进行，其中一些是具体的语言。这些例子中包括复制初始集合（浅度或深度复制取决于意欲保护的程度），或使用保护代理设计模式（protection proxy design pattern，Gamma、Helm、Johnson 和 Vlissides，1995），该设计模式建议封装初始集合类的实现，以及在其中只实现一种方法，来对元素进行迭代，但不修改初始集合。

如果关联规则被标记{ordered}或{sequence}，那么代表规则变量的数据类型则必须被由语言所支持的相应数据类型所替代，其他具体方法也必须被执行，如表 10.1 所示。

至于有相同上下边界的规则，可能会被作为数组来实现。例如，重数为 5 可能会被具有 5 个元素的数组来实现。最初的添加和移除命令不适合数组结构，因为其规模是不能被改变的。不过，元素可能基于其位置而被替代，如表 10.1 所示。

对于重数为 1 数值区间的规则来说（如 3..8），可以像对重数为多（*）的规则那样被实现。二者唯一的区别是，当目标被添加或移出集合时，必须要进行边界检查。

10.3.3 单向限定关联

单向限定关联以一种类似具有重数为多的关联的方式来实现。不过，与 Set 数据类型不同的是，这里使用了映射或者字典结构（MAP），该结构负责将文字和字母、初始值或枚举类型（键）关联到一个对象或者是一个对象集合（值）之上。

由于对任何其他单向关联，必须要牢记当关联在其初始状态下没有重数边界时，单向关联的实现就是唯一的可能，即初始规则必须有重数“*”。如果不是这样，必须考虑双向关联的实现。

图 10.5 展示了一个用内部限定符定义了到 0..1 映射的限定关联的实现。在这个例子中，客户意愿清单被认为是一个限定关联。其对应的代码如下所示：

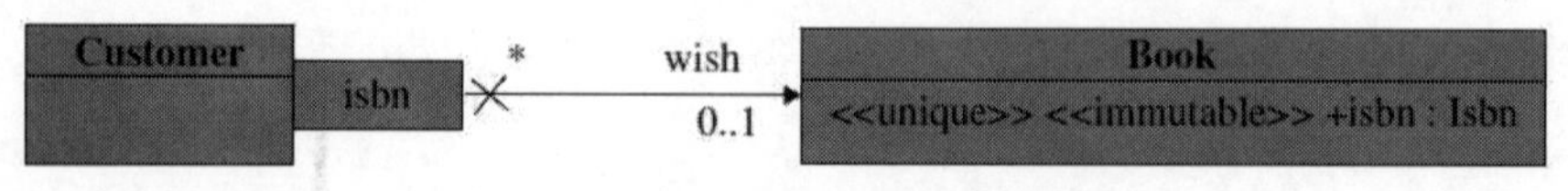

图 10.5　有内部限定符的限定关联

```
CLASS Customer
  PRIVATE ASSOCIATION VAR
      wishes:MAP<Isbn.Book>
  METHOD getWishes():SET<Book>
    RETURN wishes.getValues()
  END METHOD

  MEYHOD getWish(anIsbn:Isbn):Book
    RETURN wishes.atKey(anIsbn)
  END METHOD

  METHOD addWish (aBook:Book)
    wishes.add(aBook.getIsbn(),Book)
  END METHOD

  METHOD removeWish (aBook:Book)
    wishes.removeValue(aBook)
  END METHOD

  METHOD removeWish(anIsbn:Isbn)
    wishes.removeKey(anIsbn)
  END METHOD

  METHOD replaceWish (oldBook, newBook:Book)
     --not implemented
  END METHOD
END CLASS
```

其中，replace 方法没有像所期盼的那样再次执行，因为这种情况下用一本书来替换另一本书是毫无意义的。

这里需要注意的是，基本 map 数据结构对访问给定键(atKey)、访问所有值的集合(getValue)、包括一个键/值对（add）、移除一对给定键（removeKey）或给定值（removeValue）的对象等，都有一种通常的操作。

如果限定符属性是不可变的，那么强调只有具有内部限定符的限定关联的设计才能起作用这一观点是很重要的。如果不是这样，该属性会改变，并且改变没有必要扩大到等于关联键的值，这可能会产生不一致性。不过，该限制并不适用于具有外部限定符的映射，因为在那种情况下，限定符并不是限定类的属性。

图 10.6 列出了一个带有外部限定符的映射。相应代码如下所示：

```
CLASS Customer
  PRIVATE ASSOCIATION VAR phones:MAP<PhoneType,Phone>
  METHOD getPhones():SET<Phone>
    RETURN phones.getValues()
  END METHOD

  METHOD getPhone(aType:PhoneType):Phone
    RETURN phones.atKey(aType)
  END METHOD

    METHOD addPhone (aType:PhoneType;aPhone:Phone)
      Phones.add(aType,aPhone)
  END METHOD

    METHOD removePhone(aPhone:Phone)
      Phones.removeKey(aType)
  END METHOD

    METHOD removePhone(aType:PhoneType)
      phones.removeKey(aType)
    END METHOD
  END CLASS
```

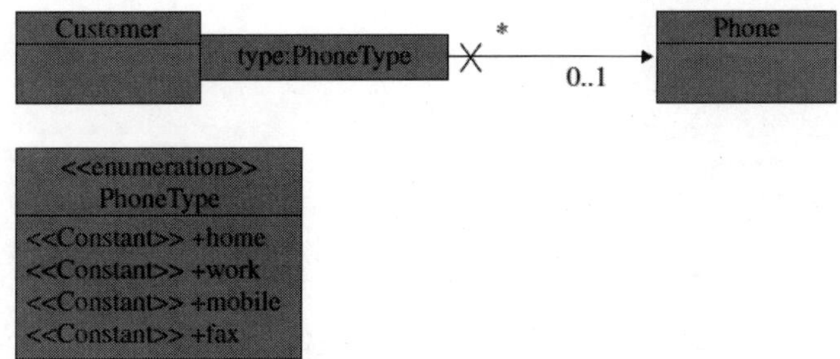

图 10.6　有外部限定符的限定关联

在图 10.6 中有一个需要考虑的问题：由于关联的初始没有重数限制，同时限定符也不是类的一个属性，因此无法确定相同的电话不会关联到两个或更多的键上。例如，下列命令的序列将会生成一个关联到两种不同类型的电话：

```
aCustomer.addPhone("residential", aPhone)
aCustomer.addPhone("comercial", aPhone)
```

如果这是所期望的，自然就不必说了。但是，如果这不是所期望的，左边的规则重数应该为 1，同时关联应该作为一个双向关联，那么应该考虑实现某种控制机制来避免一个电话被关联到多于一种类型之上。

接下来的这个例子考虑不同的出版商可以编辑同一本书这样一种情况。此时，就可能会包含书籍以及书籍的规格两方面的内容：一本书通常会有一个单独的出版商，但通常书籍的规格会对应出版商的集合。每个出版商书籍的 ISBN 可能不同，但书的规格对每个出版商都是一样的，这就是它的体裁（genre）。图 10.7 描述的就是这样的情况，书籍的规格包含体裁信息作为它的一个属性，因此，每本书籍的规格仅包含一种被关联到不同出版商的体裁。图 10.7 代表了一个分区（partition）。换句话说就是，一个一对多的限定关联，有一个内部限定符。所对应的代码如下所示：

```
CLASS Publisher
  PRIVATE ASSOCIATION VAR bookSpecs:RELATION <BookGenre, BookSpec>
  METHOD getBookSpecs():SET<BookSpec>
    RETURN bookSpecs.getValues()
  END METHOD

  METHOD getBookSpec(aGenre:BookGenre):SET<BookSpec>
    RETURN bookSpec.atKey(aGenre)
  END METHOD

  METHOD addBookSpec(aBookSpec: BookSpec)
    bookSpecs.add(aBookSpec.get.Genre().aBookSpec)
  END METHOD

  METHOD removeBookSpec(aBookSpec:BookSpec)
    bookSpecs.removeValue(aBookSpec)
  END METHOD
END METHOD
```

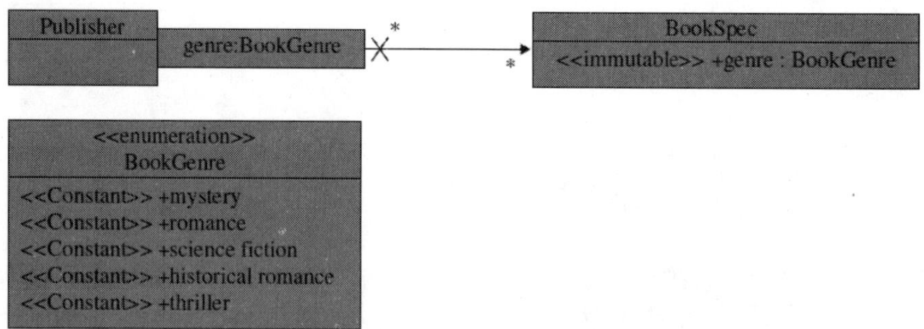

图 10.7 作为一个有内部限定符分区的限定关联

上述代码使用了一个称为 RELATION 的数据结构，这在大多数编程语言中并不存在。但是在这里，此结构可以被轻易地执行。它有一个类似于 MAP 的接口，不过允许相同键被关联到多个值之上，而不是单个值。在上面的例子中，结构为每个 BookGenre 关联了一个 BookSpec 的实例集。

这里同样有一个问题。在类 BookSpec 中的限定符属性 genre 必须是不可变的，因为限定符是内部的。如果不是这样，像先前提到的限定映射会破坏设计。该属性不是唯一的，因为不同书籍的规格可能具有相同的体裁。

图 10.7 中提出的设计允许使用不同的体裁将一本书籍的规格链接到单个或多个不同的出版商吗？答案是否定的。由于体裁属性不可变，并且 addBookSpec 方法从 BookSpec 属性 genre 当中提取键，这是添加一本书籍的规格到出版商的唯一可能。当体裁不可变时，书籍的规格不应该使用一个不同的类型再次被添加。

如果体裁并不是不可变的属性，那么相同书籍可以改变其体裁，并被再次链接到一个或另一个出版商。在这样的情况下，将会对具有旧体裁的书籍规格留下一个不一致链接。

10.3.4 有关联类的单向关联

当关联具有一个关联类时，当某个链接被添加或移除时，有必要实现该类实例的创建或销毁操作。

关联类可能存在于具有任何重数的关联中。然而，它们在多对多关联中更为常见和有用。

这种类型关联的一种可能实现是：创建一个映射来将相反类（opposite class）实例关联到关联类的实例。

图 10.8 展示了这样一个关联类，其执行代码如下所示：

```
CLASS Company
  PRIVATE ASSOCIATION VAR employees:MAP<Person,Job>
  METHOD getEMployee():SET<Person>
    RETURN employees.getKeys()
  END MTHOD

  METHOD getJob():SET<Job>
    RETURN employees.getValues()
  END MTHOD

  METHOD getJob(aPerson:Person):Job
    RETURN employees.atKey(aPerson)
  END MTHOD

  METHOD addEmployee(aPerson:Person)
    employees.add(aPerson,Job.Create())
  END MTHOD

  METHOD removeEmployee(aPerson:Person)
    LOCAL VAR aJob:Job
    aJob:=employee.atKey(aPerson)
    employees.removeKey(aPerson)
    aJob.destroy()
  END METHOD

METHOD removeJob(aJob:Job)
employees.removeValue(aJob)
aJob.destroy()
END METHOD

  METHOD replaceEmployee(oldEmployee,newEmployee:Person)
    self.removeEmplyee(oldEmployee:Person)
    self.addEmplyee(newEmployee:Person)
  END METHOD
END CLASS
```

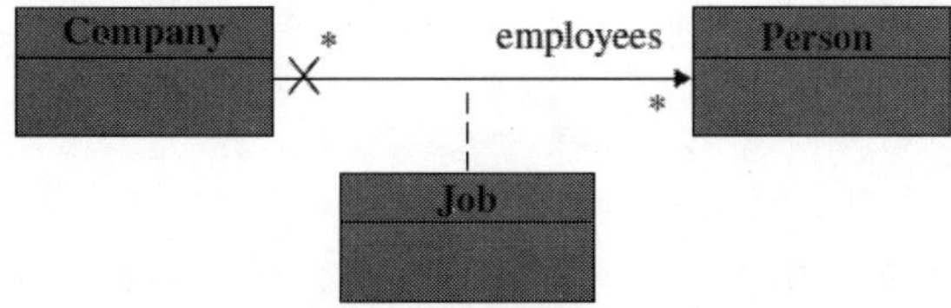

图 10.8　有关联类的单向关联

从图 10.8 中可以看出，当从 Company 到 Person 创建一个新链接时，Job 的一个新实例也会自动被创建。

当链接被移除时，明确销毁一项工作（job）的操作被包含在一段代码中，这段代码负责澄清所必须做的一些操作。因为 job 不能独立存在于创建它的链接中，在有垃圾收集器功能以及非明确废弃销毁对象的一些编程语言中，必须要确保在链接被移除后，没有其他的引用保存在对象中。

replace 命令只删除具有 job 的旧链接，并创建一个新链接。当规则被替代时，Job 的实例没有得到保持。然而在某些情况下，这可能变成仅是一些字面上的表述而已。

10.4 双 向 关 联

如前所述，关联的单向实现只有可能是它们在某一方向上可导航，并且初始规则中没有重数限制时。在其他情况下，有必要执行双向关联。

现有文献当中（Fowler，2003 年）至少已经提出了 3 种实现双向关联的模式：

- 将关联实现为两个单向关联（合作伙伴模式，mutual friends pattern）。
- 将关联实现为只在其中一个类中的单向关联。导航在通过一个查询之后可能会来自于关联的另一端。
- 实现一个代表关联的强制对象。

在上述所有情况中，如果关联在两个方向上都是可导航的，那么在两个参与类中必须实现 get 方法。这是因为在两个方向上都必须支持导航。不过，如果遇到单向关联具有某种重数限制的情况时，那么 get 方法只能被实现在初始类当中。

如果需要，add 和 remove 方法可能只在其中一个类中实现，这是因为如果它们在两个类中都存在，当完全做同一件事时就会出现冗余。

10.4.1 合作伙伴

就时间而言，在两个方向实现双向关联的选择是最有效的，但对于空间分配来说，双向关联效率较差，这是因为每个关联都要被实现两次。另外，双向关联还需要更多的控制开销，这是由于在所有涉及类中关联的实现必须要被同步。

关联的单向组件的实现遵循 10.3 节中的建议。与此同时，还要考虑以下 3 种子情况：

- 两个规则都是可选的。
- 只有一个规则是强制的。
- 两个规则都是强制的。

1. 两个规则都可选

如果两个规则都是可选的，并且没有其他约束，那么链接可能随意被添加或移除。鉴于链接必须从关联的两端添加或移除，因此需要用辅助方法来添加和移除各自单向链接。

这些辅助方法只能在 add 和 remove 方法中被调用。这就是它们必须作为 private 声明的原因所在，但是其相对的类必须有到它的接口，因此，它们单独对该类输出。

图 10.9 展示了一个双向多对多关联。相应的实施代码如下所示：

```
CLASS Customer
  PRIVATE ASSOCIATION wishes:SET<Book>
  METHOD getWishes():SET<Book>
    RETURN wishes.protected()
  END METHOD
  METHOD addWish(aBook:Book)
    self.privateAddWish(aBook)
    aBook.privateAddWisher(self)
  END METHOD

  METHOD removeWish(aBook:Book)
    self.privateRemoveWish(aBook)
    aBook.privateRemoveWisher(self)
  END METHOD

  PRIVATE METHOD privateAddWish(aBook:Book)
  EXPORTED TO: Book
    Wishes.add(aBook)
  END METHOD

  PRIVATE METHOD privateRemoveWish(aBook:Book)
  EXPORTED TO: Book
    Wishes.remove(aBook)
  END METHOD

END CLASS
CLASS Book
  PRIVATE ASSOCIATION VAR wishers:SET<Customer>
  METHOD getWishers()SET<Customer>
    RETURN wishers.protected()
  END METHOD

  PRIVATE METHOD privateAddWisher(aCustomer:Customer)
  EXPORTED TO: Customer
    wishers.add(aCustomer)
  END METHOD

  PRIVATE METHOD privateRemoveWisher(aCustomer:Customer)
    EXPORTED TO: Customer
    wishers.remove(aCustomer)
  END METHOD
END CLASS
```

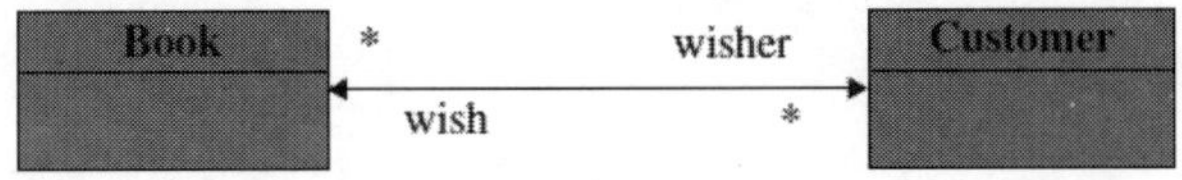

图 10.9 多对多双向关联

以上代码当中的辅助方法被作为 private 进行声明，但会输出到其他参与类。

如前所述，如果关联在两个方向都可导航，存取（如 get）方法必须在两个类中都要实现。但 add 和 remove 方法只能在一个类中实现。在上面的例子中，它们只能在 Customer 类中实现。

2. 只有一个强制规则

如果其中一个规则是强制的，如例子中的 1 to *，那么开发团队必须要询问强制规则是否可变。例如，一个支付行为只能针对一张订单，并且不能变成另一张订单（它是不可变的）；而一辆车有一个属主，一旦被售出也可转到另一属主名下。

首先来查看一下可被更新的关联链接的情况，如图 10.10 所示。

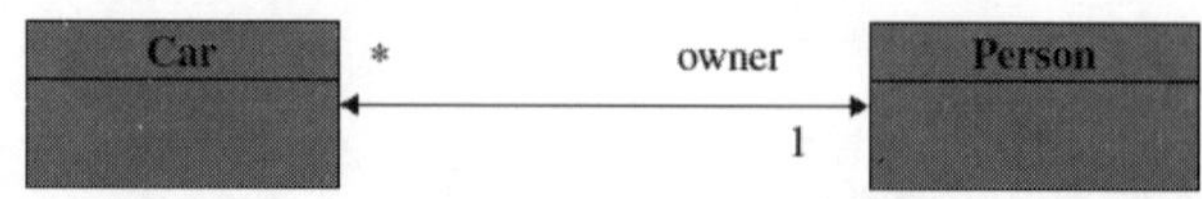

图 10.10　双向关联（其中具有一个可被更新的强制规则）

图 10.10 中类的执行代码如下所示：

```
CLASS Car
  PRIVATE ASSOCIATION VAR owner:Person
  CONSTRUCTOR METHOD Create(anOwner:Person)
    owner: anOwner
    anOwner.privateAddCar(self)
  END CONSTRUCTOR METHOD
  METHOD getOwner():Person
    RETURN owner
  END METHOD

  METHOD replaceOwner(anOwner:Person)
    owner.privateRemoveCar(self)
    anOwner.privateAddCar(self)
    owner:=anOwner
  END METHOD

END CLASS
CLASS Person
  PRIVATE ASSOCIATION VAR cars:SET<Car>
  METHOD getCars():SET<Car>
    RETURN cars.protected()
  END METHOD

  PRIVATE METHOD privateAddCar(aCar:Car)
  EXPORTED TO:Car
    cars.add(aCar)
  END METHOD

  PRIVATE METHOD privateRemove(aCar:Car)
  EXPORTED TO:Car
    Cars.remove(aCar)
  END METHOD
END CLASS
```

如前所见，Car 类实现了唯一的公共更新方法 replaceOwner。当 Car 的一个新实例被创建时，就会同时生成一个所有权链接，这会在 Car 构造器中定义。随后，所有权只能从一个人变到另一个人。Person 类只实现从其本地集合添加和移除车辆的私有方法。

更换一辆车的所有者时，可以分为 3 步：首先，车辆从旧的所有者移除；之后被添加到新主人；最终所有者被更新到新所有者。

这里需要考虑的第二种情况就是规则不可变。这种情况下是从 Customer 到 Order 的 1 to *关联。例如，对于 Order 来说，它是强制的，并且永远不能改变订单的客户。这种情况如图 10.11 所示，相应代码如下所示：

```
CLASS Order
  PRIVATE ASSOCIATION VAR customer:Customer
  CONSTRUCTOR METHOD create(aCustomer:Customer)
    Customer:=aCustomer
    aCustomer.privateAddOrder(self)
  END CONSTRUCTOR METHOD

  METHOD getCustomer():Customer
    RETURN customer
  END METHOD
END CLASS

CLASS Customer
  PRIVATE ASSOCIATION VAR orders:SET<Order>
  METHOD getOrders():SET<Order>
    RETURN orders.protected()
  END METHOD

  METHOD removeOrder ():<anOrder:Order>
    orders.remove(anOrder)
    anOrder.destroy()
  END METHOD

  PRIVATE METHOD privateAddOrder(anOrder:Order)
  EXPRTED To:Order
    Orders.add(anOrder)
  END METHOD
END CLASS
```

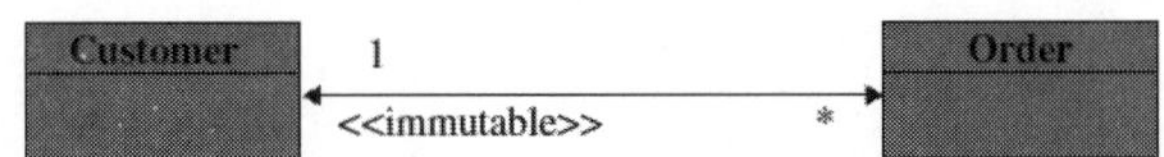

图 10.11　有一个强制不可变规则的双向关联

在这种情况下，当订单被创建时，会被立即关联到客户上。如果订单的客户发生变化，则必须被销毁。

3. 两个强制规则

这里也存在关联的两个规则都是强制的情况。在这种情况下，如果不链接到另一对象，则该对象不能存在。这也就意味着，链接创建必须在两个对象的构造器中完成。图 10.12 展示了一个 1to 1..*关联的例子，该关联的两端都是强制的。

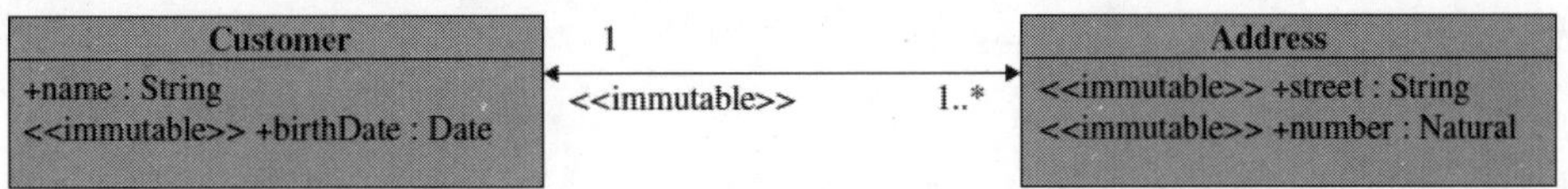

图 10.12　在两端都强制的双向关联

再次强调，将被执行的方法取决于规则可变与否。从一个收货地址的角度来看，客户规则是不可变的。这意味着，一个收货地址不能从一个客户变到另一个[①]。

当一个客户被创建时，必须有至少一个收货地址。这意味着，客户的 creator 方法应该接收所有需要的数据来实例化该收货地址（为了简化期间，在这里只使用到了街道和门牌号信息）。

现存的客户可能会添加一个新的收货地址，但添加收货地址的方法不能简单地将地址实例作为参数接收，因为没有链接到一个客户，收货地址就不可能会存在。因此，客户应该执行一种方法，来添加一个新的收货地址，接收必要数据以实例化这样的地址。实现这种情况的代码如下所示：

```
CLASS Address
  PRIVATE ASSOCIATIN VAR customer:Customer
  PRIVATE ATTRIBUTE VAR street:String
  PRIVATE ATTRIBUTE VAR number:Natrual

  CONSTRUCTOR METHOD Create(aCustomer:Customer;
    aStreet:String;aNumber:Natrual)
    customer:=aCustomer
    street:=aStreet
    number:=aNumber
  END CONSTRUCTOR METHOD

  METHOD getCustomer():Customer
    RETURN customer
  END METHOD
END CLASS

CLASS Customer
  PRIVATE ASSOCIATIN VAR addresses:SET<Address>
  PRIVATE ATTRIBUTE VAR name:String
  PRIVATE ATTRIBUTE VAR birthDate:Date

  CONSTRUCTOR METHOD create(aName:String;aBirthDate:Date;
    aStreet:String;aNumber:Natural)
    name:=aName
    birthDate:=aBirthDate
    addresses:=Set.new()
    addresses.add(Adress.Create(self.aStreet,aNumber))
  END CONSTRUCTOR METHOD

  METHOD getAdresses():SET<Adress>
    RETURN addresses.protected()
  END MTHOD

  METHOD addAddress(aStreet:Street;aNumber:Natrual)
    addresses.add(Address.create(self.aStreet.aNumber))
  END METHOD

  METHOD removeAdress(anAdress)
```

[①] 事实上，在现实生活中，如果考虑到顾客可能会搬去另外一个已注册的顾客的住所，那么收货地址就可以从一个顾客变更为另外一个顾客的地址。不过，通常系统并不会如此精确地处理收货地址。如果顾客搬家之后，通常会注册一个新的地址给该顾客。

```
    IF address.size()>1 THEN
      address.remove(anAdress)
      anAdress.destroy()
    ELSE
      Exception.throw('Customer must have at least one address')
    ENDIF
  END METHOD

  METHOD getName():String
    RETURN name
  END METHOD

  METHOD getBirthDate():Date
    RETURN birthDate
  END METHOD

  METHOD setName(aName:String)
    name:=aName
  END METHOD
END CLASS
```

如果从 Address 到 Customer 的规则是可变的，那么 replaceCustomer 命令在 Address 类也可以被执行。但是，事实并非如此。

10.4.2　单向实现

即使关联是双向的，也可能出现导航只在一个方向发生更频繁或者更苛刻的情况。若发生这种情况，一种选择是完全只在一个方向实现关联，并且在反方向作为搜索查询执行 get 方法。其优点是在一个方向上代码执行更简单、更快速、更节省空间。缺点是从反方向导航速度会更慢。

只有当在被执行方向起点的规则没有重数限制时，这种实现形式才有可能。如果存在某种限制，那么只有当在关联起点控制重数的补充机制被执行，并且有性能损失时，单向执行才有可能实现。以下是图 10.10 关联单向实现的一个示例。其中，关联只在类 Car 中被实现，如下所示：

```
CLASS Car
  PRIVATE ASSOCIATION VAR owner:Person
  CONSTRUCTOR METHOD Create(anOwner:Person)
    owner:=anOwner
  END CONSTRUCTOR METHOD
  METHOD getOwner():Person
    RETURN owner
  END METHOD
  METHOD replaceOwner(newOwner:Person)
    owner:=newOwner
  END METHOD
END CLASS
CLASS Person
  METHOD getCars():SET<Car>
    LOCAL VAR cars:SET<Car>
```

```
    cars:=Set.new()
    FOR EACH car IN Car.getAllInstances() DO
      IF car.getOwner=self THEN
        cars.add(car)
      END IF
    END FOR
    RETURN cars
  END METHOD
END CLASS
```

上面的 Car 类被实现为就像是假设从它到 Person 的关联是单向的。Person 类通过在 Car 所有实例集合的搜索查询，只执行了 getCars 方法。只有当在初始状态下的规则重数没被约束时，这种方式的实现才得以正常执行。

至于 get 方法的时间复杂性，双向实现在关联的两个方向上的以固定常量时间（constant time①）运行；单向实现对于 getOwner 来说是以固定常量时间运行，而对 getCars 则是线性时间（linear time②）。也就是说，getCars 方法的性能取决于注册车辆的数量。通过使用 hash 技术来索引与订单相关客户的集合，该设计可能被优化。这样，在消耗一些内存空间的情况下，getCars 查询的复杂度在实际操作中几乎会维持在一个常量的水准之上。

这种技术的局限性在于编程语言必须提供一种方法来实现类中的所有实例。否则，程序员必须要去提供类似这样的机制。糟糕的是，这是一种高风险的设计，可能会由于实例全局可见度的影响而带来一些不必要的麻烦（Cardoso，2011 年）。

10.4.3 带有中间对象的实现

双向关联也可通过代表关联的中间对象来实现。中间对象包括一个带有几对被链接对象的表。图 10.11 带有中间对象多对一双向关联的可能实现如下面代码所示：

```
GLOBAL VAR orderXcustomer:MAP<Order,Customer>
VISIBILITY RESTRICTED TO:Order,Customer

CLASS Customer
  METHOD getOrders():SET<Order>
    RETURN orderXcustomer.getKeysFor(self)
  END METHOD

  METHOD addOrder(anOrder:Order)
    orderXcustomer.add(anOrder,self)
  END METHOD

  METHOD removeOrder(anOrder:Order)
    orderXcustomer.remove(anOrder,self)
  END METHOD
END CLASS

CLASS Order
```

① 即使 car 的数量增加，其时间仍然保持为固定的常量。

② 时间随着顾客数量的增加而增加。线性时间意味着时间遵循函数 t(x)=ax+b 线性变化。其中，x 为顾客集的规模，a 和 b 为常数。

```
  CONSTRUCTOR METHOD Create(aCustomer:Customer)
    orderXcustomer.add(self,aCustomer)
  END CONSTRUCTOR METHOD
  METHOD getCustomer():Customer
    RETURN orderXcustomer.atKey(self)
  END METHOD
END CLASS
```

如果编程语言允许，关联应该被声明为全局变量，只对参与类可见。糟糕的是，大多数商业语言不允许这种功能，并且关联将被实现作为一个没有可见性限制的全局变量。

如果关联类型是多对多而不是一对多，那么以上所使用的 MAP 数据类型将会被在 getter 和 setter 中由小调整的 RELATION 所替代。

相比先前的方法，中间对象的方法倾向于更简单、更可维持，同样可以模仿关系型数据库的结构，这是因为正如后面第 13 章中所涉及的一些关系可以作为中间表来实现，这与此处的中间对象遥相呼应。

该方法的缺点在于，相对双向方法来说，getter 在两个方向更慢，并且如果使用不够慎重，中间对象的全局可见性可能导致设计风险。

10.5 委托方法及系统操作

到目前为止，已经讲述了如何为类、属性、关联以及可以考虑作为部分基本结构的对应基本方法等生成代码。接下来将讨论如何实现委托方法和系统操作。所有这些应该通过第 9 章所介绍的动态模型来执行。

系统操作被实现作为一个由控制器发出并标记为 1,2,3,…,n 的消息序列。在交互图中一个使用 x 来标记的委托方法，应该通过标记 x.1，x.2，x.3，x.n 的消息序列来实现。这些消息是由接收标记 x 消息的对象所发出。

先来回顾一下第 9 章图 9.43，以作为图 10.13 的重现。其中的系统命令 add2Cart 应该作为使用 1,2,3 为标记的消息序列来实现。相应的伪代码表示如下所示：

```
CLASS Livir
  ASSOCIATION VAR carts: MAP<CartId.Cart>
  ASSOCIATION VAR books:MAP<Isbn,Book>

  METHOD add2Cart(aCartId:CartId;anIsbn:Isbn;
    aQuantity:Natural)
    LOCAL VAR aCart:Cart
    LOCAL VAR aBook:Book
    aCart:=carts.at(aCartId)                //message1
    aBook:=books.at(anIsbn)                 //message2
    aCart.insertItem(aBook,aQuantity)       //message3
  END METHOD
  ...
END CLASS
```

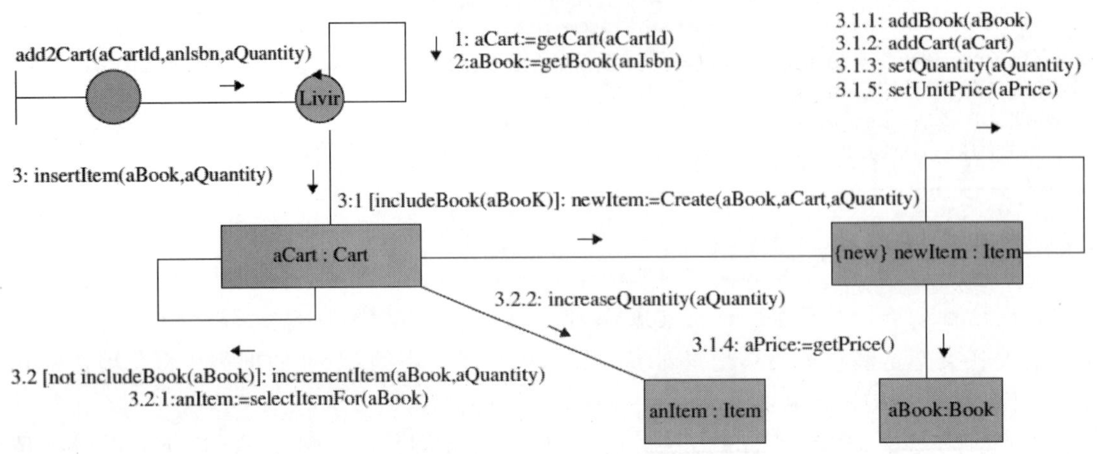

图 10.13　参考的通信图

如图 10.13 所示，Cart 类中的 insertItem 委托方法的实现由消息序列 3.1 和 3.2 组成，这是因为 insertItem 是用 3 标记。这些消息是条件式的，并且是互斥的。因此，它们的实现对应着一个 if-then-else-endif 结构，如下所示：

```
CLASS Cart
  ...
  METHOD insertItem(aBook:Book,aQuantity:Natural)
    LOCAL VAR newItem:Item
    IF self.includeBook(aBook) THEN
      newItem:=Item.Create(aBook,self,aQuantity)      //3.1
    ELSE
      self.incrementItem(aBook,aQuantity)             //3.2
    ENDIF
  END METHOD
END CLASS
```

注意在该方法中，变量名 aCart 是未知的，必须被 self 代替。这代表正在执行方法的 Cart 类的实例。

在 Cart 类中 incrementItem 委托方法用 3.2 标记，因此，它的实现实际上就是实现消息序列 3.2.1 和 3.2.2。如下所示：

```
CLASS Item
  ...
  METHOD incrementItem(aBook:Book;aQuantity:Natural)
    LOCAL VAR anItem:Item
    anItem:=self.selectItemFor(aBook)               //3.2.1
    anItem.increaseQuantity(aQuantity)              //3.2.2
  END METHOD
END CLASS
```

Item 类的构造器非常复杂，由于其被标记 3.1，它的实现是由消息序列 3.1.1~3.1.5 所组成。Item 类有些近似如下的代码：

```
CLASS Item
  CONSTRUCTOR METHOD Create(aBook:Book;aCart:Cart; aQuantity:Natural)
    LOCAL VAR aPrice:Money
    self.addBook(aBook)                    //3.1.1
    self.addCart(aCart)                    //3.1.2
    self.setQuantity(aQuantity)            //3.1.3
    aPrice:=aBook.getPrice()               //3.1.4
    self.setPrice(aPrice)                  //3.1.5
  END CONSTRUCTOR METHOD
END CLASS
...
```

在图 10.13 出现的其他方法都是基本方法，必须遵照其默认定义来实现。

10.6 过滤查询模式

本章中的例子到目前为止基本上实现了两种 get 查询：一种是返回被一个规则关联所有对象的查询；另一种是返回指定身份单一对象的查询（例如，一个限定符或者位置）。

然而，有时在一个指定规则中必须要获得对象的子集。该子集通常通过一个过滤器获得，如“年龄超过 30 岁的客户”“价值在 100~200 美元的订单”“上周超过 100 美元的问题订单”等。

至少有以下 3 种模式来处理查询的多样性（Fowler，2003 年）：

- 实现一个返回所有对象的单独查询（single query），并且使需要信息的对象应用一个对该集合的过滤器。
- 实现具体查询（specific query），每个都有一个不同的过滤器，这样需要信息的对象在每个实例调用一个具体的方法。
- 实现一个使用过滤对象（filter object）的通用查询。

单独查询和过滤对象方法意味着一种单独方法的实现，该方法能够使包含职责的类变得更简单。然而，它需要在想要获取这部分信息的类中写入更多代码。

具体查询方法在承担职责的类中具有大量的方法。但需要信息的类将会简单调用，并且不需要任何后置过滤器来接收信息。

选择哪种模式必须由设计者决定，这取决于可能的过滤器和潜在调用的数量。如果只有很少的可能存在的过滤和大量调用，最好选择使用具体查询。如果过滤器的量很大，并且对每个过滤器只有很少的调用，那么单独查询或者过滤对象方法会更好。单独查询更直接，但在编码阶段会导致大量工作：每次使用过滤器时，相应代码必须在调用查询的类中实现。过滤对象需要定义一个类，该类负责实现过滤对象，但在该封装完成后，过滤对象会比单独查询更为简单。

过滤对象是一个传递到通用查询方法的参数。过滤对象必须包含属性和到其他对象的关联。这些属性和关联被查询所用，来决定哪些对象必须被返回。

例如，首先来查看图 10.14 所示 Book 类的定义。

现在假设需要通过 title、authorsName 或 price 来对书籍进行查询过滤。

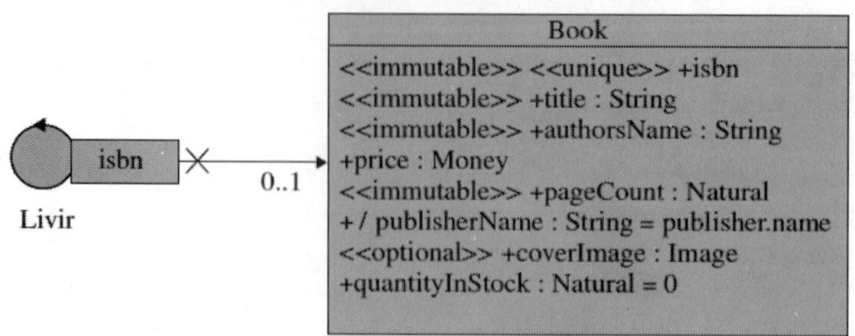

图 10.14　查询的参考类

运用单独查询方法，getBooks 方法应该在 Livir 类中被实现，负责返回所有书籍的集合。如果另一个对象需要过滤该集合，必须使用过滤器对结果集进行过滤。

如果使用了具体查询方法，Livir 类应该考虑实现以下 3 种查询。这些查询可能会被用作基本查询的变量，如下所示：

- getBooksByTitle（aTitle:String）。
- getBooksByAuthorsName（anAuthorName:String）。
- getBooksByPrice（aRange:Range<Money>）。

这些查询中每个都只返回满足作为参数各自过滤器所指明的元素。如果需要一个标准的组合，那么通常需要为每个组合标准创建新查询。

过滤对象方法需要定义一个代表过滤对象的类。例如，BookFilter 类应该被定义为图 10.15 所示的形式。

图 10.15　过滤对象类

在这种情况下，Livir 类应该实现一个单独的 getBook(aBookFilter.Bookfilter):Set<Book>方法来查询所有书籍的集合。

使用该方法，一个返回由 Douglas N.Adams 所著，并且价格低于 10 美元书籍的过滤查询应被写为如下的形式：

```
...
myFilter: =BookFilter.Create()
myFilter.setAuthorsName("Douglas N.Adams")
myFilter.setPriceRange(Range(US$0,US$10))
cheapAdamsBooks:=self.getBooks(myFilter)
...
```

作为结果，变量 cheapAdamsBooks 中包含了 Book 所有作者为 Douglas N.Adams 并且价格低于 10 美元的实例的集合。由于 BookFilter 的 title 属性没有被加入到查询中，因此被忽略，在这里任何标题都会适合过滤器。

10.7　当前进度

<table>
<tr><th></th><th>起始阶段（Inception）</th><th>细化阶段（Elaboration）</th></tr>
<tr><td>业务建模</td><td>构建整个系统的概要视图：
● 构建业务用例图并确定项目的自动化范围
● 为业务用例构建初步的活动图
● 为关键业务对象构建初步的状态机图</td><td></td></tr>
<tr><td>需求</td><td>准备系统用例图（功能需求）：
● 从业务用例模型中识别出系统参与者（actor）
● 从业务用例模型中识别出系统用例，并从业务模型中识别活动以及状态机图
确定非功能性需求作为用例注解：
● 确定关联到用例的主要业务规则
● 确定关联到用例的主要质量问题
确定增补需求</td><td>通过扩展用例进一步细化需求：
● 识别主要流
● 识别替代流：变体以及异常处理</td></tr>
<tr><td>分析与设计</td><td>通过观察系统用例和所需概念，准备初期概念模型</td><td>细化系统时序图：
● 使用系统时序图表示用例的主要流
● 使用状态或者无状态策略来表示系统命令及查询
● 用替代流完成系统时序图
提炼概念模型：
● 在扩展用例文本中识别概念、属性以及关联
● 使用需要的版型、重数以及约束来细化属性以及关联
● 通过使用继承、关联类以及时序规范（temporal specification）来组织模型
● 根据需要添加变量
● 依据应用系统分析模式来改进概念模型
在系统时序图中为命令和查询编写相应的系统操作契约：
● 基于无效参数以及互补约束确定先验条件及异常
● 确定命令的后验条件以及查询的返回
设计域层：
● 为每个系统命令契约创建对应的时序图或通信图
● 使用上述图来确定每个类中要实现哪些方法
● 检查上述图以发现哪些关联是单向的并按照此形式进行定义
● 查看系统查询契约并决定哪些委托类型的查询是可以被实现的；哪些能够从关联或者属性当中派生出来
● 生成或者细化设计类图</td></tr>
</table>

续表

	起始阶段（Inception）	细化阶段（Elaboration）
实现		生成代码： ● 为类生成代码 ● 为属性生成代码 ● 为关联生成代码 ● 为必要的基本方法生成代码，如 get、set、add、remove、create、destroy 以及其他 ● 使用动态模型作为参考，为系统操作和委托方法生成代码
测试		
项目管理	估计项目的总工作量、理想进度、团队平均规模 为每个阶段估计持续时间和迭代次数 为首次迭代准备阶段计划和迭代计划	

10.8 思考题

1．详细描述一个出现在通信图中的委托信息如何被实现。

2．必须要为大多数关联类型所实现的基本操作有哪些？哪些必须为具体关联类型而实现？

3．为查询 getBooks(aBookFilter:BookFilter):Set<Book>推荐一个类的通用实现，并尽量使其通用并且可重用。

4．为第 9 章图 9.42 和图 9.44 中出现的系统命令和委托方法推荐一种实现。

第 11 章　测　　试

本章提要

- 功能测试
- 存根和驱动程序
- 测试驱动开发
- 单元测试
- 系统操作测试
- 用例测试

11.1　测 试 简 介

不管用于开发软件的建模和规范技术多么复杂，也不管团队多么纪律严明、多么有能力，有一个必要的因素使得软件测试一直都是非常重要的部分：人为错误。认为有好的开发者使用最先进的技术工具就能开发出无错误的软件，这简直是天方夜谭（Beizer，1990 年）。

墨菲定律（(Bloch，1980 年）在其许多推论中，看起来是直接针对软件行业的，例如：

- 会出错的事总会出错（Anything that can go wrong will go wrong）。
- 如果每件事看起来都没什么问题，那就说明没有好好检查（If everything seems all right, you have not checked appropriately）。
- 任何事都没有表面看起来那么简单（Nature always sides with the hidden flaw）。

在许多年前，软件测试活动被认为是对程序员的惩罚。测试被认为是一种时间的浪费，因为，从一开始软件就被认为是正确的。

然而，世事往往是变化无常的。如今，测试规程（test discipline）被认为是非常重要的，它被作为软件开发过程的一个完整部分，是统一过程（Unified Process，UP）的准则之一。

此外，软件开发公司的领军者开始将软件测试外包给测试公司。这意味着，不仅是开发者，就连整个团队都被专门训练来测试软件。

本章中所介绍的测试活动，非常适合与之前章节当中所介绍的技术一起使用。

单元测试（unit test）基本上是用于检查类的行为，这其中包括其基本的和委托的方法。如果使用了自动代码生成，此类测试可能会被抑制，因为该测试假设自动代码生成器不会产生人为错误。

系统操作测试（system operation test）是基于系统操作契约检查的最高级别的功能测试：其参数、先验条件和异常决定了必须被全面检验的有效的以及无效的参数集，并且当有效实体被测试时，后验条件决定了必须完成的结果。

最后，系统测试（system test）作为系统化用例测试被执行。每个用例都是一个为完成业务目标而建立的常规的和可替代流的脚本。用例测试可能手动执行，也可能自动执行。如果客户执行用例测试，则被称为验收测试（acceptance test）。

有以下两种主要的测试技术。

- 结构测试（structural test）：用来评估代码的内部结构。
- 功能测试（functional test）：用来评估只基于其输入和输出的操作。

本书将只介绍功能测试技术，具体应用到以下 3 种级别的测试：

- 基本和委托操作的功能单元测试。
- 基于契约的功能系统操作测试。
- 基于系统用例的系统和验收测试。

有兴趣详细了解自动测试的读者可阅读 Meszaros 的书（2007），该书提出了一个很有意义的 xUnit 类型测试模式的集合，它是一个基于设计的针对许多编程语言框架族，这些设计最初是由 Kent Beck（1989）所提出。

11.2 功 能 测 试

功能测试由一个为操作定义初始值的测试序列构成，并观察是否是期望的结果。不需要任何执行操作的程序代码知识，功能测试就可能运行，只有其行为是可观察的。为确定一个操作的正确性而执行测试的数量几乎是无穷的。功能测试可能在有保障的情况下，使用技术来缩减必要测试的数量。完成这一目标最有用的技术是等价类划分（equivalence partitioning）和限值分析（value analysis），下面将进行介绍。

11.2.1 等价类划分

功能测试的原则之一是等价条件识别。例如，如果一个操作接受数据（常态）的集合，拒绝另一个集合（异常），那么可以说有两个该操作输入数据的等价类集合（equivalence set）[①]：接受值和拒绝值（accepted and rejected value）。通常不可能测试包含在该集合的每一个值，因为这些值几乎无穷大。因而，等价类划分技术指明了在每个等价类集合中至少有一个元素必须被测试（Burnstein，2003 年）。

传统情况下，等价类划分技术通过如下标准考虑输入的划分（Myers、Sandler、Badgett 和 Thomas，2004 年）：

- 如果有效值作为一个具体的区间（例如，从 10~20），就可以定义一个有效集合（10~20）和两个无效集合（小于 10 和大于 20）。

[①] 虽然学术上通常会使用属于等价类（equivalence class）这样一个数学上的概念；但是本书当中属于等价集合被用于替代等价类，以避免与面向对象的类混淆。

- 如果有效值作为值的数量（例如，5 个元素的列表），那么可以定义一个有效集合（有 5 个元素的列表）和两个无效集合（低于 5 个元素的列表和多于 5 个元素的列表）。
- 如果有效初始值作为一个以不同形式处理的可接受值集合（例如，像 male 和 female 的枚举字符串），就可以为每个有效的选项定义一个有效集合，为其他值定义一个无效集合。
- 如果有效值被指定为一个逻辑条件（例如，“最终数据必须比初始数据大”），就必须定义一个有效集合（当条件为真时）和一个无效集合（当条件为假时）。

有效输入的集合定义，可能不仅依据输入数据的约束，还依据可能产生的结果。如果正在被测试的操作根据输入值有不同行为，那么必须为每种行为定义不同的有效集合。例如，考虑这样一个简单的操作 half(x:Integer):Integer。该操作接受 x 可能是任何正数。操作被定义为不能接受 0 或者负数。最后，考虑为奇数生成(x-1)/2，以及为偶数生成 x/2 的操作。因此，必须考虑到 half 有 3 个参数 x 的等价集合。

- 由正奇数构成的有效集合：1,3,5,…
- 由正偶数构成的有效集合：2,4,6,…
- 由非正数构成的无效集合：0,-1,-2,-3,…

等价集合的值必须被约束在由参数类型所定义的域上。例如，如果参数类型是整形以外的某种类型，那么应该定义不同的等价集合。如果操作是 half(x:Natural):Integer，那么等价集合应该被重新定义，这样它们会留在 Natural 域中，这不包含 0 和负数。

- 由正奇数构成的有效集合：1,3,5,…
- 由正偶数构成的有效集合：2,4,6,…
- 没有无效集合。

此外，假设操作是用范围比较宽的参数类型定义的，如 half(x:Real):Integer，那么等价集合如下。

- 由正奇数构成的有效集合：1,3,5,…
- 由正偶数构成的有效集合：2,4,6,…
- 由非自然数构成的无效集合：R-N。

从以上例子中可以看出，如果设计者尽可能限制参数的类型，那么很少需要或者只需更简单的定义等价集合。这就是前面章节使用 Natural 类型代替 Integer 类型的原因，不管是否接受 0 或者负数。这也是尽量使用枚举类型，而不使用非约束字符串的原因。

11.2.2　限值分析

软件测试人员常说（软件）缺陷都是隐藏于很容易被忽略的缝隙当中。鉴于此，等价类划分技术通常会与另一种技术的连接在一起使用，这就是限值分析。

限值分析并不是从一个等价集合中去选择任何随机值，而是在能够被确定的情况下，选择两个或更多限值。

在诸如数值等的有序域中，可能会应用这种标准。例如，只有操作需要一个整数参数，该参数只在区间[10..20]内有效，那么就会有以下 3 个等价集合：

- x<10 的无效集合。

- x≥10 且≤20 的有效集合。
- x>20 的无效集合。

限值分析建议程序逻辑中最终错误在区间内部不能是任意的点，而是在两个区间的交界点。因此，如果参数的域是整数，那么：

- 对于第一个无效类，参数值 9 必须被测试。
- 对于有效类，参数值 10 和 20 必须被测试。
- 对于第二个无效类，参数值 21 必须被测试。

因此，如果在这些输入的某些操作中有一个逻辑错误，那么很可能会以这种方式被发现，而不是在定义等价集合的区间选择一个随机值。

11.3 存根和驱动程序

程序的某些部分往往从代码的主体中分离出来测试，但同时必须与其他部分保持联系。

当即将被测试的组件 A 从还没被执行的组件 B 调用操作时，组件 B 可能被它的一个简化版本代替，只执行绝对有必要执行组件 A 测试的行为。这种简化的执行用在还没被执行的组件的位置，被称为存根（stub）。

例如，假设类 A 需要一个还没有被执行的素数生成器 B。其中，第 n 个素数将由函数 prime(n:Natrual):Natrual 生成。为了支持即将被测试的类 A，可能执行 B 的简化版本。假设开始的 5 个素数足以测试类 A，因此，B 的存根将会以类似如下方式实现：

```
CLASS B
  STUB METHOD prime(n:Natural):Natural
    CASE n OF
      1:RETURN 2
      2:RETURN 3
      3:RETURN 5
      4:RETURN 7
      5:RETURN 11
    OTHERWISE Exception.throw('Stub implementation
      requires argument less or equal to 5')
    END CASE
  END STUB METHOD
END CLASS
```

这样，类 A 可能被测试，而不需要花费时间在类 B 中去实现一个更复杂的函数。

另一方面，在类 A 中执行的操作将被系统的其他组件调用。但当类 A 被测试时，这些组件可能还不存在。而且，在类 A 测试时，通常都会希望这种测试是以一种有序、可重现的方式进行。为了确保这一点，必须实现类 A 的测试驱动器（test driver）。驱动器是只针对系统测试代码（可能是一个新类）的组件。

例如，对于上面提到的类 A 来说，驱动器应该实现为一个新类，其名为 Driver4A。有关驱动器的例子将会在 11.5 节中进行讲述。

因此，存根和驱动器是模拟其他组件行为的简单实现。存根用在一个应该被调用但还未被执行组件的位置。驱动器用在以一种有序、可再生的方式调用被测试组件的组件位置。

存根通常会是遗弃型代码（throwaway code）。当现实的组件被执行时，存根已经没有必要保留，会被丢弃，而驱动是必须永久保存的代码重要片段。每当组件必须被测试（并且它经常在软件开发和演化期间发生），驱动器就将会为自动执行测试做好一切准备。

11.4　测试驱动开发

对于生成代码过程，测试驱动开发（Test-driven development，TDD）是将自动测试并入生成代码过程的一种技术和编程哲学（Beck，2003 年）。其工作原理如下：

（1）首先，负责接收必须实现的新功能的需求规格的程序员为尚未生成的代码创建自动测试的集合。

（2）该测试集必须被执行并且观察出错。这样做是用于展示除非一个新的特性在代码中被实现，该测试才会成功。如果此时通过了测试，就会有以下的两种解释：要么是测试代码编写得很差；要么是被测试的特性在代码中已经可用。这是假设在正在被执行的现有代码上的更新，而非重新编写的代码。

（3）随后，代码必须以通过测试为目标进行开发。如果其他功能被检测到，那么在其被引入到代码中之前，测试必须要进行更新。在这种情况下，该过程将返回第（1）步并重新开始。

（4）代码通过所有测试之后，如果有必要，为符合内部质量标准，代码必须被擦除或改进。通过最终测试之后，代码才被认为是稳定的，然后才可能被集成到主体系统代码中。

在产生代码之前，第 8 章中所开发的契约以及第 9 章中的动态模型是针对开发完整的以及一致的测试用例信息的特殊资源。关于这部分内容将会在随后的章节中进行讲述。

TDD 的动机是激励程序员使代码保持简洁，并且形成一个测试主张，允许系统的任何部分都可以进行自动测试。

11.5　单 元 测 试

单元测试（unit test）是最基本的测试，涉及证明软件的一个单独组件（单元）是否被正确执行。该组件可能是一种复杂方法，或者是整个类。通常，该单元与系统是断开连接的，之后会整合进来。

单元测试通常由程序员执行，而不是测试团队。TDD 需要程序员在编写被测试代码之前开发测试代码。该测试代码是一个驱动，必须系统地生成必要数据集合来测试所有有效和无效等价集合，必要时运行限值分析。

单元测试的例子涉及检测某种方法在类中是否被正确执行。此处先来回顾一下图 10.13 以及委托方法 3.2：incrementItem(aBook:Book;aQuantity:Natural)。该方法必须在类 Cart 中实现。

接下来考虑这些参数的等价集合。首先来看参数 aBook:Book。当参数类型是 Book 时，可被假设为没有其他对象类型被作为参数传递。例如，该操作将永远不会接受 Customer 或 Delivery 的实例代替 Book①，因为语言输入机制会避免这类情况发生。整个团队必须关注可被接收对象是有效的还是无效的。

如果语言机制不能阻止一种方法接收空值作为参数，那么对于用一个类名输入的任何参数，空值将被认为是一个（通常无效的）等价集合。

incrementItem 方法的开发目标如下：增加购物车中某个现有项的数量。这可以从通过考虑 aBook 参数的 3 个等价集合开始：

- 一个有效等价集合，包含链接 aCart 中一个项的 Book 实例。
- 一个无效等价集合，包含没有链接 aCart 中任何一个项的 Book 实例。
- 一个无效等价集合，只包含空值。

incrementItem 的第二个参数是标识为 aQuantity 的一个自然数。该操作假设命令中现存项的数量将通过 aQuantity 增加。Natural 类型不包括 0，因此潜在的无效数量不能作为参数。然而，如果某本书副本的订单数量超过了其库存量会被认为是错误的情况，除非系统允许对不可用的书下订单。假设调用 incrementItem 的系统操作 add2Cart 还未作为在库存（参见在下一部分中关于其契约的描述）中可用的订单数量的先验条件定义，那么 incrementItem 的操作可能接受关于该业务规则的无效数量。因此，如下等价集合被认为是 aQuantity:Natural 参数：

- 一个有效等价集合，包括添加到各自项数量的自然数值，这些项生成的结果小于等于 aBook 的属性 quantityInStock。
- 一个无效等价集合，包括添加到各自项数量的所有自然数值，大于 aBook 的属性 quantityInStock。

incrementItem 的潜在测试实例由两个参数的等价集合组成，如表 11.1 所示。

表 11.1 IncrementItem 等价集合的组合

		aBook		
		aBook 被链接到 Cart 中的一个 Item（有效）	aBook 没有被链接到 Cart 中的一个 Item（无效）	aBook 为空（无效）
aQuantity	aQuantity 加当前量小于或等于库存（有效）	成功	异常	异常
	aQuantity 加当前量大于库存（无效）	异常	异常（不能被测试）	异常（不能被测试）

这其中只有一种成功条件，那就是当两个参数的有效值都获得时才能成功获取。该条件在 aBook 链接到购物车的一个项，并且 aQuantity 加上当前量小于或等于库存量的情况下得以满足。在 OCL 中，这种情况在 aCart 中可被表达为：

```
self.item.book->include(aBook) and
self.item->select(book=aBook).quantity+aQuantity<=aBook.quantityInStock
```

① 除非是 Book 的子类，否则此情况暂时不考虑。

尽管在表 11.1 中有 5 种产生错误的组合，其中只有 3 种必须被测试，因为如果出现书籍没有链接到任何项或者书籍为空的情况，aQuantity 的值将不能被决定有没有效，其原因是没有当前数量可与之进行比较。通常获得测试组合的规则如下：

- 获得所有成功组合，并为其中每一个定义测试实例。
- 每次只获得一个无效集合。即使操作有 n 个参数，每次仅为一个参数考虑一个无效集合。其他参数应该有效，或者不可能决定它们的有效性。
- 如果组合有效，只组合超过一个的无效集合。

因此，有 3 种必须被执行的失败测试来决定 incrementItem 用无效参数如何表现。第 1 种发生在 aBook 不在 aCart 时。第 2 种发生在 aBook 为空时。第 3 种发生在期望量超过库存量时，如下所示：

```
(1) not self.item.book->includes(aBook)
(2) aBook.isNull()
(3) self.item->select(book=aBook).quantity+aQuantity>
    aBook.quantityInStock
```

为了避免给系统带来副作用的测试，通常会以以下 3 个步骤执行：

（1）测试准备阶段。通常调用 fixtures 的专门对象被创建都有特定意图，即允许测试被执行。

（2）执行测试。

（3）清理环境。系统必须返回测试之前的状态。此刻，fixture 必须被处理掉。

首先考虑一下 incrementItem 的成功测试场景。为该测试所创建的任何 fixture 都对前面提到的成功条件评价为真。生成这些 fixture 的代码示例如下所示：

```
CLASS Driver4Cart
  METHOD testIncrementItemSuccess()
    FIXTURE VAR aBook:Book
    FIXTURE VAR aCart:Cart
    FIXTURE VAR anItem:Item
    aBook:=Book.Create('0752201360',
      'Bring me the head of Willy the mailby!', 'Scott Adams',
      US$12.30,128,5) //quantity in stock is 5
    aCart:=Cart.Create( ) //cart id is assigned internally
    anItem:=Item.Create(aBook,aCart,3)
...
```

当准备测试 Cart 类时，其中某些方法或来自其他类的方法（如 Book 和 Item）可能还未执行。在这种情况下，可以使用存根来允许 incrementItem 的测试被执行。

代码初始化之后，测试本身可能按照如下方式执行：

```
...
aCart.incrementItem(aBook,2) //using limit value analysis
IF anItem.getQuantity()=5 THEN
  Write('incrementItem success test:successful')
ELSE
  Write('incrementItem success test:failed')
ENDIF
...
```

最后，必须处理掉 fixture：

```
  ...
  anItem.destroy()
  aCart.destroy()
  aBook.destroy()
END METHOD
```

现在，失败的条件也应该被测试，在这里被作为 Driver4Cart 类中 3 种独立的方法来实现，如下所示：

```
...
METHOD testIncrementItemFailure1()
//not self.item.book->includes(aBook)
  FIXTURE VAR aBook:Book
  FIXTURE VAR aCart:Cart
  aBook:=Book.Create('0752201360',
    'Bring me the head of Willy the mailby!', 'Scott Adams',
    US$12.30,128,5)
  aCart:=Cart.Create()  //the book is not in the cart
  TRY
    aCart.incrementItem(aBook,2)
    Write('incrementItem failure test 1:failed')
  CAPTURE Exception.itemAbsent
    Write('incrementItem failure test 1:successful')
  END CAPTURE
  aCart.destroy()
  aBook.destroy()
END METHOD

METHOD testIncrementItemFailure2()
  //aBook.isNull()
  FIXTURE VAR aBook:Book
  FIXTURE VAR aCart:Cart
  aCart:=Cart.Create() //the book is null
  TRY
    aCart.incrementItem(aBook,2)
    Write('incrementItem failure test 2:failed')
CAPTURE Exception.bookIsNull
    Write('incrementItem failure test 2:successful')
  END TRYCAPTURE
    aCart.destroy()
  END METHOD
  METHOD testIncrementItemFailure3()
    //item->select(book=aBook).quantity+aQuantity>aBook.quantityInStock
    FIXTURE VAR aBook:Book
    FIXTURE VAR aCart:Cart
    FIXTURE VAR anItem:Item
    aBook:=Book.Create('0752201360',
      'Bring me the head of Willy the mailby!', 'Scott Adams',
```

```
    US$12.30,128,5) //quantity in stock is 5
   aCart:=Cart.Create( ) //cart id is filled internally
   anItem:=Item.Create(aBook,aCart,3)
   TRY
   aCart.incrementItem(aBook,3) //limit analysis
   Write('incrementItemfailure test 3:failed')
   CAPTURE Exception.quantityAboveStock
     Write('incrementItemfailure test 3:successful')
   END TRYCAPTURE
   anItem.destroy()
   aCart.destroy()
   aBook.destroy()
  END METHOD
END CLASS
```

测试用例代码的风格取决于使用的语言和框架。在这里描述了一个通用伪代码执行的例子，允许读者用编程语言的相关知识去理解测试的逻辑，而无须任何有关测试框架的使用经验。

正如在上面的代码所显示的那样，fixture 和测试过程通常是相似的，因此，统一和参数化方法可用于创建此类对象，来减少生成代码的数量。这通常是由诸如 xUnit 之类的框架所提供。

如果使用自动代码生成器生成基本操作和委托方法，单元测试的规模可能会大大缩减。在这种情况下，可能被假设代码是正确的，因为生成器不会犯人为的错误。测试可能在系统操作层面开始，这在第 12 章中将进行介绍。

11.6　系统操作测试

高级别的功能测试发生在团队检验系统操作是否真正按照契约的规格说明来执行时。

系统操作可能从许多类、委托职责以及相应的基本、委托任务的执行中调用方法。因此，对于执行职责的连续集合的类来说，在其整合层面上，系统操作测试将会检验每个系统操作是否正确执行了其契约。

那么，系统操作测试涉及检验在常规条件（先验条件为真和异常为假）下，所期望的后验条件是否被如实获取；在非正常条件下，是否会有效引发异常等内容。系统操作测试类似于单元测试，目前操作有一个契约的情况除外，这简化了必要测试用例的确认。

现在来查看一下图 10.13 中的系统操作 add2Cart，其契约已经在第 8 章中进行了定义，如下所示：

```
Context Livir::add2Cart(aCartId: CartId,anIsbn:Isbn,aQuantity: Natural)
  def:aCart=cart[aCartId]
  def:aBook=[anIsbn]
  def:anItem=aCart.item->select(book.isbn=anIsbn)
  pre:
    aCart->notEmpty() and
    aBook->notEmpty()
```

```
    post:
      if anItem->isEmpty() then
        newItem.isNewInstanceOf(Item) and
        aCart^addItem(newItem) and
        newItem^setQuantity(aQuantity) and
        newItem^addBook(aBook) and
        newItem^aetUnitPrice(aBook.price)
    else
        anItem^setQuantity(anItem.quantity@pre+aQuantity)
    endif
  exception:
    anItem.quantity+aQuantity>aBook.quantityInStock implies
      Exception.throw('quantity not available')
```

先验条件 aCart->notEmpty()表明参数 aCartId 有一个无效集合；先验条件 aBook-> notEmpty()表明参数 anIsbn 有一个无效集合；该契约中的异常表明 aQuangtity 也有无效值。

就有效值而言，每个参数必须至少包含一个有效等效集合，否则，该方法将总会是失败状态。而当后验条件为条件式时（包括一个 if-then-else-endif 结构），对于这个操作至少有两种可能的行为，并且定义了两个有效等价集合：一个是当 anItem 为空时，而另一个是当 anItem 不为空时。该系统操作的测试用例如表 11.2 所示。

表 11.2　一个系统操作的功能测试实例

类　　型	被测试条件	预 期 结 果
成功	aCart->notEmpty() and aBook->notEmpty() and anItem->isEmpty() and aQuantity<= aBook.quantityInStock	aCart.item-> select(book=abook).quantity= aQuantity
成功	aCart->notEmpty() and aBook->notEmpty() and anItem->notEmpty() and anItem.quantity+aQuantity<= aBook.quantityInStock	anItem.quantity= anItem.quantity@pre+ aQuantity
异常	aCart->isEmpty()	'没有该购物车'
异常	aBook->isEmpty	'没有该书'
异常	anItem->notEmpty() and anItem.quantity+aQuantity<= aBook.quantityInStock	'数量不可用'

异常条件的组合也可以被测试。例如，在表 11.2 当中并没有出现的一种情况是 ISBN 和购物车 ID 都无效。如果在这种情况下，在任何实例中只会引发其中一种异常。此外，就像前面提到的，有时无效条件是不兼容的。例如，如果 ISBN 无效，就不存在可以与订单数量进行比较的 quantityInStock。因此，对应的异常永远不会一起发生。

这就是通常为什么被测试组合只包含成功条件，或者是结合了成功条件的失败条件。然而，如果测试团队发现对于添加包含无效失败条件组合的新变量是很简单的，而且在更安全的情况下，可能就会执行它。

尽管并非每个组合都需要测试，但至少有必要测试以下组合：

- 所有有效等价集合的可能组合。
- 一个无效等价集合和有效集合的所有组合。

这意味着，测试有效组合之后，测试者必须同时为异常测试包含一个无效集合。

测试系统操作的代码与单元测试代码非常相似：fixtures 必须在每个测试之前创建，进行成功和失败的测试运行，每次测试后的环境被清理。

11.7 用例测试（系统、验收和业务循环测试）

用例测试涉及人工或者自动跟踪一个用例的所有可能流，并且检验能否获得到预期结果（通常被声明为用例的后验条件）。

如果测试由开发团队在一个单独用例上执行，就是系统测试。如果测试由客户执行或者以客户的视角进行，这就是验收测试。如果与业务用例相关的整个系统用例集合是在一个逻辑序列当中执行，例如，由业务活动图定义的序列，那么它就是业务循环测试。

用例测试旨在检验系统的当前版本是否正确执行用例过程。从用户的观点看就是，在界面（不一定是图形界面）执行一个系统操作的序列，并且可以获得预期结果。

用例测试可以作为用例流的系统执行来理解。如果每个系统操作和查询已经通过它们自己的测试，那么也必须确认用例的主要流和替代流能被正确地执行，并且产生预期结果。

有可能使这些测试自动化，这样它们可以通过一个测试机器人来执行，该机器人可以直接与控制器沟通，或者模拟客户在图形界面的行为动作。

例如，考虑一下这样的一个系统测试，该测试旨在评估图 5.7 所示的用例，在此，将其重现为图 11.1 所示。

用例测试要应对各种成功的，但通过不同的路径运行的场景。首先，用例的主要流必须作为测试意图的基本场景来考虑。接着，为测试替代场景，每个变量或者异常会被逐一包含。这是系统用例套件所期望发生的最小值。如果团队认为异常和变量的组合有用并且切实可行，那么这些异常和变量的组合也会被测试。

细化用例测试技术随后会涉及选择一个路径的集合，至少有一次被每个变量和异常流通过。图 11.1 所示的测试用例可被定义如下：

- 1,2,3,4,5
- 1,2,3a(1,2,3),4,5
- 1,2,3,4,5a(1)
- 1,2,3,4,5b(1)
- 1,2,3,4,5c(1), 1,2,3,4,5
- 1,2,3,4,5d, 1,2,3,4,5

Use case 01: *Order books*

1. The customer provides keywords for searching books.
2. The system generates a list of books for sale that matches the keywords, including at least the title, author's name, price, page count, publisher, ISBN, and cover image.
3. The customer selects books from the list and indicates the desired quantity for each one.
4. The system generates the order summary (title, author, quantity, unit price, and subtotal for each book) and total value.
5. The customer finishes the order.

Exception 3a: The quantity requested is higher than the quantity in stock for one or more books.

3a.1. The system informs the use of the available quantities for each book that was ordered over availability.

3a.2. The user changes the desired quantities to meet the quantities in stock.

3a.3. Advance to step 4.

Exception 5a: The customer is not yet identified.

5a.1. The customer provides valid identification.

Exception 5b: The customer does not have an account.

5b.1. The customer registers herself by providing a username, password, and email address.

Exception 5c: No book was selected for purchase.

5c.1. Return to step 1.

Variant 5d: The customer decides to continue shopping.

5d.1. Return to step 1.

图 11.1　参考用例

图 11.1 中用例的系统测试计划如表 11.3 所示。

表 11.3　用例测试计划的示例

目　　标	路　　径	如 何 测 试	结　　果
主要流	1,2,3,4,5	先前识别的客户查询并选择至少一本书籍，然后完成订购	使用所选择的书籍创建订单
异常 3a	1,2,3a(1,2,3),4,5	先前识别的客户查询和选择至少一种书籍的数量，该量大于库存。然后，该客户改变数量来符合库存，并完成订购	使用所选择的书籍创建订单
异常 5a	1,2,3,4,5a(1)	已注册还未被识别的客户查询并选择至少一本书籍。提供身份信息并完成订购	使用所选择的书籍创建订单
异常 5b	1,2,3,4,5b(1)	一个未注册的客户查询并选择至少一本书籍，随后自行注册并完成订购	使用所选择的书籍创建订单。创建了一个新客户的记录

续表

目　　标	路　　径	如 何 测 试	结　　果
异常 5c	1,2,3,4,5c(1),1,2,3,4,5	先前识别的客户试图完成一个空订单，被系统阻止。然后，查询和选择至少一本书籍，并完成订购	使用所选择的书籍创建订单
变量 5d	1,2,3,4,5d, 1,2,3,4,5	先前识别的客户查询并选择至少一本书籍，然后查询并选择另一本书，并完成订单	使用所选择的书籍创建订单

用例测试只在一个所有系统操作已经被测试过的系统版本中执行。如果在系统测试期间，系统操作中仍然检测出许多错误，通常的做法就是放弃该用例测试，并重新执行系统操作测试，直到生成一个足够稳定的系统版本，并且能够满足系统用例测试。

尽管自动用例测试[①]可能会检验功能正确与否，但此时仍然还要推荐进行人工用例测试，因为测试的很多方面通过机器是无法面面俱到的，例如，错误信息清除了吗？按钮、文本框的位置和尺寸合适吗？

此外，非功能测试的整个集合可能很有必要，这取决于系统的补充规格说明和非功能需求（参见第 13 章）。非功能测试的例子一般包括兼容性、一致性、持久性、加载、定位、性能、修复、弹性、安全性、可伸缩性、负荷和可用性等。关于这些测试类型的讲述已经超出了本书的范围，因此不再进行逐一介绍。非功能测试需要各种技术，其内容涵盖了大量书籍，例如，有关性能测试的 MolyNeaux（2009 年）、有关负荷测试的 Nelson（2004 年）和有关可用性测试的 Nielsen（1994 年）等。

11.8　当 前 进 度

	起始阶段（Inception）	细化阶段（Elaboration）
业务建模	构建整个系统的概要视图： ● 构建业务用例图并确定项目的自动化范围 ● 为业务用例构建初步的活动图 ● 为关键业务对象构建初步的状态机图	
需求	准备系统用例图（功能需求）： ● 从业务用例模型当中识别出系统参与者（actor） ● 从业务用例模型当中识别出系统用例，并从业务模型当中识别活动以及状态机图 确定非功能性需求作为用例注解： ● 确定关联到用例的主要业务规则 ● 确定关联到用例的主要质量问题 确定增补需求	通过扩展用例进一步细化需求： ● 识别主要流 ● 识别替代流：变体以及异常处理

① 有关界面测试的机器人框架的例子请参见 http://robotframework.googlecode.com/hg/doc /userguide/RobotFrameworkUserGuide.html?r52.7.4。该链接上次访问于 2013 年 9 月 1 日。

续表

	起始阶段（Inception）	细化阶段（Elaboration）
分析与设计	通过观察系统用例和所需概念，准备初期概念模型	细化系统时序图： ● 使用系统时序图表示用例的主要流 ● 使用状态或者无状态策略表示系统命令及查询 ● 用替代流完成系统时序图 提炼概念模型： ● 在扩展用例文本中识别概念、属性以及关联 ● 使用需要的版型、重数以及约束来细化属性以及关联 ● 通过使用继承、关联类以及时序规范（temporal specification）来组织模型 ● 根据需要添加变量 ● 依据应用系统分析模式来改进概念模型 在系统时序图当中为命令和查询编写相应的系统操作契约： ● 基于无效参数以及互补约束确定先验条件及异常 ● 确定命令的后验条件以及查询的返回 域层设计： ● 为每个系统命令契约创建对应的时序图或通信图 ● 使用上述图来确定每个类中要实现哪些方法 ● 检查上述图以发现哪些关联是单向的并按照此形式进行定义 ● 查看系统查询契约并决定哪些委托类型的查询是可以被实现的；哪些能够从关联或者属性中派生出来 ● 生成或者细化设计类图
实现		生成代码： ● 为类生成代码 ● 为属性生成代码 ● 为关联生成代码 ● 为必要的基本方法生成代码，如 get、set、add、remove、create、destroy 以及其他 ● 使用动态模型作为参考，为系统操作和委托方法生成代码
测试		规划并执行测试： ● 为没有自动生成的类以及方法执行单元测试 ● 基于系统操作契约执行系统操作测试 ● 基于用例场景执行用例测试
项目管理	估计项目的总工作量、理想进度、团队平均规模 为每个阶段估计持续时间和迭代次数 为首次迭代准备阶段计划和迭代计划	

11.9　思　考　题

1．考虑第 10 章图 10.1 中类在 10.2 节的定义方法，为类定义的每个基本操作写一个单元测试序列。

2．观察第 8 章 8.7.3 节中 deleteBook 操作的 4 个契约，用擅长的语言或者伪代码编写系统测试来测试该操作的每个版本。

3．为第 5 章图 5.4 中的用例准备一个用例测试表。

第 12 章　接口层设计与 IFML

本章提要

- 交互流建模语言 IFML
- 视图组件
- 超文本组织
- 网页模式
- IFML 中的操作

12.1　接口层设计简介

系统的接口设计本质上取决于详细描述的用例和系统时序图，因为接口必须支持用户跟踪所有用例流。设计类图和契约同样也很重要。

在接口设计期间，使用用例注释的非功能需求应该被再次修订，因为它们可能包含如何设计用例接口指示。

交互流建模语言（Interaction Flow Modeling Language，IFML）是统一建模语言的扩展，这些扩展主要是针对数据密集型用户界面的建模。该语言是 WebML（Ceri、Fraternali、Bongio、Brambilla、Comai 和 Matera，2003 年）的演化版本。IFML 目前正在被采纳以作为一种 OMG 的标准[①]。

本章讲述 IFML 的最基本概念及其在建模方面的潜力。关于此方面的更多信息可从该语言的官方网站[②]获取。由于 IFML 作为一种仍在进化中的模式，读者可能会发现本文和 IFML 当前的规格说明文件会存在一些相互矛盾之处，这可能是本书出版后做出的标准修订所致。

12.2　交互流建模语言（IFML）

IFML 适合建模界面，特别是那些密集使用数据的系统，如信息系统等。开发方法为定义应用，建议创建以下 5 种模型。

---

① IFML 目前是一种不断向前发展的标准项目，其第一个版本发布于 2013 年 3 月。关于该项目的详细内容，请参阅 http://www.omg.org/spec/IFML/。

② www.IFML.org

- 结构模型（Structural model）：代表了数据结构和数据组织。Ceri 等人使用实体-联系图（ER 图）定义了结构模型。而统一建模语言的类图（参见第 6 章、第 7 章）也可以用于同一目的。
- 派生模型（Derivation model）：用于建模可从其他数据计算出的数据。派生模型可作为派生属性和关联的定义集合来理解，通常在概念模型中被定义，也可能用 OCL 来编写（参见 6.2.3 节和 6.4.3 节）。
- 组合模型（Composition model）：包括作为基本视图组件（参见 12.3 节）、页面（参见 12.4 节）和区域（参见 12.6.2 节）聚合的容器定义。
- 导航模型（Navigation model）：页面和视图组件之间流被定义的地方（参见 12.5 节和 12.6 节）。
- 陈述模型（Presentation model）：视图组件在界面和它们被定义外观所处的位置。

本章着重讲述了组合模型和导航模型（结构模型和派生模型已经在第 6 章、第 7 章中讨论）。对于陈述模型，WebRatio@工具[1]提供了 XSL Style Sheets[2]以供使用。该工具的代码生成器根据其和工具生成的设计，利用这些陈述规则生成页面。例如，本章中提到的例子，标准界面通过工具进行渲染，而不是使用那些风格。甚至会将输入域名称与类属性名保持一致，主要目的是提升可理解性，而不是图形质量。

12.3 视图组件

在 IFML 规格说明当中，视图组件是最基本元素，可能直接关联到设计类，并且允许这些设计类浏览。

IFML 有许多类型的视图组件。现列举如下。

- Details：展示单个对象的信息。
- Multiple Details：展示关于同一个类实例集合的信息。
- Simple List：使用列表形式展示类的多个实例。
- List：Simple List 的加强形式，允许滚动和动态排序。
- Checkable List：允许复选的 list。
- Hierarchy：展示使用层次关系组织的不同类的多个实例，例如 master-detail 或 whole-part。
- Recursive hierarchy：展示被分层组织的单类的多个实例，例如组织结构。
- Scrolle：允许序列对象上的常规滚动操作。
- Form：允许基于表单的数据项目。
- Multiple form：类似于 form，但允许一次编辑多对象。
- Message：允许打印页面上的信息。
- Calendar：展示万年历。

还有其他视图组件和可能被定义的新组件。本章详细展示的都是一些最基本的组件。每种视

[1] 该工具是第一种兼容 IFML 的工具。

[2] http://www.w3.org/Style/XSL/

图组件都有一个图形定义，还会通过 WebRatio 针对定义来渲染可能的 Web 页面外观。本章中的所有示例都基于图 12.1 所示的 DCD。

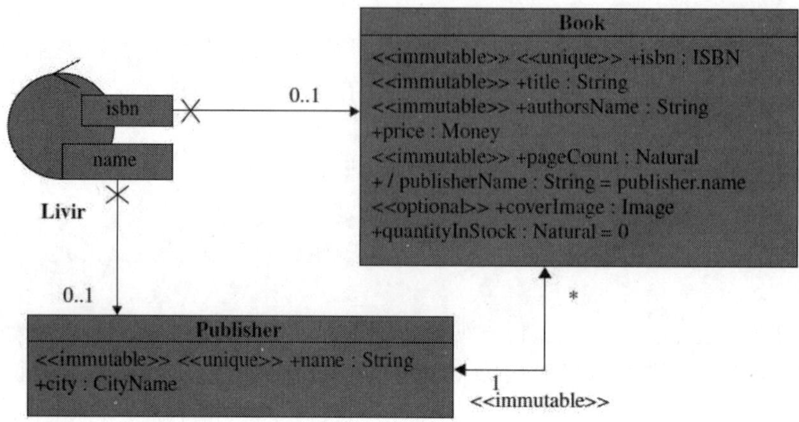

图 12.1　参考的设计类图

12.3.1　Details

Details 视图组件代表的是关于指定类的单个对象的信息，由下面的属性进行定义。

- 名称：由设计者选择指定。
- 数据源或者实体：通常是来自设计类图的一个类。
- 显示属性：当 details 视图被渲染产生时，来自被展示类的一个属性列表。

大多数视图组件（例如 details）还允许一个或多个条件表达式的定义，工作起来就像对被展示实例集合的选择器或过滤器，主要有以下 3 种类型的条件表达式。

- 关键条件：在数据模型中的每个对象被 OID（Object IDentifier）定义——又是一种唯一的、强制的和不可变的属性，不能与概念类的任何其他属性混淆，甚至是用<<unique>>和<<immutable>>版型的属性，例如 ISBN 和社保卡号等；OID 是一个内部生成的代码，对应着一个对象的主关键字；OID 不能被用户感知或更新。关键条件允许一个实例从基于其 OID 属性值的指定类当中选择另一个或更多实例。
- 属性条件：允许选择基于其属性值的一个或更多实例。诸如“大于”、“等于”或者是“包含”之类的操作可用于属性值与指定参数之间的比较。
- 关系角色条件：允许选择基于其关联链接的一个或多个实例。

图 12.2 中展示了一个 details 视图组件，该组件负责显示一个指定 ISBN 书籍的实例的相关数据信息，其中的条件表达式 isbn=0517149257 决定了将会显示哪个实例。如果不存在这样一个实例，就不会在该组件上显示相关的信息。

在图形中通常不会显示 attributes 属性。如果此时使用了某种建模工具，那么该属性可能会通过浏览该组件来访问。由于 ISBN 是一个唯一的并且强制性的属性，因此在这里假设该 details 视图组件中所显示书籍信息不超过一本是安全的。

图 12.2　简单属性条件的 details 视图组件

图 12.3 中展示了一个可能的 Web 网页，该网页针对图 12.2 所示的 details 视图组件。

最终所渲染显示的页面可能会不同，因为在其中还可能要添加一些风格定义，这样就会产生出不同设计和表现的界面。

如果图 12.2 所示的 details 视图组件变为只展示 title 和 authorsName 属性，将会产生如图 12.4 所示的显示效果。

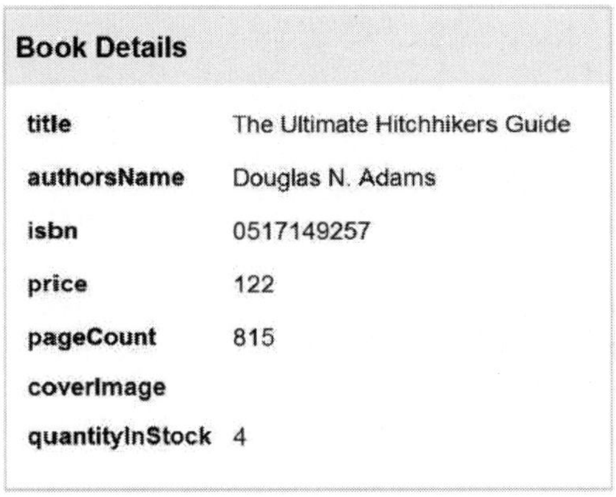

Book Details
title The Ultimate Hitchhikers Guide
authorsName Douglas N. Adams
isbn 0517149257
price 122
pageCount 815
coverImage
quantityInStock 4

图 12.3　Book 类所有属性的 details 视图组件的一种可能显示方式

Book Details
title The Ultimate Hitchhikers Guide
authorsName Douglas N. Adams

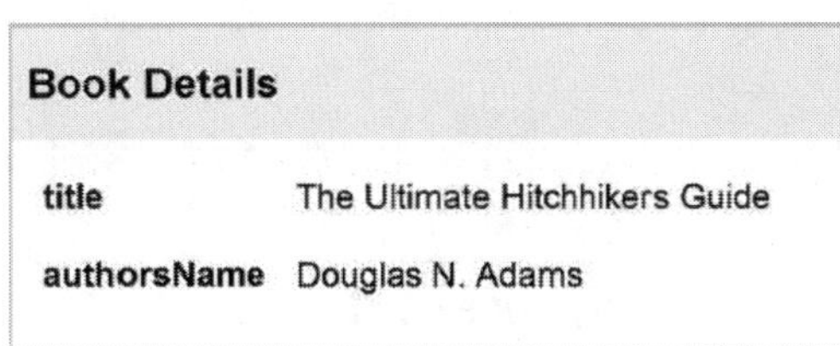

图 12.4　选择了较少属性 details 视图的可能外观显示

12.3.2　Multiple details

Multiple details 一次会显示一个单类的实例组。除了 details 视图组件已经展示的 3 个特性之外，在它们当中还添加了新的可选特性，如下所示。

- Sort attributes：定义用于给实例进行分类排序的属性。
- Max results：指定被检索实例的最大数量。默认情况下，所有的实例都将被检索出来。
- Distinct：指定重复元素不会被多次显示出来。

为了确定哪个元素被展示，Multiple details 也会允许定义和使用条件表达式。图 12.5 中所显示的就是关于 Multiple details 的一个例子。

图 12.6 中显示的是图 12.5 中 Multiple details 的一种可能的显示效果，在这里假设只有 3 本书满足上述条件表达式，并通过 tetle 进行分类排序。

Multiple Book Details
Book
[authorsName = Douglas N. Adams]

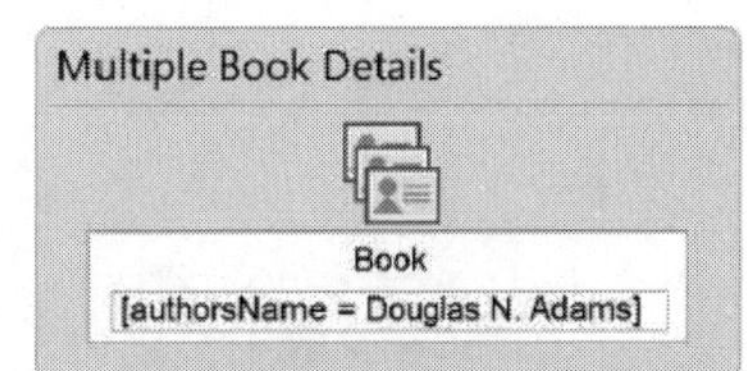

图 12.5　视图组件的 Multiple details

Multiple Book Details
isbn title authorsName price pageCount coverImage quantityInStock
0671746723 Dirk Gently's Holistic Detective Agency Douglas N. Adams 6.99 306 12
0671742515 The Long Dark Tea-Time of the Soul Douglas N. Adams 6.99 307 4
0517149257 The Ultimate Hitchhikers Guide Douglas N. Adams 122 815 4

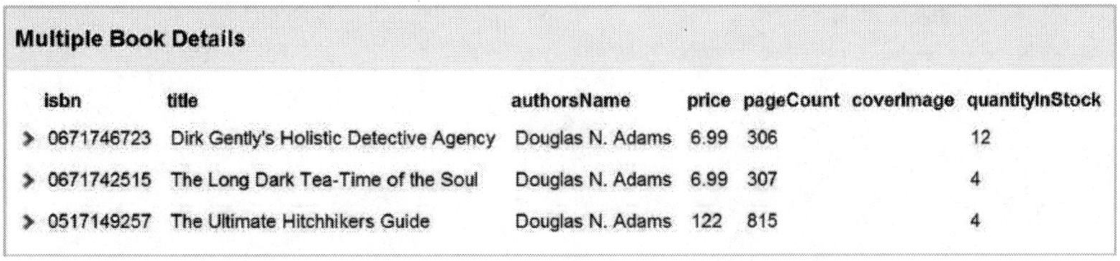

图 12.6　视图组件 Multiple details 的一种可能的显示效果

相对于每次只展示一个实例的 details 视图组件，Multiple details 代表了满足条件表达式的所有对象。

如果有必要使用超过一个属性来决定被组件所展示的对象，那么可能会用到条件表达式的组合。该组合可能使用运算符 and 或者 or。图 12.7 中所显示的就是一个视图组件 Multiple details，在其中显示了 pageCount>100 且 price<150 美元的实例。

图 12.7　具有组合表达式的 Multiple details 视图

12.3.3　Simple List

Simple List 使用列表形式来表示某个类的实例集合的一个或多个属性。Multiple details 通常用于可视化同一页面中多个对象的详细描述。当使用列表或菜单对象对于用户选择一个或多个元素，并用它们执行操作来说很有必要时，就可能会用到一个 Simple List 及其变量。Simple List 特性与 Multiple Details 视图组件相同。

例如，有可能为基于标题来进行书籍的选择定义 Simple List。图 12.8 显示的是书籍标题 Simple List 的视图组件；图 12.9 展示的是图 12.8 的一种可能的显示形式。在 Simple List 视图组件中没有条件表达式，意味着所有的 Book 实例都被列出。

图 12.8　Simple List

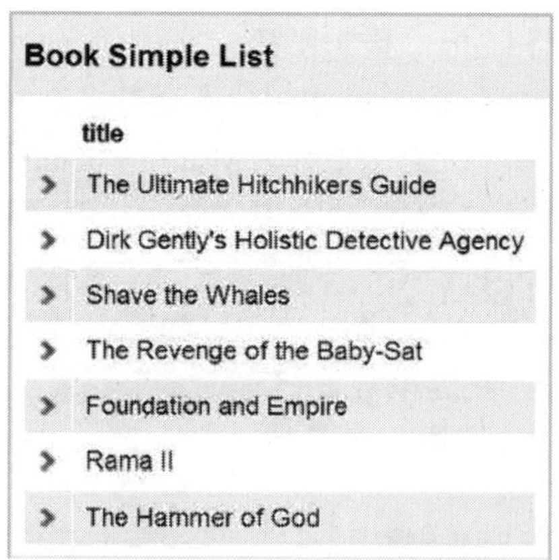

图 12.9　图 12.8 中 Simple List 的一种可能的显示形式

12.3.4　List

List 是 Simple List 的强化版，允许用户通过简单单击各自属性下拉菜单的顶部，滚动元素并且动态记录它们。除了已经为 Simple List 定义的特性外，List 还包括以下具体特性。

- Sortable：一种布尔值的属性，当定义为真时，列表可以自动排序。
- Default sort attribute：如果列表是可排序的，则定义可能被用户用来列表排序的属性，以及列表第一次被显示时的默认排序属性。
- Sort history size：指定通过列表必须被记录的用户排序操作的数量。
- Checkable：如果为真，列表的每个元素上都会显示一个复选框。
- Block factor：识别同时被显示的列表元素的数量。如果未指定或者设置为-1，就意味着显示所有元素。

图 12.10 展示了一个列表的 IFML 视图组件。该列表使用 3 个属性为 Book 类做出了定义：authorsName、title 和 price。其中，block factor 被定义为 3。图 12.11 展示了该列表的一种显示形式。

图 12.10　List

Book List

firstprevious1 to 3 of 8nextlast
jump to 1 2 3

	title	authorsName	price
>	Dirk Gently's Holistic Detective Agency	Douglas N. Adams	6.99
>	Foundation and Empire	Isaac Asimov	5.99
>	Rama II	Arthur C. Clarke	6.99

图 12.11　一个列表的可能展开

从图 12.11 的顶部开始，用于滚动列表的命令将列表中的 3 个元素组合在一起，从第一项滚动到列表最后一项。当前所显示的是前 3 个元素，并通过标题进行分类排序。

如果用户单击位于每个数据栏顶部的链接，那么列表上的元素将会重新排列并按照所单击的列进行排序。例如，如果用户单击 authorsName，将会通过作者名进行排序，如图 12.12 所示。

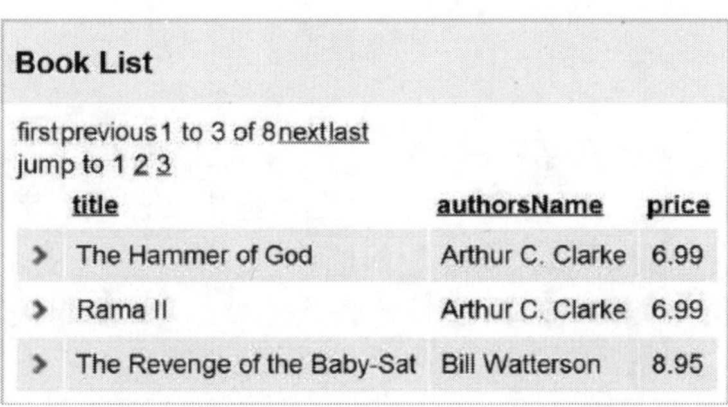

Book List

firstprevious1 to 3 of 8nextlast
jump to 1 2 3

	title	authorsName	price
>	The Hammer of God	Arthur C. Clarke	6.99
>	Rama II	Arthur C. Clarke	6.99
>	The Revenge of the Baby-Sat	Bill Watterson	8.95

图 12.12　经过用户操作之后的图 12.11

此时需要注意结果当中所显示的元素内容会有所不同。这是因为整个列表被再次排序，被展示的元素只是位于位置前列的前 3 条内容。

12.3.5　Checkable List

Checkable List 允许用户从列表选择一个元素集合。另外，它与 Simple List 非常相似。图 12.13

所显示的就是一个 Checkable List 的 IFML 定义，图 12.14 显示的就是该图展开数据之后的形式。

图 12.13　Checkable List

Checkable Book List

	title	authorsName	price
☐	Shave the Whales	Scott Adams	6.99
☑	The Revenge of the Baby-Sat	Bill Watterson	8.95
☐	Foundation and Empire	Isaac Asimov	5.99
☑	Rama II	Arthur C. Clarke	6.99
☑	The Hammer of God	Arthur C. Clarke	6.99
☐	The Long Dark Tea-Time of the Soul	Douglas N. Adams	6.99
☐	Dirk Gently's Holistic Detective Agency	Douglas N. Adams	6.99
☐	The Ultimate Hitchhikers Guide	Douglas N. Adams	122

图 12.14　Checkable List

Simple List 每次只选择一个对象，而 Checkable List 则允许选择任何数量的对象。

12.3.6　Form

Form 用于数据的导入，对创建新实例非常有用，并且也可以提供搜索、查询和命令的参数。

Form 通常是由一系列的输入框组成，在每个输入框中都能输入字符和数值。输入框的常见类型包括文本输入框、选择输入框以及多选输入框。

一个 Form 可能会与某个类相关联，也可能不会关联到类。如果关联到一个类，那么其输入框可能会与类的属性进行关联。

用于为查询或者命令收集参数的 Form 通常不需要与类进行关联。例如，为搜索书籍收集关键字的表格，不需要关联到任何类。

对于 Form 来说，其所包含的输入框会有如下属性。

- Name：输入框的名称，该属性由设计者指定。
- Attribute：如果 Form 关联到一个类，那么输入框可能会被关联到类其中的一个属性。
- Content type：定义输入框的类型，可能为 string、text、blob 以及 url。
- Preloaded：当 Form 被显示时，输入框可能会预置某些数值显示给用户。
- Modifiable：定义输入框的初始值能否被更改。默认情况下，该初始值是可以被更改的。

图 12.15 代表了一张关联到 Book 类的 Form，而图 12.16 显示了图 12.15 的实际显示效果。

图 12.15　Form

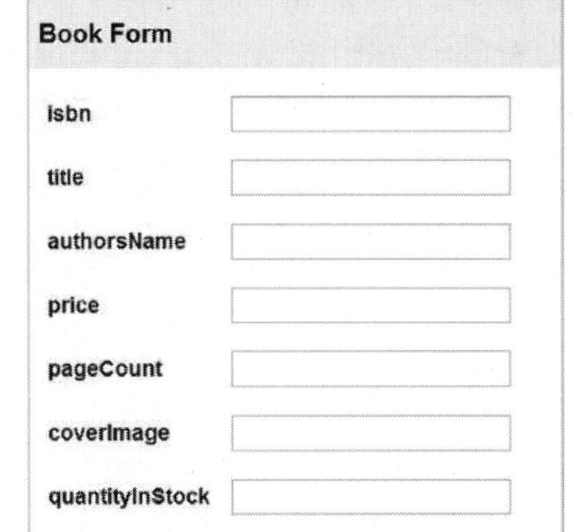

图 12.16　显示效果

12.3.7　Hierarchy

Hierarchy 用于显示有多级层的对象。例如，这对于显示具有一对多关联的对象非常有用，如 Publisher 与 Book；此外。还包括一些整体/部分的关联，如 Book 与 Chapter 等。图 12.17 展示了一个两级层次关系的定义，Publisher 位于第一层，而 Book 位于第二层。

第二层通常定义一个基于规则的条件表达式。在上面的例子中，基于规则的条件表达式定义了这样的一种情况，即只有链接到指定出版商的书在其下方展示。如果没有条件表达式，所有的书都将在每个出版商下方展示。不过这里并不涉及此种情况。

图 12.18 显示的是图 12.17 层级的展开，其中的书籍均链接到各自的出版商。

图 12.17　Hierarchy

图 12.18　Hierarchy 的展开图

在这里存在这样一种情况，此时需要用到第 7 章 7.8 节中所讲述的组织层次模式（Organizational Hierarchy Pattern）应用程序。其中涉及某个概念拥有同属于一个对象的子概念，并有可能被递归嵌套。鉴于这些情况，IFML 提供了一种递归分层（Recursive Hierarchy）的视图组件。图 12.19 展示了第 7 章图 7.15 中 Organizational Structure 类的一个递归分层定义。

图 12.19 递归分层

递归分层的定义和展示类似于常规意义上的分层。二者之间的唯一区别是：主类与子类是相同的，而层次的级别是不确定的。

12.4 Page

页面（Page）是由用户有效访问的界面元素。通常情况下，一个页面包含一个或更多视图组件，也可能是其他页面。

页面的 IFML 表示当中包括一个名称以及被包含视图组件及子页面的可选集合。例如，图 12.20 代表了一个包括出版商列表和书籍列表的页面，而图 12.21 代表了其展开状态。

图 12.20 具有两个视图组件的页面

图 12.20 中的符号表明该页面是主页面，即一个应用程序的最初页面。页面右上角的其他符号在 IFML 中没有任何特殊意义，只是一个具体工具命令，来使图形元素变得更加醒目和清晰。

在图 12.20 中，出现在页面中的视图组件是相互独立的，因为它们之间没有流（flow）。

默认情况下，同一页面中定义的视图组件在彼此的上方进行展开，并占据整个页面的宽度。但是，像之前解释的那样，它有可能使用表示层模型（Presentation Model）设计模式，为视图组件定义不同的位置和规模。表示层模型的基本构成是一个网格，在一个页面内部的网格当中，视图组件可以进行位置和形状设定。在图 12.22 所显示的例子中，视图组件按照左右进行放置。

> Main

Publishers List

	name	city
>	Andrews and McMeel	Kansas City
>	Bantam	New York
>	Boxtree	London
>	Pocket Books	New York
>	Random House	New York

Books List

	isbn	title	authorsName	price	pageCount	quantityInStock
>	0671746723	Dirk Getly's Holistic Detective Agency	Douglas N. Adams	6.99	306	12
>	0553293370	Foundation and Empire	Isaac Asimov	5.99	282	3
>	0553286587	Rama II	Arthur C. Clarke and Gentry Lee	6.99	466	2
>	0752208497	Shave the Whales	Scott Adams	6.99	128	7
>	055356871X	The Hammer of God	Arthur C. Clarke	6.99	240	1
>	0671742515	The Long Dark Tea-Time of the Soul	Douglas N. Adams	6.99	307	21
>	0836218663	The Revenge of the Baby-Sat	Bill Waterson	8.95	127	4
>	0517149257	The Ultimate Hitchhikers Guide	Douglas N. Adams	129	813	6

图 12.21　页面展示

Publishers List

	name	city
>	Andrews and McMeel	Kansas City
>	Bantam	New York
>	Boxtree	London
>	Pocket Books	New York
>	Random House	New York

Books List

	isbn	title	authorsName	price	pageCount	quantityInStock
>	0671746723	Dirk Getly's Holistic Detective Agency	Douglas N. Adams	6.99	306	12
>	0553293370	Foundation and Empire	Isaac Asimov	5.99	282	3
>	0553286587	Rama II	Arthur C. Clarke and Gentry Lee	6.99	466	2
>	0752208497	Shave the Whales	Scott Adams	6.99	128	7
>	055356871X	The Hammer of God	Arthur C. Clarke	6.99	240	1
>	0671742515	The Long Dark Tea-Time of the Soul	Douglas N. Adams	6.99	307	21
>	0836218663	The Revenge of the Baby-Sat	Bill Waterson	8.95	127	4
>	0517149257	The Ultimate Hitchhikers Guide	Douglas N. Adams	129	813	6

图 12.22　图 12.21 展示页面的不同对齐方式

12.5　Flow

流（flow）是两个页面或视图组件之间的定向连接。流可能不仅被用于定义页面间的导航可能性，还用来定义数据的依赖关系。例如，在一个 List 视图组件中选择一个元素，可能会造成关于元素的信息出现在 details 视图组件中。这可以通过定义一个从 list 到 details 的流来实现。

12.5.1　通用导航流

通用导航流（Normal Navigation Flow）是流的一种类型，在初始页或视图组件中，作为一个可单击的链接。当链接被单击时，会导航到目标页面或视图组件，用一个箭头表示。

图 12.23 展示了两个页面间通用导航流的一个例子。Publisher 页面的结果表现包括了一个到 Book 页面的链接（见图 12.24 的右上角）。

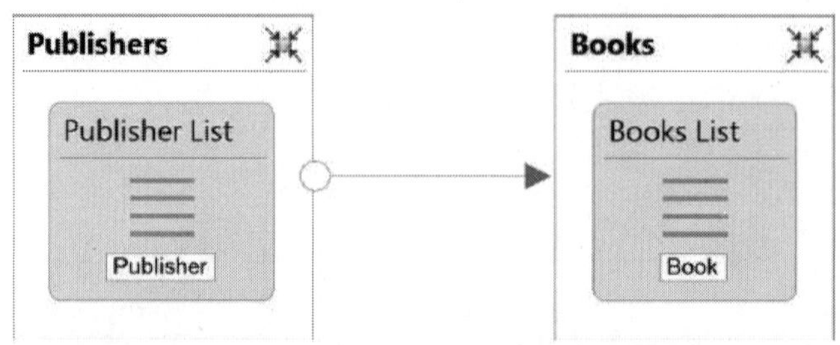

图 12.23　两个页面之间的通用导航流

Books

> Publishers

Publishers List

	name	city
>	Bantam	New York
>	Pocket Books	New York
>	Boxtree	London
>	Andrews and McMeel	Kansas City
>	Random House	New York

图 12.24　通用导航流作为一个链接

从图 12.23 可以看到，流没有被附加在视图组件之上，而是附加在页面上。因此，该链接将只在书籍列表被显示出的位置出现一次。

如果流在列表视图组件中有起始点，那么在列表中的每一行都会具有到 Books 页面的独立链接，如图 12.25 所示。

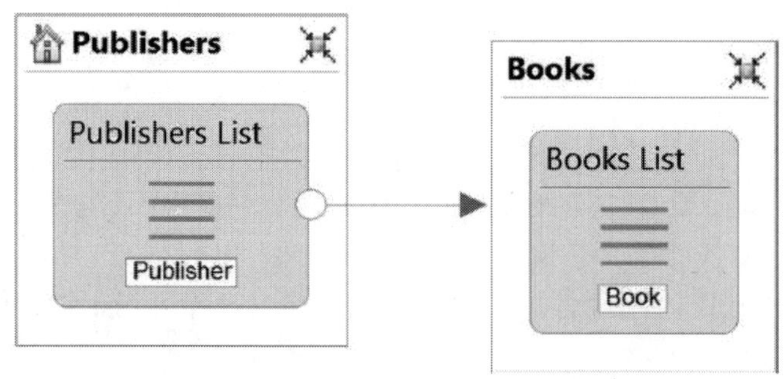

图 12.25　一个从视图到页面的流

图 12.26 展示了图 12.25 中的模型如何被展开。

图 12.26　为列表的每个元素展示一个链接

该列表仍然只是一个有相同作用链接的集合，用于导航到 Books 页面。后续章节将会讲述这种流是如何被用于从一个视图组件向另一个进行信息传递的。例如，仅显示指定出版商的书籍。

12.5.2　数据流

数据流（data flow）是一种不会显现出来的流，但可以在视图组件之间定义数据依赖关系[1]。在图中表示数据流的方式就是使用虚线箭头。

数据流并不会在视图组件之间定义导航关系。它们用于从一个组件获取值，而不用导航。当组件需要从一个以上的组件获取数据时，数据流特别有用。以下内容中将会讲述从不同数据源获取数据的数据流的例子。

12.5.3　参数绑定

参数绑定（parameter binding）是从流起点（源）到终点（目标）传送的一块信息，具有 name 和 vlaue 属性，这些属性可以从源组件当中获得。

一个流可能有多参数绑定，传递一个值的集合而不是单个值。

通常情况下，对象键或属性值通过参数绑定进行传递。默认情况下，来自视图组件的流在源组件上绑定所选取对象的键，并将其传递到目标对象。例如，可以通过一个条件表达式来使用该键。

在之前的例子当中，只有常数被用于条件表达式，用来选择在视图组件中显示的元素，如 List 和 Details 等。现在，有了流和参数绑定，使用一个视图组件来定义哪个元素将会在另外一个视图组件中进行显示便成为了可能。

图 12.27 中的 IFML 图展示了书籍的一个列表信息，该列表带有一个到 details 视图组件的流。

[1] And 运算将会在随后的内容中进行讲述。

这个 details 视图包含一个关键条件[oid=?]。当列表中被选择书籍的键被绑定到流向 details 视图的流时，则在最终 details 视图显示时将只会出现该书籍的信息。

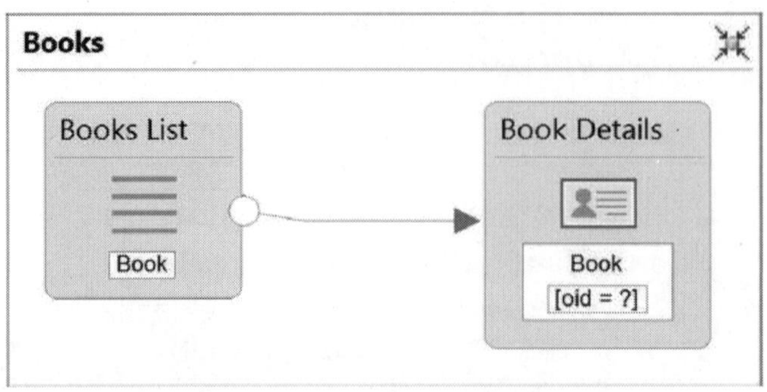

图 12.27　连接两个视图组件的通用导航流

如图 12.27 所示，当用户从列表中选择一本书籍时，通过单击相应链接可以获取书籍的 details 视图信息。图 12.28 展示了当关联到第一本书籍的链接被单击时的页面状态。

> Books

Books List

	title	authorsName	
>	Foundation and Empire	Isaac Asimov	Details
>	Rama II	Arthur C. Clarke and Gentry Lee	Details
>	Shave the Whales	Scott Adams	Details
>	The Hammer of God	Arthur C. Clarke	Details
>	The Long Dark Tea-Time of the Soul	Douglas N. Adams	Details
>	The Revenge of the Baby-Sat	Bill Waterson	Details
>	The Ultimate Hitchhikers Guide	Douglas N. Adams	Details

Book Details

isbn	0553293370
title	Foundation and Empire
authorsName	Isaac Asimov
price	5.99
pageCount	282
coverImage	
quantityInStock	7

图 12.28　当列表中的第一本书被选择时图 12.27 模型的展开效果

参数绑定也可能用于关联表单到另一个视图组件。例如，表单中可能会提供一个搜索框，而列表上只会出现满足搜索条件的元素。

图 12.29 展示的就是这样的一个例子，其中的搜索输入框用于查找指定作者的书籍。用户可能会在搜索框中输入作者的名字或名字的一部分，结果就显示在 Books 列表中。

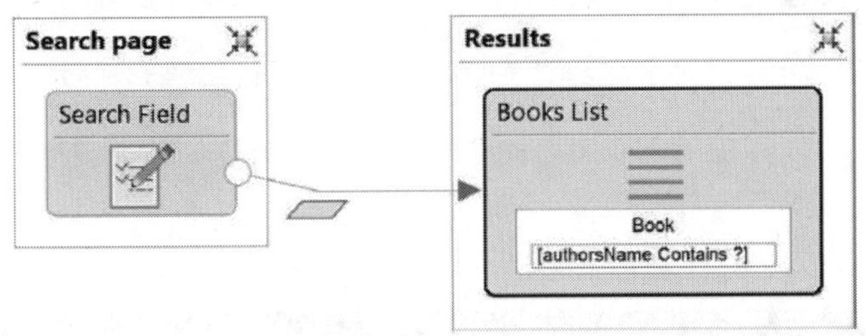

图 12.29　将数据从表单传输到列表的流

流旁边的一个四边形表示该流当中包含了一个不是默认对象键的参数绑定。

在图 12.30 中，用户在搜索框中输入“Clarke”，产生的结果如图 12.31 所示。

> Search page

Search Field

Enter keyword　Clarke

Go!

图 12.30　搜索执行前图 12.29 模型的显示效果

> Results

Books List

	isbn	title	authorsName	price	pageCount	coverImage	quantityInStock
›	0553286587	Rama II	Arthur C. Clarke and Gentry Lee	6.99	466		12
›	055356871X	The Hammer of God	Arthur C. Clarke	6.99	240		2

图 12.31　搜索执行后图 12.29 模型的显示效果

12.5.4　多值参数绑定

除了上述绑定之外，还可以从多选组件（如 checkable list）中定义流。在这些情况下，参数绑定将会传递值的集合（例如，复选元素键）。

如果 checkable list 被链接到一个多重 details 视图上（见图 12.32），那么用户可能会在 checkable list 中选择多个元素（见图 12.33），并且按下底部按钮导航到只出现所选择的书籍的页面（见图 12.34）。多重 details 视图有一个关键条件，该条件声明只有 OID 属于被绑定到流集合的书籍时才显示出来。

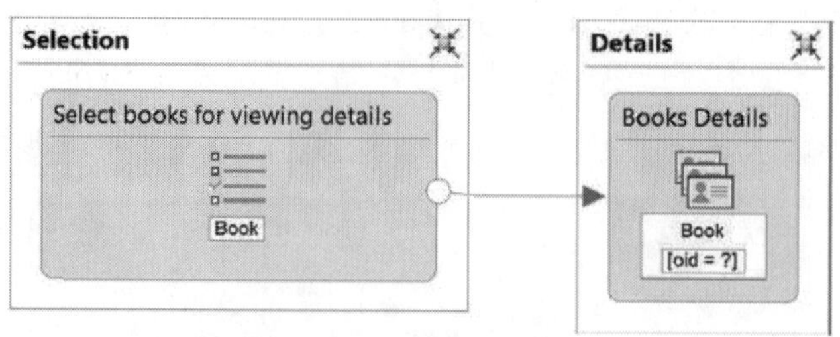

图 12.32　多值参数绑定流

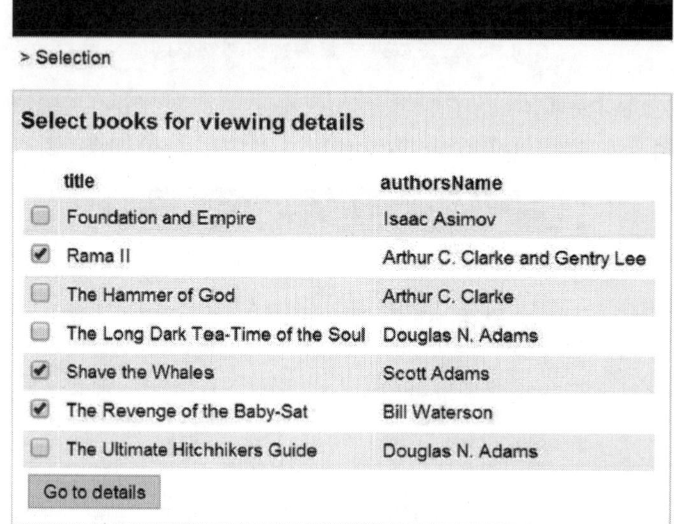

图 12.33　在单击按钮之前图 12.32 中模型的显示效果

> Details

Books Details

isbn	title	authorsName	price	pageCount	coverImage	quantityInStock
› 0553286587	Rama II	Arthur C. Clarke and Gentry Lee	6.99	466		12
› 0752208497	Shave the Whales	Scott Adams	6.99	128		0
› 0836218663	The Revenge of the Baby-Sat	Bill Waterson	8.95	127		21

图 12.34　在单击按钮后图 12.32 中模型的显示效果

12.6　超文本组织

页面中视图组件、流及其组织构成了大多数本地界面模型。然而，也有必要为界面去创建更广泛的模型，包括内部相关的页面组、导航区域（navigation region）以及地标（landmark）等。这种模型将会在本节进行讲述，称为超文本组织（hypertext organization）。

12.6.1　站点视图

站点视图（Site View）是一个包，其中包含可能被交付给用户的整个应用程序，通常包括一个区域（Area）组和应用程序的页面（Page）。图 12.35 所显示的就是站点视图的一个例子，其中包含了一个页面（Main）和两个区域（Administrative 和 Customer）。

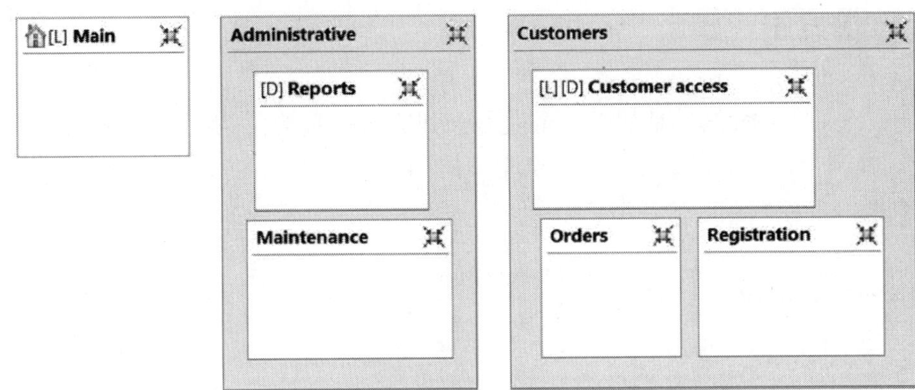

图 12.35　站点视图

不过，这个例子并没有被完全开发出来。图 12.35 所展示的只是其中的顶层结构。

12.6.2　区域

站点视图可能会在区域中进行组织。区域和页面在 IFML 标准中被称为是容器（Container）。区域是关系密切的容器组，如与指定用户目标相关的功能集合。

在图 12.35 所示的 IFML 模型中，区域作为加深颜色的矩形出现。区域为站点视图提供层级组织。

12.6.3　主页面、地标页面和默认页面

图 12.35 中的某些容器有专门的属性，如下所示。

- [H]或者🏠代表主页面。主页面是一个应用程序最初所展示的页面。当用户访问网站时，将会默认访问主页面。对于区域来说是没有这种属性的。
- [D]代表一个区域的默认页面。当用户导航到一个指定区域，将会转到默认页面上。因而，对于一个具体的区域来说，默认页面就是某种意义上的“主页面”。对于区域来说是没有这种属性的。
- [L]代表一个地标页面或者区域，这意味着页面或者区域从任何其他同一区域中的页面可以直达，因而避免了对页面创建许多流的需求，这些页面必须能够从多处被访问。

对于一个指定站点视图来说，只会存在一个主页面；同时，对于指定一个区域来说，只会存在一个默认页面。不过，地标区域或页面可能会存在任意多个。

12.7 Web 接口模式

本节所展示的大多数网站接口模式均摘自 Ceri 等人（2003 年）以及 Tidwell（2005 年）的文献。

12.7.1 级联索引

级联索引（cascade index）是基于一个最终会到达 details 视图的列表的菜单序列。例如，用户可以通过选择一个出版商开始，然后从出版商的列表中选择一本书，并最终访问该书的详细信息。图 12.36 展示了该模式的具体形式。

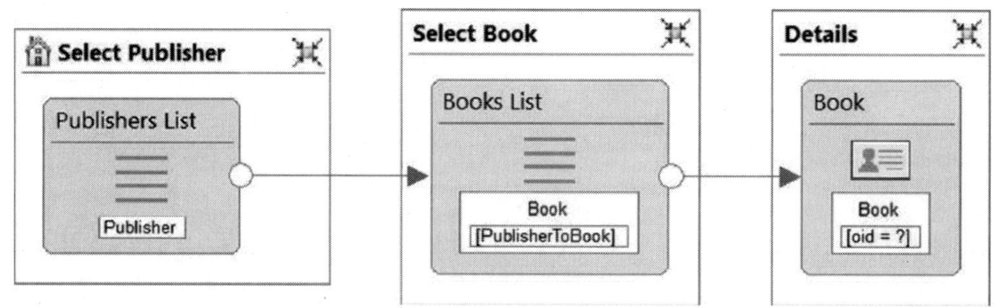

图 12.36 级联索引的例子

在图 12.36 中，由于参数绑定是默认的，因此流将会承载所选择元素的 OID。这些 OID 在目的视图组件中通过条件表达式被用于定义被展示的元素。

Book List 视图组件使用了一个基于角色的条件表达式，该表达式只显示链接到某个特定出版商的书籍，该出版商的 OID 被绑定到源自于 Publishers List 的实体流。

需要注意的是，Book List 有一个基于角色 PublisherToBook 的条件表达式，即只有在流的起点链接到出版商的书时才会通过 Book List 被展示。

Book 的 details 视图展示了在 Books List 中所选中书籍的完整信息。被选中书籍的 OID 被绑定在源于 Book List 到 details 视图的流。图 12.37~图 12.39 分别展示了被展开接口的序列，该接口说明了这个模式。在图 12.37 中，一个出版商可能会被选中。在图 12.38 中，选中第二个出版商后，进而可能会从中选择一本书。最终，图 12.39 中第三本书被选中，其详细信息紧接着被展现出来。

上述模式的一个变体包括在其中一个中间列表中，展示一些来自被选对象的数据。图 12.40 说明了这种情况。

> Select Publisher

Publishers List

	name	
>	Andrews and McMeel	Books
>	Bantam	Books
>	Boxtree	Books
>	Pocket Books	Books
>	Random House	Books

图 12.37 展开的 Publisher List

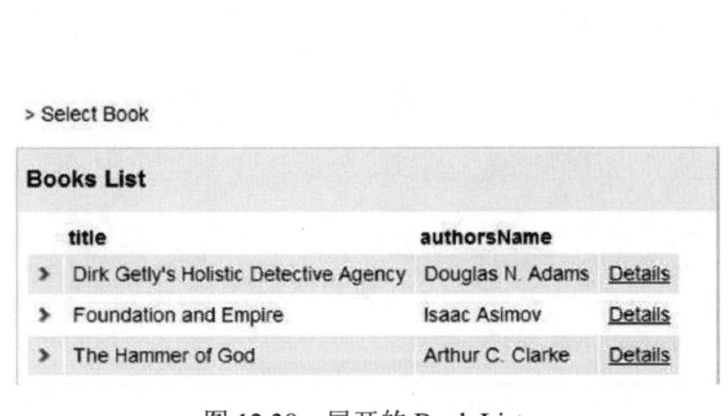

图 12.38　展开的 Book List

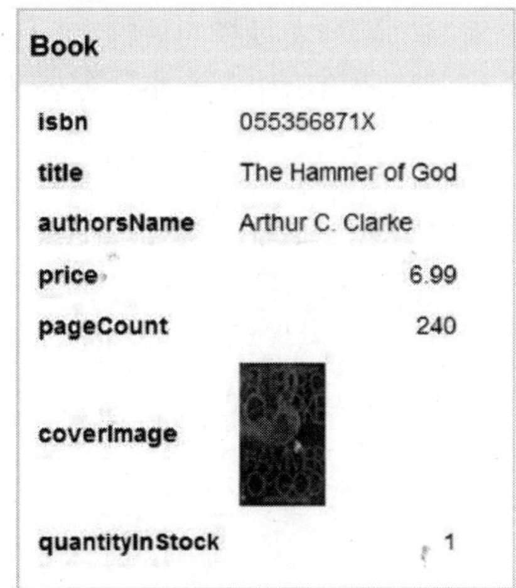

图 12.39　展开后的 Book 详细信息

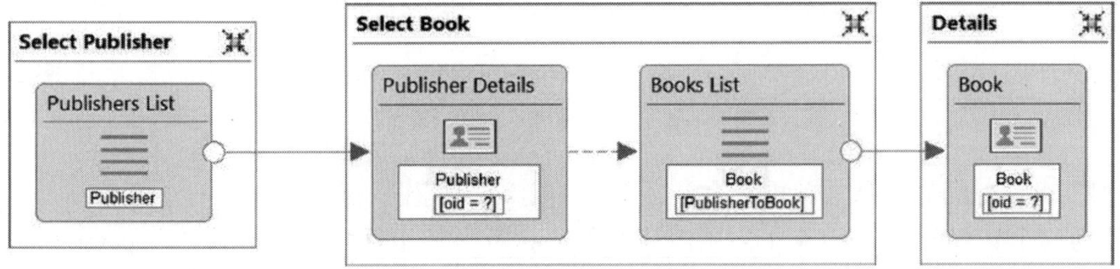

图 12.40　有中间数据表达的级联索引

此时，当一个出版商被选中时，界面中会展示关于该出版商的描述信息以及用于进一步做出选择的书籍清单。需要注意的是，在中间页面 Publisher Details 通过一个数据流被链接到 Book List 上。对于用户来说，没有必要从 Publisher Details 导航至书籍的列表上（当 Select Book 页面被访问时，这两个视图组件同时被展示）。图 12.41 展示了中间页面如何被展开。

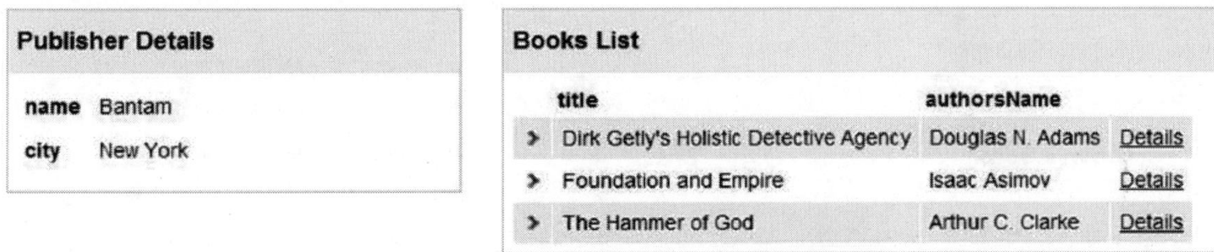

图 12.41　有中间数据的级联索引页面展开

12.7.2　过滤索引

在某些情况下，有必要显示一个包含所选择元素的列表。例如，如果书店目录里有成千上万套书，就不适合用户在列表中浏览其中的一本书。这可由一个过滤列表代替，例如，让用户提供一个缩减书籍列表规模的关键字。

这种模式由一个在表格、列表和 details 组件之间的连接完成，如图 12.42 所示。

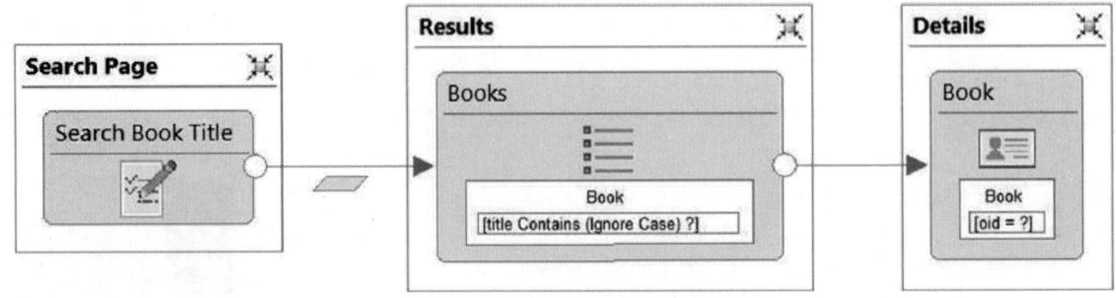

图 12.42　过滤索引的一个例子

由于结果是通过一个列表（不是简单列表）来展示，因此存在会定义一个滑块以及潜在的动态排序结果的可能性。此外，可能还会为该列表定义结果最大数目，这样就不会显示不必要的大列表。

12.7.3　导览

导览（guided tour）是一种模式，允许用户使用滚动操作，每次可视化一个对象集合的描述，通过使用一个具有 blockFactor 1 方式滑块组件来执行，该组件将会链接到一个 details 视图，如图 12.43 所示。

图 12.44 是图 12.43 的展开。其中，8 本书当中的第 5 本被用户选中。

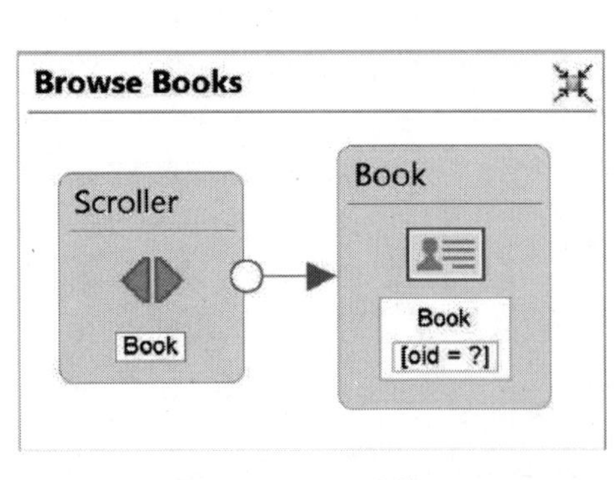

图 12.43　导览

图 12.44　导览的展开

12.7.4　视角

有时为特定的对象在不同时刻展示不同的面貌也很有趣。例如，一本书的概览数据可能会以默认形式呈现出来，但该数据可能依用户意愿再次被展开或收起。

为了实现视角（viewpoint）模式，可能会使用不同的属性集合为相同类定义两个或更多的 details 组件。流可能会在不同组件之间被定义，以支持用户从一个视图转换到另一个，如图 12.45 所示。

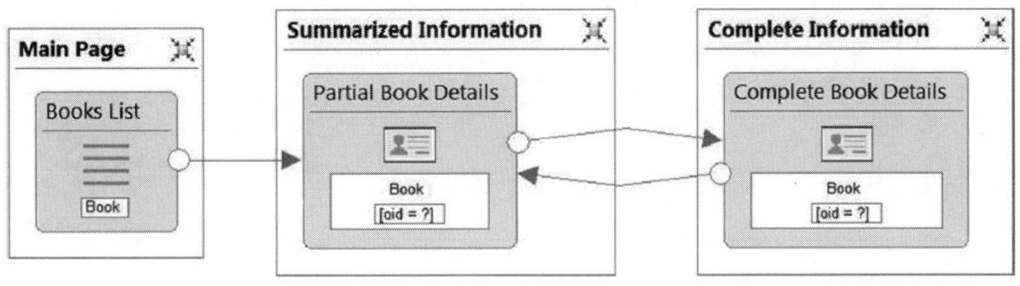

图 12.45　视角

图 12.46 展示了概览视角的外观表现，而图 12.47 展示了完整的信息视角。

> Summarized Information

Partial Book Details

title	Dirk Getly's Holistic Detective Agency
authorsName	Douglas N. Adams
price	6.99

more details

图 12.46　概览视角

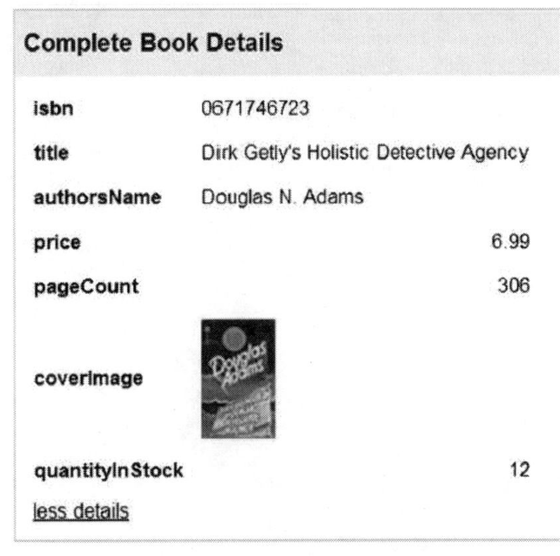

图 12.47　完整的信息视角

12.7.5　概览加描述

概览加描述（overview plus detail）模式在应用程序中很常见，例如电子邮件浏览器，但也被应用到其他的一些场景当中。该理念是在相同页面中有一个元素的滚动列表，在列表的下一个区域有一个选择元素的 details 视图。

图 12.48 展示了一个使用该模式的 IFML 定义，该列表的 block factor 为 3，还有通过流链接到它的 details 视图组件。

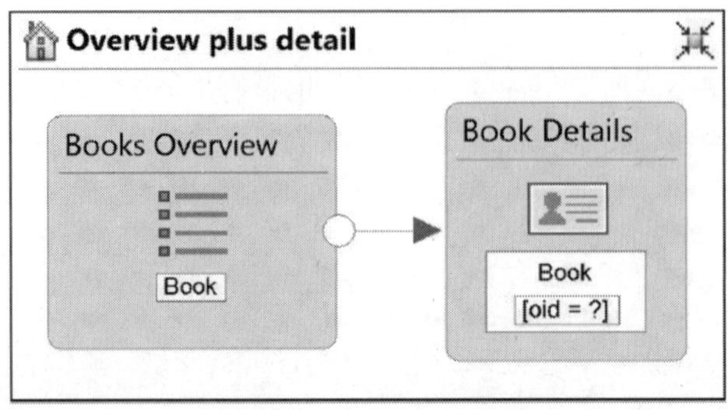

图 12.48　概览加描述模式

图 12.49 展示了图 12.48 中指定页面的展开。

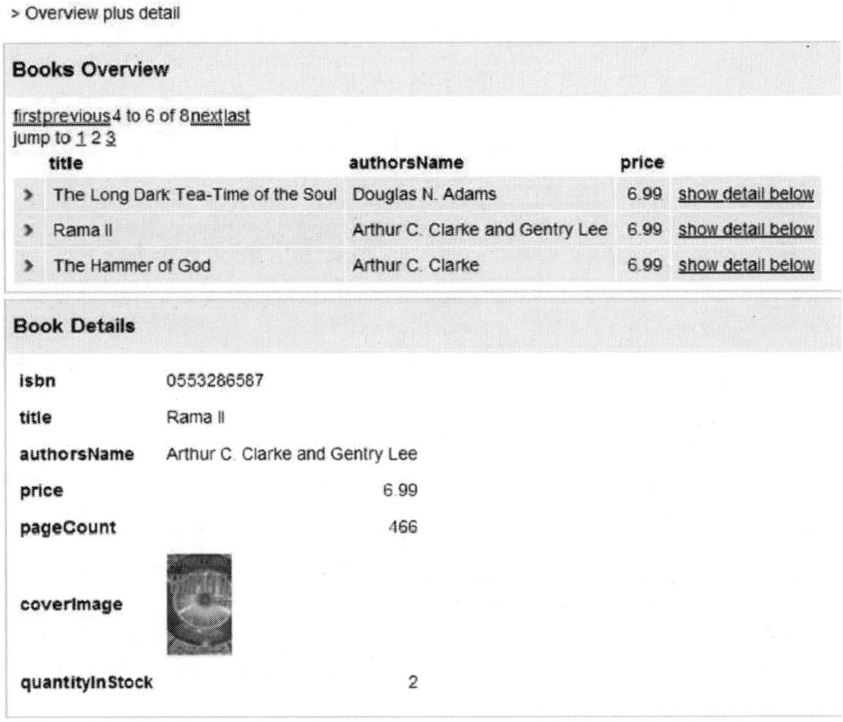

> Overview plus detail

Books Overview

firstprevious4 to 6 of 8nextlast
jump to 1 2 3

	title	authorsName	price	
›	The Long Dark Tea-Time of the Soul	Douglas N. Adams	6.99	show detail below
›	Rama II	Arthur C. Clarke and Gentry Lee	6.99	show detail below
›	The Hammer of God	Arthur C. Clarke	6.99	show detail below

Book Details

isbn	0553286587
title	Rama II
authorsName	Arthur C. Clarke and Gentry Lee
price	6.99
pageCount	466
coverImage	
quantityInStock	2

图 12.49　使用概览加描述模式的页面展开实例

12.7.6　顶层导航

顶层导航（Top-level navigation）在 Web 页面中是一种经常出现的模式，其中的一个顶层菜单允许访问站点的不同区域。图 12.50 中的例子演示了顶层导航被地标（landmark）区域的一个集合定义，每个集合包含一个页面（如果需要，可以包含更多页面）。

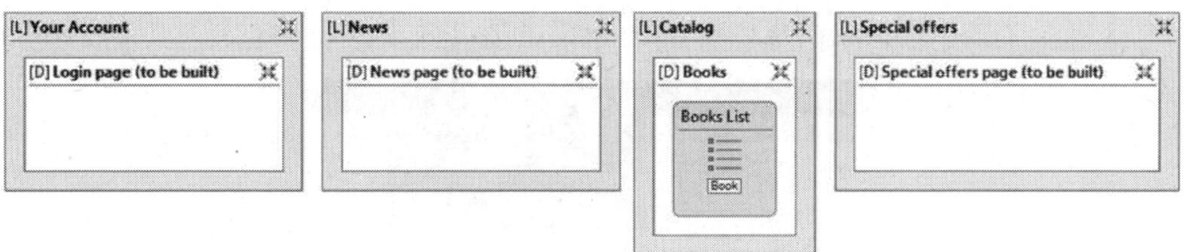

图 12.50　顶层导航说明示例

例如，在图 12.50 中只有第三个区域被部分定义。图 12.51 显示了该模型的展开，这里第三个区域（即 Catalog）从显示着默认页面 Books 的顶部菜单被选中。

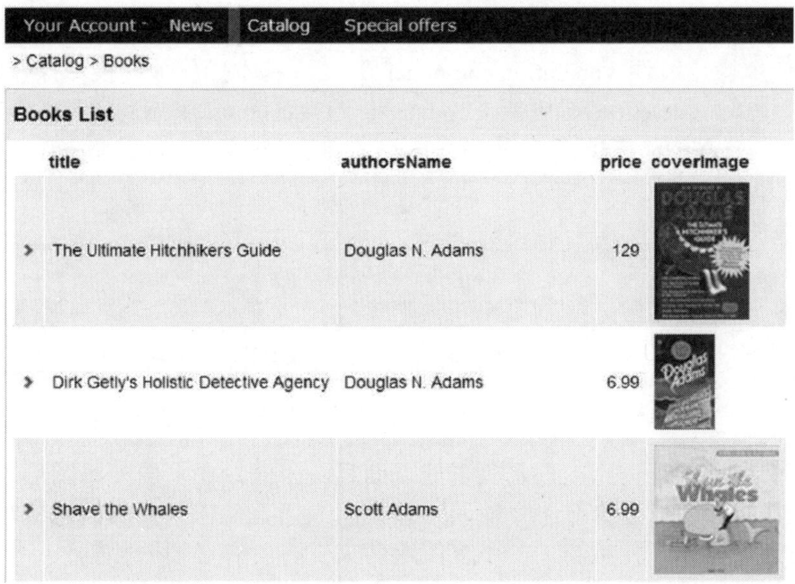

图 12.51　使用顶层导航页面展开的示例

该模式的一种变化是基于菜单的顶层导航。这可能通过对每个顶部地标区域添加地标页面的集合来完成，如图 12.52 所示。

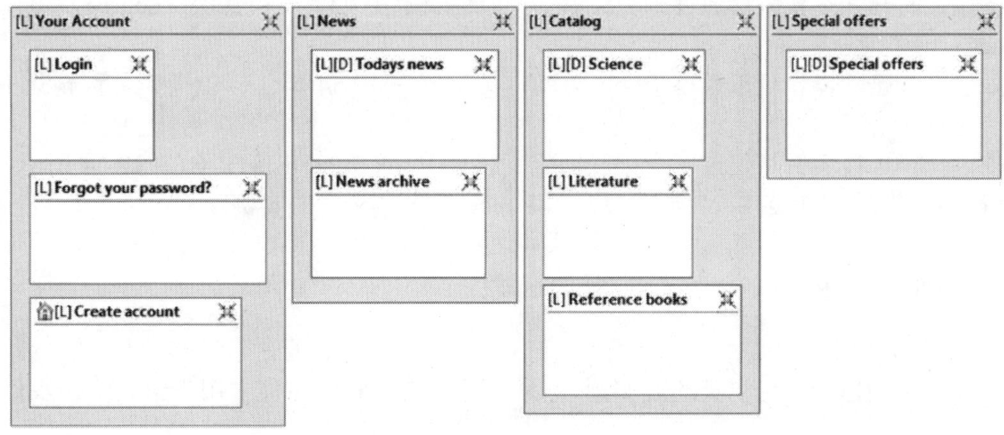

图 12.52　基于菜单顶层导航的示例

图 12.53 展示了鼠标指针放在菜单项 Catalog 时的展开效果。

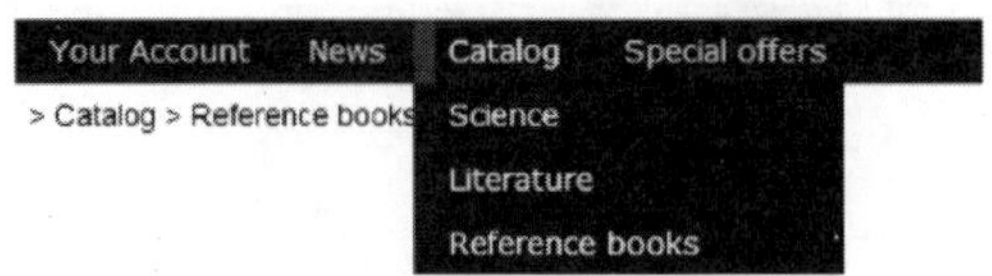

图 12.53　使用基于菜单顶层导航的示例

12.8　接口中的建模操作

IFML 通过使用操作组件（operation component）允许基本操作被建模，操作组件允许实例的创建（creation）、删除（deletion）、更新（update）、连接（connection）、断开（disconnection）和重新连接（reconnection）[①]。这些组件执行大多数在 8.5 节中展示的基本操作。图 12.54 展示了这些操作的图形化表示。

图 12.54　创建、删除、修改、连接、断开和重新连接组件

操作组件不保留或展开信息，只是负责处理信息。因此，在页面外用图形表示。

每个图形操作组件应该至少有一个输入流。有时，所有操作需要的信息从单视图组件获得，但有时，有必要通过操作，使用超过一个视图组件来支持所有必要的数据。

操作组件有特殊的输出流。对于操作来说存在以下两种不同的输出流。

- OK 流，当操作成功执行时，定义焦点的去向。
- KO 流，当对其影响的至少一个对象操作失败时，定义焦点的去向。

操作组件以类和关联为基础，这些是它们的数据源。创建、删除和更新操作通过一个单类定义，而链接、断开和重新链接通过一个关联定义，因此，它们有一个源类（source）和一个目标类（target）。

例如，一个删除操作可以通过 Book 类被定义，如图 12.54 所示。该操作负责删除 Book 的实例。

此外，一个连接实例将通过一个关联被定义，如 BookToPublisher，如图 12.54 所示。因此，它将负责连接（添加链接）Book 类（源）和 Public 类（目标）的实例。

12.8.1　创建操作

创建操作可创建一个指定类的新实例。一个导航或者数据流可能被用于给新实例提供初始化

[①] 替换链接。

数据。通常，初始化数据从基于同一类的表单中获取。从表单到创建操作的流，为除 OID 外的所有必要属性传递值，通过创建操作自动产生。例如，图 12.55 展示了创建 Book 类实例的结构。

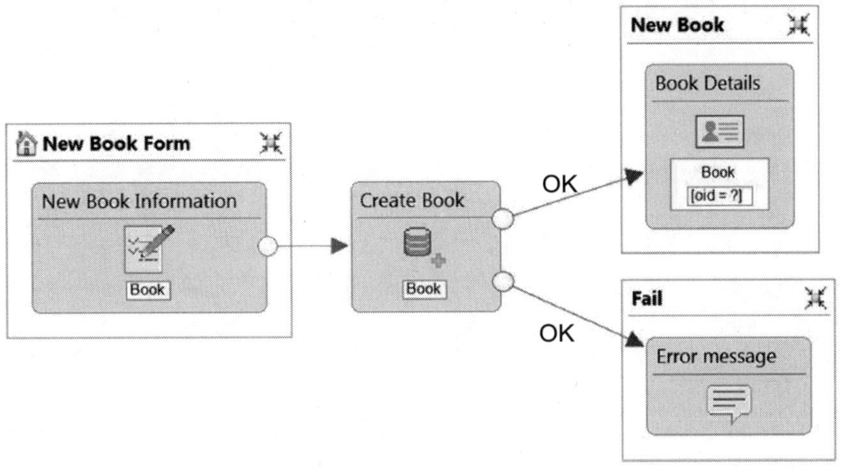

图 12.55　一个创建操作应用的实例

图 12.56 显示了展开的表单，是到创建操作流的起点。该流作为 Save 按钮展开。

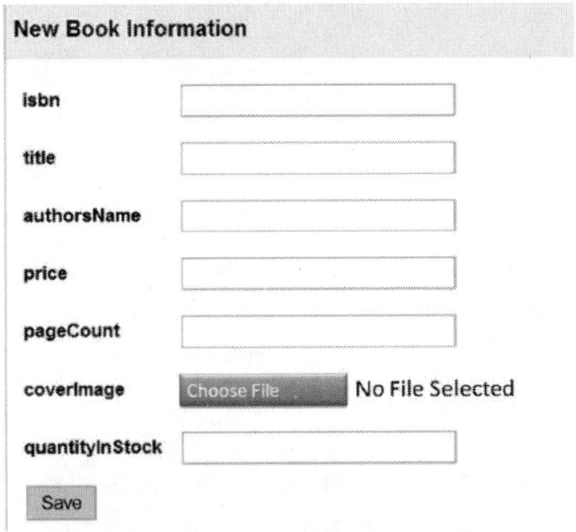

New Book Information

isbn

title

authorsName

price

pageCount

coverImage　Choose File　No File Selected

quantityInStock

Save

图 12.56　有一个到创建操作的流的表格展开

正如所见，用户可能为新书在表单中输入初始值。来自表单的流将会与数据绑定，并将数据带到创建操作中。创建操作随后创建新实例，并利用从流收到的值来定义新属性。

如果操作成功，那么 OK 流将会跟随到达显示最近所创建书籍的 details 组件。OK 流会自动绑定新书的 OID，这样在 details 组件的条件表达式将可能被用于定义要展示的书籍。

如果操作失败，控制跟随 KO 流到达某个错误页面。

12.8.2　删除操作

删除操作可能会在一个或多个对象上执行，这些对象通常满足对应的条件表达式。

删除操作可能被用于连接一个列表（任何种类的列表），在该列表上用户可能会在其中选择删除的对象。图 12.57 展示了一个实例，用户从一个单列表选择一本书进行删除。需要注意的是，删除操作的选择器是基于书籍的 OID，该 OID 来自于输入流，作为参数被接收。

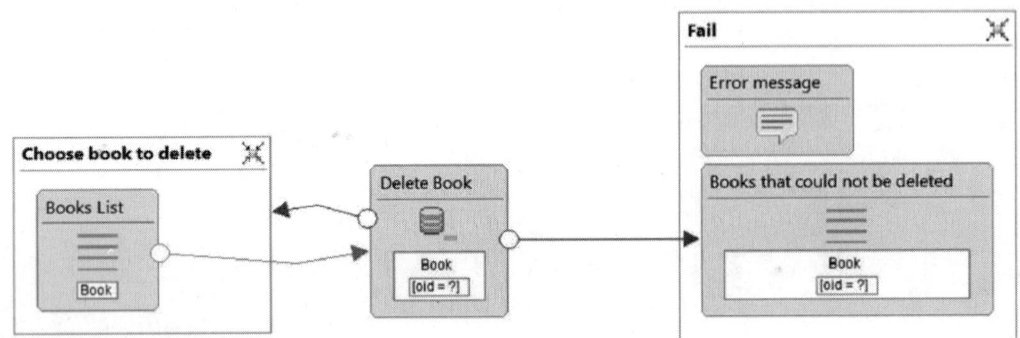

图 12.57　一个从列表被激活的删除操作

该页面可能被展开为图 12.58 所示的情况，其中的 delete 对应着流的名称。

> Choose book to delete

Books List

	title	authorsName	
>	Dirk Getly's Holistic Detective Agency	Douglas N. Adams	delete
>	Foundation and Empire	Isaac Asimov	delete
>	Rama II	Arthur C. Clarke and Gentry Lee	delete
>	Shave the Whales	Scott Adams	delete
>	The Hammer of God	Arthur C. Clarke	delete
>	The Long Dark Tea-Time of the Soul	Douglas N. Adams	delete
>	The Revenge of the Baby-Sat	Bill Waterson	delete
>	The Ultimate Hitchhikers Guide	Douglas N. Adams	delete

图 12.58　一个展开的单列表

当所有识别出的要被删除的对象确实被删除时，OK 流被跟踪。当至少有一个对象不能被删除时，KO 流被跟踪并作为参数传递，并绑定不能被删除对象的 OID。因此，KO 流可能会产生一个列表或多重 details 视图，在其中所显示的是不能被移除的对象，如图 12.57 所示。

12.8.3　更新操作

一个更新操作包括同类的一个或多个对象的选择器，以及更新这些对象属性的指派集合。通常情况下，属性的新值通过正常的导航或数据流接收。

图 12.59 展示了如何使用一个更新操作来更新一本现存书的价格。

在 Book Prices 页面上，用户从一个列表（见图 12.60）选中一本书，随后，一个新的页面（Update Price）展示了该书的详细信息以及带有旧价格的预装载输入框。此时，用户可能会改变这个值，并通过单击 Save 按钮更新（见图 12.61）。

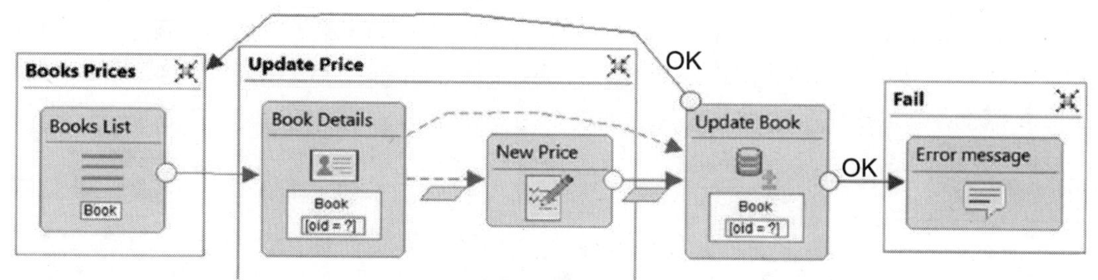

图 12.59　被用于改变书价格的更新操作

> Books Prices

Books List

	title	authorsName	price	
>	The Ultimate Hitchhikers Guide	Douglas N. Adams	1.29	update price
>	Dirk Getly's Holistic Detective Agency	Douglas N. Adams	6.99	update price
>	Shave the Whales	Scott Adams	6.99	update price
>	The Long Dark Tea-Time of the Soul	Douglas N. Adams	6.99	update price
>	Rama II	Arthur C. Clarke and Gentry Lee	6.99	update price
>	The Hammer of God	Arthur C. Clarke	6.99	update price
>	Foundation and Empire	Isaac Asimov	5.99	update price
>	The Revenge of the Baby-Sat	Bill Waterson	8.95	update price

图 12.60　展开后的 Book Prices 页面

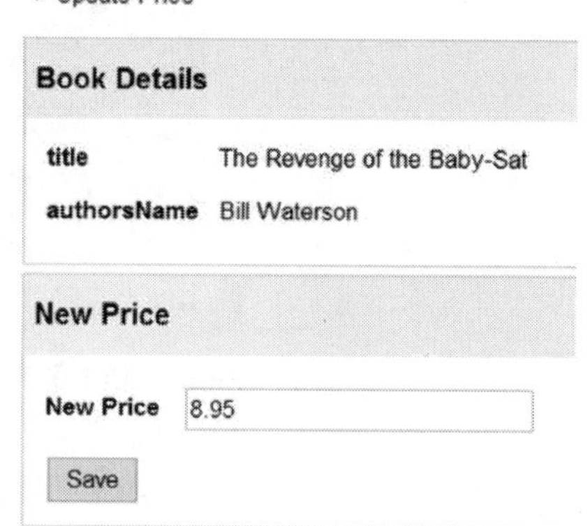

图 12.61　展开的更新价格页面

旧的价格通过来自 Book Details 的数据流，在 New Price 输入框中被加载进来。更新操作通过导航流被激活，该导航流作为 Update Price 页面的 Save 按钮被展开。其中有一个参数绑定，该参数负责从 New Price 表单对应的输入框中传递书籍的新价格到更新操作。至于该书籍的其他属性（包括 OID），则通过来自 Book Details 的数据流被接收。

在图 12.59 中，来自更新操作的 OK 流返回到 Book Prices 页面上的列表，这里的新价格会更直观。KO 流会转向一个错误窗口。再次强调，当所有被条件表达式识别的对象被改变时，OK 流会被跟踪。而如果至少一个对象不能被更新时，KO 流被对象的 OID 集合跟踪，不能作为绑定参数被更新。

12.8.4　链接、断开和重新链接操作

链接、断开和重新链接操作有一个作为数据源的关联。链接和断开操作有两个条件表达式：一个是初始规则的；另一个是关联的目标规则。重新链接操作可以理解为前两者的组合，有 3 个条件表达式：一个是初始规则的，另一个是被断开目标规则中对象的，最后一个是被链接到源对象目标规则中对象的。

链接、断开和重新链接操作可以添加、移除或取代对象集合间的链接。例如，如果有 5 个对象满足源条件表达式且 3 个对象满足目标条件表达式，那么一个链接操作将会创建 15 个链接，即 5 个初始对象中，每个都将链接到 3 个目标对象中的每一个对象。

图 12.62 展示了书籍与出版商之间的链接如何被创建。首先，从书籍到出版商的链接是强制

的。因此，不可能简单地获得书籍和出版商的列表，并从中选择哪一个应该被链接。当书籍对象的实例被创建时，书籍和出版商之间的链接必须被创建。此外，该链接是不可变更的，因此在随后的任何时候都不能被更改。

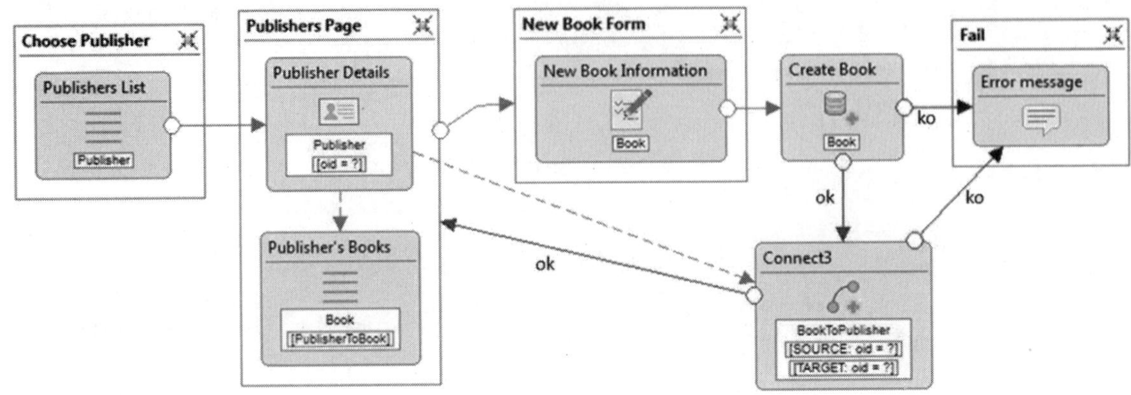

图 12.62　IFML 模型中有可能被创建和链接到出版商的书的接口

在第一个页面 Choose Publisher 中包含了一个出版商的简单列表。用户可能会选择其中的一个对象，并被转向 Publisher Page 页面上。在这个页面中，出版商的详细信息以及书籍的列表已经链接到它。注意 Publisher Details 有一个关键条件以及一个来自 Publisher List 的流。因此，它展示的就是在列表中被选中的出版商。Publisher's Book 列表有一个来自 Publisher Details 的数据流和一个基于规则的条件表达式；因此，只有链接到 Publisher Details 的书籍才会被显示出来。图 12.63 展示了出版商 Bantam 从列表被选中后展开的 Publisher Page 页面。

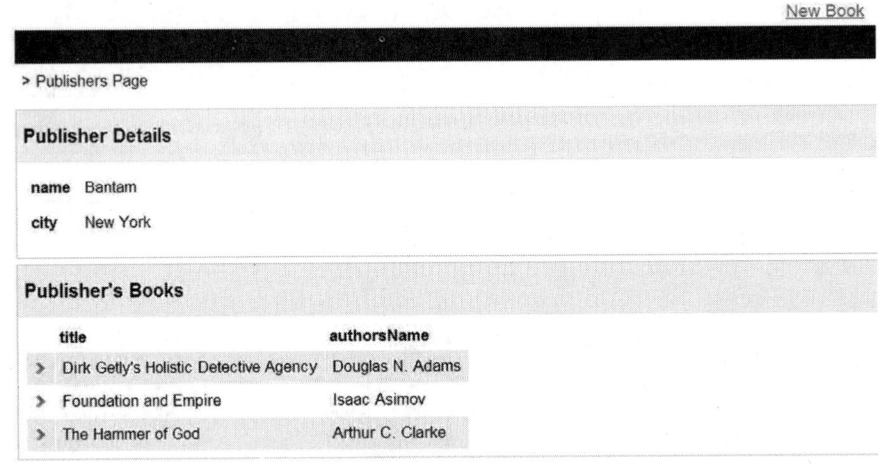

图 12.63　展开的 Publisher Page

用户可能从 Publisher Page 通过使用两个页面间的通用导航，导航到 New Book Form 页面，该导航作为 New Book 链接展开。在该页面中，用户可能会使用新书的一些信息来填写表单，这将会被自动链接到 Publisher Page 中出现的出版商。最初，创建操作创建了书籍的新实例。其 OK 流通向一个基于关联 BookToPublisher 的链接操作。来自创建操作的流当中包含作为参数绑定的新书的键，该键在源条件表达式中被使用。出版商将作为目标，并通过来自 Publisher Details 的数据流进行获取。

如果链接操作成功执行，那么返回焦点到 Publisher Page 页面。在该页面中的当前出版商的书籍列表中可以看到此前所创建的新书籍。如果创建或链接操作失败，那么焦点转移到有错误信息的一个页面。

不过，图 12.62 中的设计并不安全。如果一本书被创建并且链接操作失败，那么这本书将会与其定义不一致。IFML 允许事务作为一组操作被定义。图 12.64 展示了一个被定义的操作组（operation group），既包含创建操作，也包含链接操作。由于操作组可能被定义为事务（[T]），那么组中的所有操作要么都成功，要么都失败。在这种情况下，来自组的单 KO 流被跟踪。

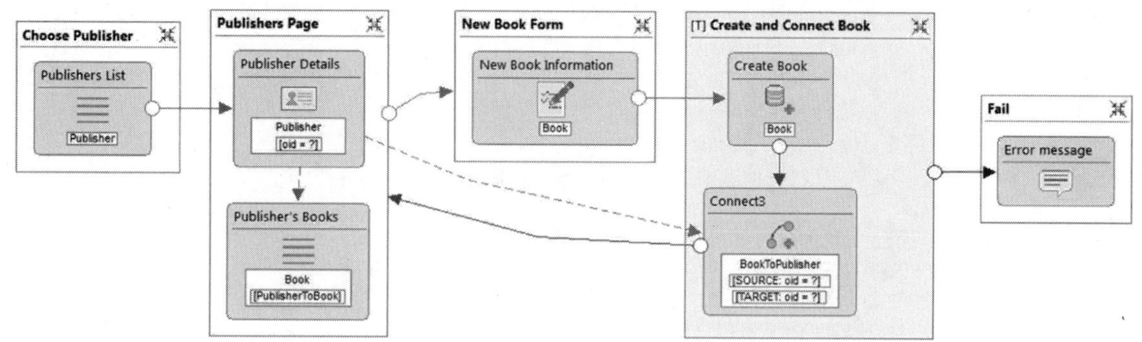

图 12.64　图 12.62 的更安全设计

12.9　CRUD 操作的 IFML 模型

本节将会逐步展示如何使用 IFML 视图组件和操作为管理出版商信息实现一个 CRUD 型接口。

CRUD 的主页面 Manage Publishers 代表了所有现有出版商的列表。通过单击主页面上的一个链接来初始化新出版商的创建，这个链接提供到包含表单的新页面访问路径。如果成功创建一个新出版商，控制返回到主页面，并且新出版商在列表中显示。如果出现错误，控制将会转向一个错误页面，从这也有可能返回到主页面（见图 12.65）。

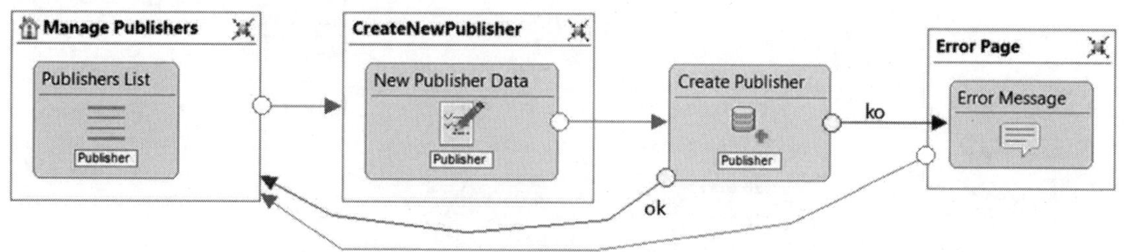

图 12.65　create 接口

CRUD 的第二个操作 retrieve 是一个查询，允许指定出版商所有属性的可视化。该查询可能通过一个来自主列表的流被建模，会产生一个具有 details 视图组件的页面，如图 12.66 所示。

第三种操作 update 允许在主列表中选择出版商，同时被选中书籍的属性，将使用 Publisher 作为源类填入表单中的输入框内，在这里可以被用户编辑和保存，如图 12.67 所示。

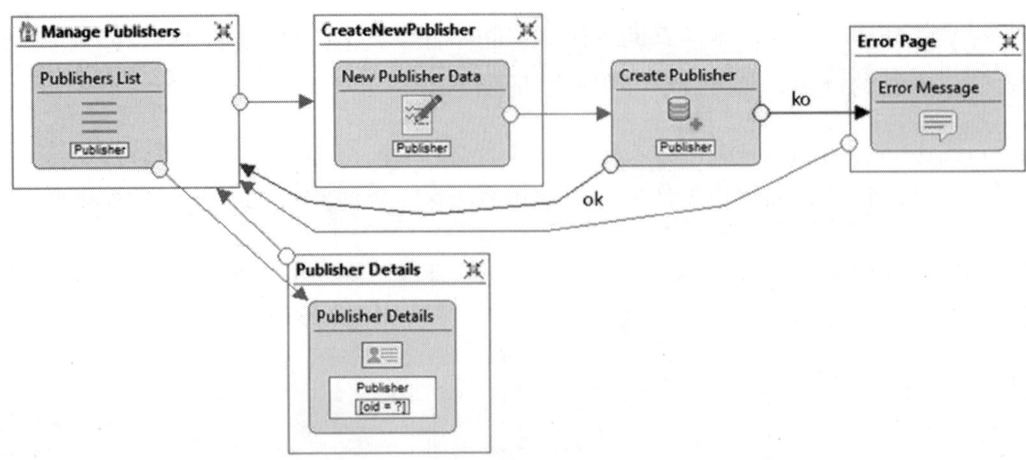

图 12.66 create 和 retrieve

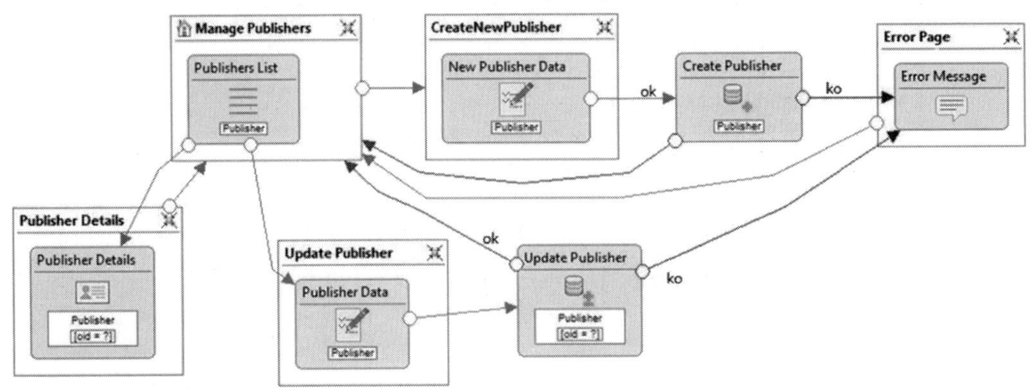

图 12.67 create、retrieve 和 update

最后，删除出版商的操作被添加，如图 12.68 所示。删除操作可以从主列表被访问。

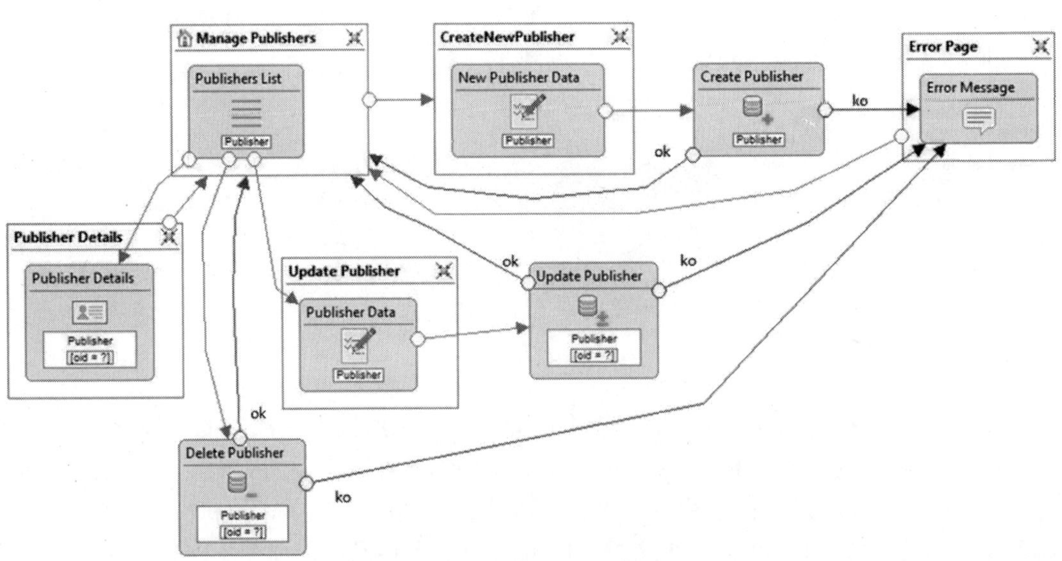

图 12.68 完整的 CRUD 接口说明

图 12.69 显示了展开的 Publisher CRUD 主页面，如图 12.68 所定义的那样。在页面的顶端可以看到创建新书籍的链接，其下方是主列表，该列表中的检索、更新和删除每个出版商的选项都可用。

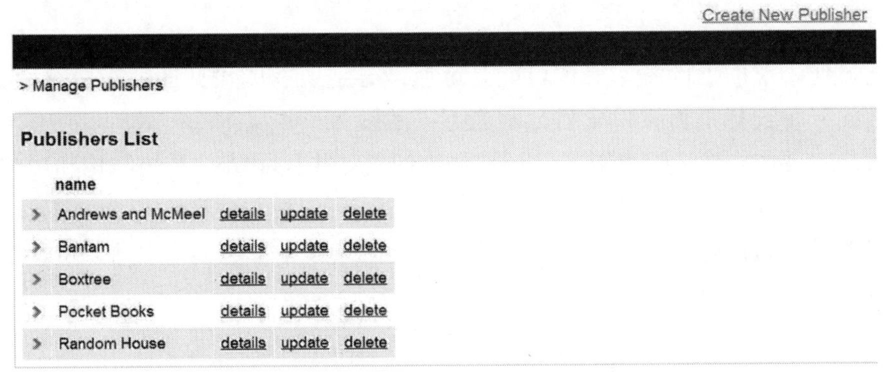

图 12.69　Publisher CRUD 的主窗口

图 12.70 所显示的是展开的检索页面，通过为主页面列表的第三个出版商选择 details 选项来被访问。在页面顶端的返回链接允许用户返回主页面。

图 12.70　展开的出版商检索页面

图 12.71 展示了出版商更新页面，通过单击主页面列表上的 update 链接来访问。除了预装数据这样一种情况以外，该页面与创建出版商页面基本相同，并且当 name 属性不可变时，相应的框被定义为不可修改。

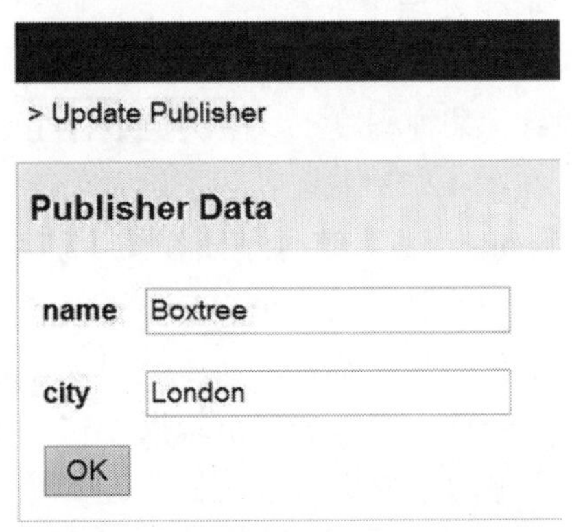

图 12.71　展开的出版商更新页面

12.10 使用 IFML 的用例接口建模

如前所述，使用层面上的基本操作可能会迅速地导致所有的设计图变得复杂而不容易阅读。解决该复杂性的一种选择是将接口项目分割为不同的区域，并且一次只处理其中的一个。在这种情形下是有可能实现的，这是因为用例已经被仔细研究，并且团队对系统结构和用户需求有更深的理解，这允许他们设计一个可接受的接口。

客户接口的设计可能始于第 3 章图 3.11 中的用例图，其中部分内容会在图 12.72 中进一步得到显示。

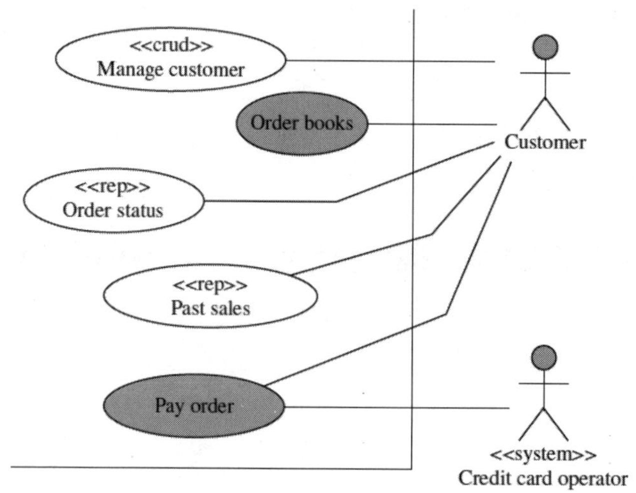

图 12.72　Livir 的局部用例图

基于该用例图，一种可能接口设计将会包含如下 3 个主要区域：

- 购物车，用于订单和支付。
- 我的账户，用于账号登录和处理个人数据。
- 报表。

这虽然是一个非常粗略的设计，某种程度上，在决定最佳组织形式时不会有任何可用性问题被提出，不过该设计是有效的。在图 12.73 中就显示了这几个区域的 IFML 设计。

先来看一下用例 01：Order books。其系统时序图在图 12.74 中描述。

为准备一个基于该时序图的接口设计，开发团队应该查看系统操作，包括其参数和结果：

- 任何系统操作，不管是命令还是查询，必须在接口某处被激活。通过单击一个按钮或链接，或通过从列表选择一个项目等，这些系统操作得以激活。有时相同的事件可能激活一个以上的系统操作：如果两个或更多系统操作在一个系统事件之后发生（时序图的左边），那么它们可能被同一个用户操作所激活。
- 一个系统操作的任何参数必须在某处被获得。有些参数应该从其他源获得（例如时钟等），但大多数参数将从接口中获得。因此，对于大多数参数都会有一个接口视图组件（一般是一个表单输入框），允许用户输入必要的数据。

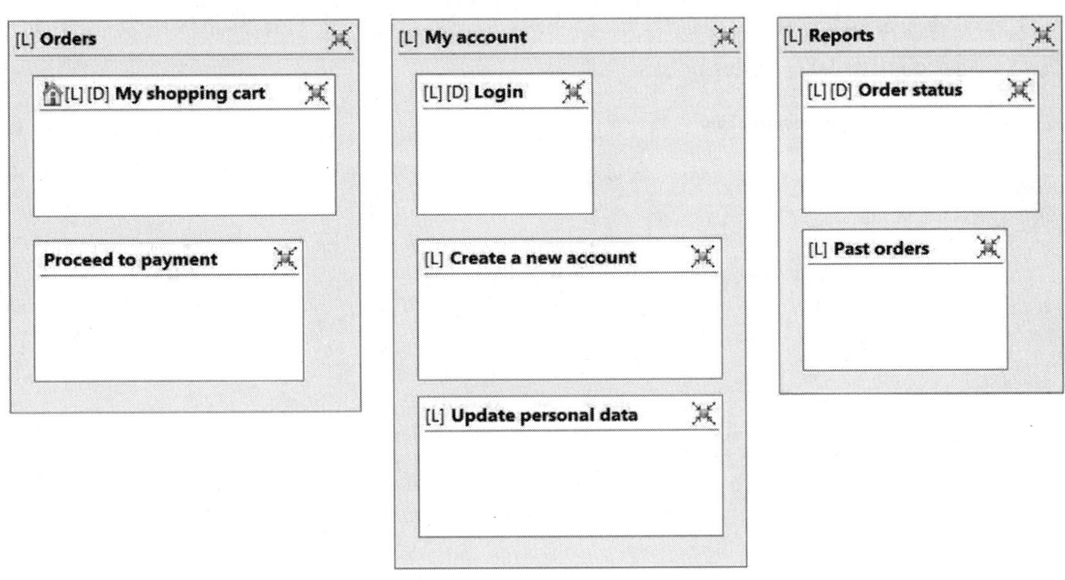

图 12.73　Livir 用户站点视图的初始顶层设计

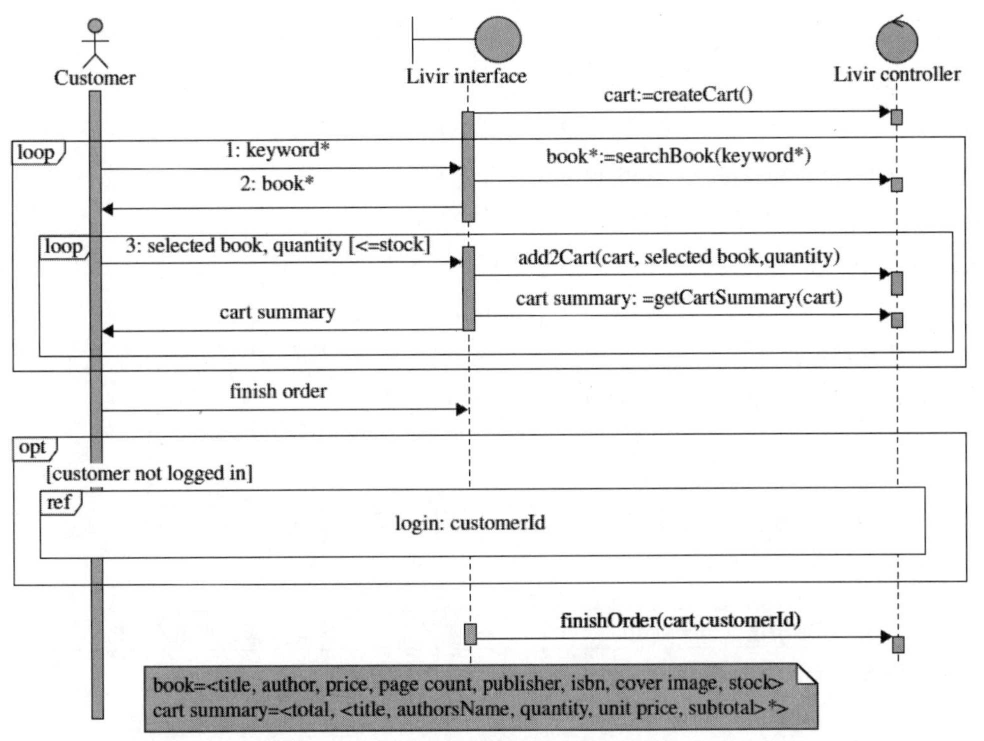

图 12.74　用例 01 的系统时序图

- 任何通过系统查询获得的结果必须在某处表现。某些结果可能在某些情况下对用户隐藏，但它们通常都会显示出来。诸如列表视图组件、details 视图组件以及其他视图组件可能被用于显示系统查询结果。

为了提升接口设计，务必要遵循以上建议，并且要创建视图组件来保存所有必要参数和结果。系统操作活动也会被添加到图当中。图 12.75 显示了 My shopping cart 页面接口设计的演化，该页面实现了局部的用例 01：Order books。

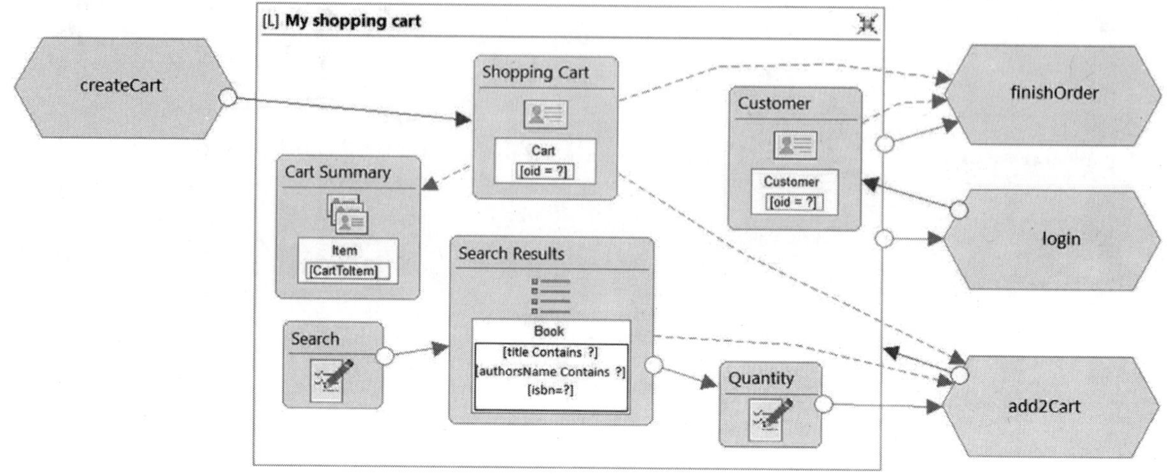

图 12.75　My shopping cart 页面接口设计深度改进

系统操作 creaeCart 产生了一个新购物车，通过 Shopping Cart details 组件来表示。用户可以使用表单 Search 来搜索书籍，搜索到的书籍在列表中展示出来，用户可以在此选择一本书，并在表单 Quantity 中定义期望的数量，这将激活系统操作 add2Cart。该操作从 Shopping Cart（artId）、Search Results（isbn）和 Quantity（quantity）提取相关参数。当一本书放入购物车后，会自动在多重 Cart Summary details 组件中展示。

完成订单前，如果未完成登录操作，用户应该首先进行登录操作。最后，订单必须通过执行系统操作 finishOrder 来完成，它从 Customer(customerId)和 Shopping Cart(cartId)中提取相关参数。

不过，与使用 IFML 操作来定义系统操作所不同的是，团队可以使用定义的过程，如图 12.75 所示。这样团队可能使用他们最喜欢的编程语言来执行操作。

12.11　当前进度

	起始阶段（Inception）	细化阶段（Elaboration）
业务建模	构建整个系统的概要视图： ● 构建业务用例图并确定项目的自动化范围 ● 为业务用例构建初步的活动图 ● 为关键业务对象构建初步的状态机图	

续表

	起始阶段（Inception）	细化阶段（Elaboration）
需求	准备系统用例图（功能需求）： ● 从业务用例模型当中识别出系统参与者（actor） ● 从业务用例模型中识别出系统用例，并从业务模型中识别活动以及状态机图 确定非功能性需求作为用例注解： ● 确定关联到用例的主要业务规则 ● 确定关联到用例的主要质量问题 确定增补需求	通过扩展用例进一步细化需求： ● 识别主要流 ● 识别替代流：变体以及异常处理
分析与设计	通过观察系统用例和所需概念，准备初期概念模型	细化系统时序图： ● 使用系统时序图表示用例的主要流 ● 使用状态或者无状态策略来表示系统命令及查询 ● 用替代流完成系统时序图 提炼概念模型： ● 在扩展用例文本中识别概念、属性以及关联 ● 使用需要的版型、重数以及约束来细化属性以及关联 ● 通过使用继承、关联类以及时序规范（temporal specification）来组织模型 ● 根据需要添加变量 ● 依据应用系统分析模式来改进概念模型 在系统时序图中为命令和查询编写相应的系统操作契约： ● 基于无效参数以及互补约束确定先验条件及异常 ● 确定命令的后验条件以及查询的返回 域层设计： ● 为每个系统命令契约创建对应的时序图或通信图 ● 使用上述图来确定每个类中要实现哪些方法 ● 检查上述图以发现哪些关联是单向的，并按照此形式进行定义 ● 查看系统查询契约并决定哪些委托类型的查询是可以被实现的，哪些能够从关联或者属性中派生出来 ● 生成或者细化设计类图 接口层设计： ● 基于区域以及页面来设计顶层接口组织 ● 提炼出相应的页面，包括系针对统操作参数以及针对系统查询结果的视图组件 ● 激活接口事件的关联操作，如按钮以及菜单等

续表

	起始阶段（Inception）	细化阶段（Elaboration）
实现		生成代码： ● 为类生成代码 ● 为属性生成代码 ● 为关联生成代码 ● 为必要的基本方法生成代码，如 get、set、add、remove、create、destroy 以及其他 ● 使用动态模型作为参考，为系统操作和委托方法生成代码
测试		规划并执行测试： ● 为没有自动生成的类以及方法执行单元测试 ● 基于系统操作契约执行系统操作测试 ● 基于用例场景执行用例测试
项目管理	估计项目的总工作量、理想进度、团队平均规模 为每个阶段估计持续时间和迭代次数 为首次迭代准备阶段计划和迭代计划	

12.12 思 考 题

1．选择 Livir 系统的至少 3 个用例：一个 CRUD 用例、一个报表用例和一个非固定形式用例，为其创建一个完整的接口模型。

2．研究某些关于 MVC 和 MVP 设计模式的资料源。从中能发现这些模型的多少种不同定义和变量？它们彼此的区别是什么？

第 13 章　数据持久性

本章提要

- 对象关系映射
- 虚拟代理
- 代理器
- 虚拟缓存

13.1　数据持久性简介

商用语言[①]的持久性机制的有效性使得诸多项目的数据库设计变得异常简单，只要掌握了适当的工具，对于绝大多数信息系统来说就可以自动生成持久性层。不过，对于某些关键性的以及传统的系统来说，为了适应某些特殊功能或者是满足性能或安全需求的同时，对于数据库的一些调整操作将会在所难免。

通常情况下，面向对象系统都是通过面向对象的编程语言实现的。不过，持久性[②]数据存储则是使用关系型数据库来完成的。虽然其他的一些技术也可以用于实现数据的持久性存储，如面向对象数据库（Won，1990 年）以及 XML 数据库（Bourret，2010 年）等，但是对象关系映射依然是首选方案。

本章旨在揭示当某种基于对象关系映射的持久性机制被使用时，在系统的持久性层内部究竟发生了什么。首先，一个良好的持久性机制需要在应用程序内部将域与数据存储分割至不同的层。需要注意的是，界面层使用基本的用例进行建模，域层则使用概念模型及协议作为设计基础，上述所有的层都没有解决数据存储或者是持久性的问题。持久性应当作为一种独立的问题进行设计，即一个用于稳妥并持久地保持数据的恰如其分的后台系统，而不会去干扰域及接口逻辑。

持久性机制应该确保对象被保存在一个永久性记忆的设备当中，并在必要时从其中装载相应的对象，而域以及接口逻辑不应当收到持久性问题的干扰。

面向对象的设计提供了很多很好的概念，如封装（encapsulation）、职责（responsibility）以及委派（delegation）等，这些都有助于设计者对访问逻辑与信息转换的复杂性。但是，当数据必须要以某种更为持久（如磁盘、磁带等）的方法进行存储时，关系型数据库就成为一种很好的选择。这是因为关系型数据库在时间性能方面的表现非常高效。此外，还有很多优化技术用于改善

---

① http://www.hibernate.org/

② 本文所提到的持久性（persistent）是相对于瞬态（transient）而言的，即持久性信息指的是必须要保留直到某些用户明确要删除为止的那部分信息；瞬态信息则仅需要在系统使用的某个会话当中进行保留。

关系型数据库的操作。因此，如果开发团队想要在关系与对象这两种世界当中应付自如，就必须要掌握在这二者之间进行映射的方法。

有文献指出“对象/关系之间的阻抗不匹配（object-relational impedance mismatch）”问题（Ireland、Keynes、Bowers、Newton 和 Waugh，2009 年），这是由于当使用一个扁平化的关系型数据库时，由面向对象设计所得到的绝大多数很好的功能特性都丢失了。

此时，某种持久性机制的实施能够最大程度弱化该问题。这是通过使用一系列不属于域层的预定义类来实现的。这些类所关注的是这样的一些逻辑，这当中涉及所有即将保存的域对象，以及从某个关系型数据库中检索得到的域对象。

13.2 对象关系映射（ORM）

一个完备且详尽的设计类图（Design Class Diagram，DCD）允许自动生成关系型数据库结构。该数据库结构所反映的是在辅助存储器[①]当中的信息，所代表的正是主存储器中的对象信息。下面将会介绍一些等价规则，而这些规则将会在使用 ORM 时能够看到。

13.2.1 类与属性

第一组规则涉及的是类及其属性。每个持久化类的 DCD 都会对应到一个关系型表中。类当中每个属性就是该表中的一列，每个实例都将成为表中的一行或者说是一条记录。

某些属性的模板（stereotype）会影响关系型表当中列的属性，如<<unique>>、<<optional>>以及<<immutable>>等。这里所讲述的某些功能特性可能并不能被一些商业数据库管理系统所实现。在这种情况下，为了能够提供一种摆脱对象/关系阻抗不匹配问题的安全稳妥的实现方案，一些必要的调整在所难免。

带有<<unique>>模板标签的属性通常会表示为被标示为 unique 或者 uniq 的列，即不能包含重复值的列。不过，即使对象上并没有唯一属性，也仍然可以通过 identity 属性来与其他对象进行区分。这样，即便是这些对象上的每一个单独属性上的值完全相同，也可以通过它们的 identity 属性来区分彼此。这在关系表上通常是为每个关系表上定义一个主键来实现的。与唯一性列类似的是，主键以上也不允许重复值的出现。此外，主键列上的元素也不允许空值的出现。通常情况下，主键是一些简单的序列数值，这些数值是使用应用程序自动生成的。这样，在同一个表上就不会出现相同数值被重复生成两次的情况。主键不应该对应对象上的任何一个属性，所代表的是对象的标识符信息。

图 13.1 所显示的类将作为随后所有示例的基础，图 13.2 所显示的等价关系表当中则包含了

[①] 辅助存储器通常会比主存储器速度要慢一些。不过相比主存储器来说，辅助存储器的成本更为低廉。因此，辅助存储器被广泛应用于不适合在较高成本的主存储器进行存储的大量数据。通常，辅助存储器由各种介质组成，如磁盘、光盘、磁带等。存储于辅助存储器中的数据通常不能由计算机直接进行处理，除非这些数据被加载到主存储器当中。此外，主存储器也被称为随机存取存储器（Random Access Memory，RAM），在物理上，通常是由电子集成电路来实现的。

该类当中的 3 个实例。

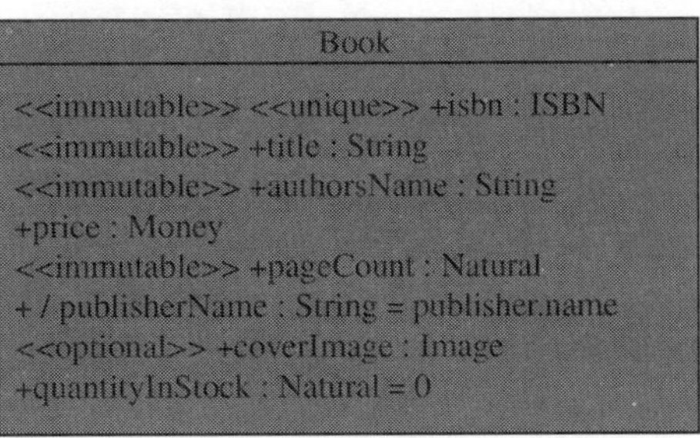

图 13.1　类图

Table: Book							
PK,Uniq, Im,NN	Uniq,Im,NN	Im,NN	Im,NN	NN	Im,NN		NN
pkBook	isbn	title	authorsName	price	pageCount	cover Image	quantity InStock
10001	0553286587	Rama II	Arthur C. Clarke and Gentry Lee	6.99	466		2
10002	0553293370	Foundation and Empire	Isaac Asimov	5.99	282		3
10003	0671742515	The Long Dark Tea-Time of the Soul	Douglas N. Adams	6.99	307		21

图 13.2　图 13.1 类图所对应的等价关系表

虽然在这里可以使用其他一些格式来指定列上的约束，不过在这里使用了一些缩写形式。以下是这些缩写形式的快速对照参考。

- Uniq、unique：该列不能包含重复值。
- Im、immutable：该列上的数值不能更新。
- NN、not null：该列上不允许空值，与用于设计类的<<optional>>模板完全相反，通常用在数据库中需要实施 not null 这种常见约束的场景之中。
- PK、primary key：该列作为表的主键。主键列必须是非空且不能更新的。如果主键只包含一个单独列，那么此时该列也应该是唯一的。不过，如果主键上包含了一个以上的列时，那么每个单独的列就有可能不是唯一的。

如图 13.2 所示，该图中列表的第一列是 pkBook。读者应该已经注意到了，该列并不对应前面类图当中任何一个属性。该列上的数值是由某个序列号生成器手工生成，这样就能够保障该数值在整个应用程序内（或者至少在当前表上）是唯一的。有些学者（Wieringa & Jonge，1991 年）将其看作代理键（surrogate key），即它只是一个数值，除此之外无任何其他意义。在整个系统范围内，该值是唯一的，不重复使用，由系统生成并且不能被用户或者应用程序进行处理。

对应上面基础参考类 Book 属性的其他列还包括以下几种。

- isbn：唯一属性。等价于该列是唯一的、不可变的而且是非空的。
- title、authorsName、pageCount：这 3 列都是不可变并且是强制性的常规属性，因此等价列就是不可变并且非空，但是非唯一的。
- price、quantityInStock：这两列为常规属性，可以进行修改但不能为空。因此等价列仅仅是非空。
- coverImage：这是一个可能会被更新的可选属性。因此，列上没有任何约束。即可以进行更新，也可以为空。
- publisherName：这是一个派生的属性。因此该属性并没有在当前关系表中有所表现。

另外，如果设计类中的某个属性使用<< transient>>进行标记，那么该属性也不应该出现在关系表中。

1. 序列号生成器

大多数数据库管理系统都提供序列号生成器来生成不会重复的序列号，这对于生成主键值是很有必要的，尤其是在多用户于同一时间产生新记录的情况下。序列号生成器必须要确保不同用户在同一时间不会生成相同的序列号。

序列号生成器可以直接关联到表的主键列上，这样，每当向表中插入一条新记录时，序列对象当中就会生成一个新的序列值。

数据库设计者可以选择该序列对象的初始值以及增量值。例如，一个从 500 开始的、增量为 5 的序列对象将会依次生成诸如 500、505、510、515 等的序列值。

2. 索引选择

默认情况下，关系表仅仅是一系列记录的集合而已。从一个表上寻找某个特定对象将需要遍历所有的元素，直到所期望的元素被发现为止。例如，如果想要查找特定 ISBN 的书籍时将不得不穷举搜索所有的 ISBN 值。

不过，数据库通常都提供对列进行索引的操作。索引列实际上就是一种辅助表，可以在一个近乎不变的时间段内查找到特定的一些记录。例如，假设在上面的例子中对表中的 ISBN 列进行索引，那么一旦需要基于ISBN码来检索某种书籍时就不会在所有的记录集之上去执行迭代操作。此时，系统会直接调用 hash 函数将 ISBN 值转换成为内存当中的某个位置记录，并从该位置中获取元素信息。如果所获取元素信息并非所需，那么将会继续搜寻下一个元素，直至预期内容被查找到为止。如果 hash 函数能够得到很好的执行，并且形成的 hash 表具有足够的空间以避免冲突产生（两个值被转换成同样的 hash 值），那么最终所期望的元素将会出现在搜索结果的前列位置。

使用索引能够改善查询的响应速度。不过任何一种技术都有其不利的一面，索引也不例外。通常使用索引将会拖慢数据库更新的速度，这是因为每当数据库记录被更新、插入或者删除时，索引所对应的辅助表也必须同时被更新（Choenni、Blanken 和 Chang，1993 年）。此外，索引还需要更多的存储空间以存放相应的辅助表。

默认情况下，主键通常都会被索引。设计者也可以根据自身需要选择其他的列进行索引。鉴于上述的一些限制情况，当某个属性作为内部过滤或者限定条件的情况下，创建其他索引可能会很有用处。在这种情况下，是否能够快速查找对象将会成为应用程序性能的关键所在，否则，应该避免创建这种索引。例如，在很少用于查询的列上不宜创建索引（例如一本书的页数等）。

13.2.2　关联

一般来说，类之间的关联（其中不包含不会持久存在的暂时性关联）对应关系模型中的关联表（associative table），这种表当中所包含的主键是由代表相关类的表的主键值所组成的。

在这种情况下，关联表的主键值实际上是由两个（或者两个以上的）列所组成。每个列上都可能会有重复值出现，这依赖于关联的重数（multiplicity），但是这些主键所组合成的值对（或者元组）不能有重复。

根据关联规则的重数，必须要遵守一些规则。多对多关联没有特殊的限制，不过一对多以及一对一关联则需要其中一列或者全部列当中的主键是唯一的。这将会在后面的内容中进行进一步描述。

1. 多对多关联

如果关联关系为多对多，并且关联双方的重数定义为“*”，则关联表中组成主键的列上就不会有任何限制。图 13.3 所展现的就是一个多对多关联的例子。

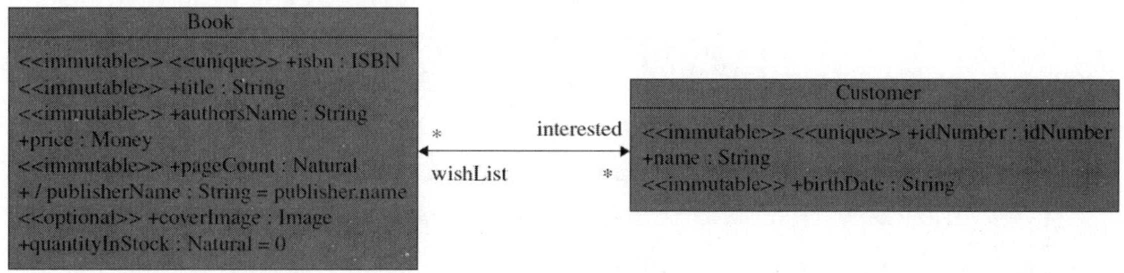

图 13.3　多对多关联

此时，再回顾一下图 13.2 中的 3 本书籍信息，并结合图 13.4 中的 3 位顾客信息加以分析。

Table: Customer			
PK,Uniq,Im,NN	Uniq,Im,NN	NN	Im,NN
pkCustomer	idNumber	Name	birthDate
20001	987－65－4320	Abe	01/04/1970
20002	987－65－4329	Beth	02/23/1982
20003	987－65－4325	Charles	12/05/1979

图 13.4　Customer 类所对应的关系表

如图 13.4 所示，每个顾客都包含两种编码：第一种是 idNumber，如社会保障号码，该值在此信息系统之外进行使用，通常具有预定的格式，而且在正常条件下不会发生改变，但在必要时，政府有可能会根据需要去改变公民的社会保障号码。因此，虽然 idNumbcr 对于顾客来说是唯性的编码，但是该列并不足以成为主键的一种好的选择。图 13.4 中的主键是 pkCustomer，这是由序列号生成器自动创建的号码。该值是唯一的并且能够确保不会产生更新，因为在此数据库之外该值不具有任何实际意义。

图 13.3 展示了代表顾客与相关书籍之间联系的关联关系表。请注意上面的 PK 字样已经贯穿了这两列，同时，每列上都包含了一个外键（FK），这些外键分别对应另外一个表的主键。

在关联表 interested_wishList 中，列 fkCustomer 与 fkBook 在一起构成了复合主键（Composed Primary Key）。这两列都不允许为空，并且 fkCustomer/fkBook 对不允许重复值出现。不过鉴于其中多对多的关联方式，每个单独列上允许重复值出现。

从图 13.5 中不难看出，顾客 Abe（编号 20001）对 *Rama II*（编号 10001）以及 *The Long Dark Tea-Time of the Soul*（编号 10003）等图书有兴趣；顾客 Beth（编号 20002）只对 *Rama II*（10001）一书有兴趣，同时顾客 Charles（20003）目前没有任何感兴趣的图书。

Table: interested_wishList	
PK	
NN	NN
fkCustomer	fkBook
20001	10001
20002	10001
20001	10003

图 13.5　多对多关联对应的关联表

该关联表的命名并没有使用相关类的类名（Customer_Book），而是使用其中的关联规则名（interested_wishList）对其进行命名，这是由于在这两个类之间可能会存在一种以上的关联方式。

如果关联在其中一方或者双方都是强制性的，就必须注意以下事项：

- 如果关联在 1 的那端是强制性的，也就意味着来自于另一端的所有实例在关联表中至少出现一次。结合图 13.3 中的例子，如果其中的 interested 端是强制性的（1..*），结果就是每本书都应该对应到至少一个关联的顾客。同时，来自于 Book 表的每个主键值都应该在 interested_wishList 关联表中出现至少一次。
- 如果关联在两端都是强制性的，就意味来自于关联双方的所有实例都必须在关联表中至少出现一次。结合图 13.3 中的这个例子，如果关联的两端都是强制性的（1..*），那么 Book 表以及 Customer 表当中的每个主键都必须在关联表中出现至少一次。

一般认为，如果存在 A 到 B 的关联，其中，B 端的下标为 n，下标为 m（重数为 n..m）。那么 A 中每个实例在关联表中所出现的次数是大于等于 n 而小于等于 m 的。例如，如果 B 端的重数为 2..5，就意味着 A 中每个实例在关联表中所出现的次数是大于等于 2 而小于等于 5 的。不过不幸的是，这种限制通常在数据库管理系统中并不会出现。

2. 一对多关联

如果关联关系为一对多，那么处于“多”端的列上则必须具有一个唯一性约束。这意味着具有唯一性约束的列上不允许有重复值，而其他列则可以包含重复值。因此，在关系表当中的非重复列就可以链接到其他表的单一列上；该约束确保了关联关系的一对多。图 13.6 则展示了一个一对多关联的例子。

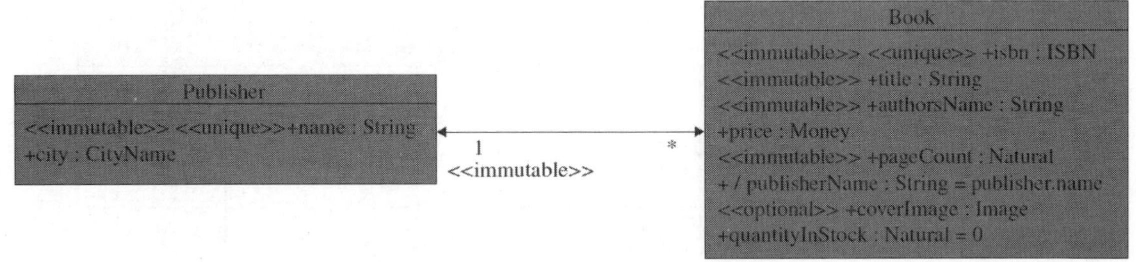

图 13.6　一对多关联

图 13.7 当中所显示的是图 13.6 当中一对多关联的关系表。注意在右边关系表当中的唯一性约束，能够确保一本书只能够对应到唯一的一个出版社。

Table: publisher_book	
PK	
Im,NN	Uniq,NN
fkPublisher	fkBook
30002	10001
30001	10002
30002	10003

图 13.7　一对多关联对应的关联表

如图 13.7 所示，出版社（30001）对应一本书（10002），同时出版社（30002）对应两本书（10001，10003）。由于书号在该关系表当中不能出现重复值，因此不会出现同一本书具有多个出版社的情况。

除此之外，还可以将多对一方向上的关联表示为代表关联当中处于多端类的表中的外键。例如，鉴于每本书只能对应唯一的一个出版社，那么图书与出版社之间的关联可以使用图 13.8 来实现。其中，外键 publisher 是直接引用的 Publisher 表当中的主键。如果关联直接为 1，那么外键列上则不允许为空值。如果关联为 0..1，那么外键值则不会受到上述限制。

虽然上述做法并不能与关联表完全等同，但是这通常是设计者的首选，因为这种做法避免了生成一个新的表。该方法的一个不利因素就是在这种情况下，多对多关联就得使用关联表来实现，而多对一关联就需要在其中的一个源表上实现，而且，如果关联并不是强制性的（例如，其重数为 0..1 的情况下），同时关联所涉及的要素相对较少的情况下，会造成外键列当中出现大量的空值，这样会浪费存储空间并降低系统性能。不过，如果在关联直接为 1 的情况下，这种不利因素将不复存在。

Table: Book								
PK, Uniq, Im,NN	Uniq,Im, NN	Im,NN	Im,NN	NN	Im,NN		NN	Im,NN
pkBook	isbn	title	authors Name	price	page Count	cover Image	quantity InStock	fkpublisher
10001	0553286587	Rama II	Arthur C. Clarke and Gentry Lee	6.99	466		2	30002
10002	0553293370	Foundation and Empire	Isaac Asimov	5.99	282		3	30001
10003	0671742515	The Long Dark Tea-Time of the Soul	Douglas N. Adams	6.99	307		21	30002

图 13.8　在不使用关联表情况下实现多对一关联的另一种方式

3. 一对一关联

无论是强制性的还是可选择性的，一对一关联都需要关联表在组成主键的所有列上都具有一个唯一性约束。这样做是为了防止关联两端的任何一个元素在关联表中重复出现的情况。图 13.9 展示了一个一对一关联的例子，在这个例子中一端是强制性的，而在另一端则是可选择性的。

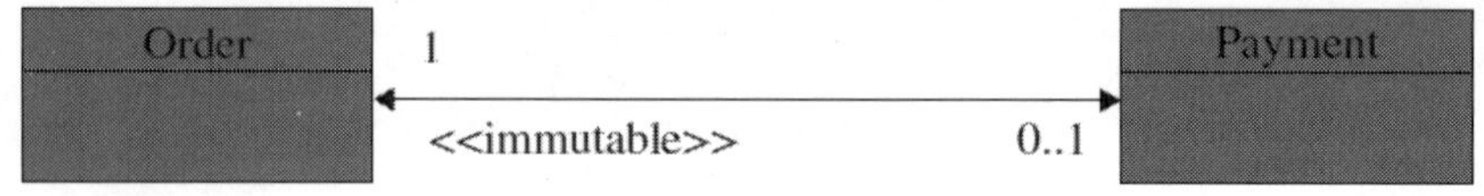

图 13.9　一对一关联

图 13.10 所显示的就是图 13.9 中一对一关联的关系表。由于规则所针对的是 Payment 上的强制性，所以其所有的实例都必须出现在关系表中；而对于 Order 来说则不是必需的，这是因为其上并没有强制性规则（即 0..1）。

与前面多对一关联的例子一样，一对一关联也可以使用向其中的源表中添加外键来实现。所不同的是，这里的外键列则必须是唯一的，而如果关联规则也是强制性的，那么外键列也不能为空。

4. 有序关联（Ordered associations）

一个具有有序规则（序列或有序集合）的关联可以使用一个包含额外列的关联表来实现，这个额外的列用于表示在规则的元素集合中该元素出现的顺序位置，图 13.11 所显示的就是这样一个例子，在这个例子中将上面提到的有序集合以及序列（其列表中的元素有可能会重复）这两种情况都展示了出来。

Table: order_payment	
PK	
Im,Uniq,NN	Uniq,NN
fkOrder	fkPayment
50001	60001
50003	60002
50005	60003
50011	60004
50016	60005
50021	60006
50030	60007

图 13.10　一对一关联对应的关联表

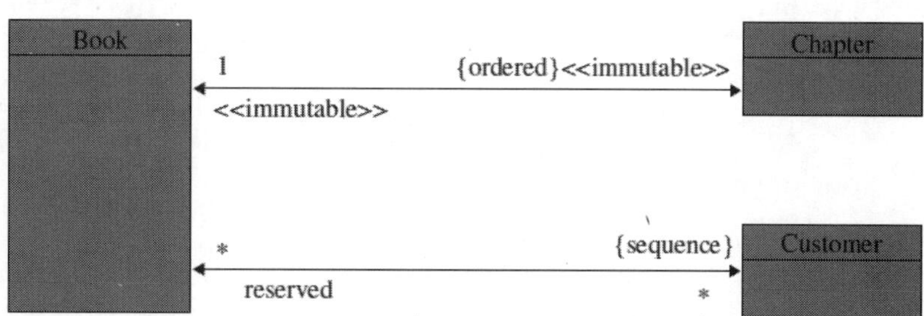

图 13.11　有关有序规则的实例

上述这两种关系型实现的区别在于：对于有序集合来说，排序列必须不被包含在复合主键主键中，如图 13.12 所示；而对于序列（其中的元素有可能会出现重复）来说，其排序列必须作为复合主键之一。例如，在图 13.13 中的复合主键是由 3 列组成的。

Table: book_chapter		
PK		
Im,NN	Im,Uniq,NN	NN
fkBook	fkChapter	order
10001	130001	1
10001	130002	2
10001	130003	3
10002	130004	1
10002	130005	2
10003	130006	1
10003	130007	2

图 13.12　使用有序集合的关系表

Table: book_customer		
PK		
NN	NN	NN
fkBook	fkCustomer	order
10001	20001	1
10001	20003	2
10001	20002	3
10001	20001	4
10002	20003	1
10003	20001	1
10003	20002	2

图 13.13　使用序列的关系表

在图 13.13 当中，order 列被包含在主键内，以允许同一人多次预定同一本书，例如，20001 号的 Abe，先后两次（顺序 1 和顺序 4）预定了同一本书 10001——*Rama II*。类似这样的情况是不会在图 13.12 所示的表格中出现的，这是因为其主键中并没有包含 order 列。这其中无论 fkBook/fkChapter 对在何种位置，在该表中都不能够重复出现。

在这两种情况下，为了阻止一个既定的顺序位置被重复占用的情况，需要在原始的类型与位置上定义一个唯一性约束。因此，对于图 13.12 和图 13.13 中的表来说，其 fkBook/order 对就应该是唯一的。

5. 表示包（bag）的关联

在包的结构中，其元素可以发生重复，但并没有位置的标注信息。这种情况下，通常的解决方案就是向关联表添加一个额外列，在该列中使用计数器来反映关联中某个既定对出现的次数。图 13.14 所显示的就是这种关联类型的例子，而图 13.15 所包含的就是该图所对应关联表的具体内容。

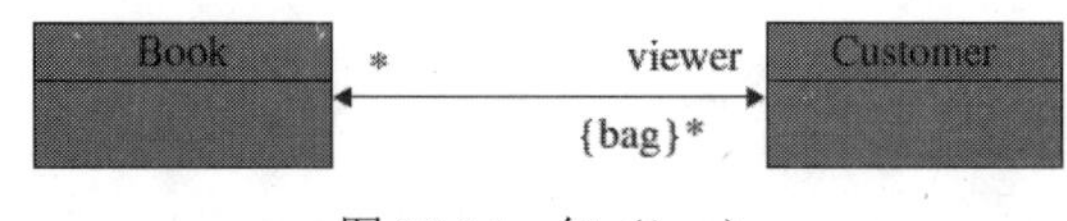

图 13.14　包（bag）

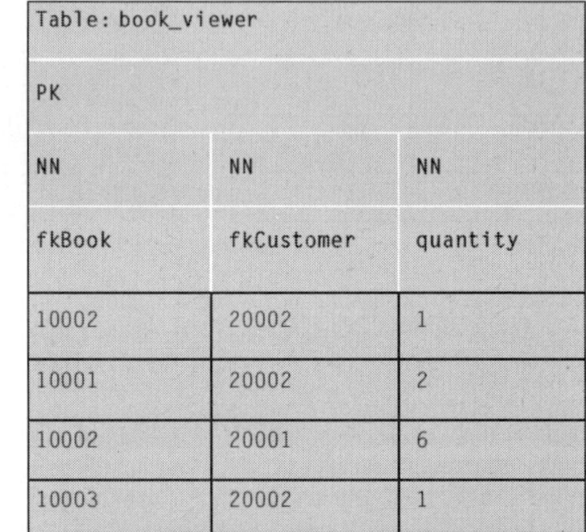

Table: book_viewer		
PK		
NN	NN	NN
fkBook	fkCustomer	quantity
10002	20002	1
10001	20002	2
10002	20001	6
10003	20002	1

图 13.15　表示包的关系表

从图 13.15 所示表格可以看出，客户 Abe（20001）已经阅读过书籍 *Foundation and Empire*（10002）6 次；Beth（20002）阅读 *Rama II*（10001）2 次，*Foundation and Empire*（10002）1 次以及 *The Long Dark Tea-Time of the Soul*（10003）1 次。此时没有必要用 0 表示关系表当中没有发生的事情，因此顾客 Charles（20003）并没有出现在该关系表中（因为 Charles 根本没有阅读过任何书籍）。

6. 限定关联（Qualified association）

限定关联通常会被定义为一个带有内部限定符（限定符指的是限定类中的某个属性）的 map 集合（重数为 1 或者 0..1）。如前所述，这足以基于位于限定符一端的重数将该关联转换为一个常规的一对多或者多对多关联。

在这种情况下，数据库设计者必须考虑的就是要确保限定符属性所在的列是唯一的且不可变的。如果需要对该列上的数据记录进行快速访问，该列可以被用于创建索引。

不过，当限定符被标示为 external 时，需要在关联表上添加另外的列来表示该限定符，如图 13.16 所示。

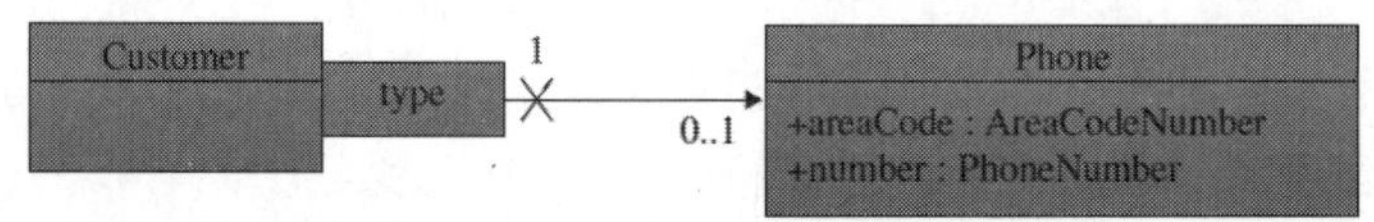

图 13.16　带有外部限定符的 map

图 13.17 给出的就是图 13.16 的具体实现。该关联表包含一个主键，该主键仅由源类的键以及限定符构成，而目标类的键则被排除在主键之外。不过在本例中，目标类的键也必须是唯一的，因为每个电话号码都有一个单独的类型（type）。

如图 13.18 所示，如果外部限定符定义了一个分区（重数为“*”），那么其关系表的实现将会如图 13.17 所示。不过在这种具有外部限定符分区的情况下，主键必然包含以下部分：限定符、源类以及目的类的外键。同样地，由于源类的规则重数为 1，因此目的类的列必须要被标识为唯一的。而上述情况在图 13.19 中，则被表现为一本书最多只能归类到一种体裁（genre）上。

Table: customer_phone		
PK		
NN	NN	Uniq,NN
fkCustomer	type	fkPhone
20001	Home	70001
20001	Cellphone	70002
20002	Home	70003

图 13.17　表示具有限定符 map 集合的关系表

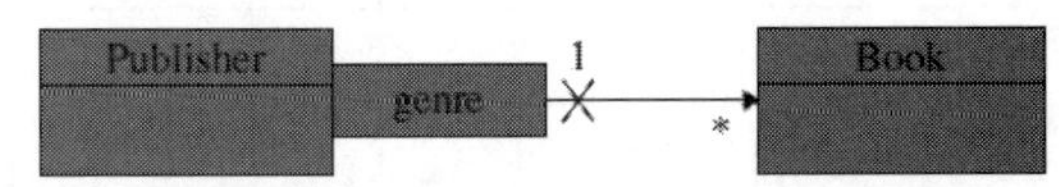

图 13.18　带有外部限定符的分区（partition）集合

Table: publisher_book		
PK		
NN	NN	Uniq,NN
fkPublisher	genre	fkBook
60001	sci-fi	10001
60001	sci-fi	10002
60002	humor	10003

图 13.19　表示具有外部限定符分区集合的关系表

而当源端的重数规则定义为“*”时（即定义了一本书可以归类到多个体裁的关系），其实现与表 13.11 基本上是类似的。与前者之间唯一的不同在于，其中目的列（fkBook）上的唯一性约束将不复存在。

7. 关联类

通常，一个带有关联类的关联会被表示成两个部分：针对关联类及其属性的关系表以及针对具有引用关联类表关联的关联表。

图 13.20 显示的就是这样的一个关联类，其等价关系如图 13.21 和图 13.22 所示。

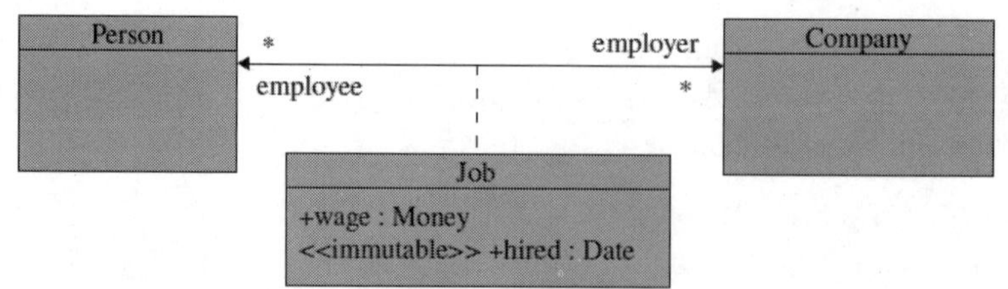

图 13.20　关联类

Table: Job		
PK,NN,Im,Uniq	NN	NN,Im
pkJob	Wage	Hired
80001	1,500.00	02/15/2008
80002	1,200.00	03/01/1999
80003	2,000.00	04/16/2005
80004	900.00	01/17/2001

图 13.21　利用关系型来表示具有关联类的关联

Table: employee_employer		
PK		
NN	NN	NN,Im,Uniq
fkPerson	fkCompany	fkJob
20001	70001	80001
20001	70005	80002
20002	70001	80003
20003	70002	80004

图 13.22　利用关系型来表示具有关联类的关联

表示具有关联类的关联的一种方式就是使用一个表来表示关联类（见图 13.21）；关联表是由 3 列组成，分别为关联双方类（形成关联的复合主键）的主键以及关联类的主键，该主键虽然不是组成关联的复合主键其中之一，但在表中也必须是唯一和不变的。

更进一步的约束就是 Job 表中 pkJob 上的所有值都必须出现在 employee_employer 表的 fkJob 列上。

8. n 元关联（n-ary association）

如果关联发生在两个以上的类之间，那么关联表的主键是由所有关联参与类上的主键所组成的。图 13.23 就显示了一种三重关联的例子，而图 13.24 中显示的则是该三重关联的等价关系表。

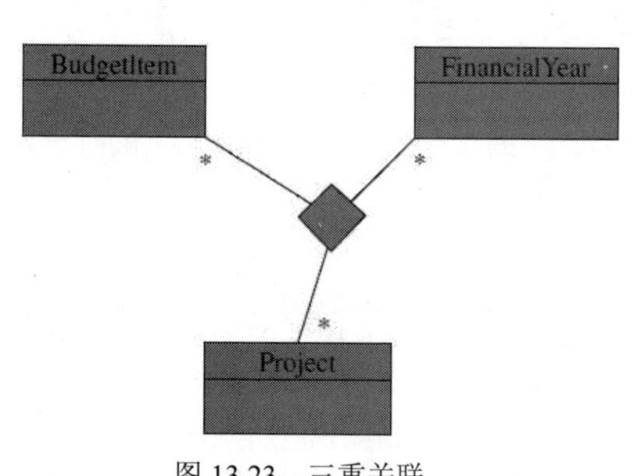

图 13.23　三重关联

Table: budgetItem_financialYear_project		
PK		
NN	NN	NN
fkBudgetItem	fkFinancialYear	fkProject
90001	100001	110001
90001	100002	110002
90002	100001	110003

图 13.24　三重关联的等价关系表

在图 13.24 中，类似 fkBudgetItem/fkProject 这样的对可能会有重复值出现（例如，90001/100001）。但是，对于 fkBudgetItem/fkFinancialYear/fkProject 这样的三重对则绝对不会出现重复值。

9. 瞬态关联与 façade 控制器关联

瞬态关联（transient association）无法使用关系表来表示，这是由于其定义中它们仅出现在主存储器当中，没有必要也不希望让它们持久地存在。

此外，某些来自于 façade 控制器的关联也不需要保持其持久性。这些从控制器到所有类的实例的关联，对于这些实例来说都是强制性的，而不需要被转换成关联表，这是因为这些实例对于控制器来说总是重复着相同的数值，同时也拥有关联另一端的所有元素。由于这些信息已经存在于用于表示概念类的表的主键列中，因此此时再使用关联表就显得有些多余了。例如，在图 13.25 当中，控制器与 Customer 之间没有明确标明规则名称的关联对于所有的 Customer 实例来说都是强制性的。因此，其所对应的关联表将仅包含所有 Customer 实例的主键值。而这些主键值在 Customer 表当中早已存在，那么在另外一个表当中重复存放这些值就完全没有必要了。

不过这种情况仅仅出现在控制器端的关联规则严格定义为 1 时。如果控制器端的重数被设置为 0..1，那么该关联就应该单独表示出来。如图 13.25 所示，其中的 premium 关联就必须单独表示出来，这是由于并不是每个 customer 实例都包含于该控制器当中。

既然并不是每个客户都是优质（premium）客户[①]，那么这种信息必须要通过另外的渠道来展示。要实现此目的通常至少有如下两种方法：一是向 Customer 表中增加一个布尔型字段来表示该客户是优质客户；二是创建一个额外的单列表，该列中填充的就是优质客户实例的主键值。

而没有使用单列表来表示优质客户的原因主要有二：一是控制器本身并不是一个实体（因此没有主键）；其二，控制器是一个独立的对象，即使是为其指派了主键，重复该表上所有行的相同数值也没有大大必要。

图 13.26 所出现的就是这种可选关联下的一种可能的实现方式。从该表中不难看出，被列为优质客户的只有 Abe（20001）和 Bea（20002），而 Charles（20003）则并没有包含在内。

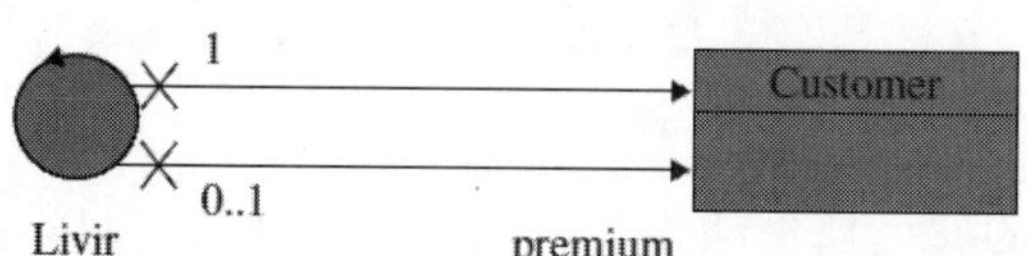

图 13.25　façade 控制器的强制关联与可选关联

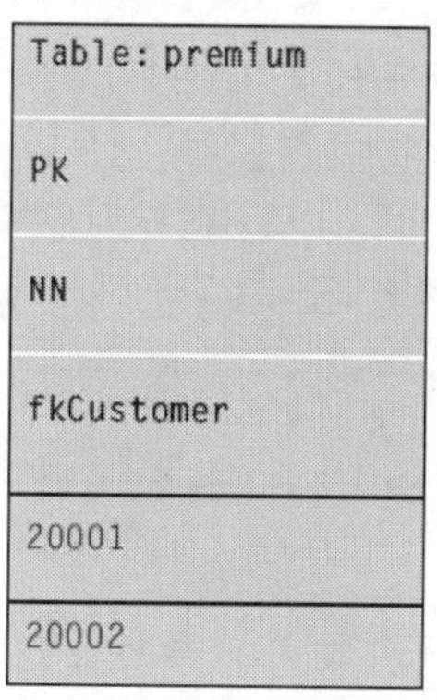

Table: premium
PK
NN
fkCustomer
20001
20002

图 13.26　façade 控制器可选关联的实现

① 注意此时的关联是指通常意义的常规关联而不是派生出的关联关系。

13.2.3 继承

关系型数据库并没有直接支持继承。将继承关系映射为关系型数据库是一个需要引起关注的问题。通常情况下会有很多不同的方法来实现这个需求，本节将会详细讨论其中的一些方法。在随后提到的所有例子均会以图 13.27 中的内容为基础进行讨论。

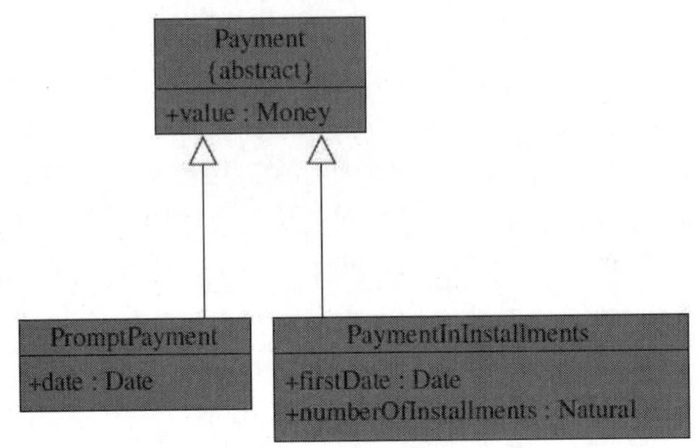

图 13.27 一个有关属性继承的例子

1. 在单个表中实现整个层次

表示继承的解决方案之一乍看上去十分简单，就是将整个层次都放在单个表中来实现。该表包含了层次关系中涉及类的全部属性。同时，该表还必须解决在每条记录当中如何去表示相应类的问题。这通常可以在表当中增加一个额外的 type 列来实现，如图 13.28 所示。

Table: Payment					
PK,NN,Uniq,Im	NN,Im	NN			
pkPayment	type	value	date	firstDate	numberOf Installments
200001	promptPayment	300.00	04/09/2014		
200002	promptPayment	251.00	07/02/2014		
200003	paymentIn Installments	1,890.00		12/09/2013	12

图 13.28 使用 type 字段在单个表中实现继承关系

如图 13.28 所示，只有属于层次结构顶端类的属性值不能为空。这是由于当其中的记录属于其中的一个子类，同时当中的属性又属于另外一个子类时，有可能其他属性值均为空。例如，当记录中的 type 字段值为 promptPayment 时，那么 firstDate 字段以及 numberOfInstallments 字段则必须为空。如果假设一个对象在其类实例化之后不能够改变的情况下，那么 type 列的值将会是不变的。

如果存在多重继承的情况（例如，付款可以同时选择立即付清以及分期付款）[①]，那么此时的 type 列将会被一组布尔值的列所代替，即 isPromptPayment 和 isPaymentInInstallments。在这种情况下，付款选项就可以是立即付清（prompt）、分期付款（installment）或者是二者的综合（也可能是二者都不选，假设它们也可以作为 Payment 的实例。这种情况在本例中是不会发生的，因为 Payment 在这里是作为抽象类存在的）。

这种方法存在一些不可避免的缺陷。首先，在子类之间协调管理一致性比较困难。这是因为所有的数据都被存储在同一个位置。充分管理这些数据需要各种复杂的控制机制。其次，表中的大量字段在所有时间都将是空值，这必然会导致这个巨大的表会十分稀疏，特别是在表示一种规模巨大并且十分复杂的层次结构时。

2. 将每个具体类都处理为一个单独的表

表示层次关系的另外一种方法就是将每一个具体类都表示成一个独立表，每个表上均包含该具体类以及其所有超类的属性。图 13.29 和图 13.30 展示出了该方法的一种可能的实现方式。

Table: PromptPayment		
PK,NN,Uniq,Im	NN	NN
pkPromptPayment	value	date
200001	300.00	04/09/2014
200002	251.00	07/02/2014

图 13.29　PromptPayment 表

Table: PaymentInInstallments			
PK,NN,Uniq,Im	NN	NN	NN
pkPayment	value	firstDate	numberOfInstallments
200003	1,890.00	12/09/2013	12

图 13.30　PaymentInInstallments 表

这种方法可能会起到的唯一作用就是其中的属性均为继承而来。但是，假如超类当中定义了一些必须继承的自关联，那么管理这种情况就非常棘手。这是因为关联表无论是要将来自不同表的数据填充至单独一列上还是一个单独的关联表中，每个继承该关联的子类均要被实现。

3. 将每个类都处理为一个单独的表

鉴于上述问题，实现继承的一种较好的选择就是为层次关系中的每一个类都定义一个表，包括抽象类在内。这样做使得属性和关联继承能够轻松实现。该方法的主要缺点是在实例化对象的过程中，所涉及的表数量等于其超类的数量再加上其他能够被访问的类的数量。图 13.31~图 13.33 展示了该方法的实现方式，这其中必须包含从子类到每个直接超类（immediate superclass）表的

[①] 当然这种情况是不会发生的，在这里只是一个假想的例子。

引用。

Table: Payment	
PK,NN,Uniq,Im	NN
pkPayment	value
200001	300.00
200002	251.00
200003	1,890,00

图 13.31　Payment 表

Table: PromptPayment		
PK,NN,Uniq,Im	NN,Uniq,Im	NN
pkPromptPayment	fkPayment	Date
300001	200001	04/09/2014
300002	200002	07/02/2014

图 13.32　PromptPayment 表

Table: PaymentInInstallments			
PK,NN,Uniq,Im	NN,Uniq,Im	NN	NN
pkPaymentInInstallments	fkPayment	firstDate	numberOfInstallments
400001	200003	12/09/2013	12

图 13.33　PaymentInInstallments 表

13.3　保存及加载对象

如何在面向对象设计与关系型数据库之间建立对应只是横亘在这两种模型之间的兼容性问题其中的一部分而已。这里还有必要决定如何以及在什么情况下对象将被加载并保存于数据库中。有些设计者比较倾向于在类似情况下自行决定是否进行此操作，但是对于保存及装载对象来说，这种手工操作的方法容易受到逻辑错误的影响，而且通常会影响到域级别（domain-level）代码。

此外，如果设计者能够确定保存和加载对象的时机，那么在有些时候做出如此操作的决定很可能是没有必要的（例如，加载一个已经存在于内存中的对象以及保存并没有发生变化的对象等）。逐步去研究控制这些问题并不是开发软件的最有效方法。

使用一些自动化机制来实现操作和加载对象的处理过程是有可能实现的。在这种情况下，设计者仅需要确定需要持久化的类、属性以及关联，而同时一整套方法和数据结构都将自动被创建以允许这些元素在一个适当的时机被加载和保存起来。本节开始将会介绍这种机制的一些基本的或者是原始的实现方法，接着将会讲述该项技术的一些局限以及针对这些问题的可能解决方案。

13.3.1　虚拟代理

要实现上述保存和加载对象的自动机制，可以设计一个称为虚拟代理（Gamma、Helm、Johnson 和 Vlissides，1995 年）的模式。虚拟代理是一个非常简单的对象，该对象仅负责完成如下职责：

- 必须要清楚其所代表的真实对象的主键值。
- 对于在其名称内接收的所有消息，必须要重定向到其所代表的真实对象。

下面就是一个虚拟代理运行的大概框架：

```
Class VirtualProxy
   var realObjectPk:PrimaryKey
   for any message msg received do
     realObject:BrokerManager.get(realObjectPk)
     realObject.msg()
   end for
end class
```

关于 BrokerManager 的工作方式将会在最后的内容中逐步进行说明。

与将域对象与其他域对象直接关联不同的是，虚拟代理的设计必须要将它们关联到所对应的代理上来。按照这种方式就有可能将 Publisher 的一个实例加载进内存中，而不需要加载其所链接的 Book 类的所有实例。此时，Publisher 的实例将会与 Book 的代理相关联，这是一个非常简单的对象。正因为如此，这些代理可以在主存储器中创建，并且所占用的空间要比其他实际类（如 Book）的实例少得多。此时的 Book 实例仅在必要时才会被加载，即只有当消息通过其代理发送给其自身时才会被加载。这种使用内存的经济方式被称为延迟加载（lazy load）。这在某些情况下对于时间以及主存储器要求而言是非常有效的。

为避免设计者过于担心对象必须被加载的情况，虚拟代理机制则必须被插入到主存储器中的所有持久链接上。实际对象彼此之间可以在无感知虚拟代理的情况下发送消息，不过这些代理通常会截获每一条消息，以确保在实际对象没有加载进入内存的情况下进行加载。

图 13.34 显示的就是一个有关延迟加载的例子。在最初情况下，如图 13.34（a）所示，主存储器当中只有一个 Publisher 实例存在。该实例与其他 3 本书建立了关联关系。不过与之前内存当中实际的 book 对象不同的是，在此处出现的仅仅是它们所对应的代理。如果 Publisher 实例需要向其中的一个 book 发送消息，那么可以直接通过它们之间的链接进行消息的发送；所发送的消息被命名为 BrokerManager 的代理所截获，该代理负责所对应的 book 对象被加载进入内存中，如图 13.34（b）所示。此时，由于 book 与其所包含的章节内容相关联，因此在内存中仅仅会创建章节所对应的代理，而不是章节对象本身。

在这种情况下，如果其中某个 chapter 收到来自于 book 的消息时，那么只有该对象才会被加载进内存当中。

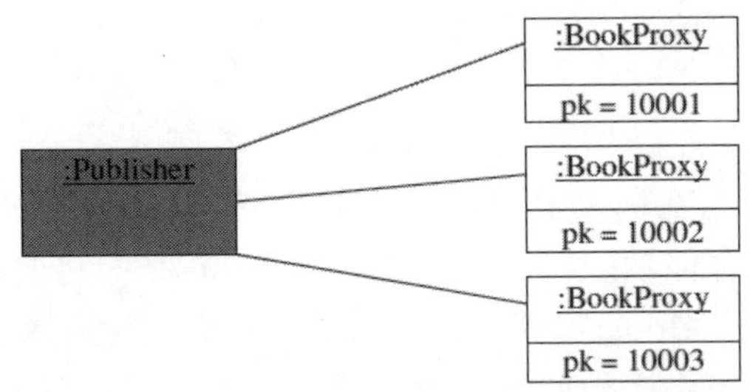

（a）初始状态，内存中仅有 Publisher 及其对应的 book 代理对象

图 13.34　延迟加载示例

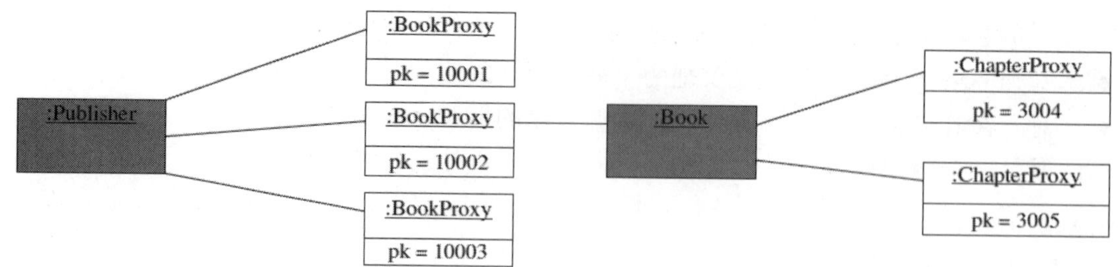

（b）当 Publisher 其中的一个 Book 发送消息时的情况

图 13.34　延迟加载示例（续）

1. 虚拟数据结构

当某个对象包含许多链接时，为每个对象实现相应的虚拟代理可能是非常低效的。例如，对于一个拥有 50000 本注册书籍的出版商来说，当要将该对象加载入内存当中，可能需要实例化与之相关联的 50000 个代理。有一种方法可以避免去实例化如此大量的代理，该方法就是使用虚拟数据结构来彻底取代这种在主存储器中关联关系的实现。

按照上述思路，此时的出版商就不必为这 50000 本书的代理来建立 50000 条链接，取而代之的是创建这样的一个单独链接：链接的另一头是一个拥有 50000 个主键的 VirtualSet 结构。在 VirtualSet 结构当中能够实现一些诸如添加、删除、更新以及查询对象的常规操作（这些是在常规集中必须要实现的完全相同的操作）。唯一不同的是，在该结构当中并不存储实际的对象，取而代之的是各对象所对应的主键。换句话说，该虚拟集并不会将对象加载入内存当中，所保存的仅仅是它们的主键值而已。VirtualSet 连同 VirtualSequence、VirtualOrderedSet、 VirtualBag、VirtualMap 等一起，在必要时会使用 BrokerManager 来装载实际对象，而不是直接装载所有的实际对象。

虚拟数据结构可能会遵循如下原则进行实施：

- 与对象集合的物理表示所不同的是，虚拟数据结构实际上是实际对象主键值的集合的物理表示。
- 向集合当中添加一个对象的方法必须仅将实际对象的主键添加到物理表示当中。
- 从集合当中移出一个对象的方法必须仅将实际对象的主键从物理表示当中移除。
- 在数据结构上执行一个查询以返回一个或者多个对象的任意方法都将会接收实际对象，这些方法都要从代理器管理器进行请求。

如上所述，在对象与对象之间添加以及移除链接可能会在内存当中并不加载实际对象的情况下执行（至少可以在链接的一端）。对象仅在其成为不可获取的这样一种信息提醒的前提下才会加载入内存中，即当该对象接收到某条消息时。

2. 深入讨论

延迟加载是比较有用的，这是因为它仅会将即将要接收消息的对象加载入内存中。例如，当 Publisher 的某个实例位于主存储器中，同时其中的某个 book 即将要被更新，此时就没有必要加载所有链接至该出版商的所有 Book 实例，取而代之的就是与之相关的唯一实例。

此外，如果 Publisher 的实例必须要去搜索其所包含的书籍以便从中发现最为昂贵的一本时，那么与 Publisher 实例链接的 Book 所涉及的所有实例都要被加载到主存储器中。这就是该技术的缺陷所在。在主存储器中的对象上执行所有的操作将会非常浪费时间。这就不难想象向主存储器中装载书籍信息的 50000 个实例仅仅是为了找出价格最高的那本书的情形了。

在每用户操作时向内存中加载相对较少的对象的情况下，虚拟代理可以运行得非常出色。例如，当一个用户搜索购买书籍时仅会浏览书籍列表中相对较小数量的书籍。该用户的操作将仅会涵盖到购物车以及订单。这些类型的操作仅涉及一些很少数量的对象，这完全可以通过虚拟代理来进行妥善的自动化处理。不过，如果查询或者所执行的命令当中涉及在非常大的对象集合当中进行遍历（如批量提高书店内所有书籍的价格），除非其所耗费的处理时间可以被忽略不计（不过通常并不是可以忽略不计的），否则就要避免使用虚拟代理。

因此，对于需要在一个非常大的对象集合上执行查询或者其他命令的情况，如果查询或者其他命令所使用到的仅仅是这些对象的很少一部分属性时，可以考虑使用直接运行于数据库之上的查询或者其他命令来代替虚拟代理机制。因此，当消息到达指定对象时，将会被重定向到某个特定的封装实现上，而不是被重定向到某个代理上来。该实现负责在数据库当中执行必要的操作并在必要时返回相应的结果。

13.3.2　代理器与物化

从数据库中加载一个对象到主存储器的处理过程被称为物化（materialization）。物化通常是由代理从代理器管理器（broker manager）当中进行请求，这将会依次将物化转变为一个专门的代理器。代理器管理器将会检查所请求的对象是否存在于内存当中。如果不存在，那么代理器管理器将会激活这个专门的代理器将该对象进行物化操作。

每个类都可能会有其自身专用的代理器，不过，一个单独的代理器有可能被设置成为所有类服务的代理器。专用的代理器必须要实现一个名为 materialize 方法，该方法内需要执行如下操作：

- 在主存储器当中创建一个持久化类的实例。
- 初始化该新实例的属性值，这些属性值会从其所代表的数据库当中行与列上取得。
- 加载并初始化虚拟数据结构，这个数据结构实现了到对象的关联，对象当中包含了代表所链接对象的主键。

为了获取所链接对象的主键值，该专用代理器必须清楚要将哪些关联添加到即将加载的对象上，接着会搜索实现这些关联的关联表当中对象的主键。同时，与物化对象的主键相关联的其他对象的主键将会被添加在虚拟数据结构当中，该结构具有保持对应关联的义务。

例如，在接下来的工作当中，Broker4Book 将会物化图 13.35 当中 Book 的实例。根据图 13.35 所示的概念模型，Broker4Book 必须要通过执行以下操作来实现前述的 materialize 方法：

- 创建 Book 的实例。
- 使用存储在数据库中 Book 对象中的对应列的值分别填充新建实例的 isbn、title、authorsName、price、pageCount、coverImage 以及 quantityInStock 等属性。
- 搜索 book_chapter 表，以确定可能出现的 Book 表中 fkBook 列上的主键；对于每个查找到的主键，将其对应的 fkChapter 列上的值添加到 Book 实例的 chapters 虚拟集中，该虚拟集负责实现 book 的关联规则。

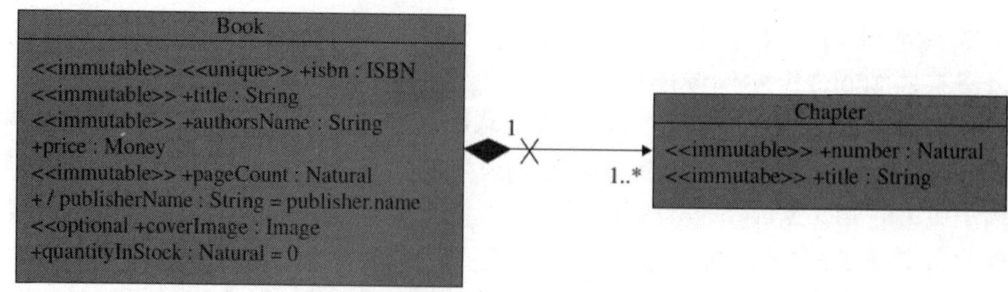

图 13.35　概念模型

在这里需要指出的是，由专门的代理器所执行的物化与由第 8 章当中所讲到的系统操作契约（contract）所定义的创建一个新的实例是截然不同的两个概念。在契约中，实例的创建指的是向系统当中插入新的信息，它是独立于物理存储（主存储区或辅助存储器）的。而物化是由代理器执行仅仅指的是将一个现有对象加载入主存储器的操作（如果在主存储器当中没发现该对象的情况下）。因此，物化是一种仅隶属于持久层的专门操作，与业务层无关。

13.3.3　缓存

主存储器中的对象可以根据它们相关数据的状态按照如下所示进行分类。

- clean/dirty：取决于是否与存储在数据库中的版本一致。
- old/new：取决于是否存在于数据库中。
- deleted/kept：取决于是否已经在主存储器中删除但并未从数据库中删除。

缓存（cache）是一种数据结构，负责将主键值与所代表的真实对象相关联；这与映射（map）或者是字典（dictionary）比较相似。

虽然按照上面所定义的特征类别最终可以形成 8 种可能的组合，但是在实际使用中只有 4 种组合可以满足在主存储器中管理对象的需求，如下所示。

- old clean cache：保持对象与数据库一致。
- old dirty cache：保持存在于数据库当中并且已经在主存当中被更新的对象，当然，这些对象会与数据库不一致。
- new cache：保持已经在主存中创建的对象，但这些对象尚未在数据库中生成。
- delete cache：保持在内存中已经删除的对象，但尚未在数据库中进行删除。

代理器管理器将会通过在现有的缓存上执行某种查询来校验该对象是否存在于主存当中，同时检索被请求对象的主键。如果代理器管理器在其中的一个缓存中找到对该对象的引用，将会返回该引用到请求它的代理上。反之，如果代理器管理器并没有在任意缓存中发现到该请求对象的引用，则会请求某个专用代理器去物化该对象（如前面提到的 Broker4Book）。该对象随即被物化并插入到 old clean cache 当中。

如果该对象在主存当中被更新（即如果该对象的某些属性或者链接被修改时），则该对象必须被移到 old dirty cache 当中。

持久机制必须保证每当 old clean cache 当中对象的内部状态发生改变时，将该对象移到 old dirty cache 当中。这种操作是可以实现的，例如，将诸如 BrokerManager.becomeDirty(self)等的某个特殊命令添加到负责处理该对象更改的方法中。如果该对象最初是在 old clean cache 中，那么该方法将会将其移到 old dirty cache 中。

最终，创建在内存当中的对象由于某种契约式的后置条件被存储于 new cache 当中。即便是其属性发生了变化，new cache 当中的对象也不会被移到 old dirty cache 当中，而是将会驻留在 new cache 当中，直至 commit 命令被执行。commit 命令执行之后，该对象将会被移到 old clean cache 当中。

当一个对象从主存中被删除时，其后续操作将会取决于该对象来自于何种类型的缓存。如果该对象位于 old clean cache 或者 old dirty cache 当中，那么该对象被删除后将会被移到 delete cache 当中；而如果该对象位于 new cache 当中，那么仅需要直接从主存当中删除该对象即可。

1. commit 与 rollback

commit 与 rollback 操作通常会被界面层所激活以分别指示某个事务成功被执行并确认，或者是被取消。这些操作是通过代理器管理器实现的。在 commit 操作被执行的情况下，代理器管理器将会进行以下操作：

（1）在数据库中为每个处于 old dirty cache 中的对象执行 update 操作，并将这些对象移到 old clean cache 中。

（2）在数据库中为每个处于 new cache 中的对象执行 insert 操作，并将这些对象移到 old clean cache 中。

（3）在数据库中为每个处于 delete cache 中的对象执行 remove 操作，并将这些对象从主存中删除。

而对于一个 rollback 操作来说，代理器管理器必须要将所有对象从所有缓存中移除，这当中并不包括存在于 old clean cache 中的对象。

由于 old clean cache 可以无限制的增长，因此很有必要实现某种机制，以便在每次 old clean cache 的规模到达某些预先建立的阈值时能够清理到驻留时间最长的对象。

其余的缓存则只在commit或者rollback操作被执行时才得以增长。而执行完这些操作之后，这些缓存就会被清空。

2. 多用户服务器环境下的缓存控制

如果系统中同时登录了多个用户，那么必须确定如何在这些用户之间共享这些对象。假设现在有一个包含界面层、域层以及持久层的三层客户机/服务器架构，那么至少有以下两种方法可以实现该机制。

（1）三层均在客户端执行：在此情况下，服务器中不会出现主存储器的共享，能够共享的仅仅是数据库。此时客户端非常繁忙，而服务器端则只是在 commit 操作被执行后访问或者存储数据时有所作为。在这种情况下，网络中所充斥的仅仅是以关系型表记录形式存在的数据以及 SQL[①]指令而已。信息传递仅在某对象必须要被物化或者提交时产生。该设计的弊端在于客户端节点的超负荷。不过，客户端应用程序现在变得功能日益丰富和复杂（不依赖于服务器来处理应用程序逻辑可能会是一项关键的需求）。

---

① 结构化查询语言（Structured Query Language，SQL）用于定义、存取以及更新关系型数据库的语言（Date，1982 年）。

（2）域层以及持久层在服务器端实现，而界面层在客户端当中实现：在这种情况下，对象将只在服务器的主存储器中出现；而在网络中传输的则是系统操作参数以及从查询中返回的。这种做法的好处在于客户端负载较轻，这是由于通常情况下升级服务器的成本相比升级成千上万个客户端要廉价得多。不过，对于需要快速处理数据的应用程序来说，静静等待服务器的数据返回是不可接受的。

如果对象仅位于服务器当中，仍然会出现多种可能性。在其中的一种情况下，所有用户将会分享这 4 种缓存；这其中的弊端在于用户能够访问到另一个用户正在修改而尚未提交更新的对象。很显然这种选择对于大多数应用系统来说都是不明智的。

另一种选择就是在用户之间仅仅共享位于 old clean cache 当中的对象，那样对于每个用户来说，私有的其他缓存将会产生多个实例。如果某个对象位于某个用户的私有缓存当中，那么其他用户将不能够访问该对象。这些用户必须等待前面用户的提交或者回滚操作的执行。因此，多用户访问下的持久机制可以按照如下方式实现：

（1）old clean cache 对所有用户共享。

（2）每个用户都拥有一个私有的 old dirty cache、delete cache 以及 new cache。

通过这样的操作，就有可能确保在用户修改该对象时，其他用户无法访问该对象，因此，可以使用缓存来实现锁机制，即当一个用户正在更新某对象时，其他用户就不能对该对象进行访问。只有当操作此对象的用户执行了该对象的提交或者回滚操作，并且该对象被移到 old clean cache 当中或者从主存储器当中被清除后，其他用户才能获得对该对象的访问权。

该方法的好处在于服务器主存储器的优化利用。所有用户分享 old clean cache 中的对象，这是唯一一种可以无限制增长的缓存。而其他的那 4 种类型的缓存则是专门针对于每个用户的，只会在事务处理期间产生增长。一旦提交或者回滚操作发生后，这些缓存将会被清空。

不过，这种情况下可能会对可扩展性产生一定的负面影响，这是因为在一部分用户正在处理某些对象时，其他用户的操作可能会被暂时“挂起等待”。在基于某种乐观的合并情况之下（如只要几个用户不更新相同的属性或者联系时可以编辑相同的对象），有可能实现某种更为复杂的控制机制。

不过这种情况下必须要注意谨慎使用。因为并发性问题总是会让人感觉棘手，很多决策可能都需要依赖于业务规则。例如“是否能在用户完成订单的同时更新该书的价格？”

有些应用程序甚至会需要一种更为谨慎的锁策略。如果用户正在浏览某个对象，那么其他用户就不能访问该对象。例如，在一个银行应用系统当中，可能需要最高级别的数据安全性。

13.4　整体过程回顾

	起始阶段（Inception）	细化阶段（Elaboration）
业务建模	构建整个系统的概要视图： ● 构建业务用例图并确定项目的自动化范围 ● 为业务用例构建初步的活动图 ● 为关键业务对象构建初步的状态机图	

续表

	起始阶段（Inception）	细化阶段（Elaboration）
需求	准备系统用例图（功能需求）： ● 从业务用例模型中识别出系统参与者（actor） ● 从业务用例模型中识别出系统用例，并从业务模型当中识别活动以及状态机图 确定非功能性需求作为用例注解： ● 确定关联到用例的主要业务规则 ● 确定关联到用例的主要质量问题 确定增补需求	通过扩展用例进一步细化需求： ● 识别主要流 ● 识别替代流：变体以及异常处理
分析与设计	通过观察系统用例和所需概念，准备初期概念模型	细化系统时序图： ● 使用系统时序图表示用例的主要流 ● 使用状态或者无状态策略表示系统命令及查询 ● 用替代流完成系统时序图 提炼概念模型： ● 在扩展用例文本中识别概念、属性以及关联 ● 使用需要的版型、重数以及约束来细化属性以及关联 ● 通过使用继承、关联类以及时序规范（temporal specification）来组织模型 ● 根据需要添加变量 ● 依据应用系统分析模式来改进概念模型 在系统时序图中为命令和查询编写相应的系统操作契约： ● 基于无效参数以及互补约束确定先验条件及异常 ● 确定命令的后验条件以及查询的返回 域层设计： ● 为每个系统命令契约创建对应的时序图或通信图 ● 使用上述图确定每个类中要实现哪些方法 ● 检查上述图以发现哪些关联是单向的并按照此形式进行定义 ● 查看系统查询契约并决定哪些委托类型的查询是可以被实现的；哪些能够从关联或者属性当中派生出来 ● 生成或者提炼定义设计类图 接口层设计： ● 基于区域以及页面来设计顶层接口组织 ● 提炼出相应的页面，包括针对系统操作参数以及针对系统查询结果的视图组件 ● 激活接口事件的关联操作，如按钮以及菜单等 持久机制设计： ● 基于 ORM、虚拟代理、缓存以及代理器等重用或者创建某种持久机制 ● 确定默认持久机制应用以及在性能优化时实施直接数据库访问的时机

续表

	起始阶段（Inception）	细化阶段（Elaboration）
实现		生成代码： ● 为类生成代码 ● 为属性生成代码 ● 为关联生成代码 ● 为必要的基本方法生成代码，如 get、set、add、remove、create、destroy 以及其他 ● 使用动态模型作为参考，为系统操作和委托方法生成代码
测试		计划并执行测试： ● 为没有自动生成的类以及方法执行单元测试 ● 基于系统操作契约执行系统操作测试 ● 基于用例场景执行用例测试
项目管理	估算项目的总体工作量、理想进度以及平均团队规模； 估算每个阶段的迭代次数及周期； 为首次迭代准备阶段计划和迭代计划	

13.5 思考题

1．对于一个两个方向上都有序的关联，应该使用何种关联表进行表示？进一步，在这种情况下如何去分别表示两个有序集、两个序列、一个有序集以及一个序列？

2．何种类型的关联表可以用于表示一端具有一个标记为{bag}的关联类的关联？

后　　记

本书原版封面上放置了一张织布机的图案，究其原因有二：象征性原因和历史性原因。

象征性原因是指制造软件的过程与使用织布机生产织物的过程有相似之处。首先勾勒将要创建软件的大体框架，然后执行该框架以确定能否如预期顺利运行。用于编织的五颜六色的线就像构成软件的许多信息与技术。织布机上所做的工作可以被撤销重做，软件也是如此，此后还可以被重构。

生产图案漂亮的面料对于不熟练的工作人员来说，可能会出现复杂、混乱的情况，这对于软件开发也同样适用。不过一旦应用了最佳实践方法、技术以及工具之后，这个过程将会变得顺利许多。

二者之间的差别在于：18 世纪以来，织布机已经实现了其自动化生产的过程，而软件行业在自动化方面才刚刚起步。此外，软件开发相对来说比较复杂，以至于一部分人会质疑其能否成功地在未来的某天实现自动化。虽然软件复杂性在日益加强，但是用于提高技术能力以应对这种复杂性的技术正在逐渐被学习并且应用。

历史性原因是指将织布机与本书之间建立联系是基于六度分隔理论而言的（译者注：Six Degrees Of Separation，六度分隔理论，一个数学领域的猜想；该理论认为，世界上任意两个人之间建立联系，最多只需要 6 次“传递”）。

（1）第一台自动化的复杂机器是由打孔卡片（punched card）所控制的织布机，大约诞生在 1725 年前后的法国，并由 Joseph Marie Jacquard 在 1801 年进行了极大改进。这种机器获得了商业上的巨大成功。由于纺织工人害怕失业而遭到强烈抵制，Jacquard 本人因此差点献出了生命。

（2）后来打孔卡片被 Herman Hollerith 在他的电动制表机上（Electric Tabulating Machine）用作数据输入机制，这被用在了美国 1890 年度的人口普查当中，获得了很高的效率。

（3）1911 年，Hollerith 的制表机公司在融合其他几个公司之后，成立了计算制表记录公司（Computing Tabulating Recording Company，CTR）。该公司在 1924 年更名为国际商用机器公司（International Business Machines Corporation，IBM）。

（4）2003 年，IBM 耗资 23 亿美元收购 Rational。该公司负责维护统一过程和统一建模语言（Unified Modeling Language，UML）标准。

（5）本书涉及统一过程的诸多方面，使用 UML 机器副产品 OCL 以及 IFML 进行建模。

到此为止，织布机与软件之间的联系仅仅使用了五度就已经完成了建立。

Raul Sidnei Wazlawick

参 考 文 献

Adams, D.N., 1979. The Hitchhiker's Guide to the Galaxy. Completely Unexpected Productions Ltd..

Albrecht, A.J., 1979. Measuring application development productivity. Proceedings of the Joint SHARE/GUIDE and IBM Application Development Symposium, Chicago. pp. 83-92.

Albrecht, A.J., Gaffney Jr., J.E., 1983. Software function, Source lines of code, and development effort prediction: a software science validation. IEEE Trans. Softw. Eng. 9 (6), 639-648, November.

Alford, M., 1991. Requirements-Driven Software Design. McGraw-Hill.

Ambler, S.W., 2000. Web Services Programming Tips and Tricks: Modeling essential use cases. Available at:<http://www.ibm.com/developerworks/library/ws-tip-essentialuse/index.html>.

Ambler, S.W., 2004. The Object Primer: Agile Model-Driven Development with UML 2.0. third ed. Cambridge University Press.

Ambler, S.W., Jeffries, R., 2002. Agile Modeling: Effective Practices for eXtreme Programming and the Unified Process. John Wiley and Sons.

Anda, B., 2001. Estimating software development effort based on use cases: Experiences from industry. Fourth International Conference on the Unified Modeling Language. Springer-Verlag, Toronto, pp. 487_502.

Beck, K., 1989. Simple Smalltalk Testing with Patterns. Available at: <http://www.xprogramming.com/testfram.htm>. (accessed 31.08.13).

Beck, K., 2003. Test-Driven Development by Example. Addison-Wesley.

Beck, K., Andres, C., 2004. Extreme Programming Explained: Embrace Change. second ed. Addison-Wesley.

Beizer, B., 1990. Software Testing Techniques. second ed. Van Nostrand Reinhold.

Bloch, A., 1980. Murphy's Law, and Other Reasons Why Things Go Wrong. Price/Stern/Sloan Publishers, Inc., Los Angeles.

Boehm, B.W., 2000. Software Cost Estimation with COCOMO II. Prentice-Hall.

Booch, G., Maksimchuk, R.A., Engle, M.W., Young, B.J., Conallen, J., Houston, K.A., 2007. Object-Oriented Analysis and Design with Applications. third ed. Addison-Wesley Professional.

Bourret, R., 2010. XML Database Products. Available at, <http://www.rpbourret.com/xml/XMLDatabaseProds.htm>. (accessed 11.09.13).

Braz, M., Vergilio, S., 2006. Software effort estimation based on use cases. Proceedings of the 30th Annual International Computer Software and Applications Conference, pp. 221-228.

Burnstein, I., 2003. Practical Software Testing. Springer-Verlag.

Cabot, J., 2007. From declarative to imperative UML/OCL operation specifications. Lect. Notes Comput. Sci. 198-213.

Cardoso, I.S., 2011. Introducing support to the declaration of associations in UML 2 in an object-oriented language.Masters Dissertation. UFSC-Federal University of Santa Catarina, PPGCC-Computer Science, Floriano´polis, Brazil.

Carr, M.J., Konda, S.L., Monarch, I., Ulrich, F.C., Walker, C.F., 1993. Taxonomy-Based Risk Identification. SEI. Carnegie Mellon University, Pittsburgh.

Center for Software Engineering, USC, 2000. COCOMO II-Model definition manual-version 2.1. Available at: <http://csse.usc.edu/csse/TECHRPTS/2000/usccse2000-500/usccse2000-500.pdf>.

Ceri, S., Fraternali, P., Bongio, A., Brambilla, M., Comai, S., Matera, M., 2003. Designing Data-Intensive Web Applications. Morgan Kaufmann.

Choenni, S., Blanken, H., Chang, T., 1993. Index selection in relational databases. Proc. Int. Conf. Comput. Inf. 491-496.

Cockburn, A., 2001. Writing Effective Use Cases. Addison-Wesley.

Crain, A., 2004. RUP Iteration Planning. IBM. Available at: <http://www.ibm.com/developerworks/rational/library/5335.html> (accessed 15.09.13).

Date, C.J., 1982. An Introduction to Database Systems. Addison-Wesley.

Dustin, E., 2002. Automate regression tests when feasible. In: Dustin, E. (Ed.), Effective Software Testing: 50 Specific Ways to Improve Your Testing. Addison-Wesley Professional.

Emam, K.E., Melo, W., Drouin, J.-N., 1997. Spice: The Theory and Practice of Software Process Improvement and Capability Determination. IEEE Computer Society Press, Los Alamitos, CA, USA.

English, A.V., 2007. Business Modeling with UML: Understanding the Similarities and Differences between Business Use Cases and System Use Cases. Retrieved November 14, 2012, from <http://www.ibm.com/developerworks/rational/library/apr07/english/>.

Fowler, M., 2003. Patterns of Enterprise Application Architecture. Addison-Wesley.

Gamma, E., Helm, R., Johnson, R., Vlissides, J., 1995. Design Patterns: Elements of Reusable Object-Oriented Software. Addison-Wesley.

Gause, D.C., Weinberg, G.M. Exploring Requirements: Quality before Design. Dorset House Pub.

Goldberg, A., Robson, D., 1989. Smalltalk 80: The Language. Addison-Wesley.

Grady, R., 1992. Practical Software Metrics for Project Management and Process Improvement. Prentice-Hall.

Ibarra, G., Vilain, P., 2010. Software estimation based on use case size. Brazilian Symposium on Software Engineering, Florianópolis. pp. 178-187.

Ireland, C., Keynes, M. Bowers, D., Newton, M., Waugh, K., 2009. A classification of object-relational impedance mismatch. Advances in Databases, Knowledge, and Data Applications, DBKDA ’09, Gosier pp. 36_43.

Jacobson, I., 1994. The Object Advantage: Business Process Reengineering with Object Technology. Addison-Wesley.

Jacobson, I., Christenson, M., Jonsson, P., Ö vergaard, G., 1992. Object-Oriented Software Engineering: A Use

Case Driven Approach. Addison-Wesley.

Jacobson, I., Booch, G., Rumbaugh, J., 1999. The Unified Software Development Process. Addison-Wesley.

Jacobson, I., Spence, I., Bittner, K., 2011. Use Case 2.0: The Guide to Succeeding with Use Cases. Ivar Jacobson International.

Jones, C., 2007. Software Estimating Rules of Thumb _ version 3. Available at: http://www.compaid.com/caiinternet/ezine/capers-rules.pdf.

Kamal, M.W., Ahmed, M.A., 2011. A proposed framework for use case based effort estimation using fuzzy logic: building upon the outcomes of a systematic literature review. Int. J. New Comput. Archit. Appl. 1(4), 976-999.

Karner, G., 1993. Use Case Points: Resource Estimation for Objectory Projects. Objective Systems.

Krasner, G.E., Pope, S.T., 1988. A cookbook for using the model-view controller user interface paradigm in smalltalk-80. The Journal of Object Technology _ JOT. SIGS Publications, August-September.

Kroll, P., 2004. Planning and Estimating a RUP Project Using IBM Rational SUMMIT Ascendant. Available at: <http://www.ibm.com/developerworks/rational/library/4772.html>.

Kroll, P., Kruchten, P., 2003. The Rational Unified Process Made Easy: A Practicioner's Guide to RUP. Addison-Wesley.

Kroll, P., MacIsaac, B., 2006. Agility and Discipline Made Easy: Practices from OpenUp and RUP. Addison-Wesley Professional.

Kruchten, P., 2003. The Rational Unified Process: An Introduction. third ed. Addison-Wesley.

Larman, C., 2004. Applying UML and Patterns: An Introduction to Object-Oriented Analysis and Design and the Unified Process. third ed. Prentice-Hall.

Lieberherr, K., Holland, I., 1989. Assuring good style for object-oriented programs. IEEE Softw. pp. 38-38, September.

Liskov, B., 1974. Programming with abstract data types, in Proceedings of the ACM SIGPLAN Symposium on Very High Level Languages (pp. 50-59), Santa Monica, California.

McConnell, S., 1996. Rapid Development. Microsoft Prcss.

Meszaros, G., 2007. xUnit Test Patterns: Refactoring Test Code. Addison-Wesley.

Meyer, B., 1988. Object-Oriented Software Construction. Prentice Hall.

Miles, R., Hamilton, K., 2006. Learning UML 2.0. O'Reilly.

Mohagheghi, P., Anda, B., Conradi, R., 2005. Effort estimation of use cases for incremental large scale software development. Int. Conf. Softw. Eng.

Molyneaux, I., 2009. The Art of Application Performance Testing: Help for Programmers and Quality Assurance. O'Reilly Media.

Myers, G.J., Sandler, C., Badgett, T., Thomas, T.M., 2004. The Art of Software Testing. second ed. John Wiley & Sons, New Jersey.

Nelson, W.B., 2004. Accelerated Testing: Statistical Models, Test Plans, and Data Analysis. John Wiley & Sons.

Nielsen, J., 1994. Usability Engineering. Academic Press.

Object Management Group, 2010. OCL 2.3.1 Specification. OMG.

Object Management Group, 2011. OMG Unified Modeling LanguageTM (OMG UML), Superstructure, Version 2.4.1. OMG.

Ockhan, W., 1495. Questions and decision in four books - Sentences of Petri Lombardi. Johannes Trechsel.

Potel, M., 1996. MVP: Model-View-Presenter: The Taligent Programming Model for C11 and Java. Available at: <http://www.wildcrest.com/Potel/Portfolio/mvp.pdf> (accessed 01.09.13).

Pressman, R.S., 2008. Web Engineering: A Practicioner's Approach. McGraw Hill.

Pressman, R.S., 2010. Software Engineering: A Praticioner's Approach. McGraw Hill.

Probasco, L., 2001. What Makes a Good Use Case Name? The Rational Edge, March.

Ribu, K., 2001. Estimating Object-Oriented Software Projects with Use Cases. Master of Science Thesis, University of Oslo, Department of Informatics.

Robiolo, G., Orosco, R., 2008. Employing use cases to early estimate effort with simpler metrics. Innov. Sytems Softw. Eng. 4 (1), 31-43.

Royce, W.W., 1970. Managing the development of large software systems. Proceedings of the IEEE WESCON. IEEE, Los Angeles, pp. 1-9.

Santos, C.C., 2007. Automatic generation of communication diagrams from OCL contracts. Masters Dissertation, UFSC, Florianópolis.

Satzinger, J.W., Jackson, R.B., Burd, D.S., 2011. Systems Analysis and Design in a Changing World. sixth ed. Course Technology.

Schneider, G., Winters, J.P., 1998. Applying Use Cases: A Practical Guide. Addison-Wesley.

Scott, K., 2001. The Unified Process Explained. Addison-Wesley.

SEI-CMU, 2010. CMMI for Development version 1, 3. Carnegie Mellon University.

Sommerville, I., 2006. Software Engineering. seventh ed. Addison-Wesley.

Symons, C.R., 1988. Function points analysis: Difficulties and improvements. IEEE Trans. Softw. Eng. 14 (1), 2-11.

Tidwell, J., 2005. Designing Interfaces: Patterns for Effective Interaction Design. O'Reilly Media.

UKSMA Metrics Practices Committee, 1998. Mk II Function Point Analysis Counting Practice Manual-Version 1.3.1. Available from <http://uksma.co.uk/products.asp>. upon registration.

Warmer, J., Keppe, A., 1998. The Object Constraint Language: Precise Modeling with UML. Addison-Wesley.

West, D., 2002. Planning a Project with the Rational Unified Process. Rational White Paper. Available at: <http://www.nyu.edu/classes/jcf/CSCI-GA.2440-001/handouts/PlanningProjWithRUP.pdf.> (accessed 15.09.13).

Won, K., 1990. Introduction to Object-Oriented Databases. The MIT Press.

Woolf, B., 1998. Null object. In: Martin, R., Riehle, D., Buschmann, F. (Eds.), Pattern Languages of Program Design 3. Addison-Wesley.